한국사

15

고려 전기의 사회와 대외관계

국사편찬위원회

한국사 간행취지

우리 겨레가 앞으로 어떻게 살아갈 것인가 하는 문제는 우리들은 물론 우리와 더불어 살아가는 세계인들의 관심사일 것이다. 이에 대한 해답은 과거에 어떻게 살아왔는가 하는 우리 역사에 대한 인식을 통해 찾을 수 있을 것이라고 생각된다.

본 위원회에서는 이미 1970년대에 『한국사』 25권을 간행하여 해방 이후 한국사의 연구성과를 집대성함으로써 한국사에 대한 인식을 새롭게 한 바 있다. 그 이후 한국사회는 놀라운 성장과 발전을 이루었고 역사학계도 상당한 연구성과를 축적하였다. 이러한 변화에 발맞추어 한국사학계는 새로운 『한국사』 편찬의 필요를 느끼게 되었다.

이에 본 위원회는 일차적으로 한국사 연구지원비를 마련하여 역사학계로 하여금 1980년대 중반까지 연구성과가 미진하다고 생각되는 분야를 연구할 수 있도록 하였다. 이어서 1989년부터 1990년까지의 준비를 거쳐 1991년에는 '신편 한국사 편찬위원회'를 따로 구성하고 총 60권에 달하는 새로운 『한국사』를 편찬하기로 하였다. 그리고 다음과 같은 『한국사』 편찬의 목표를 세웠다.

① 한국의 역사와 문화에 대한 객관적 인식의 토대를 제공할 수 있는 한국사를 편찬한다.

② 민족의 창조적 문화활동과 민족사의 내재적 발전을 드러내는 한국사를 편찬한다.

③ 최근까지의 연구성과를 체계화하고 새로운 영역을 개척함으로써 한국사 연구의 지평을 넓힌다.

④ 한국사 연구와 관련하여 고고학·인류학·사회학·경제학 등 인접학문의 연구성과를 수용하여 한국사 인식의 폭을 넓히는 데 기여한다.

새로운 『한국사』를 펴내면서 우리 모두가 바라는 바는, 민족의 통일에 대비해야 하고 급격히 변화하는 시대상황 속에서, 한국사 연구자의 깊이 있는 연구를 도와주고 독자들의 역사인식을 드높일 수 있는 길잡이 구실을 할 수 있었으면 하는 것이다.

국사편찬위원회 위원장

목 차

Ⅰ. 사회구조

Ⅱ. 대외관계

개 요

I

국가는 개별적인 국민들에 의하여 이루어진 사회이다. 그런데 개별적인 국민들은 여러 집단에 속하여 생활을 하기 마련이다. 그들의 활동은 그가 속한 집단에 지워진 일정한 기대에 부응하여 이루어지는 일이 많다. 고려 전기에 있어서도 사정은 비슷하였다. 그러므로 사회구성에 있어서 기본이 되는 집단의 성격과 역할을 이해하여 둘 필요가 있다.

가족이나 친족과 같은 혈연 관계를 전제로 해서 운용된 것이 신분제도였다. 신분제도에서는 어떤 사람의 사회적인 권리나 의무를 출생부터 일정하게 규정하여 두었다. 어느 특정한 신분계층에 속하는 사람들은 같은 사회적 권리와 의무를 가지고 있었다. 하지만 그들이 속한 친족집단은 저마다 다를 수 있었다. 특정한 신분계층에 포함되는 친족집단이 많았던 것이다. 국가에서는 되도록이면 모든 국민을 여러 신분계층으로 나누어 배속시키고자 하였다. 그리고 국가는 신분계층마다 누리는 사회적 권리와 의무에 차이와 차등을 두었다. 이 차이나 차등에 따라서 여러 신분계층은 위아래로 이어지는 하나의 구조를 이루고 있었다.

고려의 신분구조는 크게 보아 귀족·양인·천인의 세 신분으로 이루어졌다. 귀족은 다시 문반·무반·남반으로 세분되었다. 이들은 관인계층인 동시에 지배계층이었다. 양인도 그 안에 세분된 여러 신분계층을 포괄하고 있었다. 상층에 향리와 군인·잡류가 있었다. 그 아래에 일반 군현의 농민들이 있었다. 그 밑으로는 향·소·부곡인을 포함하여 진척·역민이 있었다. 공장과 상인도 이들과 비슷한 지위에 있었다. 그리고 신분구조에서 가장 낮은 계층은 천인 즉 노비였다. 노비는 상속·매매의 대상이 되었다는 점에서 어떠한 신분층과도 구별되었다.

신분제도를 시행하는 데 있어서 적용된 원칙으로 중요한 것은 두 가지였다. 하나는 신분상승을 억제하는 것이었고, 다른 하나는 그것을 허용하는 것이었다. 이 둘은 서로 모순·충돌하는 것이지만, 실제에 있어서는 조화와 균형의 관계에 있었다. 그리고 이 조화와 균형은 신분상승을 억제하는 원칙에 훨씬 무게가 두어진 속에서 이루어진 성질의 것이었다.

어느 사회나 마찬가지이듯이 고려의 사회구성에 있어서 기본적인 단위를 이룬 것이 가족이었다. 가족은 혼인과 출생을 전제로 해서 생겨난다. 가족과 가족 사이에는 친족이 등장한다.

고려시대의 가족은 소가족제도가 중심이 되었다. 단혼적인 부부와 미혼자녀들로 이루어진 부부가족이 기본을 이루었다는 뜻이다. 이러한 소가족을 바탕으로 하여 夫妻의 노부모나 생활능력이 없는 미성년의 친척 따위를 부양가족으로 거느리는 것이 일반적이었다. 소가족제도의 발달은 고려의 독특한 婚俗 및 상속제와도 관련이 있었다.

고려의 혼속으로서 일반적인 것은 率壻婚이었다. 결혼 뒤의 거처가 父處로 고정되어 있지도 않았다. 부모로서는 결혼한 딸·아들의 어느 쪽과도 동거할 수 있었다. 또한 솔서혼과 밀접한 관련이 있는 것이 상속제도였다. 상속제는 아들과 딸 사이에 재산의 균분상속이 이루어지는 것이 원칙이었다. 자녀가 가지게 되는 상속의 기회는 남편쪽이나 부인쪽이나 어느 쪽으로부터도 같은 것이었다.

사정이 그러하였으므로 고려에서는 당나라에 있었던 父處制나 親迎制의 혼속이 있기가 어려웠다. 또한 당의 예처럼 3세대 부계친족단위를 고려에서 상정하기도 어렵기는 마찬가지였다. 당률에서는 養子制의 기능도 중시되고 있지만, 고려에서는 그러하지 않았다. 고려에서도 양자제가 있기는 했지만, 이 경우에도 양자와 아울러 양녀가 있었다. 이것은 딸이나 사위가 노부모의 봉양을 맡는 일이 흔하였기 때문이다.

고려의 친족관계를 대표할 수 있는 것은 친속이었다. 고려친속의 특성은 그것이 양측적이었다는 데에 있다. 그래서 당시에는 부변과 모변에 대등한 친속 범위가 있었다. 고려시대에는 조상을 기준으로 한 친속조직인 씨족이나 리니지(lineage)가 존재하지 않았다. 이런 상황 속에서 친속이 친족관계의 전반에 걸쳐서 수행한 역할은 큰 것이었다. 양측적 친족조직은 그것이 계급내혼과 결합되면서 이루어진 친족관계망을 통하여 기능하는 일이 많았다.

국민이 맡은 일을 성실히 수행할 수 없게 되면 국가의 유지나 발전에 지장이 온다. 이와 관련하여 주목이 가는 것은 질병의 유행과 재해의 피해이다. 이에 대한 대책은 고려에서도 절실한 것이었다. 진휼과 의료에 대한 시책을 중심으로 국가에서 추진한 정책들을 알아볼 필요가 있을 것이다. 뿐만 아니라 그러한 정책이 어떻게 실천에 옮겨졌는가 하는 점도 궁금한 문제이다.

사회정책에서 중요한 것이 진휼정책이었다. 이 진휼은 재난을 입은 사람들의 피해를 구제하여 주는 일이었다. 그 대상은 대체로 농민들이었다. 그들이 재난을 입어 피해를 입게 되면 농업생산이 어려워진다. 이렇게 되면 농업생산에 물질적 바탕을 두고 있던 국가로서는 심각할 수밖에 없다. 재난을 일으키는 것은 주로 자연재해였다. 가뭄·홍수·병충해 따위가 그러한 예였다.

재해의 예방과 사후조치를 위하여 국가에서는 관련 제도를 마련하였다. 예컨대 태조 때에는 黑倉을 설치하였다. 이것을 뒤에 확충하여 개편한 것이 義倉이었다. 常平倉도 세워졌다. 의창과 상평창은 상설기구로서 재해나 경제적 변동이 있을 때 적절히 운영되었다. 이 밖에도 재해의 종류와 피해상황에 따라서 피해자에게 의식주의 유지에 필요한 물품을 공급하거나 빌려주는 일이 흔히 있었다. 이재민에게 조세·조역의 감면이나 사면 따위의 혜택이 주어지기도 하였다. 이러한 조치는 대체로 정해진 규칙에 따라서 이루어졌다.

한편 이러한 진휼을 위한 시책에 짝하여서 재해를 물리치기 위한 종교의식이 끊임없이 베풀어졌다. 이 의식의 대부분은 가뭄에 비가 오기를 기원하는 것이었다. 이와 관련해서는 특히 불교의식이 중시되었다. 즉 많은 消災道場이 설치된 바 있었다. 유교의식으로는 圓丘祭가 중요하였고, 도교의식으로는 醮祭가 성행하였다. 무당들을 모아서 기우제를 지내는 일도 흔하였다.

의료에 관한 시책도 사회정책의 일환이었다. 의술은 인간의 생명과 직결되므로 고려에서도 이 일에 소홀하지 않았다. 성종 때 이미 왕실에서 치료를 맡는 尙藥局이 설치되었다. 의료행정과 관리들의 치료를 맡는 太醫監도 만들어졌다. 특히 태의감의 설치는 중요하였다. 이곳에서는 치료는 물론이고 약품제조와 의학교육 및 의원을 뽑는 과거까지 관장하였다. 질병과 치료를 맡는 기구는 그 밖에도 많았다. 가령 개경에 있던 濟危寶·東西大悲院·惠民局이나 지방에까지 설치된 藥店 등을 들 수 있다.

모든 사람들은 태어나면서 어느 특정 가족·친족·신분에 속하기 마련이다. 그들의 사회적인 활동도 그러한 혈연 관계에 주어진 권리나 의무의 범위나 정도에 따라서 규제되는 일이 많았다. 그러나 그렇다고 그러한 규제가 반드시 어느 한 계층에게만 해당되었다는 뜻은 아니다. 또 규제가 관습에 따르는 경우도 많아서 반드시 법으로 명문화되어 있었던 것도 아니었다. 특정한 계층에 한하였건, 모든 계층에 한하였건, 또 관습을 어겼건, 법을 어겼건, 사회의 구성원들이 죄를 짓게 되면 처벌이 따라야 하는 것은 당연하였다.

고려의 형법에는 5개의 형벌규정이 있었다. 笞刑·杖刑·徒刑·流刑·死刑이 그것이다. 형법의 적용에 있어서는 국내인의 범죄는 屬人法主義를 취하였다. 외국인 사이에서의 범죄는 屬地法主義를 택하였다. 또한 형법의 적용에 있어서 객관주의의 입장을 뚜렷이 하였다. 그리하여 고려율은 생명과 신체에 관한 범죄뿐만 아니라 재산에 관한 범죄에 있어서도 그 성격과 종류에 따라서 형량을 다르게 정하였다. 그리고 형벌은 公刑과 私刑, 正刑과 閏刑, 主刑과 附加刑, 本刑과 換刑, 眞刑과 贖刑의 체계로 이루어져 있었다.

한편 고려의 行刑은 5刑을 중심으로 하였지만, 실제 운용에서 중시된 것은 그 가운데에서도 자유형인 流刑이었다. 또한 주로 관인의 범죄행위를 처벌하는 행형체계로는 歸鄕刑과 充常戶刑이 있어서 이채를 띠었다. 그리고 사형은 대체로 왕실의 권위나 국가의 질서를 침해한 범죄거나 가족의 질서를 허문 범죄에서 비롯되는 경우가 많았다. 그러나 사형의 판결은 신중하게 이루어졌다. 3심제가 시행되었다는 점에서도 이를 알 수 있다. 대개 2심까지는 형부에서 맡았다. 3심은 국왕과 관리의 합의제에 의하여 이루어졌다. 판결의 공정성을 위하여 심문할 때 세 사람이 배석하게 하였다.

II

고려로서는 안으로 사회를 효과적으로 원만하게 이끌어가는 것이 무엇보다도 중요하였다. 그러나 이웃 나라와 원만한 관계를 유지하는 것도 소홀히 할 수 없는 일이었다. 더욱이 강대국의 위협으로 국가의 존립이 위태로운 상황이 여러 차례 있었던 고려로서는 대외관계가 결코 가벼운 일일 수가 없었다.

왕건이 정변으로 정권을 장악하여 태봉을 없애고 새로 세운 것이 고려였다. 고려는 출발부터가 순탄하지 않았다. 게다가 고려는 후백제와 힘겨운 전쟁을 수행하여야 했다. 고려가 가까스로 후삼국을 통일한 뒤에는 고구려의 옛 땅을 수복해야만 하는 과제를 안고 있었다. 그렇다고 왕실의 통치기반이 크게 강화된 것도 아니었다. 이러한 여건 속에서 고려는 왕실의 권위를 높이고, 국가의 안정을 위하여 중국의 정치적 후원이 필요하였다. 그러나 중국도 5대의 혼란기에 빠져 짧은 기간 동안 여러 왕조가 명멸하여 갔다. 따라서 고려가 중국의 특정한 왕조와 안정된 관계를 유지하면서 정치적인 지원을 얻어내기는 쉬운 일이 아니었다. 더구나 고구려의 옛 땅에 대한 향수 때문에 북방민족과는 애당초부터 원만한 관계를 유지하기가 어려웠다.

고려 전기에 있어서 동아시아의 정세는 복잡하였다. 오랫동안 동아시아의 중심세력이었던 중국이 정치적으로 안정되어 있지 못하였다. 또 거란·여진과 같은 북방민족들이 강력한 세력을 이루면서 부침하였다. 이 시기에는 일본의 정치에도 커다란 변화가 있었다. 동아시아의 이러한 정치적 세력들의 변동이 고려에 미치는 파장은 큰 것이었다. 그러한 회오리 속에서 고려는 살아 남아야 하였고 나아가 이웃의 힘을 적절하게 이용하여야 하는 힘겨운 과업을 짊어질 수밖에 없었다. 그리고 그러한 과업은 국가를 보위하고 국익을 크게 하며 정권을 강화하는 방향으로 수행되었다.

중국은 강력한 당 제국이 무너지면서 5대 10국의 분열과 혼란의 시기를 맞이하게 되었다. 마침내 이러한 혼란은 송에 의하여 수습되었다. 그러나 송은 북방민족의 지속적인 압력에 제대로 숨을 돌리지 못하였다. 북방민족으로서 처음으로 흥기한 것은 거란이었다. 거란은 뒤에 요를 건국하였다. 요를 멸망시키고 새로이 등장한 북방민족이 여진이었다. 여진은 금을 건국하였다. 거란은 고려에 세 차례나 침략하였고, 금은 송을 양자강 남쪽으로 내몰기까지 하였다. 한편 일본에서는 攝關政治가 몰락하고 이에 대신하여 院政이 등장하였다. 이에 뒤이어 幕府政權이 들어서게 되었다.

이러한 격변의 동아시아 정세 속에서 발돋움하고 성장한 것이 고려였다. 고려는 변화에 대응하면서 이웃 나라와 접촉하였다. 그 과정에서 여러 외교정책들이 강구되고 시행되었다. 그 가운데 하나가 북진정책이었다. 고려는 고구려의 옛 땅을 복구한다는 명분을 내세웠고, 또 그런 방향으로 많은 노력을 기울였다. 그러나 이러한 정책은 북진의 길목을 차지하고 있던 북방민족과의 갈등을 불러 일으켰다.

고려 전기의 대외관계에 있어서 한 축을 이룬 것은 중국과의 관계였다. 중국과의 관계는 5대의 여러 왕조(後梁·後唐·後晋·後漢·後周)와 이를 이은 송나라와의 그것으로 나타났다. 중국은 고려와 국경을 맞대지 않았다. 그러므로 처음부터 고려와 중국 사이에는 영토를 차지하기 위한 다툼이 없었다. 고려와 중국과의 관계는 주로 정치적·문화적·경제적인 것이었다. 중국은 여전히 오랜 전통과 높은 권위의 상징이었다. 그것을 빌리고 싶어하는 고려로서는 중국은 여전히 정치적으로 중요하였다. 뿐만 아니라 중국은 문화적으로 선진국가로서 고려의 변함없는 모델이었다. 게다가 중국은 늘 그러하였듯이 많은 산물을 가지고 있었다. 중국은 아직도 고려의 경제적 요구를 충족시켜 줄 중요한 국가였다. 이와 같은 정치적·문화적·경제적 이해관계를 가지고 있어서 고려는 중국과의 관계를 소홀함이 없이 신중하게 다루었다.

고려와 5대와의 관계는 태조 때 시작되어 광종 때까지 계속되었다. 태조 때에는 중국으로부터 책봉을 받는다든지 해서 중국으로부터 정권의 정통성을 확보하려고 노력하였다. 후삼국과 정쟁을 치러야 하는 고려로서는 그러한 정치적 후원이 긴요하였기 때문이다 광종 때에는 특히 왕권을 강화하는 데 후주의 후원을 필요로 하였다. 그러므로 광종은 5대의 마지막 왕조인 후주와의 관계를 돈독하게 하고자 애썼다.

고려와 5대와의 관계는 우호적이었다. 고려와 5대는 모두 북방으로부터 거란 세력의 위협을 받았다는 점에서 공통점이 있었다. 이러한 사실이 이들을 하나의 평화로운 공동체로 묶어 놓는 데 기여하였다. 이들의 국내 사정도 이와 관련이 있다. 즉 고려는 후삼국을 통일하는 데 있어서나 왕권을 강화하는 데 있어서 중국의 우호적인 지원이 필요하였다. 마찬가지로 5대 여러 나라도 고려와의 우호관계를 통하여 거란에 대한 견제에 있어서 도움을 얻고자 하였던 것이다.

고려와 송의 관계는 광종 때에서 명종 초에 이르는 대략 200년 사이에 걸치는 것이었다. 이 관계도 역시 기본적으로는 우호적이었다. 두 나라는 여전히 북방의 강력한 정치세력의 압력과 위협 아래 놓여 있었다. 두 나라가 친선 관계를 유지함으로써 북방의 거란이나 여진을 견제·억지하고자 하였다는 점에서도 두 나라의 입장이 비슷하였다. 즉 정치적·군사적 이해관계에 있어서 두 나라 사이에 별반 차이가 없었던 것이다. 그러나 고려는 경제적·문화적 교류에 더 큰 관심을 가지고 송에 접근하였다.

정치적·군사적으로 상대방으로부터 지원 받기를 원한 것은 두 나라가 비슷하였지만 그러나 실제 공동으로 북방민족의 위협에 대처하는 일에 있어서는 어느 쪽도 소극적이었다. 이러한 일로 말미암아 두 나라 사이에 통교 자체가 그친 적도 있었다. 문화적으로는 두 나라 사이에 인적·물적 교류가 빈번하였다. 두 나라 가운데 특히 고려가 송에 대한 문화적 욕구가 컸다. 송의 국자감에 유학생을 파견한다거나, 의술이나 약재를 수입한다거나, 불경·경서·사서 등 서적을 구입한다든지 하는 일에 있어서 고려는 열심이었다. 경제적으로는 조공관계에 입각하여 조공품과 사여품이라는 명목으로 교역이 이루어졌다. 그러나 사적인 무역이 훨씬 더 활발하였고, 또 중요하였다.

같은 시기에 고려의 대외관계에 있어서 다른 한 축을 이루고 있던 것이 북방민족과의 관계였다. 여기서 북방민족은 구체적으로 거란(요)과 여진(금)을 일컫는 것이다. 이들 북방민족은 오늘날의 평안도나 함경도지역에서 고려와 국경을 맞대고 있었다. 뿐만 아니라 고려는 북진정책을 추구하였고, 이에 맞서서 북방민족은 고려를 제압하고자 하였다. 그러므로 이 둘은 모두가 영토를 둘러싸고 대립과 투쟁의 국면을 피해가기가 어려웠다. 거란의 침입으로 고려는 세 차례에 걸친 전쟁을 치르지 않으면 안되었다. 거란(요)을 뒤이어 등장한 금은 고려와 커다란 전쟁을 일으키지는 않았다. 그러나 금 건국 이전 고려와 여진 사이에는 작은 규모였지만 군사적으로 충돌하는 일이 가끔 있었다. 이것이 심각한 문제를 일으키곤 하였다.

고려는 끝에 가서 거란이나 여진과 강화하여 평화적인 관계를 맺게 되었다. 이 둘의 관계는 주종관계에 입각하여 이루어졌다. 그러므로 그 관계는 명분상으로 보아서 대등한 것이 아니었다. 그러나 실리라는 측면에서 보면 고려와 북방민족과의 관계가 어느 한 쪽에 치우치는 성격의 것은 아니었다.

거란은 전후 세 차례에 걸쳐서 고려에 침입하였다. 고려는 이에 굴복하지 않고 싸워서 이들을 패퇴시켰다. 이러한 전쟁은 기본적으로 고려의 북진기도와 고려에 대한 거란의 제압의지가 맞부딪쳐서 일어난 것이다. 이 전쟁을 통하여 드러나게 된 문제 가운데 가장 중요한 것은 강동 6주를 확보하는 문제와 국왕의 친조 문제였다. 이 문제를 둘러싸고 이 둘의 관계는 그 뒤에도 갈등과 분란을 빚어내곤 하였다 그러나 끝내 국왕의 친조는 이루어지지 않았다. 강동 6주도 고려의 영토가 되었다. 그 뒤 이 두 나라의 관계도 평화로운 것이 되었다.

여진과의 관계는 처음에는 평화로운 것이었다. 고려는 주로 투화한 여진의 촌락에 羈縻州를 설치하는 방식으로 여진을 회유하고 복속시키는 일에 주력하였다. 그러나 숙종 무렵부터 사태가 돌변하기 시작하였다. 여진이 完顔部를 중심으로 세력을 결집하고 고려를 침입하는 일이 잦아지게 되었기 때문이다. 마침내는 고려의 여진정벌이 있었고, 정복지에 9성을 개척하기에 이르렀다. 그러나 9성도 고려접경에 침입하지 않는다는 조건으로 끝내는 여진에게 넘겨졌다. 고려와 여진 사이의 통교가 정상화된 것은 여진이 금을 세운 뒤의 일이었다.

몇 차례의 대규모 전쟁을 치른 뒤에 고려는 사대주의정책에 입각하여 요와 외교관계를 맺게 되었다. 두 나라 사이에 사신들이 정기적으로 오고 갔다. 그런데 이 사신의 교류는 일방적인 것이 아니었다. 그것은 쌍무적 차원에서 이루어졌다. 경제교류는 조공관계를 통하여 이루어지는 조공무역과 민간무역에 의하여 촉진되었다. 민간무역보다는 조공무역이 더 중요하였지만, 이 두 나라의 관계에 있어서 경제교류가 그다지 비중있는 것은 아니었다. 문화적 교류도 대장경의 수입 등 유의할 점이 있기는 하지만, 그렇게 중요하지는 않았다.

고려와 금과의 통교로 이루어진 두 나라의 관계도 거란과의 예에서와 마찬가지로 조공관계가 기본을 이루었다. 사신이 정기적으로 교환되었음은 물론이다. 무역도 공사간에 이루어졌다. 그러나 두 나라 사이의 무역이 커다란 의미가 있는 것은 아니었다. 더욱이 문화적인 교류는 이렇다 할 게 없었다.

고려는 중국과 북방민족뿐 아니라 일본과도 접촉하였다. 나아가 드문 일이었지만 고려는 아라비아나 남방의 나라들과도 접촉을 가졌다. 그러나 고려와 일본과 관계는 중국이나 북방왕조와의 예에서와는 달리 서로의 합의에 따라 정례화된 규칙에 의거하여 이루어진 것은 아니었다. 필요할 때마다 사신들이 서로 오고가곤 하였을 뿐이다. 아라비아와 남양의 여러 나라와의 관계 역시 공식적인 접촉에 의하여 이루어지지 않았다. 몇 차례 아라비아 상인들이 와서 무역활동을 하였을 따름이다. 그러나 중국을 통한 중계무역으로 아라비아나 남양 여러 나라의 산물이 고려에 수입되는 일은 흔히 있었다.

〈洪承基〉

Ⅰ. 사회구조

1. 신분제도
2. 사회제도
3. 사회정책과 사회시설
4. 형률제도

Ⅰ. 사회구조

1. 신분제도

1) 신분제도의 형성과 구조

(1) 신분과 신분제도

사회는 각계 각층의 사람들로 이루어지게 마련이다. 마찬가지로 사회구성원들은 몇 개의 집단으로 나누어질 수가 있다. 주로 경제적인 지위의 차이를 기준으로 해서 집단을 나눌 때는 흔히 나누는 단위로서 「계급」이란 용어를 쓴다. 노동자계급이니 무산자계급이니 하는 것이 그러한 예이다. 한편 사회적 지위의 높낮이를 가지고 집단을 나눌 때는 구분의 단위로서 「계층」이란 용어를 사용하곤 한다. 지식(계)층이라든지 학생(계)층이라든지 하는 따위가 그것이다. 계급이나 계층의 용어를 가지고 사회구성원을 몇 개의 집단으로 나눌 수 있기는 현대사회이건 전근대사회이건 마찬가지이다. 그러나 전근대사회는 신분사회로서 근대사회와는 다르다는 사실을 고려에 넣어야 할 것이다.

전근대사회에 있어서의 신분도 계급이나 계층과 마찬가지로 사회구성원을 집단으로 구분하는 단위였다. 구분의 기준은 신분상의 지위의 차이였다. 그리고 서로 다른 신분상의 지위는 각기 혈통에 따라서 세습되는 사회적 권리(특권)와 의무(제약)에 의하여 규정되었다. 여기서의 사회적 권리나 의무는 법률이나 관습으로서 또는 불문율로서 정하여졌다. 신분은 계급과는 일단 구분되며 계층에 포괄될 수 있는 개념이다. 신분은 계층의 일종으로 이해되어도 좋다고 생각한다. 그렇기 때문에 신분을 좀더 포괄적인 계층의 관점에서 보아도 무리가 없을 것으로 믿는다. 가령 良人 신분을 양인신분(계)층으로 보아도 좋을 것이다.

신분계층의 세습적인 사회적 특권이나 제약이 법률·관습·불문율 따위로써 규정되어 있고, 그러한 규정들이 하나의 체계를 이루며, 그 체계가 일정한 사회적 기능을 하게 되었을 때, 신분제(도)를 말할 수 있을 것이다. 이 경우에 어느 특정한 신분계층 하나만 놓고서도 신분제도를 이야기할 수 있다. 또 몇 개의 신분층을, 나아가 한 사회의 모든 신분층을 가지고도 그럴 수가 있다. 그것들이 하나의 체계로 묶일 수 있는 한에서는 그러하다. 전통사회에 있어서 신분제도는 하나만이 있었던 것이 아니다. 신라사회에서 예를 들면, 진골제도도 신분제도였고, 6·5·4두품제도도 역시 신분제도였다. 두품과 진골을 아우른 骨品制度도 신분제도였다. 良賤制度가 전체로서 독립된 신분제도였듯이, 양인제도나 천인제도도 마찬가지로 각기 독자적인 신분제도였다.

이와 같이 여러 신분제도들이 저마다 체계를 가지고 사회에서 나름대로 일정한 역할을 수행하도록 기대되었다. 단 하나의 신분제도만이 있었던 신분사회는 없었다. 오늘날 전통사회에 있었던 여러 복잡한 신분제도들을 하나의 체계로 묶어서 전체적으로 설명하기가 어려운 까닭의 하나가 여기에 있다. 여러 신분제도의 내용이 명확하게 규정되어 있고 그 적용이 엄격하게 이루어진 경우에도 그 전체의 모습을 계통을 세워 설명하기가 정도의 차이는 있겠지만 역시 쉽지가 않다.

신라의 골품제도가 마치 그 사회의 신분제도를 전부 설명하여 줄 것처럼 보이지만, 그 안에 노비제도가 포함되어 있지 않은 것은 분명하다. 일반 양인들의 신분문제도 골품제도만으로 충분한 설명이 이루어질지 의문이다. 골품제도는 기본적으로 귀족신분제도를 그 내용으로 담고 있을 따름이다. 따라서 명백한 규정과 엄격한 적용으로 널리 알려진 골품제도라고 하여도 신라의 신분제도의 전모를 밝혀주는 데에 한계가 있는 것이다. 고려의 여러 신분제도들은 신라의 경우와 비교하여 그 규정이나 적용에 있어서 느슨한 편이다. 신분제도 전체의 모습이나 특성에 관한 명료한 설명이 있는 것도 아니다. 그러므로 고려의 신분제도를 일목요연하게 정리하는 작업은 더욱 어렵다고 하겠다.

(2) 신분구조의 구성

여러 신분계층들은 각기 다른 신분상 지위의 높낮이로 말미암아 위 아래로 서로 이어지면서 하나의 신분구조를 이루었다. 이 신분구조의 구성을 어떻게 파악하여야 하는가 하는 문제가 먼저 제기된다. 신분구조를 이루는 여러 신분층들을 몇 개의 큰 단위로 이해하여 보는 일이 유용할 것이다. 여기서 이에 관한 상세한 논의를 벌일 여유는 없다. 다만 崔承老의 上書를 검토하여 당시 사람들이 고려의 신분조직의 구성을 어떻게 파악하고 있었는가 하는 점을 알아보겠다.

① 신라 때에는 公卿·百僚·庶人의 의복·신발·버선에 각기 品色이 있어서, 공경·백료는 朝會하면 公襴을 입고 穿執을 갖추고 조회에서 물러나오면 편리한 대로 옷을 입었으며, 서인·백성은 文彩를 입지 못했으니 귀천을 분별하고 존비를 가르기 위한 때문입니다. …우리 조정에서는 太祖 이래로 귀천을 물론하고 마음대로 옷을 입어서 관직이 비록 높더라도 집이 가난하면 능히 公襴을 갖추지 못하고, 비록 관직이 없어도 집이 부유하면 綾羅와 錦繡를 사용하였습니다. 우리 나라의 토산물은 좋은 것이 적고 거친 것이 많은데 문채있는 물건은 모두 토산물이 아닌데도 사람마다 입게 되면 다른 나라 사신을 영접할 때에 百官의 예복이 법과 같이 되지 않아 수치를 당할까 두렵습니다. 원하건대 백료로 하여금 조회에서는… 공란과 천집을 갖추도록 하고…, 庶人은 문채·紗縠을 입지 못하게 하고 다만 紬絹만 쓰도록 하소서(《高麗史》 권 93, 列傳 6, 崔承老).

② 佛法을 崇信하는 것이 비록 좋지 않은 것은 아니지만, 帝王·士·庶가 공덕을 행하는 것은 사실이 같지 않습니다. 庶民과 같은 경우에는 수고롭게 하는 것은 자신의 힘이요, 허비하는 것은 자신의 재산이므로 피해가 남에게 미치지 않습니다. (그런데) 제왕의 경우에는 民의 힘을 수고롭게 하고 민의 재산을 허비하는 것입니다. …제왕은… 폐단이 臣民에게 미치지 않게 하였습니다(위와 같음).

③ 本朝의 良賤의 법은 그 유래가 오래되었습니다. 우리 聖祖께서 창업한 초기에 그 群臣들이 본래 노비를 가졌던 사람을 제외하고는 그 나머지 본래 없던 자들은 혹은 종군하여 포로를 얻기도 하고 혹은 돈으로 사서 노비로 삼았던 것입니다. 성조께서는 일찍이 포로를 석방하여 良人으로 삼고자 하였으나 공신들의 뜻을 동요시킬까 염려하여 편의에 따르도록 허용하였는데 60여 년에 이르도록 控訴하는 사람이 없었습니다. 광종에 이르러서 비로소 노비를 按驗하여 그 시비를 분별하니 이에 공신 등이 원망하지 않는 자가 없었는데도 諫하는 자가 없었습니다. …賤隷들이 뜻을 얻어 존귀한 이를 능멸하여 깔아뭉개고 거짓을 다투어 얽어서 본 주인을 모함하는 자를 이루 다 기록할 수 없었습니다. … 원컨대 성상께서는… 賤한 자로서 貴한 이를 업신여기지 말게 하십시오… 대개 관직이 높은 자는 이치를 알아서 非法 행위가 적으며, 관직이 낮은 자는 만일 지혜가 비행을 문식할 수 있는 자가 아니면 어찌 능히 良을 賤으로 만들겠습니까(위와 같음).

①에서는 의복의 착용에 관한 사람들의 권리와 의무를 말하고 있다. 사람

들을 계층(신분)으로 일컫고 있거니와, 公卿·百僚·庶人·百姓 따위가 그것이다. 여러 계층을 다시 정리하여 ①의 맨 끝부분에 보이는 대로 백료(百官)와 서인의 둘로 나누었다. 사회구성원 전부를 이 두 계층으로 양분하고 있는 것이다. 사회구성원은 누구나 의복을 입어야 하는 것이고, 또 그럴 경우에 누구라도 입을 수 있는 것과 그럴 수 없는 것을 가려야 했었다는 점에서 그러하다. 어떤 옷을 입을 수 있는 사회적 권리거나 반대로 그것을 입어서는 안되는 사회적 의무 따위가 각기 다른 사회적 지위를 결정하여 주는 것이고, 그 사회적 지위의 차이에 따라서 한쪽은 백관층으로, 다른 한쪽은 서인층으로 규정되었다는 이야기도 된다. 그런데 특정한 옷을 입을 수 있는가 없는가, 그러한 권리가 있는가 없는가 하는 것은 관련계층이 관직이 있는가 없는가의 기준에 따라서 결정되었다. 그러니까 백관은 관직을 가진 계층인데 비하여 서인은 관직이 없는 계층이라는 뜻이 된다.

그런데 ①에서 백관(百僚)은 ②에서의 士와 다름이 없다. 사는 帝王과 庶(民)와 나란히 있는데, 제왕은 당연히 예외로 돌려질 수 있는 것이고 보면, 여기 서도 사회구성원 전부를 사와 서의 두 계층으로 양분하고 있다. 사회구성원을 두 계층으로 양분하여서 파악하는 것으로는 ③에 보이는 良賤法이 또 있다. 士庶制이거나 良賤制이거나 모든 사람들이 사 아니면 서인, 또는 양인 아니면 천인의 계층에 속하였다는 사실을 전제로 한 개념이다 그러나 이것은 어디까지나 원리나 원칙에 있어서 그러하였을 뿐이다. 그러한 제도의 실제 운용에서 나타난 현실은 제한된 의미를 가지는 데 지나지 않았다.

①에서 서인은 文彩·紗縠을 입지 못하지만 紬絹 옷은 입을 수 있다고 하였다. 비단으로 만들어질 주견옷이 노비들에게 어울릴 리도 없거니와 최승로가 노비들까지 포함시켜 서인을 말하였을 까닭도 없다. ②에서의 서민은 그의 노력과 재산이 자신이나 제왕이 공덕을 행하는 데 쓰일 수도 있는 신민으로 이해되고 있는데, 역시 노비와는 거리가 먼 존재였다. 서인이 사와 함께 사회구성원 모두를 두 계층으로 나누는 것인 한, 모든 계층이 둘 가운데 하나에 소속되어야 마땅한 이치이다. 노비는 응당 서인에 포함되어 있어야 했다. 그러나 실제에 있어서 서인에 노비가 빠져 있었던 것이 당시의 현실이었다.

③에 보이듯이 양천은 양인과 천인을 뜻하는데 천인은 노비를 가리키는

것이었다. ③에서 양천법의 오래됨을 상기시킨 최승로는 천인과 관련하여서는 노비만을 되풀이하여 언급하고 있다. 양인이 아닌 자가 천인이듯이 천인이 아니면 양인이어야 이치에 맞다. 백관이나 사는 당연히 양인이었을 터이다. ③에서 언급된 群臣·功臣·官高者·官卑者는 모두 ①에서의 백관이나 ②에서의 사에 해당하는 사람들이었다. 그런데 ③의 어디에도 그들이 양인과 동일하게 파악되어야 할 근거가 나타나 있지 않다. 오히려 실제는 그 반대였다. 그들은 노비를 소유한 자로 보이고 있거니와 실체는 양인으로서가 아니고 貴(族)로서 표현되었다 천예들이 뜻을 얻어 존귀한 이를 능멸하였다던가, 천한 자로서 귀한 이를 업신여기지 말게 하라던가 하는 것이 그러한 예이다.

더욱이 관직이 낮은 자가 양인을 가지고 천인을 만들지는 않을 것이라는 이야기는 관직자가 양인과 구분되고 있었다는 점을 크게 뒷받침한다. ③에서 최승로가 일컬은 양인은 전쟁 포로였거나 가난하여 몸을 팔 수도 있는 그러한 부류의 사람들이었다. 그는 이러한 양인에 관직자들은 포함시키지 않았다. 그는 관직자들을 천인은 물론 양인과도 구별하여 귀한 사람, 존귀한 이들로 묘사하였는데, 그것은 그들이 신분적으로 귀족이었기 때문일 것이다. 사서제의 실제에 있어서는 노비가 빠지고, 양천제의 경우에서는 관직자가 제외되어 있었다. 전자의 입장에서 고려의 신분구조를 재구성한다면 士—庶人—奴婢, 즉 귀족—서인—양인이 될 것이다. 한편 후자의 입장에 서면 관직자—양인—노비, 즉 귀족—양인—천인으로 이해할 수 있다. 여기서 서인과 양인은 서로 다른 표현으로 되어 있지만, 귀족과 천인의 중간 부분을 차지하고 있던 유일한 계층이었다는 점에서 같다. 이 둘은 동일한 계층을 일컫는 것으로 보아도 큰 무리는 없을 것이다. 원리나 원칙보다 실제와 현실을 더 중시하여야 한다는 점에서 고려의 신분구조의 구성을 귀족·양인(서인)·천인의 세 신분계층이 상하로 연결되어 있는 것으로 보고자 한다.[1)]

그런데 이 세 계층은 그 구성 단위로서는 가장 큰 것이었다. 각 계층은 저마다 여러 작은 단위의 신분계층을 포함하고 있었다. 귀족은 가장 많은 사

1) 이러한 이해는 이미 학계에서 널리 알려져 온 바다. 그러나 고려의 모든 신분층을 양인 아니면 천인으로 보는 입장도 있다(許興植, 〈身分制와 職役〉, 《韓國史硏究入門》, 知識産業社, 1981, 215쪽 및 〈高麗時代의 身分構造〉, 《高麗社會史硏究》, 亞細亞文化社, 1981, 347~355쪽 참조).

회적 특권과 가장 적은 사회적 제약을 지니고 있었는데, 특권 가운데 가장 중요한 것은 그들이 누구보다도 관직에 나아갈 수 있는 기회가 컸다는 점이다. 관인층이 귀족의 대표적 계층이었다. 관인층은 士族으로 바꾸어 불러도 좋다. 그런데 그들은 자신들이 나아갈 수 있는 仕路의 차이에 따라서 文班·武班·南班으로 나뉘어 상하로 연결되어 있었다. 천인은 곧 노비를 뜻하였다. 노비는 사족과는 반대로 가장 적은 사회적 특권과 가장 많은 사회적 제약을 안고 있었다. 그 제약 가운데 대표적인 것은 그들이 대대로 특정한 사람이나 기관에 소유되어 있어서 매매·증여·상속의 대상이 되었다는 점이다. 그들은 그 소유주의 다름에 따라서 私奴婢·公奴婢·寺院奴婢의 세 계층으로 나누어진다.

귀족도 못되고 그렇다고 천인도 아니면서 그 중간에 위치한 것이 양인이었다. 양인에는 많은 신분층이 포함되어 있었다. 양인의 압도적인 다수는 일반 郡縣에 살면서 대대로 농사를 짓고 사는 농민들이 차지하였다. 이들은 사회적인 지위에 있어서도 양인 안에서 중간 정도에 위치하였다. 이러한 점에서 이들은 양인의 표준이 될 수 있다. 양인농민이라는 점에서 같으면서도 군현인보다도 낮은 사회적인 지위에 있던 鄕·所·部曲人이 있었고, 이에 준하는 津尺·驛民이 있었다. 양인 가운데에는 쟁이일이나 장사일을 世業으로 삼는 工匠이나 商人도 있었는데 이들의 사회적인 지위는 부곡인과 비슷한 것으로 볼 수 있을 것이다. 그리고 양인으로서 가장 낮은 위치에는 禾尺과 才人이 있었다. 한편 같은 양인이라고 하더라도 지방의 관아에서 일반 양인들에 대한 국가의 지배에 참여하여 두드러진 역할을 수행하는 鄕吏가 있었다. 중앙의 관료기구의 말단에서 吏職을 세습하는 雜類도 양인으로서 일반 군현인보다는 높은 사회적 지위에 있었다. 軍人을 대표하는 것은 京軍이었는데 이들도 양인이지만 일반 농민보다는 사회적 지위가 높았다. 향리·잡류·군인은 上位良人層에 해당하였던 셈이다.[2)]

지금까지의 고려 신분구조의 구성에 관한 설명을 표로 만들어 정리해 보면 다음 〈표 1〉과 같다.

---

2) 종래에는 이 신분층들을—특히 향리와 군인, 그 가운데에서도 향리—중간계층으로 보아온 것이 일반적이었다. 군현의 양인농민과의 차이를 강조하고, 그들이 양인의 상위계층이었다고 보는 입장이라면 그러한 해석도 가능할 것이다.

〈표 1〉 고려 신분구조의 구성

貴 族 (士族·官人階層)	文 班
	武 班
	南 班
良 人 (庶 人)	鄕吏·軍人·雜類
	郡縣의 農民
	鄕·所·部曲人 및 津尺·驛民 그리고 工匠·商人
	楊水尺(禾尺·才人)
賤 人 (賤隷·奴婢)	私奴婢·公奴婢·寺院奴婢

(3) 신분계층의 편성 단위와 기준

신분계층은 저마다 사회적 지위가 달랐다. 사회적 지위는 사회적 권리나 의무에 따라서 결정되었다. 신분계층은 서로 다른 사회적 권리와 의무를 갖고 있었다. 사회적 권리를 행사하고 그 의무를 이행하는 것은 사회적 기능을 발휘한다는 뜻이다. 그리고 그 사회적 기능은 국가의 체제 유지를 위하여 기대되는 것이었다. 이러한 의미에서의 사회적 기능을 고려에서는 役으로 표현하였다.[3] 향리의 鄕役, 군인의 軍役에서 볼 수 있는 것들이 그 대표적인 예에 속한다.[4]

> 兩班奴婢는 그 주인의 役이 각별하여 예로부터 公役·雜斂을 지지 않았다. 이제 良民이 모두 세력있는 집안으로 들어가 官役을 지지 않게 되니 반대로 양반 노비들로 하여금 대신하여 양민의 역을 지게 하고 있으니 이후에는 모두 금하도록 하라(《高麗史》 권 85, 志 39, 刑法 2, 奴婢 충렬왕 24년 정월 敎).

私奴婢에게는 公役이 없었지만, 일반 양인들에게는 官役이 있었고, 양반에게도 각별한 역이 있었다. 사노비 정도를 예외로 하였을 뿐, 대부분의 신분계층은 역을 통하여 일정한 사회적 기능을 수행하도록 요구되었다.

역을 담당하는 단위는 개인이 아니라 氏族이었다. 그 씨족의 범위는 그리

---

3) 李基白, 〈高麗時代 *身分*의 世襲과 變動—韓國傳統社會에 있어서의 *身分*—〉(《民族과 歷史》, 一潮閣, 1971), 94~96쪽.

4) 役에 관한 더 자세한 설명은 李基白, 위의 책, 94~95쪽 참조.

넓은 것은 아니었다.5) 씨족의 파악은 戶籍의 작성을 통하여 이루어졌다. 호적을 통하여 씨족을 파악하는 일과 관련하여서는 아래의 기록들이 참고가 된다.

① 明經·製述의 두 大業으로 登科한 사람과 三韓功臣의 자손으로서 四祖 안에 工匠·商人·樂工에 이름이 있어서 계류되어 시행이 안되고 있는 사람들은 관할 관청에서 예에 준하여 신속하게 보고하여 결정해 주도록 하라(《高麗史》 권 12, 世家 12, 예종 3년 2월 신묘).

② 우리 나라 法으로는, 그 八世戶籍에 賤類에 간여됨이 없는 연후에나 벼슬길에 나아갈 수 있습니다(《高麗史》 권 85, 志 39, 刑法 2, 奴婢 충렬왕 26년 10월 表).

앞의 ①은 四祖戶口式에 따른 호적의 시행을 말하여 주고 있고, ②는 八祖戶口式에 입각한 호적이 있었음을 뒷받침하여 주고 있다. 이로써 적게는 부계로는 증조, 모계로는 외조의 범위까지가, 많게는 內外八世까지의 세계가 파악되기도 하였음을 알 수 있다. 호적을 만드는 데 필요한 이 두 원칙은 모두 고려시대에 통용되었지만, 보다 일반적인 것은 4조호구식이었다.6) 이렇게 보면 씨족의 범위도 짐작이 간다. 씨족을 단위로 하여 지워진 役의 부담은 물론 세습되는 것이 원칙이었다.7)

역의 부담을 세습적으로 짊어지는 각기 다른 씨족들을 묶어서 신분계층을 편성하였다. 그런데 여기서 편성의 단위가 된 것이 班이었다. 문반·무반·남반·군반의 예가 그러한 것들이다. 이러한 사실에 주목하여 일찍이 고려의 신분체제를 班體制로 이해한 연구가 있다.8) 다만 반으로 구분된 신분계층이 대체로 지배계층이었다는 점이 불안감을 준다. 그러나 고려의 전반적인 신분제도의 시행에 있어서 중심이 된 것은 귀족제도였다는 점, 그리고 시행의 주체가 귀족들이었다는 점에서 신분체제를 반체제로 이해하는 데 무리가 없다고 본다.9)

골품체제가 혈족의 유대를 더 중시하였다면 반체제는 사회적 기능을 더

---

5) 李基白, 위의 책, 95쪽.

6) 盧明鎬, 〈高麗時의 承蔭血族과 貴族層의 蔭敍機會〉(《金哲埈博士華甲紀念 史學論叢》, 知識産業社, 1983), 262쪽.

7) 李基白, 앞의 책, 96쪽.

8) 李基白, 위의 책, 94쪽.

9) 신라의 골품제도도 사실은 주로 지배계층과 관련이 있는 것이었지만, 그것을 가지고 신라의 신분제도 전반을 이해하고자 하는 것이 어색하지 않다는 점도 참고가 된다.

내세운 것이라고 말할 수 있다. 적어도 원칙적으로는 그러하다고 믿어지는데, 반을 내세우기 시작한 것은 신라말 지방의 豪族들이었다. 이와 관련하여 주목되는 것은 신라말 호족으로 등장한 村主들이 중앙의 관제를 모방하여 官班을 칭하였다는 점이다.[10] 그들은 재래의 骨品制를 부정하고 새로운 지배층으로서의 신분적 표징으로 관반을 내세웠다. 신분적 기능을 중시하는 반을 내세운 이유는 타도의 대상이 된 골품이 혈족의 유대를 토대로 한 것이었기 때문이었다.[11]

호족들은 마침내 골품체제사회를 해체시켰다. 그들 가운데 일부는 고려의 중앙귀족이 되었다. 중앙의 귀족이 된 사람들에게 이제 「官」은 불필요한 것이 되었다. 독립적인 정부를 연상케 하는 이 표현을 지방의 세력가로 남아 있는 향리들에게 씌워줄 생각도 없었을 것이다. 그러나 고려의 중앙귀족은 신분편제의 단위로서 「班」만은 여전히 존중하여 이에 토대를 두고 고려의 신분체제를 편성하기에 이르렀다. 그렇다고 그들이 반으로 모든 신분계층을 전부 묶지는 않았다. 그 이유로는 두 가지가 있다. 하나는 문반·무반·남반의 관인계층을 핵심으로 하는 귀족들이 다른 신분층에 대하여 우월하다는 생각을 강하게 가지고 있었다는 점이다. 혈족의 유대라고 하는 동일한 원리에 기초를 둔 것이 신라의 골품이지만, 骨은 品과 구별되었다는 점이 참고가 된다. 다른 하나는 지방에 대한 중앙의 우월(경계)의식이 작용하였다는 점이다. 향리와 군인은 사회적인 지위가 비슷하였다고 보이는데, 군인은 군반이라고 불렸지만 향리는 그러하지 못하였다. 군반으로 칭하여진 군인은 경군 즉 중앙군이었기 때문일 것이다.

2) 관인계층

(1) 관인층의 특성

관인층은 文班·武班·南班의 세 계층으로 구성되어 있었다. 이들이 고려의 귀족을 대표하였다. 각 반은 저마다 나아가는 독자적인 사로가 있었다. 그에 따라 수행하는 역도 성격에 있어서 차이가 있었다. 즉 문반층은 문관직을, 무반층은 무관직을, 그리고 남반층은 宮中職을 세습하는 것이 원칙이었다. 그

---

10) 金光洙, 〈羅末麗初의 豪族과 官班〉(《韓國史硏究》 23, 1979), 125~132쪽.

11) 金光洙, 위의 글, 135쪽.

러나 그들이 중앙(開京)에서 관직에 나아가고 그 자식들이 역시 중앙의 관직에 나아가는 일을 세습적인 직업으로 삼았다는 점에서 반 사이에 차이가 없었다. 그들은 모두가 중앙 귀족이었다는 점에서 같았던 것이다.[12)]

관인층의 중앙귀족으로서의 특징을 잘 보여주는 것이 歸鄕罪였다. 중앙의 귀족이 관직에서 쫓겨나고 아울러 職田을 몰수당하여 本貫으로 유배되는 것이 그러한 죄였다. 이 죄를 짓는 것은 관인층에게 귀족신분의 박탈을 뜻하는 것이었다.[13)] 관인층에게 있어서 과거의 고향은 귀족으로서의 지위를 박탈당한 뒤에나 돌아가는 곳이었다. 고려의 관인층은 이 점에서 고향으로 자진하여 낙향하기도 한 조선의 양반들의 경우와는 달랐다.

고려의 관인층이 지니는 또 다른 특성은 그들이 본관을 칭하게 되었다는 점이다. 고려는 지방에서 성장한 호족들이 주류를 이룬 관인층에 의하여 주도된 사회였다. 그 관인층은 서로 姓을 달리하는 사람들로 구성되었다. 말하자면 그들은 이성귀족이었다. 이들 여러 이성귀족들은 그들의 본래 출신지를 본관이라고 하여 자기들의 가문을 다른 가문과 구별하고자 하였다. 이렇게 본관을 칭하면서 그것을 내세우게 된 것은 관인층이 귀족으로서 가지고 있던 특권의식의 발로였다. 이 점에서 고려 귀족은 본관을 내세우지도 않았고 그럴 필요도 없었던 신라의 귀족들과는 달랐다.[14)]

(2) 음서제와 과거제

관인층은 대대로 관직에 나아가는 것이 원칙이었다. 하지만 실제에 있어서 그 원칙이 늘 지켜지지는 않았다. 관인층의 자손이라고 해서 언제나 반드시 자동적으로 관직을 가질 수 있었던 것은 아니었기 때문이다. 그들이 관직을 가질 수 있는 방법으로 대표적인 것은 蔭補되거나 과거에 합격하는 일이었다.

---

12) 李基白, 〈高麗 貴族社會의 形成〉(《한국사》 4, 국사편찬위원회, 1974 ; 《高麗貴族社會의 形成》, 一潮閣, 1990, 67쪽).

13) 중앙귀족과 歸鄕罪와의 관계에 관한 설명은 다음 논문들을 참고하였다.
李佑成, 〈閑人·白丁의 新解釋〉(《歷史學報》 19, 1962 ; 《韓國中世社會硏究》, 一潮閣, 1991, 72쪽).
文炯萬, 〈麗代 '歸鄕'考〉(《歷史學報》 23, 1964), 38쪽.
李基白, 위의 책(1990), 67~68쪽.
朴龍雲, 《高麗時代史》(一志社, 1988), 255쪽.

14) 중앙귀족과 本貫과의 관계에 대하여서는 李基白, 《韓國史新論》(一潮閣, 1967), 131쪽 및 위의 책, 68~69쪽 참조.

이 가운데 과거는 관인층의 독점물이 아니었다. 그러나 蔭敍는 5품 이상 관리의 자손에게 한하여 관직에 나아갈 수 있는 권리를 준 것이었다는 점에서 귀족들의 전유물이었다고 할 수 있다.

음서에는 門蔭과 功蔭이 있었다. 전자는 문반·무반의 5품 이상 관리의 자손에게 항례적으로 베풀어진 혜택이었다. 후자는 공신 자손이나 특별한 공훈이 있는 관리의 자손을 대상으로 非定例的으로 시행된 것이다.[15] 이 가운데에서는 후자에 비하여 전자가 보편적이었다. 그런 만큼 전자가 지니는 중요성도 후자에 비할 바가 아니었다. 그러면 5품 이상 관리의 자식은 누구나 이 문음을 통하여 자동적으로 관리의 길에 나아갈 수 있었을까. 그러한 혜택을 받을 수 있는 자식들의 범위에 관하여서는 여러 가지 설이 있다. 종래에는 5품 이상의 관리의 경우에 그로 인해서 혜택을 받을 수 있는 자식은 전 생애를 통하여 한 명에 국한한다는 설이 일반적이었다.[16] 그런데 최근에는 혜택을 받을 수 있는 자식의 수를 더 많게 보는 견해들이 보다 유력하게 대두되고 있다. 즉 한 명의 관리가 거듭되는 음서의 실시에 따라서 여러 자손에게 혜택을 줄 수 있다고 하거나,[17] 관리 한 명이 주는 혜택은 한 자식에 국한되지만, 托蔭者나 음서의 성격을 다르게 한다면 그 관리의 자손은 몇 명이라도 혜택을 입을 수 있다고 하였다.[18] 전자의 설은「一人一子說」에 대립되는「一人多子說」이라고 할 수 있고, 후자는「1인1자설」을 인정하면서도, 탁음자를 바꾸면 여러 자손이 혜택을 볼 수 있다는 주장이므로「多人多子說」이라고 할 수 있다. 수혜자의 수만 놓고 보면 어느 견해도 여러 명의 자손이 혜택을 볼 수 있다는 점에서 같다.[19]

---

15) 고려시대 음서제에 관한 이해는 金龍善,〈음서제〉(《한국사》13, 국사편찬위원회, 1993), 441~459쪽 참조.

16) 蔭敍에 대한 본격적인 연구를 처음으로 한 金毅圭는 5품 이상 관리의 자손 1인에게 주어지는 혜택이 음서였다고 보았다(金毅圭,〈高麗朝蔭職小考〉,《柳洪烈博士華甲紀念論叢》, 1971 ;《高麗社會의 貴族制說과 官僚制論》, 知識産業社, 1985, 24~33쪽 참조).

17) 朴龍雲, 앞의 책, 37쪽.
———,〈高麗時代의 蔭敍制에 관한 몇가지 問題〉(《高麗史의 諸問題》, 三英社, 1986), 134~144쪽.

18) 金龍善,《高麗蔭敍制度硏究》(一潮閣, 1991), 80쪽 참조.

19) 여러 자손이 혜택을 본다는 점에서는 盧明鎬(앞의 글, 263~272쪽)도 견해가 같다.

요컨대 5품 이상 관리가 되면 그 자손에게 門蔭의 혜택을 베풀어서 몇 명인가는 관직자가 될 수 있었다. 그 자손이면 누구나 할 것 없이 무조건 관리가 된 것은 아니었겠지만, 그 자손들의 많은 수가 현실적으로 그러한 혜택을 입게 되었다는 뜻이 된다. 이 점에서 그들에게 주어진 이러한 사회적 특권은 대단히 큰 것이었음에 틀림없다. 5품 이상이라고 하는 조건은 있었지만, 문·무관이 5품에 오르는 데에는 아무런 제약이 없었다. 이 점을 고려하면, 관인계층의 자손들은—남반은 예외라고 해야 하겠지만—많은 수가 대대로 관직에 나아갈 수 있었다는 말이 된다.

음서가 혈연에 기초하였다면, 과거는 능력에 바탕을 둔 관리채용 방식이었다. 전자가 관인층의 귀족적 특권을 상징하였다면, 후자는 그들의 귀족적 특권을 파탄시킬 수 있는 소지를 안고 있었다. 음서가 관직자를 위로 좁혀서 5품 이상의 관리로 한정하였다면, 과거는 관직자의 아래를 넓혀서 하급 관직자는 물론이고 향리의 자식도 과거에 응시하게 하였다. 과거에서는 일반 양인 농민에게조차도 그 길을 열어 놓았다.[20] 그러나 아래로도 과거의 문을 열어 놓기는 했지만, 그 제도의 운용이 관인계층에 유리하게 이루어졌다는 사실을 간과할 수가 없다. 광종대의 과거급제자가 모두 지배층에 해당하는 사람들의 자제였다고 하며[21] 또 성종대의 과거급제자들로서 출신을 알 수 있는 한 모두가 중앙 관리거나 지방 향리의 자제였다고 한다.[22] 이렇게 보면 시험을 통하여 능력이 있고 없고를 따져서 급제·낙방을 결정하는 것이 과거라고 하지만, 그렇게 따지는 것이 대체로 관인층이나 이에 버금가는 향리와 같은 계층 사람들 사이에서의 일이었음을 알 수 있다.[23]

현실에 있어서 과거제도의 시행은 특히 관인계층에 유리하게 이루어졌다.

---

20) 다만 일반 양인농민의 경우 가장 중요한 製述業에의 응시는 허락되지 않았다. 이 점에서 제술업으로도 진출할 수 있었던 향리에 비하여 일반 양인은 불리하였다(李基白, 앞의 책, 1990, 57쪽 및 朴龍雲, 《高麗時代 蔭敍制와 科擧制研究》, 一志社, 1990, 239~243·571~572쪽 참조).

21) 姜喜雄, 〈高麗初 科擧制度의 導入에 관한 小考〉(《韓國의 傳統과 變遷》, 高麗大 亞細亞問題硏究所, 1973), 267·275쪽.

22) 李基白, 앞의 책(1990), 59~60쪽.

23) 李基白은 일찍이 과거가 여러 면에서 특권적인 지위에 있던 중앙관리와 지방향리계층이 그들의 정치적 지위를 독점하는 방향에서 시행되었다고 언급하였다(李基白, 위의 책, 61쪽).

이 점은 과거와 밀접한 관련이 있는 교육기관에의 입학자격을 보아도 알 수 있다. 관학으로서 고려에는 國子監이 있었고, 여기에는 6학이 있었다. 그 가운데 律學·書學·算學의 3학은 雜學이었으며, 더 중요하였던 것은 그 나머지 3학 즉 國子學·太學·四門學이었다. 그런데 이 3학에는 관리 가운데에서도 문·무 7품 이상의 자제만이 입학할 수 있었다.[24] 이것은 그들로 대표되는 귀족들이 고급의 교육을 받은 수 있는 기회를 독점하였음을 말하여 준다. 이 3학을 거쳐야만 꼭 과거합격이 보장되는 것은 아니었지만, 과거응시에 있어서 교육이 지니는 중요성을 감안할 때, 관인계층이 유리한 위치에 서게 되리라는 점은 다투어 볼 일이 못된다. 중앙 귀족들에 의하여 사학도 크게 발전하였거니와 이 점에서도 과거가 그들에게 압도적으로 유리하였으리라는 사실을 짐작할 수 있다.[25] 과거제도는 신분제도의 규정안에서 운용되었다. 그 시행은 귀족제도를 보완하는 방향에서 이루어진 것이 현실이었다. 따라서 과거제도가 귀족들의 신분을 유지하는 데 도움이 되는 방향으로 일정한 기능을 수행하고 있었다는 사실을 인정해야 할 것이다.

(3) 공음전과 한인전

5품 이상 관리의 자식에게 음서로 관직에 나아가게 한 것에 짝하여서 5품 이상 관리에게 세습이 허용된 功蔭田柴가 주어졌다는 것도 이미 널리 알려진 사실이다.[26] 전자가 관인계층에게 주어진 정치적 특권이었다고 한다면 후자는 그들에게 주어진 경제적 특권이라고 할 수 있다. 음서제도와 함께 공음전제도가 역시 관인층의 귀족으로서의 신분을 유지할 수 있도록 배려된 혜택이었음

---

24) 《高麗史》 권 74, 志 28, 選擧 2, 學校 仁宗朝式目都監詳定學式.

25) 金光洙, 〈中間階層〉(《한국사》 5, 국사편찬위원회, 1975), 234쪽 참조.

26) 이 功蔭田柴에 관해서는 두 개의 상반된 견해가 있다. 하나는 그것을 받는 관리의 범위에 관한 것이다. 즉 末松保和로 대표되는 견해는 모든 관리가 해당된다고 본 데 비하여, 李佑成으로 대표되는 또 다른 견해는 5품 이상 관리에 국한되었다고 하였다. 다른 하나는 受給관리의 성격에 관한 것으로, 李佑成은 일반 관리였다고 본 데 반하여 朴菖熙는 공훈 관리였다고 주장하였다. 필자는 그 범위와 성격에 관하여서 李佑成의 견해를 좇는다.
末松保和, 〈高麗初期の兩班について〉(《東洋學報》 36-2, 1953 , 《青丘史草》, 1965).
李佑成, 앞의 글.
———, 〈高麗의 永業田〉(《歷史學報》 28, 1965 ; 앞의 책).
朴菖熙, 〈高麗의 「兩班功蔭田柴法」의 해석에 대한 再檢討〉(《韓國文化硏究院論叢》 22, 梨花女大, 1973).

은 말할 나위가 없다. 공음전에 비교될 수는 없지만, 6품 이하의 관리의 자식에게도 경제적으로 도움이 될 수 있도록 토지가 지급되었음을 기억해 둘 필요가 있다. 閑人田의 지급이 그것이다.

한인전은 6품 이하의 관리 자녀 가운데 閑人에게 급여된 토지였다. 한인은 6품 이하의 관리의 아들로서 아직 관직에 나아가지 못한 사람을 일컫는데, 이들과 함께 아직 결혼하지 않은 딸에게도 한인전이 주어졌다.[27] 한인전은 물론 지급받은 사람이 벼슬길에 나아가거나 결혼을 하면 반납되었다. 그러나 벼슬길에 나아가거나 결혼할 때까지만으로도 그 중요성은 큰 것이다. 가령 6품 이하의 아들로서 한인전을 받았다고 가정할 때, 그가 관직을 받게 되어 한인전을 반납한다고 하더라도 그에게는 다시 科田이 주어질 것이고, 5품 이상으로 승진하게 되면 공음전까지 받게 되는 것이다. 비록 6품 이하의 하위 관직자라고 해도 그 자식은 거의 지속적으로 국가로부터 경제적인 도움을 받는 셈이다. 물론 여기서 6품 이하 관리의 자식들이 모두 한인전의 혜택을 받았을 것 같지는 않다. 그러나 그것이 공음전과 위 아래로 이어져서 모든 관직자에 대한 경제적 대우의 체계를 이루면서 그들이 귀족으로서의 사회적 지위를 유지하는 데 도움이 되었을 것이다.

(4) 문반 · 무반과 남반

관인계층이 귀족으로서의 지위를 유지하는 데 음서제도와 공음전제도가 각기 정치적으로 경제적으로 요긴하였다. 이 둘에 미치지는 않았지만 과거제도와 한인전제도도 여기에 일정한 기여를 하였다. 이 가운데 음서제와 공음전제는 말할 것도 없었고 한인전제도 아예 관인층의 독점물이었다. 그런데

---

27) 閑人과 閑人田에 대한 여기서의 논의는 李佑成의 견해를 좇는다(李佑成, 위의 글, 1962 참조), 이외에도 閑人에 관하여는 여러 해석이 있는데, 예컨대 白南雲은 한인을 武士的 小地主群이나 토호 출신의 무리라고 보았고(白南雲, 《朝鮮封建社會經濟史》 上, 東京 ; 改造社, 1937, 69 · 288쪽), 千寬宇는 그것을 보조적 · 예비역적 군사요원으로 보았다(千寬宇, 〈閑人考-高麗初期 地方統制에 관한 一考察-〉, 《社會科學》 2, 서울大, 1958, 52~54쪽). 한편 文喆永은 閑人은 同正職을 제수받아 散職體系 속에 대기하여 있는 관인을 범칭하는 것으로 이해하였다. 그리고 閑人田은 한인에 未仕未嫁의 자손이 있을 경우에 連立하게 한 토지였다고 보았다(文喆永, 〈高麗時代의 閑人과 閑人田〉, 《韓國史論》 18, 서울대 國史學科, 1988, 150~151쪽).

이 셋 가운데 음서제와 공음제는 5품 이상 관리에게 국한되었고, 한인전제는 6품 이하의 관리에게만 해당되었다. 이것은 5품 이상의 관리가 특별한 대우를 받는 특권적인 집단에 해당하였음을 말하여 준다.[28)]

그런데 5품 이상에 나아갈 수 있었던 것은 문반과 무반뿐이었다. 남반도 고려 초에는 4품까지 올라갈 수 있었지만 대체로 문종대에는 7품에 상한선이 그어져 고정되었다.[29)] 반면에 문반은 1품까지 나아갈 수 있었고 무반은 3품까지는 오를 수가 있었다.[30)] 그러나 무반은 문반과 달리 3품을 벗어날 수 없는 한계가 있었던 것이다. 그러니까 문무양반의 관직은 3품까지만 해당되는 것이었다. 2품 이상의 관직은 문반직일 따름이었다. 그리고 이 2품 이상의 문반직은 흔히 宰臣이나 宰樞로 표현되었다. 재추는 재신과 추신의 합칭으로 이들을 宰相이라고도 하였다.[31)] 재상이야말로 최고급정책을 최후로 결정하는 사람들이었다. 무반을 3품에 묶어두었다는 것은 결국 문반만이 재상이 되어 가장 중요한 정책에 대한 최종적 결정권을 가질 수 있었다는 뜻이 된다.

이러한 특권이 재상에게는 정치적인 특권에 해당하였다. 재상직에 나아갈 수 있었다는 점에서 이것은 문반계층에게 사회적인 특권을 뜻하였다. 대대로

---

28) 이러한 점에 주목하여 朴龍雲은 5품 위에 貴族線을 설정하고 그 이하와 구분하여 그 이상의 관리들을 귀족으로 볼 것을 제의하였다. 또 그러한 관직상의 지위가 3세대 이상 지속되면 귀족가문으로 등장할 수 있다고 하였다(朴龍雲, 〈高麗家産官僚制說과 貴族制說에 대한 檢討〉, 《史叢》 21·22, 1977 ; 《高麗時代 臺諫制度硏究》, 1981, 311~314쪽). 이것은 경청할 만한 의견이지만 官品을 가지고 어느 신분층의 지위를 이야기하는 것이 허용된다면, 차라리 그 출신 인물들이 오를 수 있는 관품상의 상한선이 어디인가에 주목하여 그것을 기준으로 삼는 것이 더 합리적일 것으로 생각된다. 가령 文班은 1품, 武班은 3품, 南班은 7품이 각기 그 상한선에 해당하는데, 그러한 차이에 주목하는 것이 차라리 그들 사이의 신분상 지위의 높고 낮음을 이해하는 데 더 도움을 줄 것이다. 그러나 이러한 경우에 있어서도 관품이 규정하는 관직들이 따로 있어서 관직을 접어두고 관품만 가지고 기준을 삼는다는 것이 여전히 부자연스러워 보인다.

29) 曺佐鎬, 〈麗代南班考〉(《東國史學》 5, 1957).
李丙燾, 〈高麗 南班考〉(《論文集-人文社會科學篇-》 12, 서울大, 1966).

30) 무반이라고 해서 2품의 벽을 허물지 못한 것은 아니었다. 그러나 그런 경우는 어디까지나 武官이 文官職을 兼帶하는 데 지나지 않는 것이고, 더욱이 武班의 신분을 벗어나는 것을 의미하지도 않았다. 이 점에 대해서는 邊太燮, 〈高麗時代의 文班과 武班〉(《史學硏究》 11, 1961 ; 《高麗政治制度史硏究》, 一潮閣, 1974, 294~304쪽) 참조.

31) 邊太燮, 〈高麗宰相考-3省의 權力關係를 중심으로-〉 (《歷史學報》 35·36, 1967 ; 위의 책, 58~59쪽).

재상직에 나아갈 수 있는 사로에 오를 수 있었다는 점에서 이것은 문반신분계층에게 신분적인 특권을 의미하였다. 나아가 이러한 신분적 특권이 배타적·독점적이었다는 점에서 문반은 최고의 신분계층이었다. 무반은 그 다음의 지위에 있었다. 무반은 재상이 될 수 없는 것이 원칙이었다. 이 점이 문반과 무반의 신분상 지위의 차이를 결정하는 데 있어서 중요한 지표가 되었다. 그러나 여전히 무반은 문반과 음서와 공음전의 혜택을 나누는 유일한 신분층이었다. 교육의 기회에 있어서도 무반은 문반과 함께 국자감의 국자학에 입학할 수 있는 단 하나의 신분층이었다 이것은 과거시험에 있어서도 그들이 문반과 함께 유리한 입장에 설 수 있었음을 시사한다.

남반은 처음에 4품까지 오를 수 있어서 무반과의 차이가 별로 없었지만, 문종대 이후 7품 이하에 한정됨으로써 문무양반과는 현격한 차이가 있게 되었다. 그들은 음서와 공음전의 혜택을 기대할 수가 없었다. 그러나 그 자식이 한인전을 받을 수 있었다. 자손에게 대물림되는 공음전과 비길 수는 없지만, 한인전의 혜택만으로도 그들이 신분상의 지위를 유지하는 데 어느 정도는 도움이 되었다고 보아도 좋다. 남반은 국자감의 입학에 있어서 문·무반보다 불리한 위치에 있었지만, 사문학에는 입학할 수 있었을 것으로 보인다.[32] 문무양반과는 구별되었지만, 그들은 일정한 사회적·신분적 혜택이 기대되는 계층이었다. 그들은 그 말단에 자리하고 있었지만, 귀족으로서의 신분을 누릴 수는 있었다.

(5) 귀족의 계층구성

과거에는 귀족에 대한 상세한 연구가 없는 속에서 그것을 관리(특히 문·무관)와 동일시하는 경향이 짙었다. 그런데 요즈음에는 점차 연구가 깊어지면서 귀족의 범위를 좁혀보는 견해가 대세를 이루고 있다.[33] 그럴 경우 범위를 설정하는

---

32) 《高麗史》 권 74, 志 28, 選擧 2, 學校 仁宗朝式目都監詳定學式의 조항에서 국자감의 四門學에 입학할 수 있는 사람들에 대해 「文武官 7품 이상의 아들」이라고 하였고 雜學의 경우는 「8품 이상(하)의 아들 및 庶人」이라고 하였다. 잡학에 서인도 입학이 허용되었으므로 그와 나란히 있는 8품 이하의 관리에는 南班이 포함되어 있어야 마땅하다. 그런데 8품 이하의 관리는 四門學의 경우로 미루어 보아서 文·武官을 뜻한다. 결국 남반은 文官 안에 포함시켜 표현되었음을 짐작하게 한다. 그러므로 四門學의 경우에도 남반은 문관 안에 넣어서 따로 언급하지 않았을 뿐이라고 생각한다.

33) 고려 귀족에 관한 최근의 학설사적 검토는 金龍善, 〈高麗貴族社會成立論〉(《韓韓社會發展史論》, 一潮閣, 1992) 참고.

기준이 문제가 된다. 종래에는 이와 관련하여 관직을 중시하는 것이 일반적이었다. 최근에는 그 기준을 세우는 데 있어서 관품을 더 내세우는 일도 있고, 문벌의식이라든지 통혼권 나아가 경제적 특권들까지를 폭 넓게 고려하여야 한다는 의견도 있다. 이러한 연구의 토대 위에서 귀족의 개념과 범위 그리고 그 범위의 설정에 필요한 기준을 정리하면 다음과 같이 설명될 수 있을 것이다.

전통적인 사회에 있어서 사회구성원 가운데 누구는 사회적으로 권위가 인정되어 존경을 받기도 하지만 다른 사람은 그렇지 못하여 천시되거나 멸시받는 수가 있었다. 또 누구는 경제적으로 혜택을 받는데 다른 사람은 불이익을 받는 수도 있었다. 그런가 하면 누구는 관리가 되는 일이 당연하였지만, 반대로 다른 사람은 관리가 될 수 없는 것이 당연하였다. 여기서 사회적·경제적·정치적 권리(특권)나 의무(제약)는 넓은 의미에서 사회적 권리(특권)나 의무(제약)라고 부를 수 있다. 그런데 이러한 특권이나 제약은 사실에 있어서 한 사람 한 사람이 모두 가지고 있었다. 다만 사람마다 정도에 차이가 있었을 뿐이다. 가령 門下侍中은 그러한 특권을 가장 많이 가졌지만 그가 안고 있던 제약은 가장 적었다. 그런가 하면 노비의 경우는 그 반대였다. 여기서 말하는 특권과 제약은 그 정도의 차이에 따라 사회적 지위의 차이를 결정하였으며, 그 차이는 사회적 지위의 높고 낮음을 뜻하였다. 그리고 사회적 특권과 제약이 대를 이어 세습되고 이러한 사실이 법이나 관습 또는 불문율로서 정해져 있을 때 그것이 규정하는 사회적 지위는 신분적 지위가 되는 것이다. 이와 같이 하여 신분적 지위가 제일 높은 사람들이 귀족인 것이었다. 신분적 지위가 제일 높은 사람들이 소속된 신분계층이 귀족신분계층이라는 뜻이다.

여기서 문제가 되는 것은 구체적으로 누가 여기에 포함되는가 하는 점이다. 누구를 넣고 빼고 하기 위해서는 기준이 필요하다. 그 기준은 당연히 신분적 특권(권리)이나 제약(의무)의 많고 적음에 두어져야 할 것이다. 여기서 당연히 많고 적음을 재는 준거가 필요하다. 이 준거의 마련이 다방면에서 이루어질 수 있다면 특권과 의무의 다소를 재는 일은 그만큼 정교해질 것이다. 그런 의미에서 여러 측면의 특성(특권과 제약에서 나타나는 것과 같은)을 함께 고려하여 귀족의 범위를 보아야 한다는 주장은 매우 바람직한 것이다. 그러나 현실적으로 그러한 연구는 말보다 훨씬 어려운 것도 사실이다. 주로 지금까지의 연구는 관직에 주목하여 귀족의 범위를 생각하였을 뿐이므로 이런 점에서 만족하다고는 할 수 없다.

하지만 이러한 종래의 연구 방법은 여전히 유효하고 중요하다고 생각한다. 관직은 기본적으로 그것에 나아가는 사람의 정치적 지위를 결정하여 주는 것이었다. 또 관직자가 될 수 있다는 것은 정치적 권리에 해당하였다. 그리고 관직자가 되면 사회적 위엄이나 경제적 이익이 수반되었다. 관직자라고 하는 정치적 지위가 관련자의 사회적·경제적 지위까지를 결정하는 데 큰 몫을 차지하고 있었던 것이다. 이 점에서 관직에 주목하여 관련된 사람들의 신분적 지위의 높낮이를 재는 일은 가장 유력한 연구방법의 하나라고 생각한다. 또 관직자가 됨으로써 얻어지는 정치적·사회적·경제적 특권이 매우 큰 것이었다는 점에 주목하여, 그 관직을 대대로 가질 수 있는 신분층을 그렇지 못한 신분층과 구분하여 귀족으로 이해한 것도 타당하다고 생각한다. 고려사회에서 신분적 특권과 제약의 정도 차이를 재는 준거로서 가장 큰 것은 대대로 남에게 소유되어 매매·증여·상속의 대상이 되어야만 하는가 아닌가 하는 점이 아닐까 한다. 그리고 대대로 관리가 될 수 있는가 없는가 하는 점이 그 다음으로 중요한 준거가 되리라고 본다.

따라서 문무 양반은 물론 남반까지도 귀족으로 보는 것은 당연하다. 다만 같은 귀족이지만 남한은 문반과 무반에 비하여 신분적 지위가 낮은 신분층이었을 따름이다. 그러면 같은 귀족이고 동일한 관인층이며, 단일한 관품체계에 똑같이 포함되어 있었음에도 불구하고, 왜 그들의 신분상 지위가 문반·무반의 그것에 비하여 낮아야 했는가. 이것은 왜 그들이 신분적 특권은 더 적고 신분적 제약은 더 많아야 했는가 하는 물음과 같다. 그 이유는 그들의 役, 즉 사회적 기능이 문·무반의 그것과 다르고, 낮게 평가되었기 때문이다. 그들에게 기대된 역의 수행은 관직을 통하여 이루어지도록 하였지만 궁중직에 한정되었던 것이다. 똑같은 논리로 문반은 문반직에, 무반은 무반직에 한정되었다. 각기 성격이 다른 세 班의 관직은 나름대로 독자적인 仕路를 이루었는데, 이 사로는 관품의 규정을 받는 관직의 상하체계였다. 똑같이 종9품에 설정된 관직에서 제각기 출발하지만, 문반은 1품인 문하시중, 무반은 3품인 上將軍, 남반은 7품인 內殿崇班까지 올라가 벼슬길이 끝났다.

이와 같이 이해하는 입장에서는 귀족의 신분을 구분하는 기준으로서 단순히 관직과 관품 가운데 어느 것이 더 중요한가를 따지는 것은 별로 큰 의미가 없어 보인다. 관품은 관직을 규정하여 주는 일정한 체계이지만, 관직을 규정하지 않는 관품은 의미가 없는 것이다. 발령을 대기할 때처럼 혹 이 둘이 떨어질 수가 있기는 하겠지만, 불가분의 관계에 있어야 하는 것이 원칙이었다. 각기 성격이 다른 임무를 수행하기 위하여 준비되었고, 관품에 의하여 그 지위가 규정된 관직들의 상하연결로 이루어진 사로의 다름이 귀족의 계층구성을 이해하는 데 보다 적절한 기준이 될 것이다. 이러한 벼슬길의 차이에 따라서 고려는 독자적인 신분층을 설정하였거니와, 그 설정의 단위로서 제시한 것이 반이었던 것이다.

사로의 다름 즉 반의 차이에 따라서 고려 귀족의 범위를 본격적으로 논의한 연구가 있다.[34] 그런데 이 연구에서는 문반과 무반과의 신분상 차이가 컸음을 지적하고 문반만을 귀족으로 볼 것을 제의하였다. 이 연구는 이 점에서 문·무·남반의 세 반을 모두 귀족으로 보는 입장과는 차이가 난다. 문반은 최고의 귀족일 뿐 유일한 귀족은 아니다. 이 견해의 차이는 서로가 제시한 기준이 엄격한 것인가 아닌가, 또한 귀족의 범위를 크게 볼 것인가 좀 좁혀서 볼 것인가 하는 입장의 차이에서 말미암은 것인데, 어느 쪽이 옳은가를 판단해야 할 문제는 아니라고 본다. 가령 문하시중과 같은 최고의 관직까지 대대로 나아갈 수 있다고 기대되는 문반이 귀족이 되는 조건이었다면 그것이 기준이 되어 그렇지 못한 반은 귀족이 못되는 것은 당연하다. 한편 미관말직이라도 대대로 관직자가 될 수 있다는 사실이 중요하여 이 점이 귀족의 조건으로서 충분하다면 이에 해당하는 남반이 기준이 되어 그렇지 못한 신분층은 귀족이 못 되는 것도 역시 당연하다.

세 반은 각기 수행하는 업무의 성격이 달라서 저마다 독자적인 벼슬길을 지니고 있었지만 모두가 관직에 있었다는 점에서 같다. 그런데 여기서의 관직은 9관품체계에 포함되어 그 규정 속에 있었다. 그러므로 관직도 하나의 체계를 이루고 있었다고 할 수 있나. 같은 관직이라도 시리직이니 향리직이 이와 구별되어야 하는 것은 말할 나위가 없다. 散職들이 또한 이와 혼동될 수 없다는 것

---

34) 邊太燮, 앞의 글(1961).

도 다시 말할 나위가 없다. 여기서 말하는 관직체계는 국왕을 정점으로 정연하게 짜여진 관료조직을 이루는 것이었다. 이 관료조직은 안으로 국민들을 효과적으로 지배하고 밖으로 나라를 보위하기 위하여 관직자들이 임무를 수행하는 데 필요한 것이다. 국민에 대한 지배와 국가의 보위에 있어서 가장 큰 권한을 행사하기도 하였지만 또 가장 큰 책임도 직접 져야 하는 것이 이 관료조직이었다.[35] 관리가 되어 이 관료조직에 낄 수 있었을 뿐만 아니라 그 자손들이 또한 그럴 수 있었다는 점에서 관리들은 관인신분층을 이루고 있었다고 할 수 있다. 이 관인신분층은 귀족신분층이나 지배신분층으로 보아도 좋을 것이다. 이 귀족층에 문반·무반·남반의 세 신분층이 있었던 셈이다.

그런데 이 귀족층 안에 더 세분된 계층이나 신분층을 설정할 수도 있다. 세분하는 기준이 정당하기만 하다면, 얼마든지 더 나누어 볼 수 있을 것이다. 이와 관련하여 비근한 예를 들면 관리들의 충성의 정도가 기준이 될 수도 있다. 같은 관리라고 하더라도 공신의 자손과 반대의 경우가 똑같은 신분상 지위에 있었던 것만은 아니었다. 그 밖에도 국왕과 인척관계에 있는 관리의 자손과 반대로 낮은 신분에 혈연이 닿는 경우가 역시 같을 수가 없을 것이다. 그런데 이러한 기준에 입각한 귀족신분의 연구는 이미 학계에서 시도되어 왔거니와 바람직한 일이라고 하겠다.

3) 향 리

(1) 임 무

신라말 지방에 산재하여 웅거하고 있던 호족들은 신라를 멸망으로 이끈 주역이었다. 고려가 건국된 뒤에 그들 가운데 일부는 중앙의 귀족이 되어 지배계층으로 발돋움하였다. 한편 그 일부는 각 지방에 그대로 남아 지방행정을 맡게 되었다. 고려 향리는 바로 이들 호족에 연원을 둔 것이다. 호족들이 지방의 유력자로서 지방행정에 참여하였을 때에는 堂大等—大等을 중심으로

35) 관료조직의 대내적인 기능을 중시하는 입장에 서면, 관료조직에 끼는 관리들이 이루는 사회계층은 지배계층이라고 할 수 있고, 그 계층에 속하는 사람들이 원칙적으로 대대로 관리가 될 수 있었다는 사실에 주목한다면 그 사회계층은 지배신분계층이라고도 불리워질 수 있다.

한 관직체계가 이들의 임무 수행을 뒷받침하였다. 그러다가 광종 무렵부터 점차로 戶長—副戶長을 축으로 하는 새로운 향리의 관직체계가 갖추어지기 시작하여 대체로 성종 2년(983)에 지방에 중앙관이 파견되는 것에 짝하여 보다 체계화되고 또 보편화되기에 이르렀다.[36] 새로이 정비되어 모습을 드러낸 향리의 관직체계를 표로 만들면 아래와 같다.[37]

戶 長 (堂大等)	副戶長 (大等)	[司戶] (戶部)	戶 正 (郞中)	副戶正 (員外郞)	史 (執事)
		司 兵 (兵部)	兵 正 (兵部卿)	副兵正 (筵上)	兵 史 (維乃)
		司 倉 (倉部)	倉 正 (倉部卿)		

* [ ]은 상상하여 넣은 것, ( )는 개정 이전의 명칭

개정되기 이전에 있었던 직책의 이름은 대부분이 신라시대 중앙의 고급 관료들이 지니고 있던 직명이었다.[38] 그러한 것들을 호장·부호장으로 대표되는 새로운 직책명으로 바꾼 것은 지방행정의 담당자들에게 남아 있는 독립적·독자적 색채를 지워버리고 그들을 중앙집권체제의 틀 속에 편입시키고자 한 국가 의지의 표현이었다. 그들은 이제 호족으로서의 풍모를 떨쳐버리고 鄕吏로서의 새로운 면모로 탈바꿈하지 않으면 안되었다. 그렇다고 그들의 사회적인 지위가 무한정 낮아진 것은 아니었다. 국가의 입장에서도 그렇게까지 강요할 수 있는 입장은 아니었다. 그들의 협조가 없이는 중앙의 지방지배가 이루어질 수 없었던 것이 고려 전기의 사정이었다. 外官이 파견되었다고 하지만 그렇지 못한 지방행정의 단위가 더 많았다. 뿐만 아니라 외관이 있다고 하여도 짧은 임기에 관할하여야 할 지역은 큰 것이었다. 이러한 여건 속에서 향리들의 역할은 결정적으로 중요하였다. 향리들에 대한 회유도 절실할 수밖에 없었던 상

---

36) 성종 2년 戶長·副戶長 중심의 새로운 향리의 관직체계는 일찍이 주목되었다(金鍾國, 〈高麗時代の鄕吏について〉, 《朝鮮學報》 25, 1962, 88쪽 및 朴敬子, 〈高麗鄕吏制度의 成立〉, 《歷史學報》 63, 1974, 70쪽 참조). 그런데 종래에는 성종 2년에 처음으로 호장·부호장 중심의 관직체계가 성립되었다고 이해하였다. 이에 대하여 그러한 향리직체계가 慶州지역에서 광종대 무렵에 보이고 있었다는 점을 들어서 이의를 제기한 이도 있다(李純根, 〈高麗初 鄕吏制의 成立과 實施〉, 《金哲埈博士華甲紀念 史學論叢》, 1983, 216~218쪽).

37) 朴敬子, 위의 글, 73쪽의 주 31)에 있는 표를 전재하여 둔다.

38) 金鍾國, 앞의 글, 87쪽.

황이었다. 향리들은 비록 과거와 같을 수는 없었다고 하더라도 지방의 유력한 세력으로 남아 있었다는 점은 분명하다.

향리의 임무 가운데 기본적인 것은 대부분이 농민인 지방민으로부터 조세·공납·역역·군역 따위를 징수하거나 징발하는 일이었다.[39] 또한 州縣軍 가운데 一品軍 장교의 직도 향리가 맡았다. 한편 향리 가운데 어떤 이의 자제는 其人이 되어 개경의 중앙정부에 가서 출신 지방에 관련된 여러 사무를 처리하거나 그 원활한 처리를 위하여 의견을 내는 일을 하였다.[40]

(2) 향역의 세습과 종사

향리들이 향리직에 나아가 수행하는 임무들은 자식들에 의하여 세습적으로 수행되었다. 그렇다고 향리의 자식은 누구나 그 아버지를 이어 반드시 향리직에 나가야 했던 것은 아니었다. 여기서 잠시 다음 사료를 보도록 하자.

> 嚴守安은 寧越郡의 吏였는데 키가 크고 담력이 있었다. 나라의 제도에 吏에게 세 아들이 있으면 한 아들이 벼슬길에 나아가는 것을 허락하였다. 엄수안이 例에 따라서 重房의 書吏에 補하여졌다. (그는) 원종 때에 등제하여 都兵馬錄事가 되었다(《高麗史》 권 106, 列傳 19, 嚴守安).

향리의 세 아들 가운데 한 아들이 벼슬길에 나아감을 허락하는 것이 나라의 제도였다고 한다. 그런데 이 제도는 향리의 자제로서 其人이 되어 중앙정부에 입역하는 것을 뜻한다고 보인다.[41] 기인은 중앙에서 일정기간의 역을 마치면 吏職에 나아갔다.[42] 엄수안은 기인으로서 입역하고 중방의 서리에 임명되었던 것이다.

---

39) 金鍾國, 위의 글, 94~102쪽.

40) 金鍾國, 위의 글, 98~100쪽.
金成俊, 〈其人의 性格에 관한 考察〉(下)《歷史學報》 11, 1959 ; 《韓國中世政治法制硏究》, 一潮閣, 1985, 65~74쪽).
韓㳓劤, 〈麗初의 其人選上規制〉(《歷史學報》 14, 1961 ; 《其人制硏究》, 一志社, 1992, 78~93쪽).

41) 韓㳓劤도 嚴守安이 例에 따라서 補하여졌다는 사실에 주목하여 其人의 選上立役의 내용을 말해주는 것이라고 하였다(韓㳓劤, 위의 글, 88쪽).

42) 《高麗史》 권 75, 志 29, 選擧 3, 銓注 其人 문종 31년 判 및 권 83, 志 37, 兵 3, 工役軍 충선왕 원년 3월.
李佑成, 〈高麗朝의 '吏'에 對하여〉(《歷史學報》 23, 1964 ; 앞의 책, 1991, 93~95쪽) 참조.

향리의 세 아들 가운데 한 아들은 기인이 되어 중앙의 이직에 나아갈 수 있었다. 그런데 이러한 내용을 담은 나라의 제도라고 하는 것은 나머지 두 아들은 아버지를 이어 향리직에 나아가지 않으면 안된다는 사실을 전제로 하고 세워진 것이다. 그렇다면 실제에 있어서도 기인이 못 되는 나머지 두 아들은 꼭 향리직에 나아가야 하였을까. 반드시 그렇지는 않았다고 생각된다.

> 본국의 鄕吏는 과거를 거치지 않고는 (鄕)役을 면하고 벼슬길에 나아갈 수 없다(《高麗史》 권 75, 志 29, 選擧 3, 銓注 鄕職 충숙왕 12년 敎).

이 사료를 보면, 향리도 과거에 합격하면 벼슬길에 나아갈 수 있었음을 알 수 있다. 앞에서 알게 된 바와 같이 향리가 벼슬길에 나아가는 방법으로 기인이 되는 길이 있었고 그 혜택을 입을 수 있는 것은 세 아들 가운데 하나뿐이었다. 그런데 여기서는 벼슬길에 나아가는 방법으로 과거에 합격하는 것이 시사되어 있다. 기인이 되는 것에 짝하여서 과거에 합격하는 것도 향리의 아들들이 벼슬길에 나아갈 수 있는 방도였다. 기인이 되어 選上立役의 길을 떠나야 할 사람이 과거에 응시하여 합격할 수는 없을 것이다. 그러므로 과거 응시는 또 다른 아들의 몫일 것이다.

향리의 세 아들 가운데 한 아들이 기인이 되어 떠나면 나머지 두 아들은 향리직에 나가는 것이 원칙이었지만, 그 가운데 하나는 과거의 응시가 허락되었다는 해석이 가능하다. 여기서 다음 사료를 참고하여 보자.

> 樂工에게 3, 4명의 아들이 있으면 한 아들로 하여금 업을 잇게 하고 그 나머지는 注膳·幕士·驅史에 소속시켰다가 陪戎副尉·校尉에 옮기되 耀武校尉에 이르는 데 그치게 하라(《高麗史》 권 75, 志 29, 選擧 3, 銓注 限職 문종 7년 10월 判).

악공의 경우 3, 4명의 아들 가운데 父業을 이어 악공이 되는 것은 한 아들뿐이고, 나머지는 잡류의 직에 나아가게 하고 그 임무가 끝나면 요무교위에 한정시켜 武散階로 승진시키게 하였다. 이로써 미루어 보건대 향리의 아들로서 한 아들은 반드시 부업을 이어야 했겠지만, 나머지 두 아들은 벼슬길에 나아가는 것이 허락되었다고 짐작된다. 둘 가운데 하나는 기인으로 선상입역되는 방법으로, 그리고 다른 하나는 과거에 응시하는 방법으로, 각기 중앙의 벼슬길에 나아갈 수가 있었던 것이다.

(3) 향리의 신분

鄕役을 세습하는 향리들은 일정한 지역에서 일반 백성들을 지배하는 위치에 있었다. 정치적으로도 그러하였지만, 향리가 주현군의 一品軍 장교가 되었다는 점에서 군사적으로도 백성들을 지휘하는 입장에 있었다.[43] 이 점에서 보아도 향리들이 일반 농민보다 신분상 높은 지위에 있었음을 짐작할 수 있다. 향리들이 향역을 세습한다는 것이 귀족의 입장에서는 향리들이 짊어져야 하는 의무나 제약으로 받아들여졌지만 일반 농민들의 견지에서는 권리나 특권으로 생각되었다.

향역의 세습은 향리에게—그것이 제약이든 특권이든 상관 없이—기본적이고 우선적인 일이었다. 그렇기는 하지만 지방에서의 향리가 주도하는 행정에 지장이 없는 한, 향리가 향역을 벗어나 중앙으로 진출할 수 있는 기회도 아울러 주어졌다. 그 하나가 其人이 되어 중앙의 胥吏職에 나아갈 수 있는 것이고 다른 하나가 과거를 통하여 品官으로 진출하는 것이다. 기인이 되는 것은 향리만이 가질 수 있는 특권이라고 할 수 있지만, 과거에 응시하는 것은 그러하지 못하였다. 귀족은 말할 것도 없고 일반 농민에게도 그 문이 열려 있는 것이 과거였다. 그러나 일반 농민들은 과거에서 가장 중요한 製述業에 나아갈 수는 없었다.[44] 반면에 향리에게는 아무런 제약이 없었던 것이다. 적어도 일반 군현의 향리는 그러하였다.[45] 향리는 제술업을 포함하여 과거의 전 분야에서 응시하는 데 제약이 없었을 뿐만 아니라, 벼슬길에 있어서도 제한을 받지 않았다.

일반 농민과의 차별은 저절로 드러나는 바이지만, 이 점에서라면 오히려 관인계층과 사정이 같다고 해야 할 것이다. 그렇다고 과거에의 응시에 있어서 향리가 관인계층과 비교하여 모든 면에서 차이가 없었다고 보는 것은 성급한 일이다. 위에서 본 대로 향리의 아들 가운데 최소한 한 명은 향역의 세습이

---

43) 旗田巍도 향리에게 武散階가 주어지기도 하였음을 지적하고 그 배경을 향리들의 현실적인 위치에서 찾은 바 있다(旗田巍, 〈高麗の「武散階」—鄕吏・耽羅の王族・老兵・工匠・樂人の位階—〉, 《朝鮮學報》 21・22, 1961 ; 《朝鮮中世社會史の硏究》, 法政大出版局, 1972, 408~411쪽).

44) 李基白, 앞의 책(1990), 57쪽.
朴龍雲, 앞의 책(1990), 239~243쪽.

45) 일반 군현이 못되는 행정 단위의 吏는 그러하지 못하였다. 部曲吏에게는 5품의 관직이 그가 나아갈 수 있는 최고의 지위였다. 여기서 설명하고 있는 것은 어디까지나 일반 군현의 향리이다.

먼저였으므로 과거에 응시할 수가 없었다. 또 과거에 응시할 수 있었고 그래서 제술업이나 명경업에 나아가는 경우에도 그 아들은 부호정 이상의 향리 자제에 한하였다.[46] 자세히 보면 이와 같이 향리는 관인계층에 비하여 불리한 처지에 있었다. 그리고 이 점은 나아가 향리들의 신분상 지위를 관인계층의 그것과 견줄 수 없다는 점을 시사하여 준다.

과거에 나아갈 수 있었고 또 실제로 과거급제자 가운데 많은 이들이 향리 출신이었다는 점도 지적되어 왔다.[47] 그러나 과거급제는 관인계층에게도 어려운 것이었다. 향리에게는 더욱 그러하였다. 한편 기인이 되어 중앙에 진출하는 것은 이에 비하면 용이한 것이었다. 과거처럼 어려운 시험을 거치는 것도 아니었을 뿐만 아니라 과거에서처럼 다른 신분층과 경쟁을 해야 하는 것도 아니었다. 기인으로 중앙의 이서직에 나아가는 것은 향리의 자식들만이 늘상 그렇게 할 수 있는 일이었다. 그리고 이러한 일은 향리의 신분상 제약이라기보다는 특권이라는 측면에서 이해되어야 할 것이다. 무엇보다도 5품 이상의 관리 자제들이 蔭補될 때 실질적으로건 同正職으로건 중앙의 서리직이 初職인 경우가 흔히 있었다는 점에서 그러하다.[48] 사실 향리의 아들로서 기인이 되어 뒤에 서리직을 맡는 것은 5품 이상의 관리의 아들이 음보되어 그렇게 되는 것과 흡사하다. 향리의 아들이 고급관리의 아들과 어깨를 나란히 해서 같은 성격의 서리직을 맡을 수 있었다는 점만으로도 향리의 신분을 이해하는 데 있어서 주목받을 만하다.[49] 어느 쪽도 기본적으로 능력보다는 먼저 혈연이 고려된 결과였다는 점도 유의할 필요가 있다.

그렇기는 하지만 이 사실에 매달려 향리의 신분상 지위를 관인계층의 그것과 혼동하는 일이 있어서는 안된다. 기인으로 서리직에 나아갈 경우에는 그것을 벗어나 품관이 되지는 못하였을 것으로 이해되기 때문이다.[50] 이와 관련하

---

46) 李基白, 앞의 책(1990), 58쪽.
朴龍雲, 앞의 책(1990), 237~238쪽.
47) 金鍾國, 앞의 글, 112~115쪽.
李基白, 위의 책, 58~61쪽.
48) 李佑成, 앞의 책, 92쪽.
朴龍雲, 앞의 책(1990), 652쪽.
49) 李佑成, 위의 책, 95쪽.
50) 필자는 기인이 궁극적으로 서리직에의 入仕를 통하여 주로 문반으로 진출하였다

여 다음의 사료를 보도록 하자.

> 州縣에서 進奉한 長吏에게는 同正職을 한 등급 더하여 주고 職이 찬 사람에게는 武散階를 더하라. 承天府에서 進奉한 (사람으로서) 戶長 이상에게는 武散階를 가하고, 副戶長 이하에게는 직을 한 등급 더하여 주고, 職이 없는 이에게는 初職을 허락하라(《高麗史》 권 12, 世家 12, 예종 3년 2일 신묘).

주현에서 진봉한 長吏는 아마도 기인일 것이다.[51] 그들로서 직이 찬 사람은 武散階를 받도록 하였다. 여기서의 직은 초직은 아니라고 본다. 부호장 이하의 향리는 직을 한 등급 더하여 주고 직이 없는 이에게는 초직을 주었다고 하였듯이 한 등급 더하여 받게 된 직이 초직이었음을 말하여 준다. 즉 중앙 정부에 진봉한 부호장 이하의 향리 가운데 초직이 있으면 그 안에서 등급을 하나 높여주고 초직이 없으면 그것을 주라는 뜻이다. 문제의 부분도 같은 맥락에서 해석되어야 옳다고 본다. 따라서 위에서 직이 차서 무산계를 받게 된 長吏의 직은 바로 초직이었다고 생각한다.

그런데 초직은, 胥吏職에서의 그것을 뜻하며 入仕職이었다.[52] 초직은 人吏라고도 불리웠는데 그 내부에 위아래로 연결되어 있는 몇 개의 등급이 있었다. 기인은 마침내 서리직의 초직을 받아 입사직에 진출하여 그 내부의 등급에 따라 승진하였다. 그러나 그가 오르는 입사직은 품관직으로 이어지지는 못하였다. 다시 말하여 기인은 蔭補者와는 달리 서리직 내부에서만 승진이 허용되었을 따름이다. 혹 운이 좋으면 그는 무산계를 받을 수 있었다. 일종의 포상으로 진봉장리가 직이 차서 무산계를 받게 되었음을 일러주는 위의 기록이 바로 이 점을 일깨워주고 있다. 그러나 그런 경우에도 老兵·工匠·樂人 등과 나란히 받을 수 있는 무산계의 비중이 品官들이 받는 문산계와 비교될 수는 없다.[53] 향리에게 과거에 응시할 수 있는 기회가 비교적 관대하게 주어지고 중앙 정부의 서리직에 나아갈 수도 있었지만, 그들은 어디까지나 이족에 머물러 있는 것이 무엇보다도 크게 기대되는 신분층이었다.

고 본 적이 있으나 여기서 종래의 견해를 바꾸어 둔다(洪承基, 〈高麗 초기 中央軍의 組織과 役割—京軍의 性格—〉, 《高麗軍制史》, 陸軍本部, 1983, 51~52쪽).

51) 旗田巍, 앞의 책, 390쪽.

52) 金光洙, 〈高麗時代의 胥吏職〉(《韓國史硏究》 4, 1969), 10~12쪽.

53) 旗田巍, 앞의 책 참조.

4) 군 인

(1) 군 역

문관을 문반으로, 무관을 무반으로 하였듯이 군인은 軍班으로 편성하였다. 그리고 향리가 鄕役을 담당하였듯이 군인은 軍役을 부담하였다. 이 역은 세습되었다. 군역이 세습적으로 지워졌다는 점에서 군인은 전문적 군인이었으며, 군인 신분층을 이루었다. 일정한 씨족을 단위로 軍戶가 형성되었으며 이 군호들이 군반으로 편성되었다. 군인신분층은 이 점에서 軍班氏族이었다고도 볼 수 있다. 이러한 성격의 군인들이 중앙군의 핵심을 이루었다.[54]

평상시에 군인들은 국왕의 시위나 개경의 수비를 맡았다. 국경 지대에서의 방수도 그들의 임무였다. 유사시에 그들은 전투에 참여하였다. 군인들이 해야 하는 이러한 일들이 그들의 군역의 내용을 이루었다.[55] 군역에 대한 대가로 군인은 군인전을 지급 받았다. 문종 30년(1076)의 규정으로는 馬軍·役軍·步軍·監門軍 등 병종에 따라서 차이를 두고 군인전이 지급되었는데 그 크기는 20결에서 25결 사이에서 결정되었다. 그리고 그 토지는 전호에 의하여 경작되었다. 군인은 수조권자로서 租를 거두어 소요 경비와 생계 유지를 위하여 썼다.[56]

(2) 군역의 세습

아버지가 지고 있는 군역은 아들에 의하여 세습되었다. 군역의 세습은 군인 신분의 세습을 말하는 것이다. 군역이 사회적인 권리로 이해되건 의무로 생각되건, 그들은 원칙적으로 군역에서 해방될 수 없었다. 그 자손들도 역시 그러하였다. 이 점은 군역의 이행에 대한 보상으로 주어지는 군인전의 세습의 모

---

54) 李基白, 〈高麗軍人考〉(《震檀學報》 21, 1960 ; 《高麗兵制史硏究》, 一潮閣, 1968, 101~110쪽).

———, 〈高麗 軍班制 下의 軍人〉 (위의 책), 284~286쪽.

고려 병제의 특성과 관련해서는 軍班制說과 府兵制說 및 이 두 견해를 절충한 이원적 구성론이 있다. 이에 관한 자세한 설명은 鄭景鉉, 〈경군〉 (《한국사》 13, 국사편찬위원회, 1993), 293~313쪽 참조. 그런데 여기서의 서술은 주로 군반제설을 받아들이는 입장에서 기왕의 학설을 정리·참고하여 서술하였다.

55) 李基白, 위의 책, 132~141쪽.

56) 李基白, 위의 책, 144~152쪽.

습을 보면 잘 이해가 될 것이다.

> 田丁의 連立은 嫡子가 없으면 嫡孫이, 적손이 없으면 同母弟가, 동모제가 없으면 庶孫이, 친손이 없으면 외손이 하게 하라(《高麗史》 권 84, 志 38, 刑法 1, 戶婚 정종 12년 判).

여기서 전정에 軍人田이 포함되어 있었다는 점과 그 상속의 원칙이 적장자 상속이었다는 점은 이미 알려진 바 있다. 군인전의 상속은 군역의 세습을 전제로 한 것으로 적장자원칙에 의하여 군인전을 상속시키자면 어느 정도까지의 친족의 범위가 파악되어야 하는 것은 당연하다.

그런데 군인전의 상속이 여러 아들 가운데 적장자에 한하여 상속되었다는 것은 군역의 세습도 그러하였다는 뜻이 된다. 군인의 아들이라고 해서 꼭 아버지처럼 군인이 되어야만 했던 것은 아니다. 사실 이 점은 향리나 악공의 경우도 비슷하였다. 그러나 그렇다고 다른 아들들이 반드시 아버지의 뒤를 이어서는 안된다는 뜻으로 이해되어서는 곤란하다. 이와 관련하여 유의해야 하는 것은 군인전의 상속에 있어서 적장자상속의 원칙을 내세웠다거나 더욱이 그 원칙에 따라 몇 차례인가의 상속 순번까지 일일이 밝혀놓았다는 사실이다. 이것은 결국 군역의 세습이 대대로 반드시 그리고 언제나 이어져야 한다는 국가의 절실한 기대를 반영하는 일이다. 뿐만 아니라 이것은 적장자 하나뿐만이 아니라 다른 아이들은 물론이고 그 자손들까지도 군역의 세습을 위하여 대기하고 있어야 한다는 것이 국가의 바람이었음을 뜻한다. 이러한 관점에서 적장자에게 지워지는 군역은 그만이 져야 한다는 뜻이기보다는 다른 아들들보다 그가 먼저 져야 한다는 의미가 더 컸다고 보아야 할 것이다.

(3) 군인의 신분

군인에게는 군역에 대한 대가로 군인전이 지급되었다. 그런데 그 지급의 내용은 수조권이었다. 그리고 그 지급의 규정을 담은 것이 田柴科였다. 전시과의 규정에 의거하여 일정한 크기의 토지에 대한 수조권을 인정받은 대표적인 계층은 문반·무반·남반의 관인계층이었다. 군인들도 군역을 지면서 관인층과 나란히 전시과의 규정을 받고 있었다는 점이 눈길을 끈다. 그렇다고 군인들의 신분상 지위를 관인계층과 견주자는 것은 아니다. 군인들이 전시과의 규정 속

에 있었지만, 그들은 품관이 아니고 吏屬들과 거의 비슷하게 말단에 머물러 있었을 뿐이다.57)

그런데 이속은 胥吏職과 雜類職으로 대별되었다. 전자는 사무직이었고 후자는 기능직이었다. 전자와 관련이 있는 주된 계층은 관인층이나 향리였지만, 후자의 경우는 잡류였다.58) 군인이 무예로써 임무를 수행하였다는 점에 유의하면 이속 가운데에서 서리직보다는 잡류직에 더 가깝다고 할 수 있다. 잡류직에 나아가는 잡류는 이직인 잡류직을 세습하는 이족이었다. 품관과 구별되는 잡류와 무반과 구분되는 군인과는 이런 점에서도 어느 정도 통하는 일면이 있다. 군인이나 잡류는 대체로 그 자손들이 과거에 응시하는 것이 허락되었다고 믿어지는데, 과거를 통하여 관리가 되는 일에 있어서도 그 조건이나 한계가 둘 사이에 혹 비슷한 점이 있었는지 모르겠다.

> 電吏·杖首·所由·門僕·注膳·幕士·驅史·大丈 등의 자손은 군인의 자손에게 諸業의 選路에 許通하는 예에 따라서 赴擧하게 하라. 製述·明經의 두 大業에 登第한 사람은 5품으로 한정하라. 醫·卜·地理·律·算業에 등제한 사람은 7품으로 한정하라…(중략)…과거에 급제하지 않고 入仕한 사람도 또한 7품에 한정시키되 玄孫에 이르면 許通하게 하라(《高麗史》 권 75, 志 29, 選擧 3, 銓注 限職 인종 3년 정월 判).

전리 등의 자손이란 잡류의 자손을 말하거니와 그들에게 제술·명경·잡업의 과거에 응시하는 것을 허락한다는 것이 위 기록의 내용이다. 그런데 그 허락의 조치를 "군인의 자손에게 그렇게 했던 예에 따라서 하라"는 조건을 달고 있는 점이 주목된다. 과거에 급제하거나 아니거나 입사한 뒤에 잡류 자손이 감수해야 할 제약들이 상세하게 보이고 있는데, 이것도 군인의 경우에 준하여 주어지는 것이 아닐까라고 생각된다. 잡류의 자손이나 군인의 자손에 대한 과거응시의 허용여부는 그들의 신분상의 지위를 고려하여 결정되는 성질의 것이었다. 요컨대 잡류의 자손에게 과거응시를 허락하면서 그 시행을 굳이 군인의 자손의 예에 따르게 한 것은 그들의 신분상 지위를 같게 보았기 때문일 것이

57) 李基白, 위의 책, 288~289쪽.
洪承基, 앞의 글(1983), 48~49쪽.

58) 金光洙, 앞의 글(1969), 21쪽.
洪承基, 〈高麗時代의 雜類〉(《歷史學報》 57, 1973), 69~77쪽 참조.

다. 그렇다면 과거급제 뒤에 나아갈 수 있는 한계도 이 둘이 비슷해야 하고 설사 과거를 통하지 않고 나아가는 경우라고 하더라도 그러해야 하는 것이 이치에 맞다. 다만 과거응시나 관직진출만이 신분상 지위를 결정하는 것이 아니었다는 점이나 또 원칙과 실제는 얼마든지 다를 수 있는 것이었다는 점에서는 여기서의 이야기가 단정적일 수가 없기는 하다.

그렇더라도 최소한 과거응시나 관직진출에 있어서 국가에서 원칙적으로 군인과 잡류 사이에 큰 차이를 두지 않았다는 것은 분명하다. 그리고 이 점에서 이 둘 사이에 신분상 차이도 크게 두고 싶지 않았던 것이 국가의 입장이었다는 점도 대체로 인정될 수 있을 것이다. 그러나 실제에 있어서는 군인의 품관진출이 잡류의 경우보다 훨씬 더 용이하였을 것이다. 잡류와는 달리 군인에게는 무반에 나아감으로써 품관이 될 수 있는 기회가 흔히 있었다는 점에서 그러하다. 가령 戰功이 있으면 물론이고 무예가 출중하거나 勞功을 쌓거나 해서도 군인에게는 무관이 되는 기회가 많았다.[59] 그래서 무반은 군인으로 보충되는 것이 보통의 일이었다고 보는 견해조차 있다.[60] 물론 이 견해는 지나친 것이라고 생각한다. 무반의 보충에 있어서 더 많은 경우는 음서 등에 의하여 임명되었을 것이다.[61] 또 군인이라고 해서 무턱대고 무관이 되지는 않았으리라는 점도 소홀하게 볼 수가 없을 것이다. 하지만 잡류의 경우와 비교해서는 군인이 좀더 유리한 위치에 있었다는 점은 받아들여도 좋을 것이다. 크게 보면 군인의 신분상 지위를 잡류의 그것과 비슷하게 보아야 하겠지만, 엄격하게는 군인들이 잡류에 비하여 다소나마 더 유리한 위치에 있었을 것으로 생각하여도 무방하다.

한편 군인의 신분상 지위는 향리의 그것과도 견주어 볼 소지가 있다. 물론 하는 일의 성격상 군인은 잡류 쪽에 더 가까운 것이기는 하다. 하지만 향리도 잡류와 마찬가지로 기본적으로 吏族이었으며 따라서 품관과는 동일할 수가 없는 것이다. 또 군인은 吏屬과 나란히 전시과를 받고 있었는데 이속 가운데에서도 향리와 밀접한 관련을 지니는 其人이 군인과 나란히 취급되는 경우도 있었다.[62]

---

59) 洪承基, 앞의 글(1983), 50~51쪽.
60) 邊太燮, 앞의 글(1961), 51~53쪽.
61) 李基白, 앞의 책(1968), 291쪽.
62) 《高麗史》 권 79, 志 33, 食貨 2, 農桑 예종 3년 2월 制의 조항에 보면 其人田과 軍人田을 나란히 하여 언급한 예가 보인다.

이러한 점들을 염두에 두고 보면 군인을 향리와 견주어 그 신분상의 지위를 헤아려 보는 것이 결코 부자연스러운 것이 아니다. 다만 향리들이 과거를 통하여 품관이 되는 것이 더 유리하였고 또 실제로도 그런 예는 많았다. 더욱이 그럴 경우에 향리는 무반이 아니라 문반으로 나아가게 마련이었다. 이러한 견지에서 보면 군인들의 처지는 향리들의 그것에 비하여 다소 열세에 있었다고 할 것이다.[63]

5) 잡 류

(1) 이직으로서의 잡류

중앙의 여러 관청에서는 품관과 상하로 연결되어 있으면서도 서로 구별되어 있는 많은 吏屬職들이 있었다. 이 吏職들은 관료기구의 말단에 위치하여 있으면서 일정한 역할을 맡고 있었다. 이러한 역할의 수행을 통하여 이직자들은 국가의 통치에 참여하고 있었던 것이다. 이직자들이 하는 일은 크게 사무적인 것과 기능적인 것으로 나누어진다. 전자와 관련이 있는 이직은 흔히 胥吏職으로 불리워지고 있고 후자의 경우는 雜類職으로 이해되고 있다.[64] 이 점에서 이직의 주요 구성을 서리직과 잡류직으로 보아도 좋을 것이다. 이 둘 사이에는 그 직임의 성격이 기본적으로 다르다는 것 말고도 다른 차이점들이 있었다. 가령 잡류직에서는 관청 이외에 고위 관리들에게 지급되어 일을 하는 경우도 중요했지만 서리직의 경우는 그렇지 않았다는 점을 지적할 수 있다.

그러나 이들 사이에는 이직으로서 공통되는 점들이 더 많았고 또 이 점들이 더 중요하였다. 예컨대 서리직이건 잡류직이건 그 나름대로 위 아래로 연결되는 진급체계가 있었는데, 이 진급체계는 모두가 기본적으로 단일한 원리와 기준에 기초한 것이었다. 서리직이나 잡류직은 크게 入仕職(初職)과 未入仕職으로 나누어지고, 입사직은 다시 그 안에 몇 개의 상하 등급으로 세분되었다.[65]

---

63) 향리와 군인의 신분상 지위를 견주면서 전자가 文班과 연결되어 있었는데 비하여 후자는 武班과 연결되어 있었음에 주목한 연구가 있다(李基白, 앞의 책, 1968, 290~292쪽).

64) 여기서의 설명은 다음의 연구를 주로 참고하였다.
金光洙, 앞의 글(1969).
洪承基, 앞의 글(1973),

65) 吏職은 入仕職과 未入仕職으로 나누고 그 안에서 다시 세분된 등급을 찾은

입사직 안에서 세분된 등급은 서리직인 경우에 권무직을 포함하여 5등급이 었다.[66] 正職만을 보면 그것은 3등급으로 나뉘어 있었다. 그런데 仕路의 성격을 보면 잡류직과는 달리 서리직에는 문반과 남반의 班行이 있었다. 이것은 서리직의 사로가 班路를 따라서 品官과 연결되어 있었다는 뜻이 된다. 이것은 서리직에 나아가는 사람들이 원칙적으로 품관으로 진출할 수 있었다는 점을 뜻하는 일이기도 하다. 반대로 사로가 반로를 통하여 품관과 이어질 수 없었던 잡류직에 나아가는 이는 품관으로 진출할 수 없었던 것이다. 그러나 품관과 연관시키지 않고 이직 사로를 보면 서리직과 잡류직은 서로 대응하면서도 함께 하나의 체계에 포함되어 있었다.

> 兩京의 文武兩班 및 南班·正·雜路로서 職을 지니고 있는 사람에게 각기 同正職을 가하라(《高麗史》 권 12, 世家 12, 예종 3년 2월 신묘).
>
> 文·武·正·雜으로서 職을 가진 이에게 다음 차례의 同正(職)을 가하라(《高麗史》 권 29, 世家 29, 충렬왕 8년 5월 경신 敎).

직을 가지고 있는 사람들 가운데 문반·무반·남반은 품관들이 분명하다. 따라서 품관과 구분되어 있는 정로와 잡로는 이직이어야 할 것이다. 이 가운데 잡로는 잡류직의 사로였다.[67] 정로는 서리직의 그것일 수밖에는 없을 것이다.[68] 요컨대 잡류직의 사로는 잡로였고, 서리직의 그것은 정로였다. 이 둘은 별개의 것으로 서로 대응하였다. 대응하면서 동시에 이 둘은 하나의 이직 사로의 체계를 이루었다.

(2) 이족으로서의 잡류

잡류는 잡로의 사로에 있는 이직이었지만, 그것은 그 이직에 나아가는 사람들을 가리키기도 하였다. 또 잡류직이 세습적으로 그 자손들에게 이어졌다는 점에서 잡류는 그들의 신분계층을 뜻하는 것이기도 하였다. 신분계층으로서의

연구는 金光洙, 위의 글에 의하여 처음으로 이루어졌다.

66) 잡류직에서 權務職에 해당하는 실례를 찾아볼 수는 없지만 서리직에서와 마찬가지로 권무직이 있는 경우도 상정하여 볼 수 있겠다.

67) 洪承基, 앞의 글(1973), 74~75쪽.

68) 한편 正路에 대하여 다른 해석을 내린 이들도 있다. 曺佐鎬는 正統의 仕路라는 의미로 이해하였으며(曺佐鎬, 앞의 글, 13쪽), 李丙燾는 과거로 출신할 수 있는 정도를 일컫는 것으로 해석하였다(李丙燾, 앞의 글, 163쪽).

잡류는 이직이었다. 그들이 대대로 이직인 잡류직에 나아가야 하였다는 점에서 그러하다. 그러면 이족으로서는 잡류밖에 없었는가 하는 의문이 생긴다. 이와 관련하여 특히 관심을 끄는 것은 서리직에서의 경우이다. 서리직은 같은 이직이라도 잡류직보다는 훨씬 더 중요하였다. 그 직에는 5품 이상의 고위 관직자들의 자제가 음보되기도 하였다. 기인들 또한 그 직에 나아갔다. 기인은 향리의 자제이므로 여기서는 잠시 접어두기로 하자. 그 밖에 또 누가 서리직에 나아갔을까.

> 吏職의 服色은 庶官의 그것과 다름이 없었는데 다만 綠色의 옷에 짙고 옅은 차이가 있었다. (중략) 省府에 吏를 임명하는 것은 流品에 한정시키지 않고 貴家의 자제도 때로는 그것에 임명하였다. 이제 이 靑服을 입은 사람은 이것이 바로 吏를 세습한 자일 따름이다(徐兢, 《高麗圖經》 권 21, 皁隷 吏職).

省府는 三省과 일반 관청을 뜻하는 것이겠는데, 여기에 관리들이나 귀가의 자제들이 吏로 임명되었다는 것은 아마도 음보되는 것을 의미하는 것이 아닌가 한다. 그런데 이들과 달리 이직을 세습하는 사람이 있었다고 하였다. 관리나 귀가의 자제로서 나아가는 吏는 물론 서리직이었다. 이직의 세습자는 靑服을 입고 있던 유일한 신분층으로 묘사되어 있다는 점에서 그들이 관리나 귀가의 자제와 나란히 같은 서리직에 있었을 것 같지 않다. 그들은 이직이라도 잡류직에 나아가는 잡류였다고 생각된다. 관련 사료도 없거니와 구체적인 사례도 없어서 서리직을 세습하는 신분층의 존재를 더 이상 확인하기가 현재로서는 어렵다.[69] 다만 기인의 경우를 생각해 볼 수 있는 정도이다.

기인은 일정한 입역기간이 지나면 서리직의 동정직과 그 실직을 받을 수 있었다. 그러나 문제는 그렇게 해서 받게 된 서리직을 자식들이 세습적으로 이어받을 수 있었는가 하는 점이다. 또 그럴 경우 서리직에서만 승진할 수 있었는지 하는 점도 중요하다. 요컨대 기인들이 서리직을 세습하는 이족으로서 자리를 굳혔는지가 궁금한 문제이다. 그러나 짐작은 가지만 실제가 어떠하였는지를

---

69) 李佑成은 위의 인용 사료에 보이는 吏職 세습자와 관련하여 主事·令事 등 서리직과 堂從 등 잡류직을 언급하였는데, 이 점에서 보면, 그는 서리직과 잡류직에 吏職을 세습하는 吏族이 나아가기도 했다고 본 듯하다. 그러나 상세한 설명이 있었던 것은 아니다(李佑成, 〈高麗朝의 '吏'에 대하여〉, 《歷史學報》 23, 1964 ; 〈高麗 官人禮制下의 '吏'〉, 앞의 책, 94쪽).

단정적으로 말할 수는 없다.[70] 어떻든 서리직을 세습하는 이족을 결국 발견하지 못한 셈이다. 현재 확실한 이족으로서는 잡류만을 언급할 수밖에 없다. 물론 실제로 잡류가 이족으로서 유일한 신분층이 아니었을 수도 있다. 그러나 그렇더라도 잡류가 대표적인 이족이었음은 분명하다고 하겠다.

이족으로서 잡류는 기능직에 해당하는 잡류직에 나아가야 하였다. 그 자손들도 그러하였다. 잡류직이 있는 사로는 雜路였다. 그것은 서리직의 正路의 경우와는 달리 품관과 연결되지 않았다. 그러니까 잡로에 있는 이직만을 세습적으로 맡아야 했다는 이야기인데, 이 점에서 잡류는 이족이었던 것이다. 이족이었다는 점에서 중앙의 잡류는 지방의 향리와 통하였다. 그러나 하는 일의 성격에 차이가 있어서, 잡류가 기능직의 일을 한 데 비하여 향리는 사무직의 일을 하였다. 향리의 자제가 기인이 되어 이직을 맡게 되어도 서리직에 나아갔다. 이 점은 이 둘 사이의 신분상 지위가 구별되어야 하는 것을 시사한다.

잡류의 자손은 처음에는 과거에 응시하는 것이 허용되지 않은 적도 있었다. 그러나 그 뒤 인종 때부터는 잡류가 과거 시험에 응시하는 일에 제한을 두지 않았다. 다만 잡류가 製述業과 明經業에 합격되어도 5품을 넘어서 진급하지는 못하게 하였다. 잡류가 雜業을 통하여 과거에 급제하면 7품에 한정시켜 진급을 허용하였다. 과거에 합격한 사람이 진급하는 데 限職의 제약을 받지 않았던 향리와 비교하면, 잡류의 경우는 커다란 차별을 받았다고 할 수 있다. 또 잡류가 과거에 합격하는 일도 드문 것이었지만, 설혹 그렇다고 해도 미관말직에 머무는 것이 일반적이었다. 과거로 현달한 사람들이 많았던 향리의 경우를 떠올리면, 이 점에서도 잡류의 신분상 지위는 향리의 경우와 비교하여 열세를 면할 수 없었다.[71]

---

70) 지금의 짐작으로는 좀 부정적이다. 만일 기인이 其人으로서 끝나지 않고 서리직에 나아가게 되었다면, 그가 서리직에서 물러난 뒤 자연히 開京에 머물게 되었으리라는 점을 고려할 때, 그 아들들 가운데 누군가가 서리직에 나아가게 되는 것이 자연스럽다고 여겨진다. 그러나 기인제도가 지속적으로 운용되었다는 점에 유의하면, 서리직에 보충되는 것은 또 다른 기인이지 其人의 아들은 아니었으리라는 생각이 든다.

71) 雜類의 신분상 지위에 대해서는 洪承基, 앞의 글(1973), 78~90쪽 참조.

6) 양인농민

(1) 공과·공역의 부담

농민은 토지를 갈아먹고 살아가는 사람이다. 그 가운데에는 자기 소유의 토지를 가진 이도 있었고, 그러하지 못한 사람도 있었다. 대체로 말하면 전자는 自營農이었고 후자는 佃作農이었다. 자영농은 국가에 國稅를 물었지만, 전작농은 그러하지 않았다. 전작농은 그가 빌려서 농사짓는 토지의 소유주에게 田租를 냈을 뿐이다. 자영농이 전세를 문 것은 그가 농민이어서가 아니고 경작 토지의 소유자이었기 때문이다. 다른 신분층의 사람들도 토지를 소유하고 있으면 국가에 전세를 물어야 했으므로 자영농이 부담하는 전세는 그만의 것일 수가 없었다.[72]

자영농이든 전작농이든 그가 양인신분이었다면 모두 국가에 대하여 貢賦와 徭役·軍役의 부담을 지고 있었다. 공부는 공물을 바치는 것이었는데, 공물은 특정한 지역에서 나는 토산물이었다. 그 종류는 여러 가지였다. 그 가운데에는 광산물·직물류·동식물 및 그 가공품 그리고 해산물이나 약재 따위가 포함되어 있었다.[73] 공물은 모두 현물이었다. 때로는 현물 대신 그 값을 따져서 平布로써 내는 경우도 있었다. 하지만 현물로 바치는 일이 일반적이었다. 그런데 현물은 농민들이 직접 노동력을 투입하여 채취·제조·운송하였다. 따라서 공물을 바친다는 것은 결국 노동력을 제공하는 일을 뜻하였다. 여기서의 노동력을 특히 貢役이라고도 불렀다.[74]

공역이 특정한 공물을 채취·제조·운송하는 데 소요되는 노동력의 수취를 뜻하는 데 비하여, 요역은 궁궐·사찰·관아의 축조, 성곽·도로의 구축, 하천·제방의 수축 등 토목공사에 필요한 노동력을 조달하기 위하여 설정된 세의 한 항목이었다.[75] 용도는 다르지만, 노동력의 수취였다는 점에서 요역

---

72) 洪承基, 〈高麗時代의 農民과 國家〉(《韓國史市民講座》 6, 一潮閣, 1990), 33~35쪽.

73) 姜晋哲, 《高麗土地制度史硏究》(高麗大 出版部, 1980), 269쪽.

74) 洪承基, 앞의 글(1990), 35~36쪽.

75) 姜晋哲, 앞의 책, 284쪽.
洪承基, 위의 글, 36쪽.

과 공역 사이에서 본질적인 차이가 없었다.

요역과 공역 이외에도 양인농민들은 군역의 부담을 피할 수 없었다. 중앙군은 전문적 군인들로 이루어져 있었으므로 일반 양인농민들과는 무관하였다. 양인농민들이 지는 군역은 주로 州縣軍과 같은 지방군과 관련이 있었다. 그런데 주현군은 保勝·精勇·一品의 3軍으로 이루어져 있었다.[76] 二品·三品軍도 그 체제 아래 있었다. 이 가운데 보승군과 정용군은 중앙군과 직결되어 있는 전투부대였다. 반면에 일품·이품·삼품의 3군은 노동부대였다.[77] 보승군·정용군·일품군은 중앙에서 파악하여 그 지휘 아래 놓여 있었다. 그 수는 약 5만 명 가량 되었다.[78] 일반 농민 가운데에서도 자영농이 주요 구성원이었다. 그런데 약 5만 명의 숫자는 농민의 전체 수에서 보면 일부분에 지나지 않는 것이었다. 농민의 압도적인 다수는 이품군·삼품군에 편제되어 있었다. 그리고 그들은 군사적인 일에 노동력을 제공함으로써 군역의 의무를 이행하였을 것으로 생각한다.

공역·요역·군역이 모두 본질에 있어서 농민들의 노동력 수취에 기반을 둔 것이었다. 다시 말하여 국가에서는 공역·요역·군역의 행태로 농민들로부터 노동력을 거두어 들였다는 의미이다. 이러한 부담을 대략 公役으로 이해하여도 좋겠는데, 관리들로 대표되는 귀족들은 공역의 부담에서 벗어나 있었던 것이 당시의 현실이었다. 귀족들도 원칙은 공역을 부담해야 하였지만 실제로 그러한 원칙은 잘 지켜지지 않았던 것이다. 한편 공노비를 제외하고 노비를 대표하는 사노비들은 아예 그러한 부담의 원칙도 없었다. 결국 공역을 현실적으로 거의 전담하고 있던 것은 일반 양인농민들이었다. 여기서 말하는 공역은 경제적으로 국가의 존립 여부를 가늠해 줄 정도로 중요하였다. 그러므로 양인 농민들은 국가의 입장에서 대단히 중요한 계층일 수밖에 없었다.

게다가 양인농민이 무는 전세가 국가의 재정에 기초가 되었음을 기억해야 할 것이다. 전세는 田主가 국가에 무는 세금이었다. 전주 가운데에는 다른 계층도 해당이 되었다. 특히 귀족층이 그러하였다. 따라서 양인농민의 전주만이 문제가 될 이유는 없었다. 그러나 영세한 대로나마 전주의 수에 있어서

76) 주현군에 관한 설명은 李基白, 앞의 책(1968), 202~229쪽 참조.
77) 李基白, 위의 책, 204~205쪽.
78) 洪承基, 앞의 글(1990), 37쪽.

나 그 소유 면적에 있어서나 양인농민의 비중은 큰 것이었다. 따라서 양인농민들이 ―주로 자영농 중심이었지만― 전세의 부담을 통하여 국가의 재정에 기여하는 일도 대단히 중요하였다. 여러 세목 가운데에서도 전세가 국가 재정에서 가장 중요하였다는 점에서 더욱 그러하였다.

(2) 생산계층

농민의 중요성은 그들이 무는 전세·공부·요역·군역의 公課·公役이 국가의 財政과 軍政에 긴요하였다는 점에서 우선 찾아질 수 있을 것이다. 그러나 농민의 중요성은 그 이상의 것이었다. 그리고 그것은 그들이 주요 담세층이었을 뿐만 아니라 생산층이기도 하였다는 점에서 헤아려져야 할 것이다. 그들은 생산을 통하여 사회구성원 전부를 먹여 살리는 사람들이었다. 농민이 인구의 상당부분이 되었거니와, 자영농이건 전작농이건 생산을 통하여 자신들의 생존부터 스스로 해결하였다. 또 자영농이 내는 전세는 국가에 의하여 관리들을 비롯한 여러 계층 사람들에게 재분배되어 그들의 생계가 이어지도록 하였다. 전작농이 무는 전조는 지주들의 생계를 도왔으며 또 그들로 하여금 국가에 세를 납부할 수 있게 하였다. 농민이 생산을 중단한다면 그 결과는 단순히 국가 재정이 파탄을 맞는 것에 그치지 않는다. 아예 국민 모두가 죽을 수밖에 없는 극단적인 상황에까지 가는 것이다.

그러므로 그들이 토지를 떠나서 생산을 중단하게 되는 사태는 국가가 가장 경계하여 마지않았던 일이었다. 태조가 즉위한 직후에 弓裔의 실정을 비난하였는데, 그가 지적한 가장 큰 궁예의 허물은 농민들에 대한 지나친 수취로 流亡하게 하였다는 점이었다.[79] 성종이 지방관에게 내린 다음 교서의 내용을 보아서도 그가 토지 경작을 통한 농민들의 생산을 얼마나 중요한 일로 인식하였는지를 아는데 부족함이 없을 것이다.

> 나라는 백성으로서 근본을 삼고, 백성은 먹는 것으로 하늘을 삼는다. 만약 모든 백성의 마음을 회유하고자 한다면, 오직 三農(봄 밭갈이·여름 김매기·가을 추수)의 일할 시기를 빼앗지 않아야 할 것이다. 아, 너희 12牧과 여러 州·鎭의 使는 이제부터 가을까지 모두 잡다한 업무를 정지하고 오로지 勸農을 일삼을 것이다. 내가 장차 사신을 보내어 조사하여 田野의 황폐하고 개간된 것과 牧守의

---

79) 《高麗史節要》 권 1, 태조 원년 7월 詔.

부지런하고 태만한 것을 기준으로 해서 포상하기도 하고 폄출하기도 하겠다(《高麗史》 권 79, 志 33, 食貨 2, 農桑 성종 5년 5월 敎).

권농정책의 추진은 비단 태조나 성종의 일만이 아니었다. 역대 군주들은 거의 예외 없이 권농을 강조하였다. 그와 관련된 정책은 여러 가지였지만, 공통적으로 중요한 그 방향은 농민들을 토지에 묶어두고 그들로 하여금 생산을 계속할 수 있게 하는 것이었다.

(3) 세업으로서의 농업생산

양인농민은 토지를 떠나 유망해서는 안되는 사람들이었다. 그들은 무엇보다도 경작을 통한 농업생산에 여념이 없어야 할 사람들이었다. 그리고 그러한 일을 대대로 물려야 하는 사람들이 그들이었다. 그들이 노비가 되어 公役을 물지 않는 것은 결코 바람직하지 않았다. 따라서 그들과 노비 사이의 결혼은 인정되지 않았다. 그것은 불법이었다. 농민들은 대대로 양인 신분으로 남아 있어야 하였다. 국가에서는 양인농민의 신분을 양인으로 고정시켜 둠으로써 공역·공과를 부담시키고자 하였기 때문이다. 더욱 본질적으로는 그들을 토지에 묶어둠으로써 대대로 생산자로 남아 있게 하자는 데에 국가의 더 큰 뜻이 있었다. 광종에 의하여 추진된 노비의 안검은 널리 알려진 사실이다.[80] 그에 앞서 태조도 가난해서 남의 집 노비가 된 양인을 1천여 명이나 內庫의 布帛으로써 몸값을 물어준 바가 있었다.[81] 태조는 즉위한 지 2개월 뒤에 농민들에게 3년간의 조세와 부역을 면제시켜 주고 유망 농민들을 田里로 돌아가게 하는 조치를 취하기도 하였다. 이러한 여러 조치들은 농민들이 대대로 양인의 신분에서 농업생산에 전념하게 되기를 바랐던 국가의 입장과 관련지어 이해되어야 할 줄로 안다.

그러해야 하였으므로 양인농민들이 관리가 되어 생산자의 지위를 벗어나는 일도 바람직한 일일 수가 없었다. 그러나 그들이 과거에 응시하는 일을 국가에서 굳이 막았던 것은 아니다. 그들은 제술업을 제외하고 나머지 명경업이나 잡업으로 과거에 나아갈 수 있었다.[82] 그러나 그것은 거의 대다수 양인농민과

---

80) 《高麗史》 권 85, 志 39, 刑法 2, 奴婢 성종 원년 6월 崔承老上書.
81) 《高麗史節要》 권 1, 태조 원년 8월 詔.
82) 李基白, 앞의 책(1990), 57~58쪽.

는 무관한 일이었다. 일정한 교육을 지속적으로 받고 경쟁이 심한 과거시험에서 성공하기란 경제적으로 사회적으로 열악한 지위에 있던 농민들로서는 여간 어려운 일이 아니었다. 물론 과거에 이르는 문이 열려져 있었다는 점이 농민들의 신분상 지위를 헤아리는 데 중요하기는 하다. 그러나 한편 그것이 현실적으로 별다른 의미가 없었다는 점도 이와 관련하여 간과될 수가 없는 것이다. 이 점에서 전 분야의 과거에 많은 이들이 성공적으로 나아갈 수 있었던 향리들의 경우와는 구별되어야 할 것이다.

양인농민들의 신분 변동이나 이와 관련한 그들의 신분상의 지위를 이해하는 데에는 그들이 군인이 될 수도 있었다는 점에 유의하는 일이 더 유익할 것이다. 왜냐하면 과거에 성공하기보다는 군인이 되어 그들의 신분을 상승시킬 수 있는 계기를 마련하기가 더 현실적이었기 때문이다. 고려는 군인을 배출하는 軍班氏族이 따로 있어서 이들이 중앙군의 핵심을 이루었지만, 보충이 필요할 때는 選軍하여 뽑았다. 그런데 이 선군의 주요 대상자들이 양인농민이었던 것이다.[83] 군인이 되면 무반으로 진출할 수 있는 기회가 흔히 있었다. 이 길이라고 쉬울 수야 없었지만, 과거를 통하여 문반으로 나아가는 길에 비교하면 좀더 수월한 길이었음은 분명하다.

7) 공 장[84]

(1) 공장의 유형

농민이 농업생산자였듯이 工匠은 수공업생산자였다. 농산물이든 수공업제품이든 그것의 생산에 참여하였다는 점에서 이들은 같았다. 하지만 농산물에 대한 사회적 수요가 보다 우선적이었다. 농업과 농민이 더 중요하였음은 이를 나위가 없다. 수에 있어서도 공장은 제한된 것에 지나지 않았다. 그렇기는 하지만 수공업제품은 국가나 사회에서는 불가결한 것이었다. 그 생산에 종사하는 공장들에 대한 대책의 마련을 국가에서 소홀히 할 수 없었던 것은 그러한

朴龍雲, 앞의 책(1990), 239~243·571~572쪽 참조.

83) 李基白, 앞의 책(1968), 110~123쪽.

———, 위의 책, 289~294쪽.

84) 洪承基, 〈高麗時代의 工匠〉(《震檀學報》 40, 1975).

때문이었다.

국가에서는 공장을 工匠案이라고 하는 별도의 호적에 付籍하여 파악하였다. 공장안에는 국가의 여러 관청—예컨대 軍器監·掌冶署 등과 같은—에 전속되어 있는 官屬工匠이 편적되어 있었다. 또 그렇지 않은 非官屬工匠들까지도 여기에 이름이 올라 있었다. 전자는 국가에서 필요로 하는 수공업제품을 전문적으로 생산하는 이들이었다. 그들은 그에 대한 대가로 일정한 액수의 현물급료와 토지를 지급 받았다. 후자는 상당한 기간 국가에 요역을 바쳐야 했지만 전속되어 있지는 않았다. 그들에게는 국가에서 고려한 별도의 경제적 처우가 없었다. 그들은 독자적으로 수공업제품을 생산하여 그것을 수요자에게 팔아서 생계를 유지하였다.[85]

(2) 공장의 신분

공장이 수공업제품을 생산하는 일은 흔히 천한 기술로 여겨졌다. 그것에 종사하는 공장도 천한 일을 하는 사람들로 파악되곤 하였다. 물론 여기서 공장과 그의 일이 천시되었다고 해서 그들이 양천제에서의 천인이었다는 뜻은 아니다. 그들 가운데에는 노비도 있었지만 대다수는 양인이었다. 여기서 문제삼고 있는 것도 이들 양인공장이다. 그들은 양인이었지만 일반 농민들에 비하여 신분적으로 불리한 입장에 놓여 있었다. 이와 관련하여 아래의 기록을 보기로 하자.

> 令典을 상고하여 보면 工匠家와 商人家는 기술을 가지고 주상을 섬기는데 그 業을 전문으로 하여 벼슬에 나아가서 사족과 더불어 나란히 할 수 없습니다(《高麗史》 권 75, 志 29, 選擧 3, 銓注 限職 문종 27년 정월 有司奏).

工匠家는 工技 이외의 일로써 생업을 삼을 수가 없었다. 그것은 대대로 세습되어야 하였다. 그러므로 그들이 벼슬길에 나아가 사족들과 어깨를 나란히 할 수가 없었던 것은 당연하였다.

> 工人·商人·樂人의 아들은 비록 功이 있다 하더라도 단지 물건을 내릴 뿐이고 벼슬길은 금하게 하라(《高麗史》 권 75, 志 29, 選擧 3, 銓注 限職 인종 18년 6월 判).

85) 이러한 설명은 洪承基, 위의 글, 64~70쪽 참조.

공장의 자식들도 벼슬길에 나아갈 수 없게 하였다. 같은 양인이라고 하더라도 농민들에게는 벼슬길이 막혀 있지 않았다. 또 농민들의 생산활동이 그렇게 천한 것으로 이해되지도 않았다. 이 점에서 공장은 농민보다는 낮은 신분상의 지위에 머물러 있었다고 할 수 있다. 공장은 농민보다는 오히려 상인과 더 가까운 위치에 있었다. 그들은 특수한 계층이라고 할 수 있는 樂人과 비슷한 처지에 있었다고 생각된다.[86]

공장에게 仕路가 차단되어 있었다는 점은 특히 농민의 경우와 비교하여 신분상의 제약으로는 큰 것이었다고 할 수 있다. 그러나 그들이 무산계로 진출할 수 있었다는 점에 유의할 필요가 있다. 이 점은 물론 공장 가운데에서 중앙의 관청에 전속되어 있는 관속공장들에 한한 이야기이기는 하다. 그러나 이 점이 공장 전체의 신분상 지위를 다소 높여주는 데 기여하였다고 생각한다. 중앙의 관속공장에게는 경제적 처우로 쌀이나 벼로써 적임에 따라 급료가 지급되었는데, 이에 짝하여서 무산계의 최하 지급액인 전 17결이 아울러 주어졌다. 그런데 여기서 더욱 중요한 것은 그들이 무산계에 나아가는 일과, 무산계에서 다시 위계상 진급하는 일이 거의 통상적이었다는 사실이다. 다만 그 들에게는 요무교위를 넘어 승진할 수 없는 한계가 있었다. 이것은 공장들이 통상적으로 무산계로 승진할 때 校尉群 무산계까지는 허용이 되었지만, 將軍·大將軍 등의 명칭을 지니는 무산계에는 나아갈 수 없었음을 뜻한다.[87]

한편 요무교위는 전 22결을 받았는데, 이것을 전시과의 경우에 견주어서 보면, 그것이 정로·잡로의 이직인 令史·書史·主事·監膳·典食·典設 등에 상응하는 위계였음을 알 수 있다. 이들 여러 이직은 상위의 입사직이었다.[88] 입사가 허용되지는 않았지만, 공장에게 무산계를 통한 진급에 제한을 두어 허용함으로써 이직의 입사직에 상응하는 경제적 대우까지를 받게 하였던 셈이다. 이것은 어디까지나 이직의 입사직에 준하여 그렇다는 것이다. 더욱이 그 준하는 내용이 경제적 처우에 한하는 것이었다. 또 공장 가운데 일부만이 해당되

86) 위의 기록에서 공장·상인과 나란히 벼슬길이 막혀 있는 樂人은 歌人·舞人·樂工 등을 일컫는 것으로 보이는데, 樂工은 樂器를 연주하는 사람이었다고 믿어진다.

87) 이러한 설명은 洪承基, 앞의 글(1975), 72~74쪽 참조.

88) 金光洙, 앞의 글(1969), 10쪽.
洪承基, 앞의 글(1973), 77쪽.

었다. 그러므로 이 점만 가지고 이직들과 신분상 지위를 같게 볼 수는 없다. 농민들과의 신분상 지위를 견주는 일에 있어서도 주의가 따르기는 마찬가지이다. 다만 입사 여부만을 가지고 그 지위를 비교할 때보다는 농민과 공장 사이의 신분상 지위의 격차를 더 좁혀서 말할 수는 있을 것이다 또 이 점에서 똑같이 입사가 허용되지 않았던 상인보다는 좀 나은 지위에 있었다고도 말할 수 있을 것이다.

8) 향·소·부곡인

(1) 사회·경제적 지위

鄕·所·部曲은 州·府·郡·縣과 같은 행정단위였다. 같은 행정단위였지만, 그것들은 저마다 높고 낮은 지위를 가지고 있었다. 예를 들면, 군·현은 주·부보다는 낮지만 향·소·부곡보다는 높았다. 그렇지만 군·현이 주·부보다 낮은 행정단위였다고 해서 군·현인이 주·부인 보다 신분상의 지위마저 낮았던 것은 아니다. 그런데 향·소·부곡인은 군·현인에 비하여 낮은 신분을 누리고 있었다. 이 어색한 차이를 어떻게 이해하여야 할 것인가가 문제이다. 하여튼 이 신분상의 차이에 주목하여 향·소·부곡인은 오랫동안 천인으로 간주되어 왔다.[89] 그러나 최근에는 그들의 신분이 양인이었다는 주장이 나타나기 시작하였다.[90] 요즈음의 학계에서는 오히려 양인설이 대세를 이루고 있다.[91] 천인설에서는 부곡

---

89) 旗田巍, 〈高麗時代の賤民制度「部曲」について〉(《和田博士還曆記念 東洋史論叢》, 1951 ; 앞의 책, 1972, 65~69쪽).
金龍德, 〈鄕·所·部曲巧〉(《白樂濬還曆紀念國學論叢》, 1955), 187~189쪽.
村上四男, 〈高麗時代の「所」について〉(《和歌山大學藝學部紀要》 7, 1957 ; 《朝鮮古代史硏究》, 1978), 457쪽.
洪承基, 〈賤民〉(《한국사》 5, 국사편찬위원회, 1975).

90) 李佑成, 〈高麗末期 羅州牧 居平部曲에 대하여〉 (《震檀學報》 29·30, 1966 ; 앞의 책, 1991, 114~130쪽).
金龍德, 〈部曲의 規模 및 部曲人의 身分에 대하여〉(上)(《歷史學報》 88, 1980), 53~69쪽.
武田幸男, 〈朝鮮の律令制〉(《岩波講座 世界歷史》 6, 岩波書店, 1971), 77~78쪽.
朴宗基, 〈高麗 部曲制의 構造와 性格 —收取體系의 運營을 中心으로—〉(《韓國史論》 10, 서울大 國史學科, 1984), 121쪽.

91) 朴宗基는 종래의 賤人說을 매우 심도있게 비판하고 良人說을 체계적으로 주장하였다(朴宗基, 《高麗時代 部曲制硏究》, 서울大 出版部, 1990). 그의 설명이

인에게 주어진 사회적 제약을 심각하게 생각하는 편이다. 양인설을 내세우는 이들은 그 반대의 입장을 취한다. 가령 전자에서는 부곡인이 과거에 응시할 수 없었다는 점을 강조하는가 하면 후자에서는 부곡인도 과거 시험을 볼 수 있었다는 사실을 내세운다.

설사 천인이 반드시 노비였다고 못박을 수 없다고 하더라도 노비가 대표적인 천인임은 전혀 의문의 여지가 없다. 그런데 노비는 남에게 소유되어 재물로 간주되기도 하였다. 이에 따라서 그들은 매매·상속·증여의 대상이 되기도 한 신분층이었다. 부곡인과 군현인 사이에 신분상 격차가 아무리 크다고 하여도, 또 부곡인이 안고 있는 신분상 제약이 아무리 심각한 것이라고 하더라도 부곡인을 노비의 경우와 견줄 수는 도저히 없다. 노비가 천인인 한 부곡인은 천인일 수가 없다. 그리고 우리가 말하는 천인이 良賤制에서의 그것을 의미하는 한, 부곡인은 양인일 수밖에 없다고 보는 것이다.

이제 경제적인 측면에서 향·소·부곡인의 생활의 실제를 알아볼 차례이다. 일반 군현인과 마찬가지로 향·소·부곡인들도 기본적으로는 농민이었다.[92] 그들은 자신의 직접적인 경작노동을 통한 농업생산에 의지하지 않고는 생계를 꾸려갈 수가 없었다. 그들은 또한 일반 군현인과 다름없이 공부·요역·군역 등의 의무를 국가에 지고 있었다. 물론 그들 가운데 토지를 소유한 자는 국가에 전세를 물었다. 다만 여기서 所民만은 향·부곡인과 다른 점을 가지고 있었다. 향·부곡인에게는 그들이 조세와 요역의 부담을 지고 있었음을 보여주는 관련사료들이 전하고 있는데, 소민의 경우는 그러하지가 않다.[93]

소민은 원칙적으로 조세와 요역의 부담이 면제되었다고 판단된다. 그들에게는 금·은·철·자기·먹·소금 등 특정한 물품을 생산하여 국가에 바치는 부담이 있었다. 국가에서 중요하게 여기는 특별한 물품의 생산을 맡은 그들로서는 아무래도 더 많은 노동력을 제공하여야 하였을 것이다. 이러한 그들에게 부곡인들과 같이 徭役을 지울 수는 없었을 것으로 생각된다. 또 더 좋은 물품

다 옳다고는 할 수 없겠지만, 그의 연구성과에 힘입어 이제 양인설은 더욱 유력한 견해가 되었다.

92) 이와 관련된 설명은 洪承基, 앞의 글(1975), 340~343쪽 참조.

93) 《高麗史》 권 80, 志 34, 食貨 3, 賑恤 災免之制 정종 2년 6월·숙종 7년 3월 및 恩免之制 숙종 3년 10월.

을 더 많이 수취하기 위해서는 소민에게 최소한의 생계를 보장해야 하는 것은 필수적이었다. 그렇다고 국가에서 따로 토지나 녹봉을 지급하여 줄 수 있었던 것도 아니었다. 전세가 면제된 것은 이러한 사정이 고려된 결과였을 것으로 보인다.

또 이렇게 이해하고 있기 때문에 소민이 전세와 요역을 면제받았다고 해서 향·부곡인과 비교하여 국가에 대한 전체적인 부담이 덜하였다고도 생각되지 않는다. 전반적으로 보아서 향·소·부곡인의 국가에 대한 부담은 그 형태가 서로 달랐다고는 해도 거의 비슷한 것이었다. 일반 군현에 사는 양인 농민들과 견주어서도 향·소·부곡인의 국가에 대한 부담은 그다지 큰 차이가 없었을 것으로 생각된다. 적어도 근본적으로는 이 둘 사이에 큰 차이가 없었을 것이다.[94)]

(2) 신분상 지위

스스로 농사를 지어서 생계를 유지하고 국가에 일정한 부담을 지고 있었다는 점에서 향·소·부곡인은 일반 군현인과 크게 다를 바가 없었다. 그들은 일반 군현인과의 결혼에 있어서도 제약을 받지 않았다.[95)]

> 郡·縣人과 津·驛·部曲人이 交嫁하여 낳은 자는 모두 진·역·부곡에 속하게 하고 진·역·부곡인과 雜尺이 교가하여 낳은 자는 똑같이 나누고 남는 수는 母에 따른다(《高麗史》권 84, 志 38, 刑法 1, 戶婚).

부곡인이 군현인과 교혼하는 것은 불법이 아니었다. 마찬가지로 향·소민도 역시 그러하였을 것이다. 그러나 교가하여 낳은 소생들의 귀속에 있어서는 부곡인이 군현인에 비하여 불리한 처지에 있었다. 이 사실에는 유의해야 할 것이다. 이것은 부곡인의 신분상 지위가 군현인의 그것과 똑같지 않았음을 말하여 준다. 부곡인은 군현인이 아니라 진·역·잡척인과 비슷한 처지에 있었다.

---

94) 특히 이 점에 관해서는 洪承基, 앞의 글(1975), 341~343쪽 참조. 이와 다른 견해도 있다. 朴宗基는 부곡인이 일반 주현인과 마찬가지로 조세나 力役 같은 부담을 졌지만, 주현인과는 달리 부가적으로 국가직속지의 경작과 같은 특정의 역에 집단적으로 동원되었다고 하였다(朴宗基, 앞의 책, 142~151·159~160쪽 참조).

95) 武田幸男, 앞의 글, 78쪽.
洪承基, 위의 글, 335쪽.
朴宗基, 위의 책, 61쪽.

부곡인은 교육을 받을 기회에 있어서도 군현인에 비하여 불리하였다. 이와 관련하여 아래의 사료를 검토하여 보기로 하자.

> 인종조에 式目都監에서 學式을 詳定하였다. 國子學生은 文武官 3품 이상의 아들과 손자, 勳官 2품으로 縣公 이상을 띤 사람과 아울러 京官 4품으로 3품 이상을 띤 사람으로서 勳封된 사람의 아들로써 이를 삼는다. 大學生은 문무관 5품 이상의 아들과 손자, 정3품·종3품 같으면 그 증손, 그리고 훈관 3품 이상으로 훈봉된 사람의 아들로써 이를 삼는다. 四門學生은 훈관 3품 이상으로 훈봉되지 않은 사람과 훈관 4품이지만 훈봉된 사람 및 문무관 7품 이상인 사람의 아들로써 이를 삼는다. 三學의 학생은 각기 300명씩인데 在學은 연령의 많고 적음을 기준으로 해서 순서를 정한다. 雜路와 工·商·樂에 이름이 올라 있는 따위의 賤事者, 大小功親 사이에서 혼인을 범한 자, 家道가 올바르지 못한 자, 惡逆을 범하여 歸鄕된 자, 賤人·鄕人·部曲人 등의 아들과 손자 및 자신이 私罪를 범한 자, 이런 경우에 관계되는 사람들은 入學을 허락하지 않는다. 그 律學·書學·算學은 國子學에서 학습한다. 律學·書學·算學 및 州縣의 學校의 학생은 모두 8품 이상(이하의 잘못)의 아들과 庶人으로서 이를 삼는다. 7품 이상의 아들로서 情願하는 사람은 들어준다(《高麗史》 권 74, 志 28, 選擧 2, 學校).

이 사료는 국자감에의 입학 자격을 알아보는 일과 관련하여 흔히 인용되는 중요한 자료이다. 그런데도 이 자료는 제대로 해석되는 일이 오히려 드물었다. 특히 입학이 안되는 사람들에 관한 기사의 해석이 그러하였다. 3학에 입학할 수 있는 사람들은 위에 보이듯이 최소한 7품 이상의 관리거나 훈관의 자손들이었다. 그러나 그들 가운데에서도 이러 저러한 사람들은 안된다는 것이고 그 내용이 위의 관련 기사에 실려 있다. 그러므로 관련 기사는 어디까지나 입학자격이 있는 사람들에 대한 일종의 단서조항과 같은 것이다.

그런데 안되는 조건들은 모두 다섯으로 나뉘어져 있다. 그 하나하나는 별개로 독립된 조건을 이루고 있다. 부곡인의 자손의 경우도 그 가운데 하나이다. 여기에는 7품 이상의 관리의 아들이면 3학에 나아가지만 그들 가운데 부곡인의 자손이면 7품 이상의 관리의 아들이라고 해도 안된다는 뜻이 담겨져 있다. 아무리 고급관리의 아들·손자·증손이라도 또 勳官의 자식이라도 부곡인의 피가 흐르면 3학에는 입학할 수 없다는 것이 위의 해당되는 글의 취지이다. 하물며 고급관리나 훈관은 커녕 그들과 전혀 무관한 보통 부곡인이라면 그는 아예 3학을 쳐다볼 수도 없었다고 보아야 실정에 맞는 이해라고 할 것이다.

혹은 부곡인이 律·書·算의 3학에 입학할 수 있었다고 볼 수 있는지는 모르겠다. 서인이면 이 3학과 주현의 학교에 입학할 수 있다고 되어 있기 때문이다. 그런데 이 경우도 서인은 8품 이하의 자식과 함께 허용이 되었을 따름이었다. 기술학의 3학은 이 가운데 8품 이하 관리의 자식이 입학에 있어서 우선권이 있었다고 믿어진다. 한편 서인은 주현의 학교에 입학하는 것으로 기대되었을 것이다. 관리의 자식이 주나 현에 내려가 학교에 입학하려고 하지는 않았을 것이다. 3학은 말할 것도 없고 기술학조차도 관인계층이 독점하고 싶어하였던 것이 당시 법을 만든 위정자들의 입장이었다. 굳이 기술학의 입학에 있어서 단서를 달아 7품 이상 관리의 자식도 원하면 허용한다는 것도 그러한 태도를 반영하고 있다.

서인은 주로 주나 현에 있는 학교에 입학할 수 있었을 터이지만, 여기서도 향리가 우선이었을 것이다. 그 다음에 주나 현에 사는 주현민이 고려되었을 것이다. 향·소·부곡인은 마지막으로나 입학이 고려되었음 직한데, 그들에게 주어지는 기회는 드문 일이었다고 보아야 온당할 줄 안다. 입법 취지를 무시하고 법조문을 중시하는 입장에 선다고 하더라도 부곡인이 기술학이나 주현의 학교에 입학할 수 있다는 것이 지니는 현실적인 의미는 미미한 것에 지나지 않을 것이다.

여기서 아무리 높은 관리나 훈관의 자손이라고 하더라도 그 몸에 부곡인의 피가 흐르는 한 3학에 입학할 수 없었다는 사실을 다시 한 번 상기해 둘 필요가 있다. 당시 최고의 관직자나 훈관의 가문을 배경으로 하고 있는 사람의 경우에서조차 사정이 그러하였다면, 그런 배경이 전혀 없는 보통 부곡인들은 3학의 입학과는 아무런 관계가 없이 살아갔을 것이다. 물론 잡학의 경우에는 그러한 단서가 없었다. 오히려 입학자격이 인정된 서인 속에 부곡인이 포함될 수 있는 소지가 있었다 그러나 이와 관련하여서도 위에서 본대로 부곡인의 교육 가능성에 대한 국가의 냉정하고도 편협한 태도를 감안하여야 할 것이다.

일반 군현인이라고 하여도 국학에서 환영받는 계층은 아니었다. 그들은 3학에 접근할 수 없었다. 그러나 3학 입학의 자격에 관한 단서조항에 그들이 언급되어 있지는 않았다. 이것은 그들도 고급관리거나 훈관의 가문을 배경으로 할 수 있었다면 3학에 입학이 될 수 있었다는 뜻이다. 그런데 그런 조건을 구비하는 일이란 현실에 있어서 별반 의미가 없다. 다만 여기서 부곡인에 대한 국가의 부정적인 태도와 같은 것이 일반 군현인에게는 전혀 보이지 않고 있다는 점은 가벼이 볼 수 없다. 이 점이 이 둘 사이의 신분상 지위의 차이를 보여주고 있는 것이다. 주현인에게도 주나 현의 학교에 입학하기는 어려웠다. 잡학에의 입학은 더욱이 그러하였다. 그렇더라도 주현인은 부곡인의 경우와 비교해서 말하면 유리한 여건 속에 있었다고 할 수 있다. 바꾸어 말하면 부곡인은 이처럼 군현인에 비하여 교육받을 기회에 있어서 불리하였다. 군현인은 국자감의 잡학에 간혹 입학할 수 있었겠지만, 부곡인은 3학은 물론 잡학에 이르는 길도 설사 원칙은 아니었다고 해도 실제에 있어서는 거의 봉쇄되어 있었다고 보아야 할 것이다.[96]

부곡인은 군현인에 비하여 과거에 응시하는 일에 있어서도 불리하였다. 일반 군현인은 제술업을 제외하고는 과거응시에 제한이 없었다. 그런데 부곡인은 靖宗 때에 그들에게 과거응시를 허락하지 않는다는 분명한 국왕의 判文이 있었다.

> 5逆·5賊·不忠·不孝·鄕·部曲·樂·工·雜類의 자손은 과거에 나아가는 것을 허락하지 않는다(《高麗史》 권 73, 志 27, 選擧 1, 科目 1 정종 11년 4월 判).

그러나 외조가 부곡인이었지만 國子監試를 통하여 관리가 된 문종 때의 鄭文의 예가 있었다. 그리고 위의 기록에서 정종 때 부곡인과 나란히 과거에 나아갈 수 있는 권한이 인정되지 않은 잡류의 경우 고려 초기부터 과거에 응시할 수 있었다. 이러한 점들로 볼 때 부곡인도 고려초부터 과거응시가 허용되었다고 보인다.[97] 다만 정종 때의 예처럼 간간이 일시적으로 과거응시가 금지되는 적이 있었다. 하지만 때때로 일시적으로나마 부곡인이 과거에 응시할 수 없었다고 하는 점은 역시 그들의 신분상 지위가 군현인과는 구별되었음을 의미한다. 군현인에게는 그러한 금지조치들이 보이지 않기 때문이다.

그들이 관직에 나아가 승진하는 데 있어서도 군현인과 달리 제약이 뒤따랐다. 정문은 부곡인 신분으로 마침내 刑部尙書·政堂文學(종2품)에까지 올랐

---

96) 국법이나 윤리적인 규범 따위를 위반하지 않았던 부곡인 자손들은 원칙적으로 국학에 입학이 가능하였다고 보는 견해도 있다(朴宗基, 위의 책, 51~52쪽).

97) 洪承基, 앞의 글(1975), 336~337쪽.
朴宗基, 위의 책, 49~52쪽.

지만, 부곡인 신분이라는 이유 때문에 淸要職인 右拾遺에 취임할 수 없었다.[98] 원칙적으로 말하면 부곡인은 승진 품계에 제한이 있었다고 생각한다. 部曲吏의 경우 그가 오를 수 있는 관계상의 상한은 5품이었다.[99] 부곡리가 그러하였다면 일반 부곡인은 그보다도 낮은 품계에서 승진을 멈추어야 하였을 것이다.[100] 그렇다면 단정할 수는 없지만 부곡인에게는 7품에서 限職 제한을 받았을 가능성이 크다. 6품과 7품 사이에는 參上과 參下로 갈리는 큰 경계가 있었고, 이에 따라 실제로 7품을 상한선으로 해서 한직의 규제를 받는 신분층도 많았다.[101]

부곡인은 형사처벌을 받는 일에 있어서도 군현인에 비하여 어느 정도 불리한 입장에 있었을 것으로 보인다. 이와 관련하여 아래의 기록이 참고가 될 것이다.

> 部曲人 및 奴가 주인 및 주인의 극히 가까운 친척의 尊長을 奸하면 和奸은 絞하고 强奸은 斬한다(《高麗史》권 84, 志 38, 刑法 1, 奸非).

부곡인이 奴와 나란히 처벌의 대상이 되어 있다. 그렇다고 부곡인을 노비와 같은 신분상 지위로 해석할 수는 없다. 노비는 특정한 사람이나 기관에 소유되어 있었지만 부곡인은 그러하지 않았던 것이다. 위 기록에서의 주인은 노에게는 소유주이지만 부곡인에게는 그러한 것일 수가 없다. 부곡인에게 주인이란 佃戶에 대한 田主와 같은 일종의 계약관계에서 생겨난 주인의 뜻으로 해석되어야 합리적일 것으로 믿는다.[102] 그렇기는 하지만 군현인에게는 없고 부곡인에게만 보이는 이 처벌조항이 상대적으로 낮은 부곡인의 신분상 지위를 반영하는 것이었다는 점은 부정하기 어려울 것이다. 그리고 잘 알 수는 없지만

98) 《高麗史》권 95, 列傳 8, 鄭文.

99) 《高麗史》권 125, 列傳 38, 姦臣 1, 柳淸臣傳에 보면 부곡의 吏는 비록 공이 있어도 5품을 넘지 못하는 것이 나라의 제도였다는 설명이 보인다. 그런데 柳淸臣은 高伊部曲의 吏의 자손으로 3품에까지 나아갔다. 이 파격적인 승진은 그가 원나라에 사신으로 여러번 다니면서 고려를 위하여 세운 공로에 대한 보상으로 이루어진 것이다. 그것도 유청신 당대에 한하여 3품에 나아갈 수 있게 하였을 따름이다.

100) 위에서 鄭文은 종2품까지 올랐지만, 어디까지나 예외적인 경우라고 보아야 할 것이다.

101) 朴宗基, 앞의 책, 36~38쪽 참조.

102) 洪承基, 앞의 글(1975), 338~339쪽.

이로 미루어서 그 밖의 형사처벌에 있어서도 부곡인들이 더 불리하지 않았을까 하는 추측도 할 수 있다.

지금까지의 설명이 주로 부곡인에 한정되다시피 하였으나, 향이나 소에 사는 사람들의 신분상 지위도 부곡인의 그것과 별 차이가 없었을 것으로 보인다. 부곡인과 군현인은 모두 크게 보아서 양인이었고 기본적으로 농민이었으며 국가에 대한 부담도 형태는 좀 다르다고 하더라도 별 차이가 없었다는 점에서 같다. 그러나 그들의 신분상의 지위는 아무리 관대하게 보아도 서로 동일하게 여길 수 없는 대목들이 있었다.

(3) 신분상 제약의 의미

부곡인의 신분상 지위는 군현인보다 낮았다. 그러나 그들의 경제적 지위까지 그러하였다고 말할 수는 없다. 그들이 신분상으로 더 제약을 받았음을 보여주는 구체적인 사례들도 경제적인 것과는 관련이 없다. 그것들은 대체로 정치적인 것에 관계가 있었다. 국자감에의 입학, 과거에의 응시, 관직상의 승진 따위에 보이는 제약들이 모두 부곡인의 정치적 진출을 불리하게 만들어 주는 것들이었다. 형사처벌에서의 불리함도 크게 보면 정치적인 성격과 관련이 깊다. 이러한 사실은 부곡인이 안고 있던 신분상의 불이익이 경제적인 고려라기보다는 정치적인 배려의 소산이었으리라는 점을 시사한다. 이와 관련하여 먼저 다음 사료들을 검토하여 보기로 하자.

> ① 永州의 利旨銀所는 옛날에 縣이었는데 중간에 邑人이 나라의 명령을 어겨서 縣이 폐하여지고 籍民되어 白金을 稅로 물면서 銀所라고 칭하여진 지가 오래되었다. 이제 그 지방 사람 那壽也先不花가 어려서부터 궁중에서 宦寺가 되어 수고로운 일을 많이 하여 그 공으로 鄕貫을 승격시켜 다시 縣으로 삼았다(崔瀣, 《拙藁千百》 권 2, 永州利旨銀所陞爲縣).
>
> ② 縣人 子和 등이 鄭叙의 처를 무고하고 縣吏 仁梁과 더불어 임금과 大臣을 저주하매 子和를 강에 던지고 縣을 내려 部曲으로 삼았다(《高麗史》 권 57, 志 11, 地理 2, 陜州 感陰縣 의종 15년).

利旨銀所는 본래 현이었는데 현인 가운데 누군가가 나라의 명령을 어기는 바람에 所가 되었다고 한다. 한편 感陰縣은 縣人 子和 등이 국왕과 대신을 저주한 죄로 부곡이 되었다고 한다. 이지은소는 그 뒤 소민 가운데 환관으로서 수고로운 일을 많이 한 사람이 있어서 그 공으로 다시 현이 되었다. 한두 사람의 범죄나 공훈이 계기가 되어 현이 소나 부곡이 되기도 하고 반대로 소나 부곡이 현이 되기도 하였음을 알 수 있다. 그런데 이러한 모습은 주·부·군·현 내부에 있어서도 마찬가지로 찾아진다. 예를 들면, 長湍縣은 단지 侍中 韓彦恭의 內鄕이라고 해서 목종 때 湍州가 되었다.[103] 또 豊山縣은 태조 6년(923)에 縣人 元逢이 귀순한 공으로 順州가 되었다가 태조 13년에 견훤의 군대에 패배하였다고 해서 下枝縣이 되었다.[104]

일부 주민이나 그 지역 출신 사람들이 국가에 대하여 죄를 짓거나 공을 세우면 연대책임이나 집단포상으로 이어지면서 지방행정단위의 격을 떨어뜨리기도 하고 올리기도 하였다. 그런데 죄를 짓거나 공을 세우거나 하는 것들이 기본적으로 정치적인 성격을 띠고 있었다는 점에 유의할 필요가 있다. 가령 나라의 명령을 어겼다던가 국왕과 대신을 저주하였다던가 적군에 패배하였다던가 하는 범죄행위가 모두 그러하다. 또한 환관으로서 공이 있었다거나 侍中의 공훈을 인정하였다거나 귀순하였다거나 하는 것들도 정치적인 측면에서 이해되어야 할 것이다. 요컨대 문제의 범죄는 국가나 국왕에 대한 불충으로, 그리고 문제의 立功은 그에 대한 충성으로 간주되었다. 처벌 또는 포상으로 관련자의 연고지를 昇降시켰다는 점에서 국가나 국왕에 대한 범죄자의 불충이나 입공자의 충성은 다시 중앙정부에 대한 지방민의 불충이나 충성으로 간주되었다고 할 수 있다. 또 그러한 승강조치가 범죄의 연대책임과 입공의 집단포상을 전제로 하였다는 점에서 지방민의 중앙정부에 대한 충성이 절실히 요구되었다고 이해할 수 있다.

이것은 다시 말하면 중앙정부의 지방민 통제가 절실히 요구되었지만 실제는 그 요구가 충족되지 않고 있었다는 사실을 의미한다고 하겠다. 고려는 지방관을 파견하기는 했지만 고을마다 그러하지는 못하였다. 향·소·부곡은 말할 것도 없고 당당한 현이라고 해도 지방관이 없는 屬縣이 전국에 광범위하게 널려 있었던 것이 당시 고려의 실정이었다. 이 점은 조선의 경우와 판이하게 다른 것이다. 한두 지방민의 충성이나 불충의 결과를 전 지역민에게 나누어 지역의

103) 《高麗史》 권 56, 志 10, 地理 1, 長湍縣.
104) 《高麗史》 권 57, 志 11, 地理 2, 豊山縣.

격을 올리거나 떨어뜨린 조치는 고려의 지방민 지배에 보이는 이러한 취약점을 보완하고자 하는 정치적 의도와 관련이 있다.

그러나 주·부·군·현 내부에서 일어나는 승강의 조치는 사실상 그렇게 큰 의미가 있었다고 할 수는 없다. 격이 오르거나 내리거나 주민들의 국가에 대한 경제적인 부담에 차이가 생기는 것도 아니고 정치적·사회적으로 그들의 지위에 이렇다할 변화가 오는 것도 아니었기 때문이다. 승강의 조치가 실질적인 의미가 있었던 것은 향·소 부곡과 그 위에 있는 행정단위 사이에서였다. 이 경우 승강의 기준이 된 것은 향·소·부곡이었다. 이 점에서 중앙정부의 지방민지배와 관련하여 부곡제의 운용이 주목되어야 하는 것이다. 향·소·부곡과 일반 군현 사이에서 행정단위의 지위의 변화는 보아온 대로 그곳에 사는 사람들의 신분상의 변화를 의미하였다. 한두 사람이 중죄를 지었다고 해서 그 죄에 대한 처벌을 전 주민이 함께 나누어야 한다는 점만으로도 가혹한 처사일 것이다. 그런데 그 처벌은 전 주민에 끝나지 않고 대대로 그 자손들 모두에게까지도 미쳤던 것이다. 게다가 처벌의 일환으로 그들은 대대로 정치적·사회적 제약을 안고 살 수밖에 없는 한계를 감수해야만 하였다. 또한 주민 한두 사람의 공훈으로 빚어지는 결과에 대하여는 반대의 설명이 이루어질 수 있을 것이다.

어느 쪽이건 납득이 잘 안될 정도로 터무니없는 일이었다. 그러나 그럼에도 불구하고 중앙정부로서는 이러한 내용을 담은 부곡제를 운용하지 않을 수 없었던 절박한 사정이 있었다. 중앙정부에 대한 지방민의 충성을 확보하지 않으면 안되었던 것이다. 또 이 제도가 실제로 운용되었다고 하는 것은 한편으로 그것이 중앙의 지방민지배에 어느 정도 기여하고 있었음을 의미하는 일이기도 하다.

9) 진척·역민[105]

고려는 驛站制를 실시하여 거의 전국을 망라하는 도로망을 가지고 있었다.[106]

---

105) 津尺·驛民에 관하여서는 驛站制의 관점에서 쓰여진 內藤雋輔, 〈高麗驛站考〉(《歷史と地理》 34-4·5, 1934 ; 《朝鮮史硏究》, 東洋史硏究會, 1961)에 언급이 있고, 身分制의 관점에서 접근한 洪承基, 앞의 글(1975)에 설명이 보인다. 여기서의 논의는 주로 후자의 글을 참고하였다.

106) 이 驛站制의 실제에 관해서는 內藤雋輔, 위의 글 참조.

도로 가운데 정치적·군사적·경제적으로 중요하다고 판단되는 요로에는 驛이 두어졌고, 교량으로 이어지지 않는 하천에는 津이 설치되었다. 그러므로 전국적인 도로망은 진에 의하여 보완되는 驛路에 의하여 이루어졌다고 할 수 있다. 한편 역이나 진은 일반 군현이나 부곡처럼 행정단위이기도 하였다. 역에 사는 주민은 驛民이라고 일컬어졌고, 진에 사는 사람들은 흔히 津尺으로 불리었다. 그리고 이 둘의 신분상 지위는 거의 같은 것으로 간주되었다.

> 郡·縣人과 津·驛·部曲人이 交嫁하여 낳은 자는 모두 진·역·부곡에 속하게 하고 진·역·부곡인과 雜尺이 교가하여 낳은 자는 똑같이 나누고 남는 수는 母에 따른다(《高麗史》권 84, 志 38, 刑法 1, 戶婚).

교가소생의 귀속을 설명하는 가운데에서 진척과 역민은 부곡인과 나란히 언급되고 있다. 이것은 이 셋의 신분상 지위가 동일하였다는 것을 뜻한다. 그리고 그 지위는 잡척과도 비슷하게 견주어졌다. 그러나 그들의 그러한 지위가 군현인의 경우와는 일단 구별되었다. 그들과 군현인 사이에 혼인이 금지되지는 않았지만 그 혼인에서 얻어지는 자식들의 귀속처리를 보면 진척과 역민의 신분상 지위가 상대적으로 낮았음을 느낄 수 있다. 그런데 역민은 법제적으로는 驛戶로 파악되기도 하였다.

> 申靑은 … 多仁縣 伐里驛의 吏였다. (중략) '靑은 본래 驛戶였는데 이름을 고치고 役에서 도피하여 함부로 큰 벼슬을 받았습니다'(《高麗史》권 124, 列傳 37, 嬖幸 2, 申靑).

역호에는 역리도 포함되었는데 역호가 국가에 지고 있던 역이 站役이었다. 물론 역은 대대로 세습되는 것이 원칙이었다. 참역은 요역의 한 형태였다고도 말할 수 있는 것으로, 국가의 명령을 전달하거나 국가의 중대사를 보고하는 따위의 일이 그 주요 내용을 이루었다. 그리고 생산물의 운반도 역호의 중요한 업무가 되었다. 참역은 역리와 그 밖의 일반 역민이 함께 져야 하는 것이었지만 이들이 지는 참역은 형태가 각기 달랐다. 역민은 직접 노역을 담당하였고, 역리는 그것을 지휘·감독하면서 驛務를 총괄하여 책임지는 일을 맡았다. 그들은 군·현의 吏와는 구별되었지만 그래도 진의 吏와 함께 공식적으로는 長이라고 불리었다.[107] 그들은 역민의 장으로서 공관에서 역무를 처리하

107)《高麗史》권 94, 列傳 7, 崔士威.

는 사람들이었다. 한 역에 배치된 역리의 수는 역의 크기에 따라서 2~3명 정도 였는데,[108] 그들은 일반 역민과는 구별하여야 할 것이다.

역리에게는 外役田이 주어졌고, 역에는 公須田과 紙田이 지급되었다. 일반 역민들에게는 아무런 경제적인 처우도 마련되어 있지 않았다. 그들은 스스로 경작하여 생계를 꾸려갈 수밖에 없었을 것이다. 역리에게 주어진 외역전과 역에 지급된 공수전과 지전의 경작은 그들이 맡았을 것이다.

> '여러 道의 館·驛의 公須田租는 大路가 100石, 中路가 50石, 小路가 30石으로 하여 儲積하여 두고 廩給으로 지급하고 나머지 組는 각각 州倉에 수송하도록 하라'(《高麗史》 권 78, 志 32, 食貨 1, 田制 租稅 문종 2년 12월 判).

공수전의 조는 역민들이 경작하고 냈을 것이다. 공수전은 국유지였다고 보여진다. 전호가 무는 租는 대체로 생산량의 1/2에 해당되었으므로 역민들은 조액을 빼고 남는 1/2로써 생계를 꾸려갔을 것이다 이것은 佃作하는 경우에 관한 이야기이지만 역민 가운데에는 자신의 토지를 자작하는 이들도 있었다고 믿어진다.

> '管內의 龍泉驛이 지난번 수해를 입어 公館과 民家가 모두 漂沒하여 이제 바야흐로 옮겨서 館宇를 새로 짓는데 民力을 다 소모하고 있사오니 청컨대 올해와 내년 두 해의 租稅를 감면하여 주소서'(《高麗史》 권 80, 志 34, 食貨 3, 賑恤 災免之制 문종 15년 정월 韓丁翊奏).

龍泉驛民들에게 2년간 조세를 감면하여 주자는 의견이 보이고 있다. 이로써 역민들이 국가에 조세를 내고 있었다는 점을 알 수가 있다. 국가에 조세를 내는 토지는 역민들의 소유경작지였을 것이다. 일반 역민들은 自作을 하건 佃作을 하건 경작을 통하여 자신의 생계를 꾸려갔다는 점에서 기본적으로 농민이었다. 그들이 貢賦를 포함하여 그 밖의 부담도 지고 있었는지는 알 수가 없다. 하여튼 站役이 무엇보다도 우선적인 임무였음에는 틀림없다. 참역은 대대로 세습되는 것이 원칙이었다.

> 申靑은 일명 松이니 多仁縣 伐里驛의 吏였다. 일찍이 元에 들어가 瀋王 暠의 從者가 되어 사랑을 받았다. 충숙왕이 원에 행차함에 미쳐서 瀋王邸로 行宮을 삼으심에

108) 《高麗史》 권 82, 志 36, 兵 2, 站驛 성종 2년 判.

靑이 왕을 만나뵙고 前散員에서 護軍에 제수되고 累遷하여 上護軍이 되었다. (중략) 충혜왕이 즉위하자 權省 洪彬을 시켜 청을 理問所에 가두고 耆老府院君 權溥 등에게 명하여 청의 죄를 들어 行省에 고하게 하였다. (중략) '청은 본래 驛戶였는데 이름을 고치고 役에서 도피하여 함부로 큰 관직을 받았습니다. 이것이 첫번째 죄입니다. 청은 멀고 가까운 親屬들을 거두어 站役을 면제하게 하였습니다.… 이것이 두번째 죄입니다'(《高麗史》권 124, 列傳 37, 嬖幸 2, 申靑).

申靑은 驛吏 출신의 驛戶였다. 그가 도피하여 죄를 짓게 된 역은 그가 그와 친족들로 하여금 벗어나게 한 참역과 본질적으로 같은 것이었다. 참역을 벗어나거나 남에게 벗어나게 하거나 모두 범죄가 되었다. 그런데 참역은 한 사람에게 부과된 것이 아니고 군역이 그러하였듯이 멀고 가까운 친족들이 모두 그 부담을 지고 있었다. 여기서 말하는 멀고 가까운 친족이 역호의 구성의 범위를 시사해 주고 있는 것이다. 그리고 이 사실은 참역이 당사자에 그치지 않고 대대로 세습되었음을 말하여 준다. 세습의 원칙을 깨는 것이 범죄가 되었던 것이다.

그렇다고 언제나 그런 원칙이 지켜졌다고 할 수는 없을 것이다. 신청은 끝내 치죄의 대상이 되기는 하였지만, 참역을 벗어나는 데 일단 성공한 사람이었다. 그는 벼슬길에 나아가 上護軍에 오르기도 하였다. 그러나 그의 출세는 당시가 원의 간섭기로서 특수한 시대적 상황에 있었다는 점, 그가 국왕의 총애를 받을 수 있었다는 점, 또 그가 일반 역민이 아닌 역리였다는 점 따위를 아울러 고려하여야 할 것이다. 그런데도 그가 참역을 피하고 벼슬길에 나아간 것이 죄를 짓는 일이라고 탄핵을 받았다. 고려 전기에 역민들은 참역을 벗어날 수가 없었다. 마찬가지로 그들이 관리가 되는 일도 금지되어 있었다고 보는 것이 순리에 맞을 듯하다.

10) 양수척(화척·재인)

楊水尺에 관한 기록은 고려 후기에 나타나지만, 그 기록을 통하여 고려 전기 이래로 그것이 실재하여 왔었음을 알 수 있다.

처음에 李至榮이 朔州分道將軍이 되었는데 楊水尺이 興化 雲中道에 많이 살았다. 지영이 말하기를 '너희들은 본래 賦役이 없으니 가히 나의 妓生 紫雲仙에게 소속시키겠다'고 하였다. 드디어 그 이름을 編籍하고 貢物을 징수하기를 그치지 않았다. 지영이 죽으니 忠獻이 또 자운선을 妾으로 삼고 人口를 계산하여 공물을 징수함이 더욱 심하므로 양수척 등이 크게 원망하였다. 거란병이 침구해 오자 맞아 항복하고 향도하였기 때문에 산천의 요해와 도로의 원근을 모두 알게 되었다. 양수척은 태조가 백제를 칠 때에 제어하기 어려웠던 遺種으로 본래 貫籍과 부역이 없었다. 즐겨 水草를 따라 옮겨 사는 것이 無常하여 오직 사냥을 일삼고 柳器를 엮어 파는 것을 業으로 삼았다. 대개 妓의 種族은 본래 柳器匠의 집에서 나왔다(《高麗史》 권 129, 列傳 42, 叛逆 3, 崔忠獻).

위의 사료에서 우리는 다음과 같은 사실들을 알 수 있다. 첫째, 양수척은 태조 때 제어하기 어려웠던 후백제계의 후손이었다. 둘째, 양수척은 定處·貫籍·賦役이 없었다. 셋째, 양수척은 사냥·유기제조 및 기생의 일로써 생업을 삼았다.[109]

그런데 양수척의 계보에 관하여 위의 사료에 보이는 설명은 오늘날 거의 인정되고 있지 않다. 관련 기사가 양수척이 고려초에도 있었으리라는 사실은 말하여 주고 있지만, 양수척이 후백제계의 후손이라는 점은 사실과 다르다. 양수척은 반수렵민족인 여진계나 유목민족인 거란계의 자손으로 밝혀졌으며[110] 이 사실은 그 뒤 재확인되었다.[111] 양수척이 본래 여진족이나 거란족의 遺種이었다는 견해가 현재로서는 가장 타당한 것으로 생각된다.[112]

양수척은 고려초부터 있어 왔는데 여진족이나 거란족의 후손이었다. 그들은 사냥과 유기제조 및 창우의 일로써 생업을 삼았다. 고려 말기가 되어서는 창우의 일을 전업으로 하는 재인이 떨어져나가 독자적인 계층을 이루었으며, 나머지 양수척은 화척으로 바뀌어 사냥과 유기제조와 도살의 일로써 생업을 삼아가게 되었다.

그들의 생업 가운데 유기를 제조하여 판매하는 일은 공장이나 상인의 그것

109) 鮎貝房之進, 〈白丁·水尺·禾尺·楊水尺〉(《雜攷》 5, 1932), 20~21·28~29쪽 참조.

110) 李丙燾, 《韓國史》 中世篇(震檀學會, 1961), 346쪽.

111) 姜萬吉, 〈鮮初白丁考〉(《史學研究》 18, 1964), 493~494쪽.

112) 조선조의 기록에서도 양수척에 세보가 닿는 白丁·禾尺·才人 따위를 우리와 다른 인종으로 보거나 胡種으로 이해하고 있거니와 양수척의 기원을 여진족이나 거란족에서 찾는 것이 무리가 없어 보인다(《世祖實錄》 권 3, 세조 2년 3월 정유 梁誠之上疏 ; 《成宗實錄》 권 69, 성종 7년 7월 기미 下書 및 권 252, 성종 22년 4월 무진 金永濡上疏 참조).

을 연상케 한다. 또 墨尺에서와 같이 공장도 尺으로 불리는 경우가 있었고, 雜尺이라고 했을 때 공장과 양수척이 모두 포함되는 경우도 있었다. 양수척의 사회적 지위를 공장이나 상인과 견주어 보는 일이 그렇게 부자연스러운 것은 아니다. 그러나 양수척에게는 공장이나 상인과는 다르게 정처가 없었고, 그에 따라 관적도 없었으며 부역마저 부과되지 않았다는 사실에 유념해야 할 것이다. 그렇다고 양수척이 정처가 없어서 이주가 자유로우며 부역이 없어서 특권적인 계층이었다고 볼 수는 없다. 그러한 사실들은 모두가 나라에서 그들을 국민 외의 존재로 파악한 결과에 지나지 않는다. 그들에게는 국민으로서의 지위조차 주어지지 않았다는 뜻이 된다. 이러한 관점에서 보면, 간혹 그들이 공장이나 상인과 비견되는 경우가 있었다고는 해도, 본질적으로는 차이가 있었다. 그들이 남에게 소유되어 팔리기도 하는 사람들은 아니었으므로 노비와는 구별되었고, 이 점에서 천인은 아니었다. 요컨대 그들은 양인이었다. 하지만 그들은 양인 가운데 가장 천시된 존재였다.[113]

11) 노 비[114]

(1) 신분상 특성[115]

고려의 노비가 남에게 소유되어 매매·증여·상속의 대상이 되었다는 것은

113) 《世宗實錄》 권 22, 세종 5년 10월 기묘 兵曹의 啓에서도 양수척에 계보가 이어지는 才人·禾尺을 언급하면서, "才人과 禾尺은 본시 良人이었지만 하는 일이 賤하여 부르기를 특수하게 하였다"라고 하였다. 그들이 천시된 것은 하는 일이 천하였기 때문이었다. 신분적으로 그들은 본래 양인이었다.

114) 고려 노비에 관한 주요 연구는 다음과 같다.
今石二三雄, 〈高麗朝に於ける奴婢について〉(《桑原記念東洋史論叢》, 1930).
龜田敬二, 〈高麗の奴婢に就て〉(《靑丘學叢》 26·28, 1936·1937).
周藤吉之, 〈高麗末期より朝鮮初期に至る奴婢の硏究〉(《歷史學硏究》 9-1·2·3·4, 1939).
李相佰, 〈'賤者隨母' 考—良賤交婚出生者의 身分歸屬問題—〉(《震檀學報》 25·26·27, 1964).
洪承基, 앞의 글(1975).
林英正, 〈麗末 農莊人口에 대한 一考察〉(《東國史學》 13, 1976).
金世潤, 〈高麗後期의 外居奴婢—所謂 '李太祖戶籍'을 중심으로—〉(《韓國學報》 18, 1980).
洪承基, 앞의 책(1983).
李載昌, 〈寺院奴婢考〉(《黃義敦先生古稀記念 史學論叢》, 1960).
여기서는 노비를 대표할 수 있는 공노비와 사노비를 중심으로 설명하겠는데 주로 위의 필자의 글에 의거하고자 한다.

115) 洪承基, 위의 책 참조.

일찍이 밝혀진 바 있다.[116] 그것은 노비의 법제상 지위가 재물로 간주되었음을 뜻한다. 재물로 간주되었다고 하는 사실은 노비에게 치명적인 약점이 되었다. 그것은 또한 노비만이 가지는 특성이었고, 그 가운데에서는 가장 두드러진 것이었다. 이러한 점에서 바로 노비는 천인이었다. 그러나 노비가 반드시 재물로 간주되기만 하였던 것은 아니다. 한편으로는 인간으로서 그리고 국민으로서의 지위도 동시에 노비에게 인정되었다. 이 점에 유의하면서 노비의 신분상 특성에 접근하고자 한다. 그런데 노비는 소유주에 따라서 사노비·공노비·사원노비로 나누어졌다. 이들 각자의 신분상 특성은 달랐다. 이 셋 가운데 대표적인 것은 사노비와 공노비였다. 여기서는 이 둘을 나누어서 검토하는 일이 유익할 것이다.

사노비는 주인의 호적에 부적되어 종파 및 그 소생의 이름과 나이, 전래의 변별, 그리고 奴妻·婢夫의 양천이 파악되었다.[117] 이러한 방식에 의하여 사노비가 주인소유의 노비 신분임이 확인되었다. 솔거노비의 경우는, 부적되어 있는 주인의 호적이 그의 현거주지를 확인시켜 주는 것이기도 하였다. 그러나 외거노비는 그의 현거주지를 확인시켜 주는 별도의 호적이 현거주지에도 있었다.[118] 한편 사노비는 이름만이 있었을 뿐이고 姓은 없었다. 그리고 사노비에게는 국가에 대한 公役의 의무가 없었다.

사노비의 신분 귀속은 「一賤則賤」의 원칙에 따라서 부모 가운데 한 쪽이라도 노비이면 그 소생은 노비가 되었다. 사노비에 대한 소유권은 賤者隨母法에 따라서 어머니의 소유주에 귀속되었다. 다만 어머니가 양인이면 아버지의 소유주에게 귀속되었을 것이다. 한편 사노비에게는 법적으로 재산을 소유할 수 있는 권리가 인정되었다. 그리고 사노비는 주인이나 다른 사람에 의하여 기도되는 생명에 대한 위협으로부터 법의 보호도 받았다.

---

116) 龜田敬二, 앞의 글, 100~124쪽.
117) 외거노비가 주인의 호적에 부적됨이 없이 독립해서 호적을 가지고 있었다는 견해도 있다(金世潤, 앞의 글, 65쪽).
118) 金錫亨, 《朝鮮封建時代 農民의 階級構成》(과학원출판사, 1957), 86쪽.
武田幸男, 〈朝鮮の律令制〉(《岩波講座 世界歷史》 6, 岩波書店, 1971), 74쪽.
洪承基, 앞의 책, 21쪽.

사노비의 주인에 대한 배반은 용납되지 않았다. 사노비의 도망·訴良, 주인에 대한 경멸·모욕·반항·모함·무고 따위가 주인에 대한 배반으로 간주되었다. 이것은 사노비의 주인에 대한 복종이 거의 절대적이었음을 말해준다. 주인의 범죄조차도 사노비는 고발할 수 없는 정도였다. 그러나 주인이 반역과 같은 중대한 범죄를 모의하였을 때에는 반대로 그것을 고발하는 것이 사노비의 의무였다. 이것은 국왕의 통치를 받는 국민으로서의 지위가 사노비들에게 최소한도나마 인정되었음을 뜻하는 것이었다.

공노비는 전쟁 포로에서 얻어지는 경우도 있었지만, 대다수는 반역·적진투항·이적행위와 같은 중대한 범죄를 저지른 사람이나 그의 가속 및 사노비가 관몰됨으로 해서 발생하였다. 범죄행위가 계기가 되어 귀족층에서 공노비가 되는 일이 흔히 있었다는 점은 주목이 된다. 이것은 사노비가 대체로 경제적 빈곤으로 말미암아 양인계층에서 주로 보충되었다는 점과 좋은 대조를 이루는 것이다. 공노비는 누구나 독자적인 경리를 가지고 독립된 가계를 꾸려 나갈 수가 있었다. 사노비의 대표적인 존재인 솔거노비에게는 자신의 독자적인 경리가 없었다. 이 점에서 공노비는 전반적으로 보아서 더 나은 처지에 있었다고 할 수 있다.

한편 공노비는 값이 정해져 있지도 않았고 실제로 매매의 대상이 되지도 않았다. 이 사실은 사노비의 경우와 크게 다른 점이다. 이 점에서 말한다면 공노비는 같은 노비이기는 했지만 사노비에 비하여 보다 높은 신분상 지위에 있었다고 할 수 있다. 그러나 이 둘 사이의 그러한 차이가 본질적인 것일 수는 없다. 사노비가 적몰되어 공노비가 되거나 공노비가 사급되어 사노비가 되는 예가 드물지 않았다는 점에서 그러하다. 공노비는 10여 세 정도의 연령층에서 실질적 부담을 지기 시작하였다. 이 점에서 일반 양인농민보다 그 부담의 기간이 길었다. 공노비는 丁의 연령층이 끝나는 59세까지 부담을 졌다가 60세의 연령층에 이르면 거기서 벗어났다.[119] 이 점에서는 무기한 부담을 져야 했던 사노비와 비교하여 공노비가 유리한 입장에 있었다고 할 수 있다.

신분상의 특성을 가지고 사노비와 공노비의 신분상 지위를 비교하여 보면 전반적으로 공노비의 경우가 보다 높았다고 할 수 있다. 물론 그렇다고 그 둘

119) 이 점은 일찍이 今石二三雄, 앞의 글에서 주목된 바 있다.

사이에 본질적인 격차가 있었다는 것은 아니다. 또 생계를 유지하는 방법에 따라서 그들 사이에서도 여러 유형으로 나뉘어질 수가 있고, 그에 따라 그 각자가 누리는 신분적 지위가 다시 달라질 수 있는 것이다. 이 점에서 몇 가지 특성만 가지고 일률적으로 그들의 신분상 지위를 견주어 이야기하기가 어려워지는 대목들도 있다.

(2) 사회·경제적 지위[120]

사노비 가운데에는 주인과 같이 살면서 주인의 사역에 대비하는 사람들과 주인과 떨어져서 살면서 주로 주인의 토지를 경작하는 사람들이 있었다. 전자는 솔거노비였고 후자는 외거노비였다. 솔거노비는 주인의 경리 속에서 주인에 의하여 최소한의 의식주가 해결되었을 뿐이며, 독자적인 경리를 가지지 못하였다. 그들은 국가에 대한 공과·공역의 의무는 없었지만, 주인에 의한 노동력의 수취는 거의 기한이 없고 무제한적이었다. 또 그들에게는 자신의 의지에 따른 행동도 거의 없었다. 그들은 노비 전체 가운데에서 가장 낮은 사회경제적 지위에 있었다.

한편 외거노비는 그 대부분이 농경에 참여하였다. 경작토지는 대개의 경우 주인의 소유 토지였다. 이 토지를 경작하고 그 주인에게 租를 바쳐야 했지만, 그 나머지 소출은 토지를 경작한 외거노비의 몫이었다. 이 때 그들이 무는 조의 크기는 양인 전호가 무는 크기와 비슷하여 소출액의 1/2이었을 것으로 추정된다. 따라서 외거노비는 그 나머지 1/2의 몫을 가지고 독자적인 경리를 세워서 스스로의 생계를 꾸려갔다는 이야기가 된다. 조 이외에 주인에게 현물이나 노동력을 어떤 형태로든 별도로 냈음 직하지만 잘 알 수가 없다.[121] 다만 외거노비가 주인에게 지는 부담의 전체가 양인 전호가 국가에 대하여 지는 공과·공역의 부담 전체와 비교하여 커다란 차이가 있었을 것으로 생각되지는 않는다. 그들은 주인의 간섭이나 사역을 받을 기회가 적었다. 따라서 그들은 자신의 노동력을 이용하여 자신의 재화를 축적할 수 있는 기회는 어느 정도

120) 이에 관한 설명은 주로 洪承基, 앞의 책 참조.
121) 姜晋哲은 공노비 가운데 외거노비도 徭役과 身貢의 부담을 국가에 지고 있었다고 보았다(姜晋哲, 〈農民의 負擔〉, 앞의 책, 302~303쪽).

확보할 수 있었다고 믿어진다. 그들의 사회경제적 지위는 노비 가운데에서 가장 높았다. 그것은 일반 양인 전호와 견주어도 큰 손색이 없었을 것으로 추측된다. 공노비 가운데에도 주로 국유지를 경작하는 외거노비가 있었는데, 그들은 사노비의 외거노비와 처지가 대체로 비슷하였을 것이다.

공노비 가운데 외거노비 이외의 나머지는 대체로 관아에서 주로 사령에 대비하였다. 이러한 일을 주임무로 삼았던 공노비를 供役奴婢로 부를 수 있다. 공역노비는 10여 세부터 노동력을 제공하여야 했다. 그러나 그 대가로 공역노비는 일정한 급료를 받을 수 있었다. 그들은 그 급료를 가지고 자신의 경리를 세워서 생계를 유지하였다. 공역노비가 받는 급료의 액수는 양인 신분으로 같은 직책에 있는 사람에 비해서는 낮은 것이었다. 이것은 공역노비가 더 많은 일을 하면서도 더 적은 급료를 받았음을 말하여 준다. 그들의 전반적인 사회경제적 지위는 솔거노비보다는 높았고, 외거노비에 비해서는 낮았다. 솔거노비와 외거노비의 중간쯤에 공역노비의 사회경제적 지위가 마련되어 있었다.

12) 신분제도의 성격

고려의 사회구성원은 누구나 일정한 사회적 역할을 이행하도록 기대되었다. 그 역할은 흔히 役으로도 일컬어졌는데 씨족을 기본 단위로 해서 이루어졌다. 그리고 그 역할은 대대로 세습되었다. 동일한 사회적 역할을 세습적으로 수행하는 무수한 씨족들을 묶어서 편성한 것이 신분계층이었다. 이 때 편성의 단위가 된 것이 班이었다. 그렇다고 모든 신분계층이 다 반으로 편성된 것은 아니었다. 그렇게 편성된 신분계층은 대개가 지배계층에 한정되었다. 그러나 신분제도가 지배계층 위주로 그들에 의하여 주도되었다는 점에서 고려 신분제도를 班體制로 이해하여 큰 무리는 없다. 여하튼 신분계층이 저마다 일정한 사회적 역할을 수행하였다는 점이 중요하다.

그런데 그러한 역할에는 귀함과 천함이 기준이 되어 높고 낮은 차이가 있었다. 어느 것은 귀하고 어느 것은 천하다고 하는 것과 같은 의미의 차이가 두어졌다는 뜻이다. 그 차이에 따라서 어떤 역할은 사회적 특권(권리)으로서의 의미가 제약(의무)으로서의 그것보다 크기도 하고 어떤 역할은 그 반대가 되기도 하였다. 이 사회적 특권이나 제약의 크기에 따라서 신분계층의 사이에 차등이 두어졌다. 신분계층마다 신분상 지위가 다르게 나타났다는 뜻이다. 신분계층 사이에는 장벽이 놓여서 서로 넘나들 수 없게 되었다. 신분계층은 제각기 서로 다른 신분상 지위에서 그것이 사회적 권리를 뜻하건 반대로 의무를 의미하건 저마다 나름대로 부과된 사회적 역할을 수행하여야 하였다. 왜냐하면 그것이 신분사회의 안정과 유지에 기여한다고 기대되었기 때문이다.

이러한 내용이 담긴 고려의 신분제도가 시행되는 데 있어서 위정자들이 각별히 유의한 점이 있었다. 그것은 신분계층 사이에 장벽을 세우고 이를 지키는 일이었다. 위정자들은 신분계층 사이의 이동을 억제하고 각별히 낮은 신분 계층이 높은 신분계층으로 상승하는 것을 막는 일에 신경을 썼다. 신분이동의 억제 특히 신분상승의 방지는 하나의 원칙이었다. 이 원칙의 적용에 있어서 철저하기로 유명한 것은 신라였다. 골품제도의 시행에 있어서 진골에서 6두품으로 내려오는 예는 더러 있었지만 6두품이 진골로 올라가는 경우는 없었다. 고려라고 해서 그 원칙이 가볍게 다루어진 것은 물론 아니었다.

그러나 그러면서도 그 원칙에 반대되는 현상들이 고려의 경우에는 많았다. 다음에 드는 것은 그에 관한 비근한 예에 지나지 않는다.

> 樂工으로서 3, 4명의 아들이 있는 경우에는 한 아들로서 業을 잇게 하고 그 나머지는 注膳·幕士·驅史에 속하게 하였다가 陪戎副尉·校尉에 옮기되 耀武校尉에 이르러 한정시켜라(《高麗史》 권 75, 志 29, 選擧 3, 銓注 限職 문종 7년 10월 判).

신분이동의 억제나 신분상승의 방지라고 하는 원칙대로라면 악공의 3, 4명이나 되는 아들들은 모두 父業을 이어야 마땅한 것이다. 그러나 위의 사료는 오직 한 아들만을 위의 원칙에 맞게 조치하였을 따름이다. 나머지 2~3명의 아들들은 雜類가 되고 더 나아가 요무교위로 한정하여 武散階로 나아가게 하였던 것이다.

이러한 현상은 《高麗史》의 위와 같은 限職條만 보아도 많이 발견할 수 있다. 한직의 규제를 받는 대부분의 신분계층은 실제에 있어서 品官이 되어 관인계층으로 나아가서는 안되는 사람들이었다. 예컨대 잡류는 그저 吏族으로 있으면서 吏職을 세습해야 하는 사람들이었다. 공장·승려·군인·부곡리 등의 예가 역시 모두 그러하였다. 신분이동의 억제나 신분상승의 방지라고 하는 원칙에서 말하면 그들은 한직이라는 것부터가 무의미한 계층의 사람들이었다. 그러나 그러한 원칙이 있었음에도 불구하고 한직제도가 시행된 것은 바로 그러한 부류의 사람들을 위하여서였다. 사실 과거제도나 選軍制度도 이러한 시각에서 이해될 수 있는 것들이었다.[122] 결국 신분이동의 억제나 신분상승의 방지가 중요하였듯이 그 허용도 역시 그러하였으며, 전자가 원칙으로서 중시되었듯이 후자도 또한 그러하였다는 결론에 도달하게 된다.

서로 상반되는 두 개의 원칙이 신분제도의 운용에 동시에 적용되고 있었다는 점이 고려의 신분제도의 성격을 이해하는 데 있어서 첫번째로 중요한 사실이다. 그런데 고려의 위정자들은 서로 모순되는 두 원칙을 충돌하도록 내버려두지 않았다. 그들은 이 둘이 균형과 타협과 조화의 관계에 있도록 노력하였다. 이와 관련하여 그들은 신분이동을 억제하고 신분상승을 방지하는 원칙을 우선으로 삼았으며 그것에 훨씬 더 큰 비중을 두었다. 이 원칙에 훨씬 더 기운 상태에서 신분이 둘 사이에 조화의 관계가 성립되었던 것이다. 이 점이 고려신분제도의 성격을 이해하는 데 있어서 두번째로 중요한 사실이다.

한직제도를 운용해서 잡류·승려·군인·공장·부곡리의 자손들에게 어느 선까지는 관직에 나아가게 하였지만, 각각의 신분계층을 떠나서 그렇게 된 사람들이란 소수에 지나지 않는다. 또 그렇다고 관직에 나아간 그들로부터 관인계층이 심각한 타격을 입은 것도 아니었다. 과거제도나 선군제도의 운용에 있어서도 비슷한 설명이 가능한 것은 물론이다.

요컨대 고려의 신분제도는 신분상승을 방지하는 원칙과 그것을 허용하는 원칙이 동시에 적용되어 시행된 제도였다. 두 원칙은 본래 서로 모순되는 것이지만 실제에 있어서는 조화와 균형의 관계에 있었다. 이 조화와 균형은 신분상승을 억제하는 원칙에 압도적인 비중을 두면서 이루어졌다. 신분상승을 억제하는 원칙에 훨씬 더 무게가 두어진 속에서 이루어진 균형이었고 조화였

122) 李基白은 고려의 신분제도가 세습제를 원칙으로 하면서도 비교적 유동적인 성격을 지니고 있다고 보았다. 이와 관련하여 身分의 변동이 부단히 행해지고 있었음도 설명하였다. 그 대표적인 예로서 주로 과거제도와 관련지어 鄕吏와 그리고 選軍制度와 관련지어 軍人의 경우를 설명하였다(李基白, 〈高麗時代 身分의 世襲과 變動〉, 앞의 책, 1971, 96~99쪽 참조).

던 것이다. 이러한 균형과 조화의 관계에 바탕을 두고 사회적으로 평형을 이루고 있었던 것이 고려의 신분제도였다. 무신란의 발생은 바로 이러한 균형과 조화의 관계에 틈이 생겨났음을 의미하는 것이며, 나아가 그러한 관계에 기초한 사회적 평형에 동요가 생겨났음을 뜻한다. 그러한 변화를 반영하고 있는 것이 班體制의 이완이었다.

〈洪承基〉

2. 가족제도

1) 가족과 혼인

(1) 가 족

고려시대의 가족에 대한 자료로는 소수의 단편적인 사례나 고려 중·후기의 戶籍, 가족과 관련된 법제, 그리고 혼인제도 및 친족제도 관련 자료 등이 있다. 또한 신라말의 촌락문서나 몇몇 사례자료 등도 바로 고려시대로 연결되는 시대적 상황이라는 점에서 고려시대 가족의 검토에 참고가 된다.

그러나 이러한 자료들은 대부분 단편적인 것이고, 그 자료 자체에 대한 세심한 주의를 기울인 분석을 필요로 하는 것들이 많아서 쉽사리 당시의 현상을 드러내주지 않았다. 이러한 자료를 통해 기왕의 연구서에서는 고려시대의 일반적인 가족구성을 소가족적인 것으로 보기도 했고, 그와는 달리 대가족적인 것으로 보기도 했다. 또한 이러한 가족구성 및 그 가족이 존재하게 되는 배경으로서의 친족제도에 대한 해석에서는 더욱 여러 가지 견해들이 제기되었다.

단편적인 자료는 하나의 현상을 완성된 모습으로 보여주지 않기 때문에 서로 다른 다양한 해석의 여지를 남겨 놓는다. 고려시대의 가족에 대한 서로 다른 해석들로부터 정리된 이해를 얻기 위해서는 첫째, 당시의 자료들을 종합적으로 검토하여 역사적 현상의 완성된 모습에 보다 가까이 접근해 가는 이해를 추구하는 것이 필요하다. 둘째, 가족제도나 친족제도도 사회의 다른 부분들에서 흔히 그렇듯이 규격화되어 있는 단일성을 갖기보다는 종종 변이적인 요소들이나 이질적인 요소들이 일부 혼재되는 것이 보통이므로, 당시 역사적 흐름의 일반적 경향을 파악하는 것이 필요할 것이다. 셋째, 가족의 구성 형태만이 아니라 그 가족이 가족범위를 넘는 친족들과 어떠한 관계 속에서 생활하고 있었는가를 주목할 필요가 있다. 이를테면 당시의 일반적인 가족이 소가족이라 해도 촌락 내에서 다른 친척들과 긴밀한 연고관계 속에서 생활한다고 할 때, 그것은 현대의 소가족과도 다른 존재양태를 갖는 것이다.

그러한 견지에서 본다면, 고려시대의 가족은 單婚的인 부부와 미혼 자녀들로 이루어진 부부가족이 기본적인 단위가 되어 때로는 夫妻의 노부모나 생활 능력이 없는 가까운 미성년 친척 등을 부양가족으로 하는 것이 대체로 일반적이었다고 할 수 있다. 그리고 확대 가족적인 구성도 일부 소수의 경우에 존재하였던 것으로 보인다.

고려시대의 가족을 대가족으로 파악하는 이해에는 고대 이후에도 부계 친족 집단과 함께 대가족의 존재가 조선시대까지도 계속되었다는 가설적 이해가 전제되는 경향이 있었다. 그러나 실증적인 연구들을 통해서 보면 고려시대로 들어오기 직전 신라말에도 큰 변화가 있었던 것으로 나타난다. 중앙귀족들의 경우 신라 하대에 오면 왕위를 둘러싼 정쟁의 격화와 함께 친족집단이 분열되고, 4촌간에도 서로 다른 세력으로 나뉘어지는 양상이 나타난다.[1)]

소가족 단위로 친족집단이 분해되는 현상은 하층민들과 지방사회에서도 진행되었다. 신라 중대와 하대 이후에는 부모와 미혼 자녀 또는 기혼 자녀의 하나가 노부모를 모시고 그 안에서 家 단위를 이루고 있는 농민들의 사례가 발견된다.[2)] 특히 이들의 경우는 도움을 받을 만한 친족공동체를 가지고 있지 않은 고단하고 한미한 처지로 기록되어 있다. 이들의 존재는 친족공동체의 분해가 진행됨에 따라 부부와 미혼 자녀 그리고 때로는 노부모나 미혼 형제자매가 포함되는 소규모 가족들이 출현하고 있었음을 반영하는 것으로 보인다.

친족공동체가 소규모 가족단위 이하로 분해되고 있었던 현상은 중대말~하대 전반 무렵 西原京 부근 촌락의 상황을 전하는 신라촌락문서에서도 나타난

---

1) 이에 대해서는 다음과 같은 연구가 있다.
盧泰敦, 〈羅代의 門客〉(《韓國史硏究》 31·32, 1978).
崔柄憲, 〈新羅下代社會의 動搖〉(《한국사》 3, 국사편찬위원회, 1976).

2) 《三國遺事》 권 5, 孝善 9, 眞定師孝善雙美·大城孝二世父母·孫順埋兒.
《三國史記》 권 48, 列傳 8, 向德·聖覺·孝女知恩.

다. 신라촌락문서에서는 본래 그 기원이 대가족적인 단위에 기초하여 성립되었던 것으로 보이는 孔烟의 편제가 그 내부에 8~14인에 달하는 평균 인수를 포함하며 남아 있다. 하지만 이미 실질적인 가족으로서의 의미를 갖는 거주의 기본 단위를 보여주는 移住의 단위는 소가족적인 것으로 되어 있었다.[3] 촌락 문서에서 나타나는 이러한 소가족적인 단위로의 분해현상은《三國史記》나《三國遺事》등에서 나타나는 친족공동체 및 그 내부의 확대가족의 분해 그리고 소가족 단위의 대두라는 사실과도 부합되는 것이다.

고려시대의 가족에 대한 자료로서 주목되는 것으로는 우선 족보 등에 전재되어 온 고려시대의 戶口單子나 准戶口 및 國寶戶籍 등의 37개 호적 자료가 있다. 여기서 먼저 유의해야 할 것은 고려시대의「戶」와「가족」의 관계이다. 호와 가족은 밀접한 관계가 있으면서도 바로 일치시켜서는 안되는 면이 있다. 그 이유는 첫째, 호로 지칭된 대상에는 자연호와 編戶가 있었고, 편호로서의 호는 가족과는 다른 것이었다. 편호는 행정적으로 편성된 호로서, 가족은 보통 그것을 구성하는 일부로서 존재하였다. 예컨대 우왕 원년(1375) 2월에 외방 각처의 民戶를 京中에서 행해지는 법과 같이 대·중·소의 3등급으로 나누고, 중호는 둘로써 1(戶)로 삼고, 소호는 셋으로써 1(戶)로 삼는다[4]고 하였는데 이는 편호의 존재를 보여주는 것이다. 공민왕 5년(1356)의 敎에 3家로써 1戶로 삼아 無事하면 3家가 돌아가며 番上하고, 유사시에는 3家에서 1丁씩을 내며, 위급할 때는 家의 丁 모두를 징발한다는[5] 것에서의 戶는 바로 그러한 편호이다. 편호의 방식은 시기에 따라 조금씩 다를 수 있지만, 고려 전기에는 문종대에 州鎭入居軍人에게 예에 따라 본관의 養戶 2인씩을 주도록 한 것에서[6] 그 예를 볼 수 있다. 이러한 편호들은 가족으로서의「家」와는 분명히 다른 것이니, 이 편호로서의 호를 가족과 구분하지 않는 해석은 큰 잘못이다. 편호의 대표적인 것은 앞에서도 본 바와 같은 軍戶였는데, 고려시대의 軍籍 등은 그러한 군호로서의 편호와 밀접한 관련을 갖는 것으로 보인다.

둘째, 보통 戶口籍 또는 戶籍으로 불리는 것은 원칙적으로「家」로서도 지

---

3) 盧明鎬,〈羅末麗初 親族組織의 변동〉(《又仁金龍德博士停年紀念史學論叢》,1988).
4)《高麗史》권 84, 志 38, 刑法 1, 戶婚.
5)《高麗史》권 81, 志 35, 兵 1, 兵制 신우 9년 8월.
6)《高麗史》권 81, 志 35, 兵 1, 兵制 문종 27년 3월.

칭된 가족을 단위로 한 것이었다. 그러나 법제와 실제는 시기에 따라 불일치의 정도가 심할 수 있듯이 호적의 호도 항상 실제의 가족과 일치하는 정도가 같지는 않았던 것에 유의해야 한다.

현재 남아 전하는 고려시대의 호적자료들은 크게 세 부류로 나누어 볼 수 있다. 제1군은 하나의 부부가족 단위를 기본으로 하되 子와 女의 부부가족들 중의 어느 하나가 노부모를 모시는 단위로 되어 있는 戶이며, 이들은 소가족적인 단위로 볼 수 있다. 제2군은 외형은 단일 부부가족 단위이나 고령인 자녀들이 미혼인 상태로 기록된 것은 기록상의 어떤 문제가 있는 경우로 보인다. 제3군은 2개 이상의 부부가족 단위를 포함한 호이다. 그런데 고령의 자녀나 형제자매의 경우 그들의 배우자와 자녀가 기록되지 않아 미혼인 것처럼 되어 있는 기록상의 문제는 제3군에서도 존재한다.[7)]

제2군·제3군의 호들은 1333년 이후 모두 여말의 호적자료들로, 이들은 여말의 통치질서의 문란에 따른 호적기재상의 누락이 있었던 것으로 보인다. 그 이전의 호들에도 누락은 있었겠지만, 상식적으로도 납득하기 어려운 심히 부실한 기록은 여말의 상태로 이해된다. 제2군과 제3군의 호적기록에 누락이 있다고 할 때, 그것은 우선 고령의 자녀들의 경우에서 고려될 수 있을 것이다. 즉 그들 중의 상당수는 배우자와 그들 자녀들의 기록이 누락된 것으로 추정되는데, 그러한 누락은 다른 자녀들을 통해 확인되기도 하였다. 그렇다면 제2군의 호들의 대부분도 2개 이상의 부부가족 단위를 내포하고 있는 셈이고, 제3군의 경우는 내포하는 부부가족 단위가 더 증가될 가능성이 있을 것이다.

이처럼 두 개 이상의 부부가족 단위를 포함하는 제2·3군의 호들과 같은 경우에 대해 기존의 연구에서는 이들을 하나의 대가족단위로 이해하기도 하였다.[8)]

---

7) 고려시대의 가족제도와 관련한 호적자료에 대한 자세한 검토는 盧明鎬, 〈高麗時代 鄕村社會의 親族關係網과 家族〉(《韓國史論》19, 서울大 國史學科, 1988) 참조.

8) 許興植, 《高麗社會史硏究》(亞細亞文化社, 1981), 229·241·294쪽 및 崔在錫, 《韓國家族制度硏究》(一志社, 1983)에서도 '雙系的 傍系家族'이라 하여 역시 하나의 가족단위로 파악하였다. 이처럼 戶籍 작성에서 대상으로 하는 戶의 실체에 대해 일반적으로는 자연호로서의 가족 내지 家口(House Hold)로 이해되어 왔으나, 조선시대 戶의 실체에 대한 기초적인 검토를 한 韓榮國, 〈朝鮮王朝 戶籍의 基礎的 硏究〉(《韓國史學》6, 한국정신문화연구원, 1985)에서는 조선시대 호적의 戶는 그 실체가 家屋(烟戶)이었다는 새로운 견해를 제시한 바 있다.

그런데 이들을 하나의 가족단위로 이해하기에는 몇 가지 문제가 있다. 그것은 우선 두 개 이상의 부부가족단위를 내포한 호적들인 제2·3군은 모두 고려 말기의 것들인 반면에 1200년대 호적들만 해도 모두 소가족적인 단위로 되어 있다는 점이다. 驪州李氏 족보에 수록된 일련의 호적자료에서도 1237년과 1270년의 것은 제1군에 속하는 한편, 1333년과 1372년의 것은 제 2군에 속한다.[9] 신라촌락문서를 비롯한 통일신라 후반 이후의 자료에서 이미 소가족단위의 기능이 강화되었음을 고려한다면, 1200년대 호적자료들은 소가족적인 단위가 광범위하게 존재했던 상황과도 연결된다. 그렇다면 제2·3군의 호적자료를 대가족적인 단위의 반영으로 보는 것은 고려말에 갑자기 대가족적인 단위가 발달했다는 부자연스러운 이해를 낳게 한다.

이들 호적자료에서 보면 1300년 이후의 총 34호 중에서 약 3/4 정도가 두 개 이상의 부부가족 단위를 포함하고 있다. 그러나 이에 대한 해석은 앞에서 언급했듯이 고려말의 호적자료가 갖는 기록상태의 근본적인 문제에서 찾아야 할 것으로 생각된다. 즉 제2·3군의 호적들 중에는 실제의 대가족적인 상황을 반영하는 경우도 일부 있겠으나, 그 대다수는 실제로는 소가족 단위로 분가되어 여러 개의 별도의 호들을 이루는 것을 하나의 호로 파악해 놓은 것으로 보인다. 이 경우 여러 개의 호로서 파악되어야 할 것이 하나의 호로서만 파악됨으로써 호구 파악에서「口」만이 아니라「戶」단위가 누락된 것이었으니, 실제로 그러한 호의 누락이 확인되기도 하였다.

소가족적인 단위가 거주상의 기본 단위가 됨은 제2·3군의 호의 구성상태에서도 추정된다. 제2·3군의 호들에는 아들과 딸 및 그들의 배우자 그리고 내외손들이 내포되어 있는 셈이다. 그러나 모든 호들이 戶主의 자녀 및 그 배우자들을 자체내에 함께 유지할 수는 없다. 어느 한 호에 다른 호로부터 며느리와 사위가 들어 오면 상대편 호들에서는 女나 子가 나가야만 한다. 결국 모든 자녀의 부부가족 단위를 기록한 것은 그들 중에서 어떤 것과 동일 호를 이루도록 하는 규정, 예컨대 아들의 부부가족이 호주와 동일한 호를 이루어야 한다는 것과 같은 규정은 존재하지 않았다.

9) 李佑成, 〈高麗時代의 家族—친족집단·사회편제 문제와의 관련에서—〉(《東洋學報》 5, 檀國大, 1975).

높은 빈도로 나타나는 女 및 女壻와의 동거도 결혼 초기에만 국한된 것이 아니었다. 제1·2·3군의 호적 자료에서도 40대, 50대 연령의 여서도 처부모와 동거하는 것으로 되어 있는 경우가 여럿 나타난다.[10] 소가족단위의 이주 빈도가 비교적 높은 속에서 부모나 처부모와의 동거는 혼초부터 계속되는 경우도 있겠으나, 분가 후 중간에 변동이 이루어질 수도 있고, 때로는 아주 노년에나 이루어질 수도 있었다. 그리고 그 동거는 자녀의 이동에 의해서만이 아니라, 부모 쪽의 이동에 의해서도 이루어질 수 있었다.[11]

결혼한 자녀들의 부부가족의 거주가 일반적으로 유동적이라는 사실은 이들의 독자적 단위로서의 기능이 그만큼 컸음을 반영해 준다. 이러한 사실에 유의할 때《高麗史》刑法志의 分家規定의 의미가 드러난다.

> (A) 조부모나 부모가 살아 있는데, 子孫이 戶籍을 나누고 財産을 나누어〔別籍異財〕供養에 궐함이 있으면〔供養有闕〕, 徒 2년에 처하고, 服을 입는 기간 내에 戶籍을 나누면 徒 1년에 처한다(《高麗史》권 84, 志 38, 刑法 1, 戶婚).

이 규정에 대해서 3세대 친족내「同籍異財」가 무너져 가는 것을 금지한 법령이라는 해석도 있었고,[12] 唐律의 규정과 달리「供養有闕」의 단서가 들어간 것은 공양에만 문제가 없으면 조부모·부모의 생존시에도 분가를 허용한 규정

---

10) 호주가 고령의 딸(실제로는 이 경우 딸의 부부가족)과 함께 기록되고 있는 것은 논외로 하고, 호주가 처부모와 동거하고 있는 사례들만을 보아도 상당한 비중이 된다. 그 호들의 본관과 호주 성명 및 연대를 나열해 보면 다음과 같다.
제1군 ; 총 13개호 중 6개호―咸昌 金鏡高戶(1280), 光州 金璉戶(1301)·咸昌 金克孫戶(1336)·金州 金永祿戶(1392)·(국보호적 7폭 2호, 부분 파손)(1392)·三陟 金德原戶(1392).
제2군 ; 총 12개호 중 1개호―旌善 李天祿戶(1392).
제3군 ; 총 12개호 중 2개호―安東 金得雨戶(1391)·升平 金代介戶(1392).
제2·3군에서는 처부모와의 동거가 극히 적게 포함되고 있는데, 이는 이들 호의 절대다수가 고령의 딸을 호에 포함하고 있어 실제로는 딸의 부부가족과 동거하는 경우가 더 있었을 것이다.

11) 그 예로서〈橫川郡大夫人趙氏墓誌銘〉(李蘭暎 編,《韓國金石文追補》, 亞細亞文化社, 1968, 289쪽)에서 보면 조씨부인은 어려서는 외조 文公元에게서 자랐고, 남편 柳英材가 죽은 후 '門戶가 장차 떨어지려는' 상태에 이르렀으나 同母弟의 돌봄으로써 모면하였고, 노후에는 아들과 사위의 봉양을 받았다고 한다. 李奎報 모친의 경우 둘째 사위 집에서 기거한 것은 이규보가 29세 되던 1196년부터 시작하여 1201년까지로 나타난다(李奎報,《東國李相國集》年譜).

12) 姜晋哲,《高麗土地制度史硏究》(高麗大 出版部, 1980), 184쪽.

이라는 해석도 있었다.[13] 그 후 다시 이 규정을 당률과 세부적으로 비교 검토한 연구에서는「공양유궐」과 관련된 규정은 당률의 조항 중에도 있었음을 지적하고, 다시 이 규정을「別籍異財」를 금지한 규정이라고 하였다.[14] 이에 대한 해석은 고려시대의 가족제도의 이해에 기초적인 중요성을 갖는 사항이니 관련된 당률의 조항들을 구체적으로 살펴보기로 하겠다.

(B1) (十惡 중) 7번째는 불효이다. [다음과 같은 죄들을 말하는 것이다. 告言詛罵祖父母父母, 祖父母父母別籍異財 若供養有闕, 居父母喪身自嫁娶 若作樂釋服從吉(하략)] (《唐律疏議》 권 1, 名例 十惡).

(B2) ① 조부모와 부모가 있는데 자손이 別籍異財하는 자는 徒 3년에 처한다. [別籍과 異財는 동반되지 않아도 해당한다. 이하의 조문도 이에 준한다.] ② 만약 조부모나 부모가 別籍을 시키거나 자손으로 망령되이 다른 사람의 後를 잇게 한 者는 徒 2년에 처하되, 子孫은 不坐한다(《唐律疏議》 권 12, 戶籍 子孫不得別籍).

(B3) 부모상 중에 아이를 낳거나 형제가 別籍異財한 者는 徒 1년에 처한다(《唐律疏議》 권 12, 戶婚 居父母喪生子).

(B4) 자손이 (父祖의) 敎令을 어기고 범하거나 供養에 궐함이 있으면 徒 2년에 처한다. [이는 가히 따를 수 있는데 어기고, 공양을 감당할 만한데 궐한 자를 말한다. 모름지기 조부모나 부모가 告해야 坐한다] (《唐律疏議》 권 24, 鬪訟 子孫違犯敎令).

위의 당률에서 먼저 주목되는 것은「공양유궐」과 관련된 조항이 별도의 규정으로 되어 있어, (A) 하나의 조항 속에 들어가 있는 고려율과는 다르다는 점이다. (B1)은 이른바 10악의 하나인「불효」에 해당하는 죄목들을 열거한 것이었다.

(A)가 (B2)·(B3)·(B4)를 함께 묶어놓은 규정이라고 보는 해석은 (A)가 戶婚條에 해당하는 것이어서, 이질적인 鬪訟律의 (B4)조항과 함께 묶어 놓은 것을 설명하기 어렵다. (A)가 당률의 (B2)·(B3)을 함께 참조하여 성립되었다 해도 (B3)의「諸居父母喪生子」부분은 제외하고「별적이재」부분만을 발췌한 것도 (A)의 규정의 초점이 戶籍律의「별적이재」에 대한 문제에 있음을 시사해 준다. 그렇다면 당률의 투송률의 조항인「공양유궐」이 별도의 독립된 죄목으로서 (A)에 묶여졌다고 볼 가능성은 더욱 줄어들며, 그만큼 이 구절이「별적이재」에 결부된 단서일 가능성이 커진다.

13) 李佑成, 앞의 글.

14) 金壽泰, 〈高麗初 別籍異財에 관한 法律의 制定〉(《東亞研究》 17, 西江大, 1989).

(A)에 수용된 것이 (B2)중에서도 (B2)-①이며, (B2)-②는 제외되고 있는 것도 주목된다. (B2)-②는 조부모나 부모의 지시로 별적을 할 경우도 부모 등을 처벌하는 규정이니, 별적에 강경한 대응을 보여 주는 규정이다. 그런데 당률의 이러한 규정이 제외된 것은 당률과 달리 고려에서는 적어도 조부모나 부모의 허락이 있는 경우 別籍이 전혀 문제되지 않는다는 것을 의미하는 것이 된다.

중국에서도 (B2)의 규정이 明律에서는 (B2)-②의 구절은 빠지고 조부모나 부모가 별적이재 문제에 관해 親告하는 경우에만 처벌하도록 바뀌어지고 있었다.[15] 《元典章》 至元 12년(1271) 기사에 의하면 그 이전부터 漢人들에게는 (B2)-②와 같은 질서가 무너져 「別無定制」인 상태에서 쟁송이 빈발하고 있었다. 그런데 여진인은 그 전부터도 조부모나·부모가 허락하면 별적이 재가되고 있어, 지원 12년 법령 후로는 한인들도 조부모나 부모가 허락하면 별적이재를 들어주도록 하고 있다.[16] 중국 한족들에서도 (B2)-②와 같은 규정에 의한 질서는 당대를 지난 언제부터인가는 흔들리고 있었고, 그것의 붕괴는 명률에서처럼 그 규정의 삭제를 수반하고 있었다. 그렇다면 (A)의 고려율에 (B2)-②가 제외되고 있는 것은 당률에서와 달리 부모가 문제를 제기하지 않는 한 분가가 문제되지 않는 것이었음을 의미하는 것으로 이해된다.

고려의 婚俗이나 상속제에서는 부모가 살아계실 때 자녀가 분가하는 것은 일반적이라 할 만큼 흔한 일이었던 것으로 보인다. 그와 관련하여 한인과 다른 사회적 배경을 가진 여진인 사회에서는 당률과 다른 질서가 시행되고 있었음이 참고된다. 고려사회의 혼속이나 재산상속제 등은 중국과는 근본적으로 달랐던 것이니, 고려사회의 경우 당률과 보다 많은 차이를 가질 소지가 있었다. 중국의 혼속은 父處制인 親迎制였고, 상속제도 아들을 위주로 하고 있었다. 그러나 고려에서는 딸과 아들에 균분상속을 원칙으로 하는 상속제와 결합되어 거주가 父處로 고정되어 있지 않은 率壻婚이 행하여지고 있었다. 부모로서는 결혼한 딸·아들 어느 쪽과도 동거할 수 있고, 자녀로서는 父家나 母家 모두로부터 상속기회가 주어져 있었으며 동시에 양쪽 어디에도 거주할 수 있었다.

15) 《大明律直解》 권 4, 戶律 別籍異財.
16) 《元典章》 권 17, 戶部 3, 分析 父母在許令支析.

따라서「3세대 친족」단위를 묶어 놓는 것은 어렵고, 제도적으로도 모순되는 것이다.

3세대 부계친족단위를 묶어 놓은 당률에서는 養子制가 중요한 기능을 하였으니, 당에서와 같은 부계 가족구조에서는 양자를 필요로 하는 경우로 無子女만이 아니라 딸만 있고 아들이 없는 경우가 빈발하는 것이다. 고려에서는 양자제가 있었지만 실질적으로 중요한 기능을 갖지 못하였고,[17] 양자제에서도 양자만이 아니라 양녀가 행해지고 있었다.[18] 고려의 양자제가 이렇게 된 요인의 하나는 딸 및 女壻가 노부모의 봉양이나 가족 생활의 여러 방면에서 그 기능을 대신할 수 있었던 때문으로 보인다.

혼속이나 상속제 등에 의해 딸·아들 중의 어느 누구도 부모와의 동거가 고정되어 있지 않은 고려에서는 당에서와 달리 특별한 이유가 없는 한 별적이재가 문제 없는 속에서 실제의 중요한 문제는「供養」의 문제일 수밖에 없었다.

고려시대의 실례에서도 별적이재하여 공양을 궐함으로써 처벌된 사례가 나타난다.[19] 父의 생존시에 子가 호주가 된 사례도 있고,[20] 이미 결혼 후 오랜 시일이 경과되었는데도 처부모와 동거하고 있는 호의 사례도 여럿 나타난다. 이상으로 보면, 고려에서는 형제·자매가 분가하는 소가족이 기본적 가족형태라는 것이 타당하다고 하겠다. 뒤에서 사례 자료와 관련하여 보듯이 결혼한 형제·자매가 노부모와 함께 거주하는 경우가 없었던 것은 아니나, 그러한 경우는 희소한 것으로 기록되고 있다.

고려시대의 소가족단위가 일반적인 거주의 기초단위가 된 것은 기혼 자녀와 기혼 형제·자매의 분가에 의한 것이나, 그 소가족단위에는 종종 노부모나

---

17) 許興植, 앞의 책, 74~75쪽.

18) 〈喬桐縣君高氏墓誌銘〉(《韓國金石文追補》, 156쪽)에는 인종대에 高氏가 養女가 되어 그 남편이 妻 養父의 田丁을 遞立한 사례가 보인다. 〈李公遂墓誌〉(《朝鮮金石總覽》上, 朝鮮總督府, 1919, 674쪽)에도 아들이 없는 이공수가「養族女」한 것 외에도 이러한 사례는 적지 않게 발견된다.

19) 《高麗史》권 11, 世家 11, 숙종 6년 정월 을유조에는 趙俊明이라는 자가 아버지가 사망한 지 4년이 되도록 어머니를 봉양하지 않고 동생들을 돌보지 않음으로써 처벌된 예가 보인다.

20) 1390년 義城 金洊의 호구단자에는 그 父가 56세로 생존해 있는 것으로 기록되어 있다(李基白, 《韓國上代古文書資料集成》, 一志社, 1987, 252쪽). 그리고 조선초이지만 1462년 登州 朴師顔의 호구단자에도 그 父가 61세로 기록되어 있다(許興植, 앞의 책, 183쪽).

생활능력이 없는 가까운 친속의 부양·동거가 수반되었다. 그리고 소가족 단위는 무연고지에서 거주하는 경우도 있지만 대개는 연고에 의해 가까운 친속들과 인접한 곳에서 거주하고 있었다. 그러한 거주의 양태는 사례 자료와 함께 결합시켜 검토하면 보다 잘 드러난다.

거주의 단위가 대가족적인 것이었는지 소가족적인 것이었는지는 방계 친속과의 동거상태에서 나타나게 된다. 고려시대에도 결혼한 형제·자매가 동거하는 대가족적인 사례가 없는 것은 아니나, 아래에서 보듯이 그러한 경우가 일반적이지는 않았던 것으로 보인다.

> 黃守는 대대로 平壤府에 살았는데 충숙왕 때 本府의 雜材署丞이 되었다. 부모의 나이가 모두 70세였는데, 賢·仲連·季連이라는 아우와 자매 2명이 있어 함께 밥을 지어먹으며, 날마다 때에 맛 나는 음식을 갖추어 먼저 부모에게 드리고 물러나 함께 먹은 지 20여 년이었다. 자손들도 따라 익혀 조금도 다름이 없었다. 贊成 姜融, 判密直 金資가 친히 그 집을 방문하니, 백발인 부모가 뜰에 나와 맞이하므로 만류하여 앉게 하였다. 강융이 눈물을 흘리며 감탄해 말하기를 '오늘날 士大夫간에도 듣기 어려운 바인데 어찌 이 城 중에 이런 효자의 가문이 있을 줄 뜻하였으리오'라 하였다(《高麗史》 권 121, 列傳 34, 黃守).

위에서 보면 부모의 나이나 20여 년의 세월로 볼 때 모두 기혼자들로 보이는 세 형제와 두 자매가 그 자녀들과 함께 노부모를 봉양한 경우이다. 이에서 주목되는 것은 분가한 형제·자매간의 노부모 봉양에서도 단계적인(unilineal) 편향성이 없듯이 여기서도 기혼의 형제만이나 자매들만으로 동거·부양이 이루어지지 않았다는 사실이다. 앞에서 설명한 고려시대의 호적문서에서도 제2군과 제3군의 호들에서 형제와 자매가 차별됨이 없이 포함되고 있는 호의 사례들을 볼 수 있다. 단 이들 호의 대부분은 실제로는 대가족이라기보다는 몇 개의 소가족들을 하나의 호로 기록한 것일 가능성이 크다고 생각되는데, 황수의 가족에 대해 "사대부간에도 듣기 어려운 바"라는 강융의 말을 참조한다면 황수의 가족과 같은 대가족적인 거주는 역시 일반적인 것으로 보기 어렵다.

결혼한 동기간에는 분가하여 사는 것이 일반적이었던 것이니, 방계 친속과의 동거·부양관계는 대개 생활능력이 없는 가까운 친속을 부양하기 위한 경우들로 보인다. 그러한 동거는 처음부터 이루어질 수도 있으나, 일단 분가한 후에도 사정이 발생하면 부양을 위해 동거하는 경우도 있었다. 우선 동기간의 동거·부양 사례로 李公遂의 경우 父祖 쪽 인물들이 증조대 이래로 현달하고 있었으나 일찍이 어머니를 여의게 되자 매부인 全公義의 집에서 자랐으며, 현달해 지자 전공의를 아버지같이, 누이를 어머니같이 섬겼다고 한다.[21] 이처럼 동생이 누이 집에서 양육된 경우는 고종 때 孫抃이 재판한 남매 사이에서도 발견된다.[22]

동거와 부양은 형제·자매의 자녀(조카 및 생질)와 부모의 형제·자매(친삼촌·외삼촌·고모·이모) 사이에서도 흔히 있었던 것으로 보인다. 문종대에 태어나 예종대까지 생존한 인물인 閔瑛은 舍兄인 起居注 閔修가 일찍 죽고 형제·자매 5~6인이 차례로 죽자, 형제·자매의 자식을 자기의 자식처럼 길렀다고 한다.[23] 민영의 경우는 질과 생질에 대한 친삼촌 또는 외삼촌으로서의 부양·동거 사례이다.

숙종~명종 년간에 살았던 咸有一은 어려서 부모를 잃고 舅(외삼촌)에게서 자랐다.[24] 이 경우는 생질과 외삼촌 사이의 부양·동거 사실을 보여준다. 또 고려 후기의 인물인 李尊庇는 일찍 아버지를 여의고 그 외삼촌인 白文節에게 배웠다고 하였다.[25] 여기서 이존비는 외삼촌에게서 교육도 받았겠으나 양육되기도 했다고 보인다.

姑母(夫)의 집에서 양육된 사례도 나타나는데, 고려 후기의 廉悌臣은 어려서 고아가 되어 고모부인 元의 平章 末吉의 집에서 자랐다고 한다.[26] 역시 尹澤은 3세에 고아가 되어 고모부인 尹宣佐에게 글을 배웠다고 하는데,[27] 고

---

21) 《高麗史》 권 112, 列傳 25, 李公遂.
〈李公遂墓誌〉(《朝鮮金石總覽》 上), 671쪽.

22) 孫抃이 慶尙道按察副使로 있을 때 父가 전재산을 출가한 딸에게 상속하도록 하고 어린 아들에게는 衣·冠·鞋 1습과 종이 1권만을 주도록 유언함으로써 소송이 있게 된 남매의 경우도 누이에 의해 남동생이 길러진 사례이다(《高麗史》 권 102, 列傳 15, 孫抃).

23) 〈閔瑛墓誌〉(《朝鮮金石總覽》上), 365쪽.

24) 《高麗史》 권 99, 列傳 12, 咸有一.
본인 묘지에는 '舅'가 '母兄' 즉 외삼촌으로 되어 있다(〈咸有一墓誌〉, 《朝鮮金石總覽》 上, 412쪽).

25) 《高麗史》 권 111, 列傳 24, 李嵒.
李仁成(李尊庇의 초명) 墓誌에 이존비가 죽고나서도 그 母는 생존해 있었음을 보면, 父가 죽고나서 이인성과 그 母는 함께 백문절의 보살핌을 받았던 것으로 보인다(《韓國金石文追補》, 209쪽).

26) 《高麗史》 권 111, 列傳 24, 廉悌臣.

27) 《高麗史》 권 106, 列傳 19, 尹諧傳 附 澤.

모의 집에서 양육된 것으로 보인다. 姨母(夫)의 집에서 자라난 경우도 있는데, 閔頔은 이모부인 前宰相 金頲의 집에서 양육되었고,[28] 許珙은 처제의 딸을 양육하였다.[29]

호적자료에서는 〈국보호적 5폭 1호〉의 경우만 생질 남·여 2명을 포함하고 있지만, 형제나 자매가 대등하게 포함되고 있음을 보면, 많은 인원이 누락된 당시의 호적 기록과는 달리 실제로는 많지는 않아도 생·질이 대등하게 포함되었을 것이다.

위의 사례들에서는 방계혈족에 의한 부양·동거관계에 친삼촌·외삼촌·고모(부)·이모(부)가 나타나, 3촌 범위의 모든 계보의 친속들이 대등하게 관계되고 있음을 보여준다. 이 사례들에서 한 가지 더 주목되는 사항은 실제의 가족과의 차이가 문제되는 호적자료들에서와 달리 실제의 동일 거주관계를 보여주는 사례 자료에서는 모두 고아가 된 질 및 생질과의 부양·동거관계라는 사실이다. 동기간의 동거 사례도 부모를 여읜 어린 동생이 누이에 의해 양육된 경우이다. 이는 양측적 친속관계에 따른 상호간의 유대·보호 관계가 작용하는 속에서도 당시의 실제 생활 단위는 일반적으로 형제·자매간의 분가에 의한 소가족적인 단위로 되어 있었음을 반영하는 것이다.

또한 황수의 가족처럼 일부 소수의 대가족적인 단위가 존재하는 경우가 있다 해도, 앞에서 본 사례들이나 호적자료에서처럼 친삼촌·외삼촌·고모·이모 등이 대등한 관계를 갖는 것은 그것이 부계적인 것이 아니었음을 보여준다. 고려시대의 가족은 일반적으로 소가족단위였다. 그리고 간혹 보다 확대된 범위의 친속간에 부양·동거관계가 이루어질 때는 부계적인 대가족에 의해서가 아니라 양측적 친속관계에 따라 이루어지고 있었다. 그러한 것은 혼인과 관련하여 다음에서 보게 될 결혼한 자녀와 부모의 거주관계에서도 확인된다.

(2) 혼 인

가족은 혼인과 출생에 의해 구성되므로 당시의 婚俗은 가족구성에 작용하는 중요한 요소이다. 혼속에 대해서는 일찍이 민속상의 「데릴사위」와 문헌사

---

28) 《高麗史》 권 108, 列傳 21, 閔宗儒 附 頔.
29) 《高麗史》 권 105, 列傳 18, 許珙.

료에 보이는 「男歸女家」·「壻留婦家」 등을 「率壻制」라는 하나의 계통으로 묶어 검토한 연구가 있었다.[30] 이 연구는 사회사 연구에 기초가 되는 중요한 사실에 대한 연구이었음에도 한국사 전공자들에게 주목되지 못했고, 타분야 전공자들에 의해 보다 세부적 연구가 발표되었다.[31]

그 간의 연구에서는 용어의 사용에서 서로 다른 견해들이 제기되고 있어 먼저 이에 대해 살펴볼 필요가 있다. 그 하나는 ㉮데릴사위·남귀여가를 기본적으로 같은 혼속의 계통으로 보고 솔서혼으로 이들을 묶어서 이해하는 견해이다.[32] 다른 하나의 견해는 ㉯데릴사위는 딸만 있고 아들이 없는 경우에 동족에서 별도로 양자를 입적시키는 한편 사위를 맞이하여 그 노동력으로 家事를 협조케 하는 것이라고 정의한다. 따라서 과거 거의 누구나 다 거치게 되는 결혼 형식인 서류부가(남귀여가)와는 다른 것이며, 데릴사위만을 솔서라고 보는 견해이다.[33] 또 다른 견해로는 ㉰데릴사위와 남귀여가를 ㉯에서처럼 구분하면서 남귀여가만을 솔서라고 보는 견해이다.[34] 여기서 솔서란 '본가로 돌아오기 이전까지만 한정적으로 처가살이를 하는 사위'라고 정의하고 있다.

위의 세 가지 견해들에서 보면, 솔서라는 용어는 데릴사위나 남귀여가를 이해하기 위해 각기 다른 개념으로 사용되고 있어서, 「솔서」에 대한 정의 자체만으로는 어느 한 견해의 타당성을 논할 수 없다. 문제는 각 견해에서 데릴사위와 남귀여가가 어떻게 이해되고 있는가에 달려 있다. 그러한 점에서 ㉯가

---

30) 孫晋泰, 〈朝鮮の率壻婚俗に就いて〉(《史觀》 3, 1933).
──, 〈朝鮮婚姻의 主要形態인 率壻婚俗考〉(《朝鮮民族文化의 硏究》, 乙酉文化社, 1948).

31) 朴秉濠, 〈率壻婚俗에 由來하는 親族과 禁婚範圍〉(《法學》 4-2, 1962 ; 《韓國法制 史攷-近世의 法과 社會-》, 法文社, 1974).
李光奎, 〈韓國家族의 史的 硏究》(一志社, 1978).
崔在錫, 〈韓國家族制度史〉(《韓國文化史大系》 Ⅳ, 高麗大出版部, 1970).
朴惠仁, 〈壻留婦家婚俗의 變遷과 그 性格-朝鮮時代 家族制度變化를 중심으로-〉(《民族文化硏究》 14, 1979).
──, 《韓國의 傳統婚禮硏究-壻留婦家婚俗을 중심으로-》(高大 民族文化硏究所, 1988).

32) 孫晋泰, 앞의 글(1948).
朴秉濠, 위의 글.

33) 崔在錫, 앞의 글(1970).
朴惠仁, 앞의 글(1979).

34) 李光奎, 앞의 글.

입각하고 있는 데릴사위에 대한 민속상의 자료는 남부지역의 혼속에 국한된 것이어서 ㉮를 비판하기에는 불충분하다.

㉮의 연구는 용어에서도 데릴사위를 북부지역의 방언에 따라 「대리사위」라 할 정도로 북부지역의 혼속에 실증적 검토의 비중을 두고 있다.[35] 그에서 조사된 북부지역의 혼속에서 대리사위는 아들이 있어도 행하여졌으며, 몇 명의 자녀를 낳은 후 처가에서 분가를 하거나 일생을 처가에서 살기도 하였다.[36] 이러한 북부지역의 혼속은 無産 농민이나 화전민 등 하층민에서 조사되었으며, 조선 중기까지는 일반적이었던 남귀여가의 혼속이 그 후 지배층에서부터 半親迎制로 바뀌어 가서 당시에는 북부지방의 하층민에게만 남은 것으로 이해되어 왔다. 따라서 ㉮에 의하면 이 북부지역의 「대리사위」는 조선 중기 이전의 혼속의 원형에 보다 가까운 것이며, 남부 지역의 그것은 본원은 같지만 이미 큰 차이가 있다.

이러한 ㉮의 견해를 비판하려면 「데릴사위」에 대한 남부지역의 민속에 국한할 것이 아니라 북부지역을 포함한 보다 포괄적인 각 지역 혼속들을 연구할 필요가 있었으며, 그 역사적 연계성에 대해서도 검토했어야 했다. 그런데 이 점에 있어서는 오히려 ㉮의 연구에서만 선구적으로 다루어졌다. 앞으로 보다 확대된 시각과 폭넓은 자료조사를 토대로 한 데릴사위 혼속에 대한 연구가 이루어져야 할 것으로 보인다. 연구과제가 남아 있는 「데릴사위」·「대리사위」라는 혼속과의 관계에 대한 보다 세부적인 정의를 유보해 둔다면, ㉯가 근거한 혼속의 사례가 제한적인 것이어서 ㉮에서 제시된 「솔서」·「남귀여가」·「서류부가」등의 용어 사용은 문제가 없다고 생각된다.

고려시대 솔서혼은 그 전통이 조선 전기에까지 강하게 영향을 주었으니 다음에 보는 조선초 실록의 기사에서도 그것을 前朝 이래의 혼인 예법이라 하였다.

---

35) '대리사위'는 명천·경원·종성의 방언으로 조사되었고, 청진·부령·회령에서는 '대릿사위'라는 방언이 조사되었다(金泰均, 《咸北方言辭典》 1986). 한편 평안도 방언으로도 '대릿사우'가 조사되었다(金履浹, 《平北方言辭典》 1981).

36) 이 북부지역의 혼속은 혼인 후 처가에서 상당 기간을 경과한 후 일부는 그대로 처가와 함께 살기도 했다는 점에서, 그리고 그 머무는 기간이 때로는 몇 명의 자녀를 낳을 정도로 길었다는 점에서, 1960년대까지도 경상도 지역에 남아 있었다는 처가에서 1년 정도를 머문 후 夫家로 오는 '해묵이' 관습(朴惠仁, 앞의 책, 1988)과도 구별되어야 한다. 후자는 서류부가의 혼속이 '반친영제'의 영향을 받아 이미 크게 변형되어 있는 상태인 것이다.

> 前朝의 舊俗에 혼인의 예법은 남자가 女家에 가서 〔男歸女家〕 자손을 낳으면 외가에서 자라므로, 외친의 은혜가 무거워서 외조부모와 처부모의 服은 모두 30일의 暇를 주었다(《太宗實錄》 권 29, 태종 15년 정월 갑인).

위에 의하면 「남귀여가」의 풍습으로 말미암아 고려시대에는 喪禮에서도 외조부모복과 처부모복이 중시되었다고 한다. 그러한 복제는 이미 고려 성종 4년(985)에 성립되었으며, 외조부모복은 친조부모복과 같은 齊衰 周年으로 되고 처부모복도 중국제도보다 높여 小功服으로 되었다.[37]

이러한 솔서혼은 고려 당시의 기록들에서도 확인된다. 예컨대 고려 중기 이규보의 祭文에는 솔서혼에 의한 처가와 사위의 관계가 보다 생생하게 나타나 있다.

> ① 옛날에는 親迎에 부인이 남편의 집으로 시집오므로 妻家에 의뢰하는 일이 거의 없었는데, 지금은 장가듦에 남자가 처가로 가니 〔男歸于女〕, 무릇 자기의 필요한 것을 다 처가에 의거하여 장인·장모의 은혜가 자기 부모와 같습니다(李奎報, 《東國李相國集》 권 37, 祭外舅大府卿晉公文).
>
> ② 불초한 제가 외람되게도 일찍 사위가 되어 밥 한 술과 물 한 모금까지도 모두 장인에게 의지했습니다. 조금도 보답을 못했는데 벌써 돌아가시다니요(李奎報, 《東國李相國集》 권 37, 祭李紫微諒文).

위의 자료들에서는 「남귀여가」의 풍속과 그로 인해 사위가 처가에 의지해 살게 되는 상황을 보여준다. 위의 제문 중에서는 '옛날에는' 남귀여가의 풍속이 없었다고 했는데, 이 구절은 고려의 풍습에 대한 사료에 입각한 것이 아니라 유교경전에 나오는 親迎의 예법을 비교한 것이다.

남귀여가 혼속의 기원에 대해서는 고구려의 壻屋制에 연결시켜 이해하는 한편 그 거주형태도 母處—父處(妻處—夫妻)로 이해하는 견해가 있다.[38] 종래의 연구에서는 솔서혼과 서옥제 모두를 婚初에는 母處이나 일정 기간 후에는 父處로 거주를 옮겨 확정하는 母處—父處的인 거주규칙으로 이해한 것이다.

---

37) 盧明鎬, 〈高麗의 五服親과 親族關係 法制〉(《韓國史硏究》 33, 1981).

38) 孫晋泰, 앞의 글.
金斗憲, 《韓國家族制度硏究》(서울大出版部, 1969), 384쪽.
李光奎, 앞의 책, 148~150쪽.

그러나 이는 기존 연구들의 친족제도에 대한 이해가 부계 아니면 모계라는 제한된 틀 속에서 부계제도에 한정되어 제약을 받은 결과이니, 기존연구에서 조사된 자료와도 부합되지 않는다.

「남귀여가」에 대한 실증적인 작업은 초기의 연구에서 이미 치밀하게 이루어져, 이미 솔서혼의 중요한 사실들을 조사해 놓았다.[39] 즉 북부지역의 혼속에서 사위가 일생을 처가에서 살기도 하고 혹은 그의 손자까지 생긴 뒤에도 처가의 가족으로 살지만 누구나 그것을 이상하게 생각하지 않았다는 것, 그리고 조선시대《朝鮮王朝實錄》의 기록에서 남귀여가의 혼속에 의해 처가(자식으로서는 외가)에서 영구적인 가족으로서 생활하여 내외족의 차이가 없음을 말한 사료들을 들고 있다. 이러한 사료의 의미에 대해 초기의 연구에서도 「남귀여가」의 의미는 일시적으로 처가에 머무는 것이 아니고 영구적으로 女家의 가족으로 되는 것 같이도 해석된다"고도 하였다 그러나 최종적으로는 당시의 친족조직을 부계 아니면 모계일 것으로 생각하고, 모계제도를 인정할 수는 없으므로, 이러한 자료의 내용을 사실로 인정할 수 없다는 결론을 내렸다.[40]

근래의 연구에서도 처가 지역에서 살고 뒤에 그곳에 묘소까지 남긴 개인의 사례들을 조사하는 등 보다 세밀한 자료조사를 하였으나, 역시 남귀여가 혼속의 거주를 모처—부처제로 보는 데서 그쳤다.[41] 이는 초기 연구의 경우에서도 보이듯이 당시의 친족조직을 부계적인 개념에만 한정하여 이해한 데서 비롯된 것이다.

실증적 조사결과에서도 나타나듯이, 고려 및 조선 전기 「남귀여가」 혼속에서의 거주는 모처—부처 또는 다른 어떤 하나의 형태로 고정시켜 말하기 어렵다고 생각된다. 당시의 사례들에서는 혼인 후 처가에서의 생활이 얼마간 지난 후에 처가에서 처의 노부모를 봉양하며 계속 살게 되는 경우도 있고, 夫家로 옮겨 남편의 노부모를 봉양하며 살게 되는 경우도 있다. 또한 분가하여 처가나 부가의 지역에 거주하는 경우, 외가 지역 등 가까운 친속과의 연고지로 거주지를 정하는 경우, 그리고 그러한 연고가 없는 새로운 지역에 거주하는

39) 孫晋泰, 앞의 글(1948).
40) 孫晋泰, 위의 글, 95쪽.
41) 朴惠仁, 앞의 책, 177~187쪽.

경우도 있었다. 그것은 당시의 사료를 있는 그대로 해석하면 잘 드러나며, 그와 관련된 사료는 비교적 많이 발견된다. 그러한 거주형태는 당시의 재산상속의 형태와도 연결되는 것이니, 아들 쪽만이 아니라 딸 쪽으로도 대등한 상속 기회가 주어졌기 때문에 자연히 경제적 토대가 있는 쪽으로 다양한 거주가 이루어지고 있었던 것이다.

서옥제와 솔서혼 사이에 역사적 연계성이 있었는지는 알 수 없으나, 양자 사이에는 중요한 차이가 있었다. 서옥제에서는 혼인 초기를 지나서는 남편쪽으로 가족의 거주가 정해지는 夫處(父處)制였다. 앞에서 본 제문들의 내용에서 보듯이 남귀여가혼에서는, 혼초에는 모든 생활을 처가에서 하며 "밥 한 술, 물 한 모금까지도" 모두 처가에서 해결하였지만, 혼초가 지난 후의 거주는 부처제로 고정되어 있지 않았다. 앞에서 보았듯이 고려시대에는 40~50대의 사위들이 처부모와 동거하는 경우가 상당한 비중을 차지하고 있었다. 조선시대의 솔서혼 연구에 의하면 18세기경 이후 솔서제(남귀여가)가 붕괴되기 시작하고, 半迎親制가 확대되고 나서도 북부지역의 가난한 농민들 사이에는 솔서제가 일반적으로 행해졌고, 때로는 사위와 종신토록 동거하는 경우도 있었다[42] 한다.

솔서혼의 풍습은 고려시대나 조선 전기에는 지배층과 하층을 막론하고 일반적으로 행해진 것으로 이해되고 있다.[43] 고려시대 하층민의 率壻戶의 실례로는 딸의 부부를 포함한 국보호적의 「韓祐 戶」를 볼 수 있다. 한우 호의 경우 호주의 직역이 「軍」으로 되어 있고[44] 다른 호들과 달리 호주와 戶妻의 4祖의 직역이 기록되지 않았으며, 호처의 4조가 파악되지 않는 것 등으로 보아 평민층 이하로 추정된다.

이러한 딸 부부와의 동거는 의외로 고려시대의 전 사회층에 걸쳐 광범위했던 것으로 보이는데, 다음의 자료는 그러한 면을 엿보게 해준다.

> 典儀副令 李穀이 원에 있을 때, 원의 御史臺에 말해 童女 구함을 파할 것을 청하였다. 그 일을 위해 고려조정을 대신하여 疏를 올리기를… 고려의 풍속을 생각건대 아들과는 함께 살지 않을지언정 딸은 집에서 내보내지 않으니, 秦 나라 때의 贅

42) 孫晋泰, 앞의 글(1948).
43) 孫晋泰, 위의 글.
44) 韓祐의 직역에 대해 李基白, 앞의 책에서는 판독되지 않는 것으로 정리되었으나 許興植, 앞의 책, 44쪽에서는 '軍'으로 판독하였다.

壻 제도와 비슷합니다. 그래서 무릇 부모 봉양하는 것은 딸이 맡아서 주관하는 일입니다(《高麗史節要》 권 25, 충숙왕 후 4년 윤 12월).

위에서는 노후의 봉양이 아들에 의한 것보다 딸 즉, 여서에 의해 이루어지는 것이 일반적인 모습으로 진술되고 있다. 원나라의 동녀 요구를 막으려는 정치적 의도의 진술이므로 과장된 면이 개입될 수 있겠으나, 딸과 사위에 의한 봉양이 큰 비중을 가졌던 실정에 근거한 것으로 생각된다. 이곡의 진술처럼 아들보다 딸 쪽에 편중된 동거가 일반적인 것은 아니라 해도, 아들과 딸에 대한 재산의 균분상속이 이루어지고 있었던 것을 보면 적어도 양쪽의 비중은 대등한 정도가 아니었을까 생각된다. 그런 때문에 고려에서는 사위와 처부모와의 관계 및 외손과 외조부와의 관계가 대단히 친밀하여 그것이 복제에까지 반영되고 있었다.

처부모가 빈번히 노후를 딸 부부와 지내기도 하는 긴밀한 관계가 있는 한편 다음에서 보는 바와 같은 「預壻」의 혼속이 존재하기도 하였다.

(원종 12년 2월) 이 달에 脫朶兒가 며느릿감을 구하는데 반드시 재상가문 출신이라야 된다 하니, 무릇 딸이 있는 자들은 두려워하여 다투어 먼저 사위를 들였다. 국가에서 재상 두·세 집을 기록하여 탈타아에게 택하게 하니, 姿色이 있는 金鍊의 딸을 며느리로 삼으려 하였다. 김련의 집에서는 이미 預壻를 들여놓고 있었는데, 그 사위가 두려워하여 (처가에서) 나갔다. 당시 김련은 원에 가 있었기 때문에 그 집에서는 돌아오기를 기다려 혼례를 올릴 것을 청했으나 듣지 않았다. 나라의 풍속이 나이가 어린 자를 (사위로) 들여서 집에서 양육하여 성년이 되기를 기다리니 그것을 예서라 한다(《高麗史》 권 27, 世家 27, 원종 12년 2월).

이 예서혼속의 기원을 후대의 민며느리 혼속에 견주어 남자의 집이 가난함에서 비롯된 것으로 보는 견해도 있다. 그런데 위 자료에 의하면 고려시대의 예서가 반드시 그러한 것으로는 보이지 않는다. 위의 자료에서는 예서혼속이 하층민들 사이에서 행해졌는지는 언급되어 있지 않으나, 특수한 상황이기는 하지만 유수한 상층 가문들에서도 행해졌던 것이 언급되고 있다. 당시의 계급내혼적 경향을 본다면 재상가문인 김련의 예서가 된 인물도 하층출신은 아니었을 것으로 생각된다.

이러한 預壻婚이 흔한 것은 아니었을 것이나, 당시의 혼속의 바탕인 솔서혼이 행해지는 속에서 조혼이 이루어지면 바로 예서가 되는 것이다. 조혼의 계기를 일률적으로 말할 수는 없겠으나 고려 후기에는 원의 동녀 요구를 피하기 위한 동기가 큰 비중을 가졌던 것으로 알려져 있다.

솔서혼에서는 혼초에 처가에서의 생활이 끝난 후에는 일단 분가가 이루어지는데, 이 때에는 처부모와의 동거는 아니라도 계속 처가 쪽에서 생활하는 경우도 있었고, 시댁 쪽에서 생활을 하는 경우나, 새로운 지역에서 생활하는 경우도 있었던 것이다. 고려시대의 호적자료에는 부모나 처부모가 호주가 아닌 동거가족인 사례들이 많이 나타나는데, 이들은 대부분 자녀의 가족이 분가한 후에 부양을 위한 동거가 이루어진 경우로 보인다.

부모와의 동거·부양에서 결혼한 자녀가 대등한 비중을 가졌으므로 내외손이나 내외조부모 사이의 동거·부양에서도 같은 관계가 나타남은 당연하다고 하겠다. 현전하는 호적자료에서는 호주의 친조부모나 외조부모가 동거하는 사례가 나타나지 않고 있지만, 호주의 부모나 처부모와의 동거는 호주의 자녀와의 관계에서 보면 친조부모나 외조부모와의 거주가 된다.[45]

고려시대 혼인형태에 대해서는 일부일처제와 일부다처제가 병존하는 것으로 보는 견해와 일부일처제로 보아야 한다는 견해가 제기되어 있다.[46] 이에 대한 이해를 위해서는 사회적 계층별 차이, 妻妾制의 문제, 고려시대 중에서도 시기별 변화를 함께 고려해야 한다.

국왕의 경우는 여러 명의 后妃를 두고 있어 다처제적인 양상을 보이고 있지만, 그것은 국왕의 後嗣확보와 관련된 특수한 것이며, 당시의 일반적인 혼인양태로 보기는 어려운 것이다. 지배층의 경우에서도 여러 명의 처를 두는 이른바「多妻竝畜」이 행해지게 되어 사회적으로 문제되는 것은 고려 후기의 일이었다. 이러한 풍조는 충렬왕대에 다처제를 공식화하는 법제화가 시도되다가

45) 외조부모와의 동거도 흔히 있었던 때문에 외조부모와 한가족을 이루는 것도 당시에 자연스럽게 여겨지고 있었던 것으로 보인다. 그 한 예로《高麗史》권 110, 列傳 23, 金倫 참조.

46) 전자에 해당하는 이해는 今村鞆,〈朝鮮に於ける一夫多妻の存在について〉(《稻葉博士還曆記念滿鮮史論叢》, 1938) 및 金斗憲,〈朝鮮妾制史小考〉(《震檀學報》11, 1940;《朝鮮家族制度硏究》, 乙酉文化社, 1949)를 비롯하여 그 후의 대부분의 연구들에서 제기되었다. 그리고 후자에 해당하는 이해로는 張炳仁,〈高麗時代 婚姻制에 대한 재검토〉(《韓國史硏究》71, 1990)에서 제기된 바 있다.

중지되기도[47] 하면서 국가적으로 법제화되지는 않았지만 사실상 묵인되는 형태로 계속되었다. 이러한 분위기는 계속되어 공민왕 3년(1391)에는 왕비를 비롯한 왕실 및 문무 5·6품 이상의 처에 대한 봉작을 正妻를 원칙으로 하여 제정하면서 次妻는 그 아들이 봉작제의 해당 관인이 된 경우에 「縣君」 이상에 봉하도록 하였다.[48]

일부에서 「다처병축」이 행해진 고려 후기에는 고려 지배층들이 元의 다처제적인 습속을 깊이 접하고 있었고, 고려의 전통적 질서가 크게 흔들리는 상황이었다. 따라서 이러한 상황 아래서 충렬왕대에 다처제 논의가 성사되지 못한 것은 고려사회 전래의 일부일처제 혼속에 따른 반발이 컸기 때문으로 보는 것이 타당하다. 고려 전기의 다처제 사례라고 알려진 것은 전란 등의 특수한 상황에서 빚어진 것이거나, 재혼의 경우를 다처제로 오해하는 등 사료해석이 잘못된 것으로 밝혀지고 있다.[49] 고려시대에는 남녀 모두의 재혼이 별문제없이 행하여졌는데, 사별 등으로 재혼함에 따라 한 인물의 처가 둘 이상이 된 것은 동시에 여러 명의 처를 두는 '多妻'와는 근본적으로 다른 것이다.

다만 인종 원년(1123)의 고려사회에 대한 견문을 담은 《高麗圖經》 雜俗條에는 "富家에서는 3~4인에 달하는 처를 둔다"고 하여 다처제의 습속을 언급한 자료로서 주목되기도 한다.[50] 그러나 지배층의 일각에서 다처를 거느리는 경우가 있었다 해도, 그것이 법제화된 것이 아니었음은 분명하며, 그만큼 제한된 의미를 갖는 것이라 하겠다. 묘지명 등을 통해 나타나는 실례들에서도 전기의 경우는 일부일처제가 원칙이었음이 확인된다.

고려 전기에는 일부일처가 법제화된 일반적 혼인이었다 해도, 고려시대 전체에 걸쳐 부유한 지배층을 중심으로 사회 일각에서 蓄妾이 종종 행해지고 있었다. 첩에게는 正妻와는 달리 정식 혼인에 의한 법적 지위가 부여되지 않고 있었으나 擅去·改家의 경우, 처보다 등급을 낮추어 처벌하는 법금이[51] 唐律을 참고하여 만들어져 있었다. 축첩제는 고려에서 법으로도 인정되었고, 고

---

47) 《高麗史》 권 106, 列傳 19, 朴褕.
48) 《高麗史》 권 75, 志 29, 選擧 3, 銓注 封贈.
49) 張炳仁, 앞의 글.
50) 崔在錫, 〈家族制度〉(《한국사》 5, 국사편찬위원회, 1975), 361쪽에서도 이 자료를 "다처 혹은 축첩의 습속을 더욱 분명히 말해 주는 것이다"라고 하였다.
51) 《高麗史》 권 84, 志 38, 刑法 1, 戶婚.

려 전시기에 걸쳐 지배층 경우 처와는 별도로 婢妾이나 妓妾 등의 첩을 둔 사례가 나타나고 있다. 그런데 첩의 경우도 그와 관련된 서자의 문제가 법제적으로까지 문제되는 것은 여말선초 이후의 일이었다. 다처병축의 사회적 풍조가 역시 여말선초의 상황이었음을 고려하면, 서자의 문제가 이 때에 대두된 것은 그러한 다처와 축첩 풍조의 확산과도 관련된 것으로 보인다.

고려시대 혼인은 사회계층적 측면에서는 강한 계급내혼적 경향을 가지고 있었다. 노비의 경우 노비간의 혼인이 원칙이었으며, 양천간의 교혼이 이루어질 경우 그 자식도 노비신분으로 하는 「一賤則賤」의 규정이[52] 적용되는 제약을 감수해야 했다. 일반 군현민과 차별되고 있었던 진·역·부곡 등 특수구역 주민과 군현민과의 혼인도 그와 유사하게 그 자식이 모두 특수구역민으로 귀속되는 제약이 수반되었다.[53]

지배층에서도 고려 전·중기에는 대대로 호장이나 부호장을 배출하는 고위 향리층은 지방에서 상층의 계급내혼적 단위를 이루는 한편, 하위의 중앙 품관층과도 통혼하는 하나의 계급내혼적 단위를 이루었던 것으로 보인다. 또한 대대로 중앙의 고관을 배출하고 있었던 문벌층도 왕실을 포함하여 하나의 계급내혼적 단위를 형성하여 하위계층과의 혼인은 대개 회피하고 있었다.

계급내혼을 벗어난 상하층간의 혼인이 법적 인정에 문제가 되는 것은 아니었지만, 계급내혼은 사회적으로 실질적인 중요성을 갖는 혼인의 경향이었다. 하위 계층과의 혼인은 일반적으로 혼인 당사자뿐만 아니라 그의 자녀들을 비롯한 가까운 친속들에게 재산의 상속이나 제반 신분적 권리·의무면에서 중대한 손실을 초래하는 것이 보통이었다.

2) 재산의 상속

고려시대의 상속 대상인 전토·노비 그 밖의 가산들 중에서 노비의 경우는 자녀간의 균분상속이었다는 것이 정설이고,[54] 그 밖의 다른 가산들도 균

52) 洪承基, 《高麗貴族社會와 奴婢》(一潮閣, 1983), 22쪽.
53) 《高麗史》 권 84, 志 38, 刑法 1, 戶婚.
54) 이에 대해서는 旗田巍, 〈高麗時代の土地の嫡長子相續と奴婢の子女均分相續〉(《東洋文化》 22, 1957 ; 《朝鮮中世社會史の硏究》, 法政大 出版局, 1972)에 제시된 이후 통설화되었다.

분상속이었던 것으로 알려지고 있다. 그런데 전토의 상속에 대해서는 고려 후기 이후에도 조선초처럼 자녀간의 균분상속이 행해졌다고 보는 것이 정설이나, 고려 전·중기의 상황에 대해서는 몇 가지 이설이 제기된 바 있다.

그 중 비교적 이른 시기의 연구에서 제기된 것은 적장자 단독상속설이었다.[55] 이에서는 우선 토지 사유권의 발달이 고려 후기에나 있게 되는 것으로 간주하고 토지상속의 연구를 田丁連立에만 국한시켰다. 그리고 전정연립을 이해함에서도 부계친족집단의 존재를 전제로 하였다. 근래의 여러 연구들에서는 자녀균분상속설[56]이 제기되고 있다. 이러한 이해는 그간의 토지제도에 대한 연구의 진전에 힘입은 것이다. 그러나 전정연립을 상속의 범주에서 제외시키고 民田만을 대상으로 함으로써 당시의 토지상속의 한 면만을 검토하였고, 그와 관련된 법제의 해석 등에는 재검토를 필요로 하는 부분들도 있다.

고려시대의 토지상속은 사유지인 민전의 상속과 수조지인 전정의 상속, 두 가지로 구성되고 있었다. 전정연립은 직역과 연계된 수조권의 승계로서 소유권에 입각한 토지상속과는 다르지만, 그 속에 내포된 친족관계를 토대로 한 권리·의무의 승계는 당연히 상속의 범주에 들어가는 것이고, 당시에 그 상속이 갖는 사회경제적 의미는 소유권의 상속 못지않게 중요한 것이었다.[57]

고려시대에 사유지를 비롯한 재산의 상속은 아들과 딸들에게 균분상속되는 것이 원칙이었다. 고려시대의 상속 사례들에서는「財産」·「財」·「家業」·「全家産」등을 자녀간에 균분상속한 것이 나타난다. 이러한 가의 재산을 포괄

---

55) 旗田巍, 위의 글.
姜晋哲, 앞의 책, 426·428쪽.
이 嫡長子單獨相續說은 토지상속을 직접 다루지 않은 경우라도 고려시대의 연구에 많은 영향을 주었다.

56) 구체적인 논증을 통해 고려시대 사유지상속을 다루지는 않았으나, 李成茂, 《朝鮮初期兩班硏究》(一潮閣, 1980), 360~361·369쪽에서는 적장자단독상속설은 국가의 수취 단위인 田丁의 상속을 사유지의 상속으로 잘못본 데서 오는 오해라고 하고, 토지(사유지)와 노비의 상속에 있어서 고려시대는 조선시대와 마찬가지로 자녀균분상속제였다고 하였다. 그 후 토지의 자녀균분상속설은 여러 연구들에서 주장되었다.
李樹健,〈古文書를 통해 본 시대적 연변〉(《慶北地方古文書集成》, 嶺南大 出版部, 1981).
崔在錫,〈高麗朝에 있어서의 土地의 子女均分相續〉(《韓國史硏究》 35, 1981).
———,〈高麗時代 父母田의 子女均分相續再論〉(《韓國史硏究》 44, 1984).
李羲權,〈高麗의 財産相續形態에 관한 一考察〉(《韓國史硏究》 41, 1983).

57) 盧明鎬,〈高麗時代의 土地相續〉(《中央史論》 6, 中央大 1989).

하는「재산」·「가산」등에는 당연히 토지(사유지)가 포함되었을 것이라는 견해는 기존연구에서도 지적된 바 있다.[58] 그것은 뒤에서 보게 될 예종 17년(1122) 判文에 언급되고 있는「文契」에 의해 상속되는 전토를 보면 알 수 있다. 가산이 자녀들간에 균분된 실례로 다음의 사료를 보자.

> 충혜왕 4년에 尹宣佐는 微疾에 걸리자 자녀를 불러 앞에 나오게 하고 이르기를 '요즈음 형제들이 서로 사이가 좋지 못한 경우가 많은 것은 다툴 거리가 있기 때문이다'라 하고 아들 粲에게 명하여 文契를 써서 家業을 균분하였다. 또 훈계하여 이르기를 '和하여 다투지 않는 것으로써 너희의 자손을 가르치라'고 하였다(《高麗史》권 109, 列傳 22, 尹宣佐).

위에서 보면 윤선좌는 자녀를 불러 놓고 상속의 구체적인 내용을 기록한 문서인 문계를 써서 가업을 균분하도록 하고 있다.

균분상속의 대상으로 자녀 중 딸이 실제로 상속받은 다른 예로는 孫抃이 판결해준 남매의 경우를 볼 수 있다.[59] 이들 남매간의 사건은 당시의 일반적인 상속관례를 보여주는 자료이기도 하다. 우선 남동생이 누이에게「全家産」을 상속시키도록 한 선친의 문계에 따르지 않고 항변한 것이 官에 받아들여져 여러 해 송사가 계속될 수 있었던 것은 남동생이 자녀간 균분상속의 관례에 입각하여 권리를 주장하였기 때문이다. 그리고 그러한 상속관례는 '자식'에 대한 부모의 마음은 균등한 것' 이라는 손변의 말이나 가산을 中分하도록 한 판결 결과에서도 나타난다.[60]

딸쪽에 토지가 상속된 실례로는 이승휴의 경우를 볼 수 있다. 그는 외가로부터 물려받은 토지로 생업의 토대를 삼았다. 한 가지 더 주목되는 사실은 그 상속된 토지가 있는 외가쪽의 지방으로 이승휴가 거주지를 결정하였다는 점이다. 전토를 보유하는 층의 절대 다수였던 중소규모의 전토 보유자들의 경우, 전토가 있는 곳에서 거주하게 됨이 일반적이었을 것이고, 자녀균분상속으로

58) 有井智德, 〈高麗朝における民田の所有關係について〉(《朝鮮史硏究會論文集》8, 1971).

59) 《高麗史》권 102, 列傳 15, 孫抃.

60) 旗田巍는 이 사례를 자녀간의 균분상속의 관습을 보여주는 자료로 해석하였다. 그러나 그는 田土의 적장자 단독상속을 주장하면서 자녀간의 균분상속대상인 家産에는 전토가 포함되는 것으로 보지 않았다(旗田巍, 앞의 글, 1957). 崔在錫은 전토가 포함되는 것으로 보았다(崔在錫, 앞의 글, 1984).

처가나 외가로부터의 전토의 상속이 큰 비중을 가졌기 때문에 거주지의 결정에도 이러한 상속은 큰 영향을 미쳤다.

고려시대의 사유지의 자녀간 균분상속은 다음과 같은 고려시대의 규정에서도 찾아볼 수 있다.

> 예종 17년(1122)에 判하기를 무릇 父祖田으로서 文契가 없는 것은 嫡長을 爲先하여 決給하라고 하였다(《高麗史》 권 85, 志 39, 刑法 2, 訴訟).

위의 예문은 정종 12년(1046)의 전정연립에 대한 판문과 연결되는 전정연립에 대한 규정으로서 완화된 적장자상속을 보여주는 것으로 해석되기도 하였다.[61] 이 판문은 그 내용이 전정연립에 관한 것이라고 보기가 어려운데, 그러한 해석이 이루어진 것은 고려시대의 토지사유제의 발달에 대한 부정적인 입장을 전제로 하여 사유지 상속과의 관련에 대해서는 고려하지 않은 때문으로 생각된다. 고려시대의 토지사유제의 발달에 대해서는 이미 많은 연구성과가 축적된 바로, 그 사유지의 상속이 하층민을 포함하여 광범위한 사회계층들 속에서 행하여졌음이 알려지게 되었다.

위 판문은 바로 이러한 사유지의 상속에 관한 규정이다. 그 상속은 일차적으로 피상속자와 상속자 사이의 사적 결정에 따라 이루어지지만, 이 판문은 그러한 사적 결정이 피상속자의 생전에 미처 이루어지지 못함으로써 분쟁이 발생할 경우의 상속에 대한 국가의 판결원칙이다.

전정연립은 전정 상속만이 아니라 직역과 연계된 것임에 비하여, 이 판문에서의 상속은 직역과 관계없는 전토 자체의 상속이며, 그 때문에 일차적으로 국가적 제반 규제를 받는 전정연립과 달리 사적 결정이 일차적이고 우선적인 것이다. 여기서의 문계는 그러한 상속상의 사적 결정을 법적 효력을 갖는 문서로 만든 分財記類이며, 위의 판문은 분재기류인 문계가 없는 경우의 상속상의 분쟁을 해결하기 위한 보충적 규정이다. 위 규정의 그러한 보충적 성격은 당시에 사적 결정을 기록한 문계에 의한 토지의 상속이 그만큼 광범위했음을 뜻하는 것으로 생각된다.

그러한 문계에 의한 토지 상속의 기원은 사적 토지소유 관계나 토지에 대한

---

61) 旗田巍, 위의 글.
武田幸男, 〈高麗田丁の再檢討〉(《朝鮮史硏究會論文集》 8, 1971).

권리들이 문서화되기 시작한 시기로까지 소급되는 것으로 보아야 할 것이다. 이미 신라 말기에는 토지의 매매와 소유관계를 문서화한 田券이 작성되었는데,[62] 토지상속 문계의 출현도 전권의 출현에 수반되었을 것으로 생각된다.

위 규정에 대해서는 「父祖田」을 「田丁」을 포함하는 토지로 보고, 문계가 있는 경우에는 적장이 아니더라도 상속할 수 있으나, 기본적으로는 적장우선주의 상속원칙에서 나온 것으로서 문계가 없으면 적장에게만 전토를 상속시키라는 의미라는 해석도 있었다.[63] 그러나 만일 그 내용이 그런 것이라면 「爲先」이라는 부분은 불필요한 구절이 될 뿐만 아니라, 그 의미도 잘 파악되지 않는다.

위 규정에 대해 비교적 본래의 의미에 가까운 해석에 의하면, 「부조전」은 민전이며 부조로부터 자손에게 전급된 토지였다. 그리고 "적장자에게만 전급하고 다른 자손에게는 전급하지 않는다는 것이라기보다는 적장자손에게 유리하게 전급하지만 다른 자손에게도 전급한다"는 의미로 해석된다.[64] 그런데 「적장에게 보다 유리하게 전급한다」는 것이 구체적으로 무엇을 의미하는지는 설명되지 않았다.

위의 '적장을 위선하여 결급한다'는 의미는 전토의 상속이 이루어지는 상태와 관련하여 이해할 필요가 있다고 생각된다. 전토 등의 부동산은 대개 상속할 몫을 배분할 때 아무리 균분하려 해도 화폐나 곡식처럼 완전히 균등한 분할은 불가능한 것이다. 한 곳의 전토를 분할하더라도 여러 가지로 차이가 발생할 수도 있지만, 대개의 경우는 몇 필지의 다양한 크기의 전토들을 상속자들에게 할당하게 되므로 차이가 발생하게 된다.[65] 그리고 때로는 전토가 너무 소규모이어서 분할할 수 없는 경우도 있게 된다.

따라서 전토의 상속에는 분쟁이 발생할 소지가 많으므로, 균분을 원칙으로 하더라도 부모의 생존시에 구체적인 몫을 할당하여 문계로 분명하게 해 둘 필

---

62) 旗田巍, 〈新羅・高麗の田券〉(《史學雜誌》, 1970 ; 앞의 책, 1972).

63) 旗田巍, 앞의 글(1957).
武田幸男, 〈高麗時代の口分田と永業田〉(《社會經濟史學》 33-5, 1967).

64) 有井智德, 앞의 글, 56~59쪽.

65) 고려시대의 자료가 남아있지 않아 아쉬우나, 여러 곳의 田土들이 상속자들에게 할당되는 실례는 전토의 균분상속이 이루어지고 있었던 조선 전기의 分財記類에서 볼 수 있다. 당시의 분재기류에서는 형제・자매가 여러 필지로 나뉘어 있는 크고 작은 田畓들을 각 필지를 단위로 할당받는 식으로 되어 있다. 한 예로 중종 5년 〈李繼陽妻金氏許與文記〉(李樹健, 앞의 책, 137~138쪽) 참조.

요가 있는 것이다. 앞에 나온 윤선좌의 경우 형제간에 다툼이 많은 당시의 세태를 말하면서 다툴 거리를 없애기 위해 자녀를 불러 놓고 「문계」로서 가업의 균분을 문서화한 것은 바로 그 때문임이 명시되어 있다. 그러나 문계가 없으면 앞에서 본 바와 같은 균분의 원칙이 있다 하더라도 그 몫을 할당할 때 분쟁이 많이 발생하게 되는 것이니, 이러한 분쟁에 대한 판결의 원칙이 규정될 필요가 있게 된다. 위의 판문은 바로 그 원칙에 대한 규정으로서의 내용을 보여주니, 위 판문이 刑法志 訴訟條의 한 규정으로 되어 있는 것도 그러한 자료 성격에서 비롯된 것이다.

고려시대의 위 판문에 해당하는 조선시대의 규정도 소송관계의 규정들이 많은 《經國大典》 刑典에 들어 있고, 그 자체가 상속상의 분쟁이 있을 경우의 판결 원칙이었다. 위 판문은 앞에서 본 토지를 포함한 재산의 상속에서 자녀간의 균분원칙과 상충·모순되는 것이 아니라 그의 실행을 위한 보충적인 규정이다.

위 규정에서 「嫡長」을 「嫡長子」로 해석하는 것은 자료를 있는 그대로 해석한 것이 아니라 자구를 임의로 첨가함으로써 본래의 의미가 달라지게 하는 것이다. 「적장」을 자구 그대로 해석하면, 嫡은 庶와 衆에 대한 적통 즉, 庶子 또는 衆子 등에 대한 嫡子 등을 의미하는 것이나, 長은 年長 즉 幼에 대한 長을 의미하는 것이다. 따라서 「嫡長爲先決給」이란 (여러 자손들 중에서) "적통과 연장을 先으로 하여 (먼저) 결정하여 주도록 하라"로 해석된다. 이는 적장자에게만 단독 상속시킨다거나 또는 그만을 우대한다는 의미하고는 근본적으로 다른 것이다. 다시 말하면 이는 균분의 원칙에 의해 분할되었을지라도 구체적인 몫의 할당에서는 嫡子로부터 衆子 또는 庶子 등의 순서로 그리고 연장자로부터 연하자의 순서로 그 몫을 결정하도록 한 규정이다. 따라서 이는 적장자 단독상속과 연결되는 규정이 아니라, 부조전의 균분상속 원칙과 연결되어 그를 보충해 주는 규정이다.[66)]

위의 규정과 같은 원칙은 고려시대의 친족관습을 크게 물려받고 있었고, 전지의 자녀 균분상속이 행하여지고 있었던 조선 전기의 《경국대전》에서도 발견된다.

---

66) 盧明鎬, 앞의 글(1989).

> 부모의 생전에 나누지 않은 노비는 자녀의 생몰과 관계 없이 나누어준다. [자녀가 죽은 경우, 그 자손이 없는 자는 이에 해당하지 않는다] 나누기에 부족한 경우에는 嫡子女에게 우선 균급하고, 남는 경우에는 承重子에게 우선 주며, 또 남는 경우에는 長幼의 次序로 준다. 嫡妻에게 자녀가 없으면 良妾子女에게, 양첩자녀도 없으면 賤妾子女에게 그와 같이 한다 [田地도 위와 같다] (《經國大典》 권 5, 刑典 私賤).

위는 끝 부분의 세주([ ]로 표시)에 명시된 바와 같이 전토의 상속에도 적용되는 규정으로서, 앞에 나온 고려 예종대의 판문과 서로 통하는 내용을 담고 있다. 첫째, 양자는 모두 부모의 생존시에 배분되지 않음으로써 문제가 되는 전토의 상속을 국가가 판결해 주는 원칙을 규정한 것이다. 둘째, 양자 모두는 嫡과 長을 우선으로 하는 원칙으로 배분과정에서 발생하는 문제를 해결하도록 하고 있다. 다시 말하면 위의 《경국대전》 규정 중에서도 균분을 원칙으로 하지만 배분에서의 차이가 불가피할 경우에는 예종대의 판문에서와 마찬가지로 庶子女에 대한 嫡子女, 衆子에 대한 承重子를 우선으로 하는 「嫡」 우선의 원칙과 「幼」에 대한 「長」을 우선으로 하는 원칙, 즉 적·장 우선의 원칙에 의해 균분되지 않는 부분을 배분하도록 규정하고 있는 것이다.

고려시대 사유지(민전)의 상속은 전정의 상속과 달리 피상속자나 상속자간의 사적 결정에 의해 문계를 통해 이루어지고 있었다. 그리고 그 상속은 자녀간의 균분이 일반적인 관례였다. 그러나 토지의 상속은 균분의 원칙에 의해 분할하더라도 여러 가지로 차이가 발생할 수 있어서, 그에 따른 분쟁을 해결하는 방법으로 예종 17년에는 균분을 원칙으로 하되 균분되지 않는 부분은 중자녀·서자녀에 대한 적자녀 우선과 「유」에 대한 「장」 우선의 원칙에 의해 배분하도록 하고 있었다. 이러한 사유지 상속에 대한 보조적 기능을 갖는 법제는 그 후 《경국대전》에도 그 원칙이 계승되었던 것이다.

이상에서 살펴본 바와 같이 당시의 관습을 반영하는 사료들이나 개별적 사례자료들, 그리고 국가의 규정들을 통해 확인되는 균분상속은 소가족적인 단위에 의한 토지소유가 일반화되어 있었던 사회적 상황을 보여주는 것이기도 하다. 이는 뒤에서 보게 될 전정이 기본적으로 소가족단위에 의해 보유·상속되고 있었던 것과도 같은 맥락이다. 이러한 토지의 자녀간 균분상속은 토지가 혈족집단에 의해 보유·상속되고 있었다는 것의 전제가 된 토지의 적장자 단독상속설과는 근본적으로 배치되는 것이다.

민전의 상속과는 구별되지만, 일부의 연구들에서 고려시대의 토지 상속의 주 된 것으로 파악하기도 했던 것은 田丁의 상속이다. 그 대표적인 것은 전정연 립이었는데, 그와 같은 계열로서는 功蔭田 상속, 收租地로서의 功臣田 상속 등이 있다. 이들 세 부류의 상속은 ① 원초적으로 국가제도에 의해 지급·보유된 토지에 대한 권리의 상속이라는 점, ② 그 상속자의 결정과 분할 상속 또는 단독상속 등의 방식에 국가가 깊이 개입·규정하고 있다는 점, ③ 직역 봉사 또는 공로에 대한 국가로부터의 대가 또는 포상적 은전으로 지급되어 특수한 신분적 부류들에게만 보유 및 상속되었다는 점, ④ 그 대상토지가 국가에 의해 수취단위로 편성된 전정이었다는 점에서 공통적이었고, 민전의 상속과는 근본적으로 달랐다. 그러나 세 부류의 전정상속은 서로 다른 점도 있어, 그 중에서 가장 광범하고 중요한 의미를 갖는 전정연립부터 보기로 하겠다.

전정의 지급은 수조권의 지급으로 해석되므로, 전정연립은 토지소유권의 상속과는 다른 것이었다. 당시의 토지사유가 근대적인 토지사유처럼 철저히 전면적이지 못하여, 전정을 지급받은 자가 田主로 이해되고 그 전토의 실제 소유자는 佃客으로 간주된 사실에서 보면,67) 지급된 전정의 보유는 전근대적인 소유권에 입각한 토지보유와 병존한 또 다른 토지보유의 한 형태였음이 잘 부각된다. 또한 전정연립의 대상토지는 연립할 친속이 있으면 원칙적으로 대를 거듭하여 배타적인 상속을 할 수 있는 권리가 보장되고 있었다. 그 결과 연립 대상 토지인 軍人田·外役田·兩班科田 등은 연립과는 다른 방식으로 전승되는 공음전과 함께 世傳되며 永業田으로 불리기도 하였다.68)

口分田의 지급규정 등에서 보듯이 전정연립에서는 직역과 연계된 상속권자

67) 金容燮, 〈高麗時期의 量田制〉(《東方學志》 16, 1975).
李成茂, 앞의 책(1980).

68) 李佑成, 〈高麗의 永業田〉(《歷史學報》 28, 1965).
武田幸男, 앞의 글(1967).
李成茂, 위의 책.
영업전에 해당하는 지목으로 李佑成은 양반공음전·군인전·외역전을 들었으나 여기에 양반전도 포함시키는 武田幸男·李成茂의 해석이 보다 타당한 것으로 생각된다.

가 없는 경우 토지에 대한 권리의 승계는 이루어지지 않았고, 이러한 경우 처나 출가하지 않은 딸의 경제적 대책을 위해 구분전이 수여된 것이다. 즉 전정연립은 민전과는 달리 직역과 연계된 토지에 대한 권리의 상속이고, 그에 따른 몇 가지 세부적 성격이 존재하였다.[69] 따라서 종래의 적장자 단독상속 설 등에서 전정연립만을 토지상속의 전부인 것으로 간주한 것은 중대한 오류이다.

그러나 반대로 그러한 성격이 있다고 해서 전정연립을 상속의 범주에서 제외하려는 이해도 타당하지 않다. 친족관계를 토대로 한 권리와 의무의 승계라는 점에서 전정연립도 당연히 상속의 범주에 포함되어야 할 것이다. 그리고 근대적 토지소유 상황과 다른 당시의 토지보유 상황을 고려한다면, 전정연립을 토지상속의 범주에서 제외하는 것은 당시의 토지보유의 실상을 이해하는 데에도 큰 결함을 갖는 것이다. 이제 그러한 전정연립의 상속권자에 대한 주요 자료를 보면 다음과 같다.

> 정종 12년에 判하기를 諸田丁의 연립은 嫡子가 없으면 嫡孫으로, 적손이 없으면 同母弟로, 동모제가 없으면 庶孫으로, 男孫이 없으면 女孫으로 한다(《高麗史》 권 84, 志 38, 刑法 1, 戶婚).

위에서는 연립의 대상으로 적자－적손－(적자)동모제－庶孫－女孫(외손)의 순서를 규정하고 있다. 여기서의 직계(lineal)후손 범위는 그 후 언제부터인가 女壻도 첨가된 보다 넓은 범위의 내외친속까지 확대되고 있었다. 예종 4년(1109)의 판문에서는 포괄적인 범위인 '內外族親'의 전지를 神步班에 속한 백정이 승계 받을 수 있게 하였으며,[70] 인종대 자료에서는 妻의 養父의 전정을 「遞(立?)」 또는 「遞(受?)」한 사례가 나타나기도 한다.[71] 養女壻에 의한 전정체립은 당연히 사위도 체립대상에 들어감을 알 수 있게 해준다.

이러한 전정연립에서 주목되는 한 가지는 공통적으로 非單系的 상속이 나타난다는 점이다. 「외손」, 「內外族親의 田地」, 「女壻」, 「養女壻」 등이 그것이다.

---

69) 전시과의 전정 분급에 대해서는 다양한 견해가 제기되고 있으나, 전정연립이 분급된 전정에 대한 직역과 연계된 권리·의무의 승계라는 점에 대해서는 이론의 여지가 없을 것이다.

70) 《高麗史》 권 81, 志 35, 兵 1, 兵制 예종 4년 判.

71) 〈喬桐縣君高氏墓誌銘〉(《韓國金石文追補》, 156쪽)에서 '遆'라고 판독된 것은 '遞'의 異字로 보인다.

이러한 위 자료들의 개략적인 내용을 파악하더라도, 정종 12년 판문에 입각한 이른바 적장자 단독상속설은 재고하지 않을 수 없다.

적장자 단독상속설에서는 사유권이 미발달된 상태에서 부계 혈족집단에 의한 집단적 또는 공동체적 토지소유가 이루어졌다고 주장하고, 그러한 소유관계를 국가에서 파악하기 위한 법제적 수단으로 적장자 단독 명의에 의한 승계로써 토지소유 관계를 표시한 것이라고 주장하였다. 그러나 그러한 주장의 중심적인 자료가 된 위의 전정연립 규정에 대한 이해부터도 근본적으로 재검토될 필요가 있다.

전정연립 규정에서 우선 주목되어야 할 사항은 전정의 연립이 내·외족을 포함한 직계혈족 중심으로 되어 있다는 점이다. 전정연립이 직역과 관계되어 있으므로 딸이 그 대상에서 빠진 것은 당연하거니와 그 구성은 적자－적손－(적자)동모제－서손－여손(외손)의 순서로 승계를 규정하고 있다.[72] 그런데 여기서 문제가 되는 것은 직계자손 중에 여손 즉 외손이 승계권자로 들어가 있다는 사실이다. 만일 부계혈족집단이 존재하여 그에 의한 집단적 소유상태가 이루어지고 있었다면, 전정의 보유자에게 아들이나 男孫이 없을 경우 전정은 그 보유자의 형제나 姪 또는 從孫(형제의 손) 등 방계의(collateral) 부계혈족에게 승계되어야 한다. 그와 달리 외손에게 승계된다는 것은 부계로는 다른 혈통으로 넘어가는 것이니, 결혼한 형제간으로 이루어지는 최소의 집단일지라도 부계집단에 의해 집단적으로 전정이 보유되고 있었다면 그와 양립될 수 없는 일이다.[73]

전정의 보유가 혈족공동체에 의한 보유가 아니었음은 앞에서 언급한 예종 4년의 신보반 소속 백정에 대한 조치에서도 확인된다. 여기서 군인전으로 보이는 내외족친의 전지는 그 전토를 공동으로 보유하고 있는 집단 내에서가 아니라 그 전토의 보유와는 분리되어 있는 백정에 의해 승계되고 있다. 이는 전정의 보유가 집단적인 소유관계에 의해 이루어지고 있는 것이 아니라 대체로 소가족단위의 개별적 보유였음을 반영하는 것이라 하겠다. 외족과 마찬가지로

---

72) 정종 12년 判文의 田丁連立 대상 친속들에게는 누락이 추정되기도 하였다(旗田巍, 앞의 글, 1957 및 武田幸男, 앞의 글, 1971).

73) 李佑成, 앞의 글(1975).
盧明鎬, 앞의 글(1989).

사위에 의한 전정연립 역시 부계혈족집단에 의한 집단적 소유가 존재했다면 다른 부계집단으로 넘어가는 것이니 성립될 수 없는 것이다.

이와 관련해서는 문종 34년(1080)의 판문에서 적에게 항복한 軍·將들의 田은 친자의 연립 자격을 박탈하고 역을 감당할 만한 친척에게 주도록 한 처벌조치도 주목된다.74) 이러한 처벌이 성립되는 것은 전정을 보유하는 경제적 생활단위가 일반적으로 부모와 친자를 기초로 이루어지고 있었기 때문이다. 친자 대신 일차적으로 연립의 연고권을 부여하고 있는 친척의 경우는 국가에서 영업전적 속성을 존중하는 관계로 연립 대상이 되고 있었다. 이들은 소가족적인 단위가 일반적인 당시에 별도의 가족단위를 이루고 있었기 때문에, 이들에게 전정을 연립함으로써 항복한 군장의 소가족적인 단위에 대한 경제적 처벌이 이루어졌던 것이라 이해된다.

이상으로 볼 때, 전정은 혈족집단에 의해 소유된 것이 아니라 직역을 승계한 자 개인에게 상속 및 보유되었던 것으로 생각된다. 정종 12년 판문에 열거된 것은 어떤 집단적 소유의 대표적 존재들이 아니라 개인적 상속권자들의 우선 순위를 규정한 것이다. 이러한 개인별 승계권의 순서를 규정해 놓는 것은 국가의 입장에서는 직역수행자를 확보하기 위해,75) 상속자의 입장에서는 개인별 상속권의 순위 질서를 위해 필요한 것이었다.

전정연립은 개인에 의한 상속이었고, 이를 토대로 경제적 생활단위를 이루는 것도 소가족적인 가족범위가 중심이 되었던 것으로 보인다. 구분전 제도에서는 전정의 보유자가 연립할 직계자손이 없이 죽음으로써 전정이 회수될 경우 생계보호를 위해 구분전을 지급하는 대상으로 처를, 처가 없는 경우는 출가하지 않은 딸만을 규정하고 있다. 이는 전정을 보유하여 경제적 생활단위를 이루는 가족범위가 전정보유자 본인과 처 그리고 미혼인 딸과 아들을 기본 단위로 고려된 것임을 보여준다. 그리고 아들에게 전정연립이 이루어질 경우 구분전의 지급이 없음은 노부모나 미혼 형제자매가 부양가족으로 고려된 것이다.

아들 이외의 친속에게 전정연립이 이루어질 경우에도 구분전의 지급은 없

74) 《高麗史》 권 78, 志 32, 食貨 1, 田柴科.

75) 정종 12년 판문과 동일한 승계 순서를 보이는 《高麗史節要》 권 4, 정종 12년 2월 制의 立嗣 규정의 내용도 개인별 승계권의 순서를 지정한 것으로 보인다.

는데, 그러한 경우에도 부양가족으로 고려되는 범위들이 있게 된다. 예컨대 여서에 의해 전정연립이 이루어질 경우는 처부모나 처의 미혼 형제자매가 당연한 부양가족이 될 수 있다. 그리고 친손자나 외손자에 의해 전정연립이 이루어질 경우는 조부모나 외조부모가 그에 해당된다. 전정연립과 관련하여 경제적 생활단위로 나타나는 이러한 가족범위는 앞 절에서 살펴본 고려시대의 가족구성과 부합되는 것이다. 즉 夫·妻와 미혼 자녀를 기본 단위로 하고, 부·처의 노부모나 미혼 형제자매, 내외조부모 등이 부양가족으로 포함되기도 하는 가족구성을 볼 수 있다.

전정이 소가족 단위의 경제를 바탕으로 개인별로 상속되고 있었듯이 공음전이나 공신전의 상속도 마찬가지였다. 공음전에 대해서는 해석상의 이설들이 있으나 여기서는 상속과 관련된 면에 국한하여 검토하기로 한다.

현종 12년(1021) 판문의 "공음전은 直子가 죄를 범하면 그 孫에게 移給한다"고 한 것에서[76] 공음전의 우선적인 승계자가 직자와 손임을 알 수 있다. 그리고 문종 27년(1073)의 판문에서는 아들이 없는 경우에는 女壻·親姪·養子·義子를 상속권자로 규정하였다.[77] 이 친속들의 열거된 순서는 공음전 상속의 우선순위일 것으로 해석되고 있는데, 이러한 상속순위의 존재는 다음에서 보는 공음전의 지급 규모와도 관련되는 것으로 생각된다.

> 문종 3년 5월에 兩班功蔭田柴法을 정하였다. 1품 門下侍郎平章事 이상은 田 25結과 柴 15결, 2품 參政 이상은 전 22결과 시 10결, 3품은 전 20결과 시 10결, 4품은 전 17결과 시 8결, 5품은 전 15결과 시 5결을 자손에게 전하게 하되, 散官은 5결씩을 감하고, 樂·工·賤口로서 放良된 員吏에게는 모두 줄 수 없게 하였다. 功蔭田을 받은 자의 자손이 사직을 위태롭게 하거나 모반·대역에 연좌된 경우 및 공사의 여러 가지 죄를 범하여 除名되는 외에는 비록 아들이 죄가 있어도 그 손자가 죄가 없다면 공음전시의 1/3을 주게 하였다(《高麗史》 권 78, 志 32, 食貨 1, 功蔭田柴).

위에서 공음전의 지급규모를 보면 품에 따라 田 25~15결·柴地 15~5결이고, 散官은 이에서 다시 5결을 감하였다. 이러한 액수는 대체로 당시의 토지 편제 단위인 1足丁·半丁 단위들을 크게 초과하지 않은 것이니, 그 편제단위

76) 《高麗史》 권 78, 志 32, 食貨 1, 功蔭田柴.
77) 위와 같음.

를 깰 수 없게 한 당시의 토지정책의 원칙에 의하면 1인의 친속에게 상속될 정도의 규모이었다.

문종 27년의 판문에서 사위는 아들이 없을 경우 다음 순위로 되어 있지만, 친조카·양자·의자보다 앞서고 있다. 양자의 경우는 순위가 사위와 친조카 다음이니, 특히 사위보다도 양자가 중요시되지 않은 것은 역시 부계친족집단 단위의 토지보유와는 합치되지 않는 것이다.

이러한 공음전의 상속자는 앞에서 본 전정연립의 직계혈족 중심의 상속자 설정과 다른 점이 나타난다. 즉 전정연립에서 볼 수 없었던 친조카·양자·의자 등이 들어가 있다. 이것은 주로 6품 이하를 위한 구분전제와 연계되어 공음전이 구분전을 지급하지 않는 5품 이상 고위 관인의 처 등의 생계를 보호한다는 목적도 가진 때문이 아닌가 한다.[78]

문종년간의 규정에서 보면 전정 보유자가 연립할 자손이 없는 경우 구분전의 지급은 6품 이하의 처나 퇴역한 군인 본인에게 국한되었다. 구분전 액수의 배 이상이었던 공음전은 일차적으로 직계자손에게도 경제적 기반이 되는 것이겠으나, 5품 이상의 처나 그 가족은 부양을 받을 수 있었을 것이다. 또한 직계자손이 없어도 사위나 친조카·양자·의자 등 봉양을 수행할 수 있는 자들에게 공음전을 주게 되어 있었다. 아들도, 사위도 없는 경우는 드물었을 것이나 친조카·양자·의자에까지 범위를 확대시켰으므로 공음전의 상속자가 없는 경우는 거의 없었을 것이다. 이렇게 보면 구분전의 지급대상에 5품 이상 고위관인의 처가 포함되지 않은 문제가 설명될 수 있을 것으로 생각된다. 그런데 5품 이상에서도 夫妻가 아들 없이 모두 죽은 경우, 미혼의 딸에게 구분전이 지급된 것은 父의 친조카·양자·의자 등의 부양을 받게 하는 것보다는 본인에게 구분전을 지급하는 것이 낫다고 배려된 때문이 아닌가 한다.

공음전과 유사한 종목의 토지이나 공신에게 하사되었다는 특별한 동기와 내용을 갖는 공신전의 경우는 공음전과도 달리 균분의 원칙에 따라 자손에게 傳給되는 경우가 있었다.[79] 공신전은 「山川爲表」로 언급될 정도의 대규모도 있 있던 만큼 그 규모가 공음전시에 비해 대규모였으니, 균분의 원칙이 적용될 수

---

78) 문종 3년의 兩班功蔭田柴法의 「品」을 관품이 아닌 공훈의 등급으로 보는 견해들도 있다.

79) 《高麗史》 권 78, 志 32, 食貨 1, 功蔭田柴 충숙왕 5년 5월.

있었다. 그러나 공신전의 경우도 족정·반정의 토지편제 단위를 지키는 한에서만 균급하라는 단서가 있었다.

> 충선왕이 즉위하여 下敎하기를 '功臣의 田으로 ㉮ 자손이 微劣하여 孫外의 사람이 占取한 것은 연한에 관계없이 그 孫에게 환급할 것이며, ㉯ 同宗 중에 1戶가 合執한 것은 그 足丁 및 半丁을 가려 均給하도록 하라'고 하였다(《高麗史》 권 78, 志 32, 食貨 1, 功蔭田柴 충렬왕 24년 정월).

공신전의 상속자로 「자손」이나 「同宗」이 언급되고 있어, 부계자손에게만 국한된 것으로 여겨질 소지가 있다. 그러나 이 「동종」의 의미는 그같은 중국식의 의미와는 달랐던 것으로 보인다. 고려에서는 한 선조로부터 계보의 중간에 남녀가 다양하게 개재되는 계보들로 연결되는 직계의 후손들을 「宗」으로 지칭하기도 했으며, 공신의 「자손」에 대한 음서도 실제로 내외 후손에 대한 음서를 의미한 경우들이 적지 않게 나타난다. 앞에서 사유지인 민전의 경우 자녀균분상속이 나타나고, 전정의 연립에도 외손이 포함되어 있으며 공음전의 상속에도 사위가 들어가므로, 공신전의 상속만이 부계후손만에 국한된다고 볼 수도 없다. 따라서 위 충선왕 즉위년에 내린 왕명에서 공신전의 상속도 자녀간의 균분을 원칙으로 한 것으로 보인다.

고려시대의 민전을 비롯한 사유재산의 상속은 자녀간의 균분상속을 원칙으로 하고 있었다. 민전과 달리 수조권을 갖는 전정의 상속은 국가적 제도와 결합된 의무나 규제들이 수반됨으로써 민전 상속과는 달랐으나, 그 기초가 된 친족관계는 공통적인 것이었다.

3) 친족조직

(1) 성씨와 계보관념

고려시대에 대한 이른 시기의 연구들에서는 당시의 사회편성을 이해함에 성씨집단과 같은 부계 친족조직의 존재를 전제로 하고 있었다. 그러나 그러한 이해를 밑받침해 줄 고려시대 친족조직에 대한 실증적 연구는 없으며, 단지 조선 후기에 보이는 門中組織이나 同族村 등을 "신라 이래 천여 년을 경과한 고래의 잔해"라는 식으로 이해하였다.[80]

한 예로서 고려시대 촌락의 구성이나 토지소유의 주체 등이 성씨집단 내지 부계친족집단을 토대로 이루어졌다고 가정하고, 이러한 가정에서 출발하여 고려 전기를 혈연공동체가 존재하는 고대적인 사회로까지 이해하기도 하였다.[81] 이 경우 혈연공동체적인 개념이 고려 전기를 이해하는 토대가 되었으나, 당시의 친족제도나 촌락내의 혈연관계망은 구체적으로 조사·검토된 바 없었다.

고려말이기는 하나 구체적인 자료에 의한 촌락 사례연구에서는 이성잡거의 상태가 나타나 성씨단위의 혈연공동체의 존재가 부인된 바 있다.[82] 고려시대의 친족제도가 남아 있었던 17세기 초의 촌락의 혈연관계망이 동성집단, 동족촌과는 전혀 다른 양태임도 참고가 될 것이다.[83] 이는 조선 후기의 상황을 고려 전기에까지 연결시키는 이해가 오류임을 잘 보여 준다. 또한 여말 이래 고려시대의 가족과 거주율 및 촌락의 혈연관계망에 대한 직접적인 검토를 한 연구에서도 부계 친족집단에 의한 구성을 부정하고 양측적 친속관계에 의한 구성이 제시된 바 있다.[84]

고려시대의 성씨집단을 가정한 연구의 또 다른 예로는 이른바「姓氏別 貴族家門」연구들을 볼 수 있다. 이 계통의 연구들은 1930년대의 연구에서 고려 전기의 인주 이씨를 대표적인 귀족가문으로 논증하려 한 것에서 시작되었다.[85] 그 논증방법은 고려 전기에 활약한 인주 이씨의 인물들을 추적하여, 인주 이씨의 부계적인 계보의 인물들이 대대로 고관이 된 것을 밝히고, 왕실이나 당대의 세도가들과의 통혼관계를 밝히는 것이었다.

그 후 이러한 연구 방법은 거의 아무런 재검토나 비판없이 근래의 연구들에 그대로 수용되었으며, 이러한 방법은 다른 성씨들을 대상으로 적용되기도 하

---

80) 藤田亮策, 〈新羅九州五京考〉(《朝鮮學報》 5, 1953).

81) 旗田巍, 〈高麗王朝成立期の'府'と豪族〉(《朝鮮中世社會の硏究》, 1960).
武田幸男, 〈淨兜寺五層石塔造成形止記の硏究〉(《朝鮮學報》 25, 1962).
姜晋哲, 〈農民과 村落〉(《한국사》 5, 국사편찬위원회, 1975 ; 앞의 책), 304·433쪽.

82) 李佑成, 〈高麗末期 羅州牧 居平部曲에 對하여〉(《震檀學報》 29·30, 1966).

83) 盧明鎬, 〈山陰帳籍을 통해 본 17世紀初 村落의 血緣樣相〉(《韓國史論》 5, 서울大 國史學科, 1979).

84) 盧明鎬, 앞의 글(1988b).

85) 藤田亮策, 〈李資淵と其の家系〉(上)·(下)(《靑丘學叢》 13·14, 1933·1934).

였다. 이른바 성씨별 귀족가문 연구들이 그러한 계통이고, 토성연구 등에서도 그와 같은 연구·해석 방법이 종종 그대로 사용되었다.

이러한 성씨별 계보를 추적한 연구들은 귀족층에서 누대에 걸쳐 고관을 배출한 현상을 밝혀주는 것일 수도 있지만, 부계 친족집단의 존재를 대전제로 하여 그에 해당하는 계보만을 추려 모은 것이므로, 그것이 귀족들의 부계 친족집단을 논증한 것이 될 수는 없었다. 8高祖圖나 조선 전기 족보와 같은 계보관계들 속에서 부계적인 계보선은 한 부분에 불과한 셈이고, 다양한 형태의 계보들이 대등한 비중을 가졌기 때문이다. 당시에 귀족층에서는 계급내혼이 이루어지고 있었기 때문에 8고조도와 같은 직계의 다양한 계보들에는 대부분 누대에 걸쳐 고관이 나타나는 것이니, 부계적인 계보선만 그러한 특징이 있는 것은 아니다. 부계친족집단을 논증하려면 그들이 단위집단으로 기능하였음을 구체적으로 규명해야 하나, 고려시대에는 그러한 현상이 전혀 발견되지 않으므로 이 점에 있어서는 막연한 가정밖에는 제시된 것이 없다.

고려시대에 중국식의 성씨제도를 받아들여 성씨가 부계적인 계보로 전승되는 것이 원칙이었다는 점에서 곧 부계적인 성씨집단이 존재했다고 생각하는 것은 논리의 비약이다. 성씨는 고려의 성립 전에도 지배층을 중심으로 정치적 권위 및 질서와 밀접한 관련을 가지고 사용되었고, 고려 초기의 이른바 「토성 분정」으로 불리는[86] 국가적 정책으로 추진된 성씨 사용도 그러한 성격을 가지고 있었다. 그러나 성씨를 사용하지 않은 인명표기들이 상당수 나타나는 것에서도 보듯이 고려 초기에는 지배층에서조차도 성씨를 아직 일상적으로 사용하지 않았다. 성씨가 일반 평민층에까지 확산되는 것은 더 오랜 시간을 필요로 하였다.

태조대의 성씨 수여에서 보는 바와 같이 고려초에는 광범한 성씨 수여가 있었고, 고려의 정비된 제도들에서는 공식적인 개인의 신상을 파악하는 데 반드시 성씨를 표기하도록 하는 경우가 있었으므로, 이러한 국가적 시책은 성씨 사용의 확대에 큰 영향을 미쳤다. 따라서 고려의 성씨제도는 실제의 사회적 기반이 친족제도에 뿌리를 두고 성립되어 중앙정부에 의해 정치적으로 수용·

86) 李樹健, 《韓國中世史硏究》(一潮閣, 1984), 13~23쪽.
蔡雄錫, 〈高麗前期 社會構造와 本貫制〉(《高麗史의 諸問題》, 三英社, 1986).
朴宗基, 〈高麗 太祖 23년 郡縣改編에 관한 硏究〉(《韓國史論》 19, 1988).

정리되는 과정을 거친 것이 아니라, 친족제도와는 다른 의미를 가지고 정치적 필요 내지는 통치질서상의 필요에 의해 도입·확대된 면이 강하였다.

성씨제도가 갖는 기능은 그를 통해 개략적이나마 출신 혈연을 가장 간략하게 나타낼 수 있다는 것이다. 고려초에 확립된 본관제도와 결합된 성씨는 한 두 글자만으로도 그 성씨를 칭하는 어느 개인이 어떤 출신인가를 개략적으로 파악할 수 있게 해 준다. 부계 친족집단이 나타나지 않는 속에서도 성씨가 그러한 기능을 가질 수 있었던 것은 계급내혼과 결합되어 신분적·계층적 질서가 누대에 걸쳐 지속되는 경향이 강하였던 사회적 상황에 의해서였다. 계층적으로 같은 격을 갖는 것으로 묶어 볼 수 있는 여러 성 사이에서 혼인이 거듭 되었기 때문에, 그 성씨를 갖는 개인들은 계속 같은 출신 계층에 속하게 되는 경향이 있었다. 물론 성씨만이 개인들의 출신 혈연을 확인하는 수단이 되었던 것은 아니며, 개인의 보다 구체적이고 상세한 출신 계보는 四祖戶口式이나 八祖戶口式 등과 같은 공적 파악방식에 의해 나타나고 확인되었다. 부·조·증조·모·외조를 기재하는 4조호구식에 비해서는 물론이고, 8조호구식에 비해서도 성씨는 대단히 간략하게 그러면서도 유용하게 개략적인 출신 혈연을 나타낼 수 있었다.

성씨보다 상세하게 출신을 확인하기 위해서는 8조호구식이나 4조호구식 등과 같이 부계적인 계보와는 근본적으로 다른 다양한 계보들을 보아야 한다는 사실은 고려의 친족조직이 중국의 경우처럼 부계적인 것이 아니었음을 잘 보여준다. 성씨의 전승에서 모(외조)의 성, 조모의 성 등 다양한 경우의 계보를 따른 예외가 적지 않게 나타난 이유도 고려사회의 바탕에 존재한 친족제도와 무관한 것이 아니었다. 고려의 호적 기재양식은 중국 당·송의 제도를 참고한 것이었으나, 8조호구식은 물론 4조호구식도 중국 역대의 호적 기재양식과도 다른 고려의 독특한 제도였다.

고려시대에 「~氏의 族」·「~氏의 宗」으로 지칭되는 실체가 무엇이었는가를 보면, 성씨와 결합된 계보관념이 부계씨족이나 리니지(lineage) 집단과 부합될 수 없다는 사실이 잘 드러난다. 한 예로 여말선초에 만들어진 〈海州吳氏族圖〉라고 명명된 계보도를 보면, 그에 수록된 212명의 인물들 중에서 해주오씨는 24명에 불과하고 나머지는 다양한 계보들의 「외손」인 여러 他姓들이었다.[87] 잘 알려진《安東權氏成化譜》나《文化柳氏嘉靖譜》등을 비롯한 조선 전기의「~씨」족보들에서도 절대다수의 수록인물은 성별로 계보를 한정하지 않은 다양한 계보들의「외손」들이다.

이러한 사실은 조선 후기에는「~씨의 족」으로 지칭되는 범위가 남성으로 이어지는 부계적인 계보에 한정되었던 것과 근본적으로 다른 계보관념을 보여 준다. 이러한「~씨의 족」으로 지칭되는 계보관념이 성별로 한정된 것이 아니었다는 사실은 주자학적인 가족규범의 영향이 고조되고 있는 여말 이후의 상황을 고려한다면, 그것이 여말 이후에 새로이 성립된 것이라고 보기는 어렵다.

「~씨의 족」에 대한 그와 같은 계보관념은 고려 전기 이래의 전통에서 유래되는 것이라고 보아야 할 것이다. 이는 현종 10년(1019)에 죽은 劉瑨의 열전에서 그 출신을 언급하면서 "后妃의 姓이 劉씨인 사람은 모두 그 宗에서 나온 까닭에 대대로 戚里가 되었다"는 기록에서[88] 확인할 수 있다. 고려시대의 유씨 성의 후비들을 보면 다음과 같다.[89]

㉠ 太祖妃 神明順成王太后(父 忠州人 劉兢達)
㉡ 景宗妃 獻懿王后(父 宗室 貞, 祖母 위 ㉠)
㉢ 成宗妃 文德王后(父 光宗, 祖母 위 ㉠)
㉣ 穆宗妃 宣正王后(父 宗室 圭)
㉤ 德宗妃 劉氏(父 忠州人 劉寵居)

유진전에서 '후비의 성이 유씨인 사람은 모두'라고 한 것이나, '대대로 척리가 되었다'고 함은 위와 같은 여러 후비들을 두고 하는 말이다. 그러나 그 중 부의 성을 따른 것은 ㉠과 ㉤뿐이며, 유진이 생존했던 현종대 이전에서는 ㉠뿐이다. ㉡과 ㉢은 조모를 통해 연결되는 諱稱姓이고, ㉣의 경우는 구체적인 계보는 전하지 않으나 부의 성이 아닌 것은 분명하다. 그런데 이들을 포괄하여「忠州劉氏의 宗」으로 언급하고 있는 것이 주목된다.

---

87) 〈海州吳氏族圖〉의 수록 인원의 집계는 鄭在勳,〈海州吳氏族圖考〉(《東亞硏究》17, 1989)에 정리된 것을 참조하였다.
88)《高麗史》권 94, 列傳 7, 劉瑨.
89)《高麗史》권 88, 列傳 1, 后妃.

고려시대에는 성별로 한정하지 않은 모든 내외의 계보를 포괄하여「~씨의 족」·「~씨의 종」으로 지칭하고 있었고, 이러한 용어의 사용은 조선 전기까지도 뿌리 깊이 남아 있었다. 이러한 내외손을 포괄하는 계보형태는 후술하는 바와 같은 고려시대의 공신자손의 음서 사례들에서도(〈그림 3〉 참조) 나타난다. 이러한 어느 한 인물이나 부부로부터의 성별로 한정되지 않은 다양한 계보의 내외후손들이 단위집단을 구성하고 기능을 했다면 그것은 總系的(cognatic) 리니지나 씨족이 되겠지만, 고려시대에는 어떠한 형태로도 씨족이나 리니지 같은 친족집단의 기능이 나타나지 않는 속에 그러한「~씨의 족」도 단위집단으로 기능하지 않았다.「~씨의 족」으로 지칭되는 범위는 단위집단으로서의 의미를 갖지 않고 단지 그러한 계보 인식만을 나타냈는데, 이러한 것은 총계적 리니지 등과 구분하여 스톡(stock)이라 불리기도 한다.

「~씨의 족」으로 지칭된 계보범위가 단위집단으로서의 기능을 갖기 어려웠던 것은 성씨와의 관계에서도 나타난다. 〈해주오씨족도〉나《안동권씨성화보》등의 속에 들어간 다양한 계보의 인물들은 각기 본래의 성씨를 그대로 가지고 있었다. 그리고 그들은 각기 또다른「~씨의 족」의 기록들 여럿에 겹쳐지게 수록되고 있었다. 실제로 〈해주오씨족도〉·《안동권씨성화보》·《문화유씨가정보》를 비롯한 조선 전기의 족보들에 수록된 인물들은 많은 수가 서로 중복되어 있다. 이는 동일 성씨를 갖는 인물들의 범위 자체도 단위집단으로서의 의미를 갖지 않았음을 보여주고 또한 당시에「~씨의 족」으로 지칭된 범위도 그러했음을 보여준다.

(2) 부변·모변과 양측적 계보관계

고려시대 친족관계의 중요한 특성의 한 가지는 남성을 통한 계보관계로만 구성되는 부계의 계보관계와는 근본적으로 다른 것으로,「~씨의 족」으로 지칭된 계보에서 보듯이 계보관계에서 구성되는 남과 여의 성별로 한정되지 않았다는 점이다. 그것은 부모-자녀관계로만 이어지는 직계의 계보관계에서든 방계의 계보관계에서든 마찬가지였는데, 남성에서 남성으로만 연결되는 계보나 여성에서 여성으로만 연결되는 계보를 포함하여 중간에 남성과 여성이 다양한 형태로 개재되는 모든 계보가 친족관계의 토대가 되고 있었다.

고려시대 친족조직에서 계보관계를 보여주는 좋은 예의 하나는 우선 다음 〈그림 1〉 과 같은 8祖戶口式을 들 수 있다.[90]

〈그림 1〉 8조호구식의 世系推尋

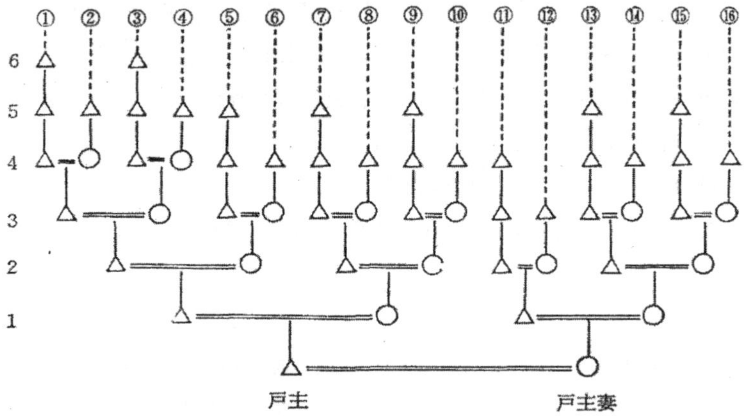

이는 호주를 중심으로 3세대를 소급하는 증조대까지는 남녀의 성에 관계없이 모든 계보관계를 보여주며, 한 세대를 더 소급하여서는 증조와 증조모 각각의 부측과 모측의 계보를 보여준다. 8조호구식과 같은 유의 계보관계로는 고려시대의 전통과 연결되는 조선시대 계보도의 한 형태인 다음의 〈그림 2〉와 같은 8高祖圖를 볼 수 있다.[91] 〈그림 2〉에서는 한 개인의 고조부모대까지 소급되는 모든 직계의 계보가 표현되고 있다. 여말의 음서관계 자료에서는 「外高祖」의 문음을 받은 사례가 발견되기도 한다.[92] 「외고조」란 중국

90) 〈그림 1〉은 이른바 국보 131호 호적(許興植, 《韓國中世社會史資料集》, 一潮閣, 1976)을 이용하여 작성한 것이다. 이러한 여말선초의 8조호구식의 예는 족보에 인용된 戶口單子나 准戶口들에서 몇 가지가 더 발견된 바 있다(이에 대해서는 許興植, 앞의 책 및 李基白, 앞의 책 참조). 본고의 논지와 큰 관계는 없으나, 8조호구식의 기재 내용은 世系推尋의 자료상태에 따라 조금씩 다른 경우가 있다.

91) 宋俊浩, 〈韓國에 있어서의 家系記錄의 歷史와 그 解釋〉(《歷史學報》 87, 1980)에는 〈그림 2〉와 같은 8고조도뿐만 아니라 16祖圖 등에 대해서도 소개되고 있다.

92) 盧明鎬, 〈高麗時의 承蔭血族과 貴族層의 蔭敍機會〉(《金哲埈博士華甲紀念史學論叢》, 1983).

에서와는 다른 고려에 특유한 계보관념에 의해 만들어진 호칭인데, 〈그림 2〉의 ③·⑤·⑦·⑨·⑪·⑬·⑮가 「외고조」로 불리웠다. 그리고 때로는 내외의 구별없이 ①~⑯ 모두가 高祖父母로 지칭되는 경우도 있었다.

〈그림 2〉 8고조도의 계보

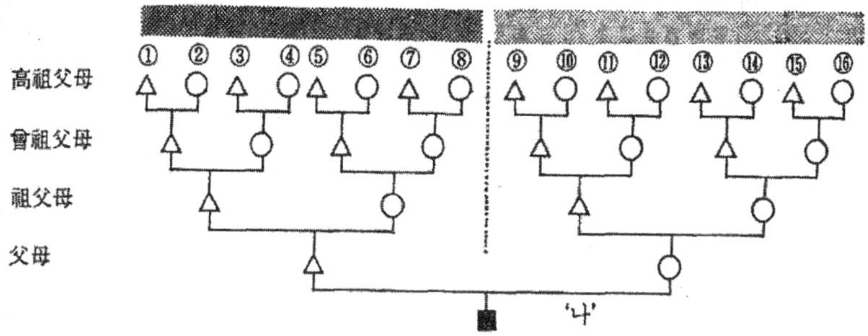

〈그림 2〉에서는 계보상의 남(△)·여(◯)의 구성이 균등한 반면, 〈그림 1〉에서는 16개의 계보 중 반에 해당하는 8개 계보의 위 부분에서 남성으로만 연결되는 것이 나타난다. 이러한 계보형태는 8조호구식이 4조호구식을 단위로 하여 그것들을 모아서 이루어진 데서 비롯된 것이다. 이 점을 고려한다면 〈그림 1〉보다는 〈그림 2〉가 실제의 친족관계에서의 계보형태를 보다 잘 반영해 주는 것이라 하겠다. 그 특징은 계보상에 남성이나 여성만으로 구성되는 것도 포함하여, 중간에 남과 여가 다양한 순서로 개재되는 여러 가지 계보들이 친족관계에서 대등한 비중을 갖는다는 점이다. 고려시대의 재산상속에서 자녀간의 균분상속이 계속될 때의 재산의 전승도 그러한 계보를 따라 내려가게 될 것이고, 그러한 예는 뒤에서 언급될 고려시대 음서관련 기사들에서도 나타난다.

8고조부모·외고조부모 등의 친족호칭도 중국에 없는 고려 고유의 친족호칭이었고, 그러한 계보들 자체가 중국의 부계 친족제도와는 근본적으로 다른 친족제도를 반영해 준다. 위의 〈그림 2〉는 5세대 범위에 한정해 나타낸 계보도이지만 그보다 더 확대된 범위의 계보들도 의미를 가질 수 있었다. 그것은 功臣子孫蔭敍 등에서도 실제의 그러한 친족관계들을 보여주는 여러 자료들을 볼 수 있다.

고려에서 〈그림 2〉와 같은 계보들을 지칭한 고유의 용어를 본다면 우선 「父邊」·「母邊」이라는 용어가 주목된다. 부변이라 함은 〈그림 2〉의 범위에서 16계의 계보들 중 ①~⑧에 해당하는 아버지쪽으로 연결되는 모든 계보들을 포괄하는 의미를 가지고 있었다. 이러한 개념은 인류학쪽의 용어와 개념을 참고한다면 〈그림 2〉에서 ①의 계보만인 「부계의(patrilineal)」 계보와는 근본적으로 다른 것이며, 「부측의(patrilateral)」 계보에 해당하는 것이다. 마찬가지로 모변이라 함은 〈그림 2〉의 범위에서 ⑨~⑯에 해당하는 어머니쪽으로 연결되는 모든 계보들을 포괄하는 것이다. 이러한 개념은 〈그림 2〉에서 ⑯의 계보만인 「모계의(matrilineal)」 계보와는 근본적으로 다른 것이며, 「모측의 (matrilateral)」 계보에 해당하는 것이다. 예컨대, 어떤 재산의 상속유래를 말할 때 '母邊傳來'라 함은 ⑨~⑯의 계보들 중 어느 것으로부터 어머니를 통해 전해진 것을 의미한다.

〈그림 2〉의 ①~⑯의 계보들 모두, 즉 부변(부측)과 모변(모측)을 모두 포괄하는 개념은 양측적(bilateral)이라는 용어가 그에 해당한다. 8고조부모의 범위의 부변과 모변의 계보들 모두를 포괄하는 양측적 계보는 대단히 다양한 계보들을 포괄하고 있지만, 그 원리는 간단하다. 즉 친족관계를 성립시키는 계보를 부계나 모계에서와는 달리 성별로 한정하지 않는다는 사실이다. 그렇기 때문에 세대수를 더 확대한 범위에서도 동일한 양태가 나타난다. 이를테면 32祖圖니 64조도니 하는 것도 그 예에 해당한다. 그리고 〈그림 2〉와 같은 계보는 이러한 양측적 계보가 세대를 소급하여 위로 올라가는 경우의 양태이지만, 아래 세대로 내려가는 경우에도 친족관계를 성립시키는 계보를 성별로 한정하지 않는 원리는 동일하였다.

그러한 실례를 보여주는 것은 음서관계 기록에도 여러 자료들이 있지만 그 중의 하나만을 들어보면 다음과 같다.

> 고종 40년 6월에 詔하여 ①-a 祖代六功臣 三韓功臣 內玄孫之玄孫之孫 ①-b 外玄孫之玄孫之子 挾七女 未蒙戶一名 許初入仕 ②-a 三韓後壁上功臣 內玄孫之玄孫之玄孫之子 ②-b 外玄孫之玄孫之玄孫 挾六女 未蒙戶一名 許初入仕 ③-a 代代配享功臣 內玄孫之玄孫 ③-b 外玄孫之曾孫 挾五女 未蒙戶一名初入仕(《高麗史》권 75, 志 29, 選擧 3, 凡敍功臣子孫).

이는 ①·②·③의 세 등급의 공신 자손들에 대해 음서의 혜택을 주는 범위를 달리하고 있음을 보여주는 것으로 ①-a, ②-a, ③-a의 「內玄孫之…」라 함은 子에서 子로 이어지는 계보의 자손임을 알 수 있다. 그런데 ①-b, ②-b, ③-b의 「外玄孫之…」라 함은 전자와 달리 중간에 女가 들어가는 계보의 자손들이다. 여기서 주목되는 것은 ①-b의 「挾七女」, ②-b의 「挾六女」, ③-b의 「挾五女」라는 기사로, 이는 곧 그 계보의 중간에 들어가는 여의 수를 뜻하는 것이다. 단 여기서 주의할 것은 「外玄孫之曾孫 挾五女」라고 한 것에서 「挾5 女」는 8세손에 이르는 범위의 계보 중 반드시 「여」가 5명 들어가는 것을 뜻하는 것이 아니라, 여가 5명까지 들어가는 것을 상한으로 한다는 것을 뜻한다는 점이다. 즉 女가 1명부터 5명까지 들어가도 된다는 것으로 충렬왕 8년의 聖祖苗裔에 대한 음서에서[93] 「雖挾 ( )( )女」라 함과 같이 해석되어야 할 것이다. 이렇게 이해하면 ①·②·③은 子에서 자로 이어지는 계보상의 자손들만이 아니라, 비록 약간의 제한이 가해지는 것이나 계보의 중간에 女도 들어가는 자손들에게도 음서의 혜택이 주어지는 것을 보여준다. 이제 ①·②·③ 중에서 그림으로 표시하기 편한 가장 작은 범위를 갖는 ③을 그림으로 표시하면 〈그림 3〉과 같은 64가지 경우의 계보 형태가 나타나게 된다.[94] 이 중 64번째의 경우 하나만이 女가 6명이 들어가므로 위의 범위에서 제외된다.

〈그림 3〉에서 ㊹까지를 포함하는 8세손까지의 범위는 祖先인 공신에서부터 비롯되는 子와 女 모두를 통한 모든 후예들과의 혈연관계가 된다. 〈그림 3〉에 나타나는 계보는 〈그림 1〉이나 〈그림 2〉와 비교할 때, 한 개인으로부터 아래로 자손들에 이르는 계보인 것에 비해 위로 조선들에 이르는 계보라는 점에서는 차이가 있다. 그러나 이들에서 나타나는 선대에서 후손에 이르는 직계의 계보 각각에 주목하면 동질성이 나타난다. 즉 그 계보관계의 특성은 남성과 여성으로 이루어지는 모든 다양한 형태의 계보들을 포괄하는 양측적인 것이다.

〈그림 3〉에는 계보의 시점과 종점들을 모두 남성(△)에 한정했는데 이는 당시의 공신이 되는 주체와 음서의 대상이 되는 주체가 모두 남성이었기 때문이

93) 《高麗史》 권 75, 志 29, 選擧 3, 凡敍祖宗苗裔 충렬왕 8년 5월 敎.
94) 盧明鎬, 앞의 글(1979), 312~315쪽.

〈그림 3〉 고려 공신자손 서용 범위의 일례

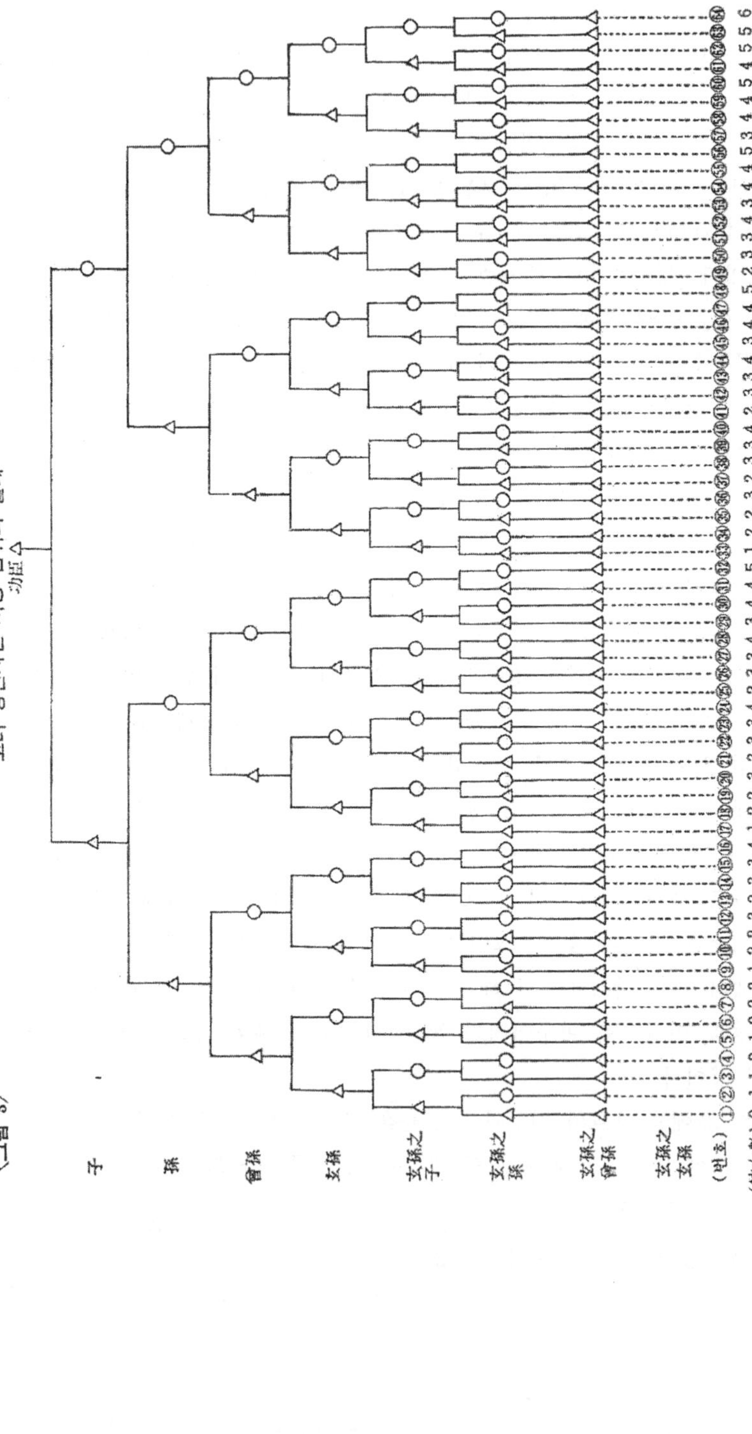

다. 또 〈그림 3〉은 내손으로는 현손의 현손인 9세손, 외손으로는 挾女數가 5 이하인 범위내에서 현손의 증손인 8세손을 기준으로 작성한 것인데, 이는 음직수여 범위의 한계선상에 위치하는 자손들로서 실제로는 9세손 또는 8세손 이내의 전체가 포함되는 것으로 보아야 할 것이다.

남・녀에 대등한 계보관계는 방계의(collateral) 계보에서도 마찬가지였다. 그 한 예를 전・현직 고관의 혈족에 대한 정규적인 음서의 시행에서 보면, 그 우선적인 대상은 대체로 直子, 內孫과 外孫, 姪과 甥, 壻와 收養子의 순서였으니, 방계혈족으로서 형제의 子인 질과 자매의 자인 생이 대등하게 포함되고 있었다. 고아가 된 방계친족 아이에 대한 부양에 있어서도 형제의 자녀(질 및 질녀)와 자매의 자녀(생질 및 생질녀)가 대등하게 포함되어 있었고, 그것을 아이들의 입장에서 파악하면 친삼촌・외삼촌・고모(부)・이모(부)에 의한 부양의 경우들이 되고 있었다. 또 다른 예로, 고려의 相避制는 중국 송제를 참고한 것이지만, 중국에서 부계적인 친족들에 치중되어 있었던 것과는 달리, 남・여를 통한 계보상의 대칭적 위치의 친속들이 대등하게 포함되어 있었다.[95] 그것을 방계친속에서 보면 친삼촌과 외삼촌, 고모부와 이모부, 질과 생질, 친사촌・고종사촌・외사촌・이종사촌 등이 대등하게 포함되어 있었다. 보다 먼 방계의 친속으로서 동성인 친속과 마찬가지로 이성인 친속도 '族人'으로 호칭되며 대등한 유대관계를 가졌음을 보여주는 사례들도 있거니와,[96] 방계의 계보관계도 양측적인 형태를 잘 보여준다.

(3) 촌수와 「나」를 기준으로 한 친속

고려시대 친족제도의 중요한 특성의 또 하나는 寸數제도에서 나타난다. 촌수제도는 우리 나라에 특유한 고유의 제도로서 중국이나 일본 등에도 없는 제도이다.[97] 「촌수」란 「나」를 기준으로 「나」와 어떤 친속 사이의 친족관계의

---

95) 盧明鎬, 〈高麗의 五服親과 親族關係 法制〉(《韓國史硏究》 33, 1981).

96) 그 한 예로서 崔忠獻 일파의 핵심적 인물에 속했던 盧碩崇과 金躍珍이 '族人'으로 지칭되고 있다(《高麗史》 권 129, 列傳 42, 叛逆 3, 崔忠獻). 이러한 예는 많이 나타나거니와, '족인'만이 아니라 부계적인 친속을 지칭하는 다른 漢字式 호칭들도 외족 등에게 그대로 쓰이고 있는 사례들이 자주 나타난다. 이는 고려의 친족 호칭이 부측의 친속과 모측의 친속에 같이 쓰인 데서 비롯된 것으로 보인다.

97) 金斗憲, 앞의 책 (1949), 214~216쪽.
仁井田陞, 〈高麗の親等制と中國法〉(《中國法制史硏究》, 1959).

친소 정도를 나타내는 방식이고, 또한 계보의 중간에 형제자매관계가 들어가 갈리어진 방계의 친속간에는 「촌수」가 친족호칭에 쓰이기도 한다. 촌수는 계보관계에서 부모와 자녀관계의 계보를 1촌의 단위로 삼아 그러한 단위의 수를 누산하여 3촌·4촌 등과 같이 「~촌」이라 하게 되며, 방계혈족과의 촌수는 「나」와 그 친속의 선대의 직계 계보가 만나는 데까지의 촌수를 합하여 얻는다. 이러한 촌수제도는 「나」를 기준으로 「나」와 여러 친속들과의 친족관계의 원근을 정확히 생물학적 혈통관계의 원근에 따라 파악하고 분류하는 제도이다.

「나」를 기준으로 성립되는 친족관계(ego oriented kinship)는 「親屬(kindred)」이라 불리는 친족관계이다. 이 「나」를 기준으로 한 친족관계는 조상을 기준으로 한 친족관계(ancestor oriented kinship)와 구성이나 기능방식이 근본적으로 다르다. 조상을 기준으로 한 친족관계는 씨족이나 리니지 등과 같이 어느 한 조상을 기준으로 일정한 규칙에 의해 정해지는 그 후손의 집단을 토대로 한다. 이에서는 개인은 집단의 일원으로서 권리와 의무를 갖게 되며, 그 성원 개인들이 속하는 친족집단은 한 성원으로서의 「나」의 존재여부에 관계없이 일정한 범주를 가지며 지속적으로 집단적 기능을 한다.

한편 親屬으로도 불리우는 「나」를 기준으로 한 친족관계는 「나」와 일정한 계보관계에 있는 개인과의 개인적 관계를 토대로 한다. 「나」와 그러한 개인들 사이에는 개인적인 쌍방관계로서의 권리·의무가 존재하며, 「나」와 그러한 관계를 갖는 개인들의 범주는 각 개인마다 달리 존재하는 것이다. 그리고 그 범주들은 「나」의 존재를 전제로 성립되며, 지속적인 집단적 기능을 갖기가 어렵다.

〈그림 1〉·〈그림 2〉에서는 한 개인의 직계선조들을 나타내는 계보들을 볼 수 있고, 〈그림 3〉에서는 한 개인의 후손들을 나타내는 계보들을 볼 수 있다. 이 두 가지를 종합하여 한 개인 「나」의 직계선조들과 후손들로 인지되는 계보 형태들을 동시에 나타내는 계보도를 작성하면, 〈그림 4〉와 같이 상하로 펴

고려시대의 촌수제도에 대해서는 다음과 같은 기록을 볼 수 있다.
"憲司請禁 外家四寸通婚"(《高麗史》 권 84, 志 38, 刑法 1, 奸非 충렬왕 34년 윤 11월).

〈그림 4〉 양측적 친속의 직계계보와 촌수

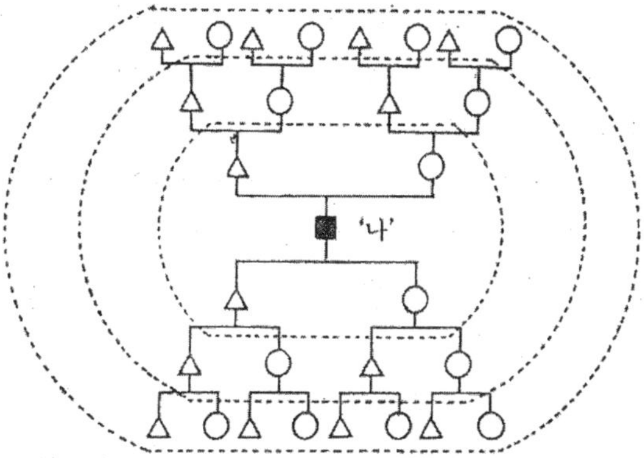

져나가는 방사선 형태가 된다. 그 계보들은 촌수와 함께 고려하면 「나」를 중심으로 한 동심원들이 그려지게 된다.

「나」로부터 멀리 확대된 동심원의 범위일수록 「나」와의 관계는 멀어진다. 이는 한 개인을 중심으로 한 직계의 혈족들만을 대상으로 한 것이지만, 여기에 표시된 남·여 선조들의 일정 범위의 형제·자매와 그의 후손들도 그 개인과 방계의 혈연관계를 갖는다.

고려시대의 계보관계를 나타낸 〈그림 4〉의 계보형태는 그 자체가 「나」를 기준으로 성립되고 있는 친족관계임을 잘 보여준다. 그러나 친족관계는 각 개인을 기준으로 성립되기 때문에 그 친족관계의 범주들은 개인마다 달라진다. 이를테면 〈그림 4〉에서 「나」와 가장 가까운 부나 모의 친속이라 하더라도 「나」의 친속들과 다르게 된다.

씨족이나 리니지같은 조상을 기준으로 한 친족관계와 「나」를 기준으로 한 친족관계인 친속은 한 사회내에서 서로 다른 기능을 가지며 공존하는 경우도 있다. 가까운 예로 중국과 같은 경우의 친속은 부계의 성씨별 씨족 내지는 리니지조직과 공존하고 있는 경우이다. 그러나 이러한 부계의 계보관념에 의한 친족조직과 공존한 중국의 친속체계는 양측적 계보관념이 존재한 고려에서의 친속체계와 대단히 큰 차이를 가졌다.

중국의 친속은 우선 부계 위주의 편향성이 대단히 컸다. 또한 친속을 구분하는 체계도 조상을 기준으로 방계별로 구분하는 체계를 가지고 있어 「從-」·「再從-」·「三從-」 등의 접두어를 형제·자매·질 등이 기본 친족호칭에 붙여 구분하였다. 이는 중국의 친속이 「나」를 기준으로 하면서도 성씨집단과 같은 부계의 조상을 기준으로 한 친족체계의 영향을 많이 받고 있음을 보여 준다.

고려에서는 친속관계가 부변·모변의 양측적 계보들에 대등한 비중으로 존재하였다. 고려 고유의 제도인「촌수」는 철저히「나」를 기준으로 원근관계가 정해지는 친속관계였다.「宗」·「族」·「孫」·「姪」등 중국에서는 부계의 친족들에게만 쓰이는 한자어 친족용어들이 고려시대에 작성된 문장에서는 종종 외족 등 성별로 한정하지 않는 양측적 계보의 친속들에 그대로 쓰이는 사례들이 나타난다. 이는 양측적 계보관념에 따라 성별로 계보를 한정하지 않은 당시의 고유어 친족용어들을 우리말이 아닌 한문으로 기록할 때 불가피하게 나타나는 현상이었던 것으로 보인다.

고려의 친속이 이처럼 양측적 계보에 입각하여 철저히「나」를 기준으로 성립됨으로써 중국의 친속과 현저히 달랐던 것은 정치·사회적 제반 중국제도가 고려에 도입되면서 철저히 재구성되는 것에서도 잘 나타난다. 당시에「나」를 기준으로 성립되는 친속관계의 작용상태를 실례를 통해서 보면, 한자식 친족 호칭을 사용한 제도에서도 중국과 달리 성별로 한정하지 않는 계보에 촌수의 원리가 적용되고 있는 것을 볼 수 있다. 예로써 우선《고려사》의 凡蔭敍條에서 보면 전·현직 고관인「나」를 중심으로「나」에 의해 음서를 받게 되는 承蔭親屬들이 열거되고 있다. 이 승음친속관계를 기초로「나」에게 음서를 받게 해 줄 수 있는 托蔭친속을 파악해 볼 수도 있는데, 이들 두 범위를 나타내 보면 다음의 〈그림 5〉와 같다.

범음서조의 자료들에서 성별로 한정하지 않는 계보에 촌수의 원리가 작용하는 면은, 우선 가장 일차적인 음서의 대상이 子(直子)였다는 사실에서 잘 나타난다. 여기서의 음서 대상은—친족호칭으로서의 1촌, 2촌 등의 표현은 쓰지 않으나—촌수의 계산에서 1촌간에 해당하는 子를 최우선으로 출발하여 확대될 경우 대체적인 경향은 2촌간에 해당하는 內孫과 外孫, 3촌간인 질과 甥의 순으로 확대되고 있었다.[98]

단 친족관계를 성립시키는 계보관계가 성별로 한정되지 않는 양측적인 것이었다는 사실과 그 사회의 성별 사회적 역할의 문제가 혼동되어서는 안된다.

---

98) 위의 범음서조에서 弟는 현종 5년 敎에서만 포함되었고, 그 후의 자료들에서는 나타나지 않는다. 壻와 收養子도 들어가 있었으나 이들은 촌수로 나타낼 대상은 아니다. 또한 양자제는 고려에서는 실제로는 극히 적게 행해진 것이어서 敎令이나 判文에 수양자가 음서의 대상으로 들어가 있다 해도 그 실제성은 적다.

〈그림 5〉 고려 전·현직 고관 托蔭·承蔭 친속의 범위

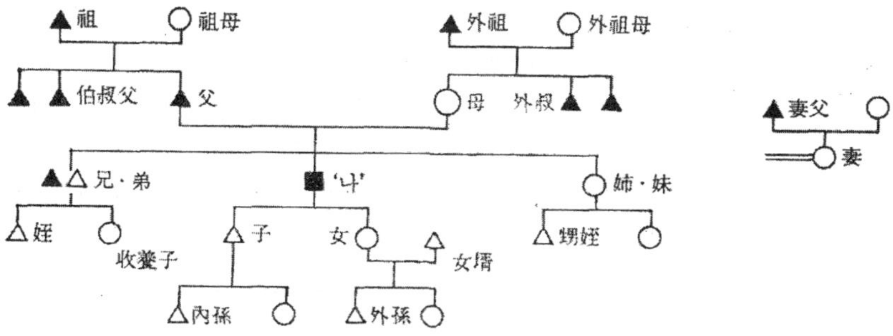

* ▲ ; 托蔭親屬 △ ; 承蔭親屬

자와 여는 자녀 균분상속제에 의해 재산상속에서는 대등하게 일차적인 상속자가 되는「나」의 가장 가까운 친속이지만, 女는 관직을 가질 수 없으므로 음서의 대상에는 해당되지 않는다. 그것은 그 다음의 2촌간에 해당하는 계보에서도 마찬가지로 내외손녀는 해당되지 않았지만 내·외손이 함께 들어가 있다. 妹가 해당되지 않고 弟가 들어간 경우도 그렇다. 3촌간에서도 내외의 친속들을 아우르는 범위가 되며, 단지 음서 대상이 아닌 여성들만이 빠진다. 여기서 여성이 관직의 대상이 아니라는 당시의 성별 사회적 역할을 고려하면, 계보관계는 성별이 한정되지 않았음이 잘 나타나며, 또한 동시에 촌수의 원리가 작용하는 면도 잘 드러난다.

그러한 촌수의 원리가 작용하는 면은 위와 같은 3촌 이내의 범위보다 확대된 경우에도 나타난다.《고려사》의 凡敍功臣子孫條와 凡敍祖宗苗裔條의 보다 확대된 범위의 음서가 그 예이다. 이에서도 계보를 성별로 한정하지 않는 내외의 후손들을 음서의 대상으로 하되, 가까운 후손을 우선으로 하고 음서범위가 확대될 경우 보다 먼 후손에까지 음서가 시행되었다. 앞에서 본 고종 40년(1253) 공신자손음서에서도 代代配享功臣, 三韓後壁上功臣, 祖代六功臣과 삼한공신의 세 등급으로 나누어 그 음서대상 내외자손들을 한 세대씩 확대시키고 있다. 음서제도의 바탕에 존재하는「나」를 기준으로「나」와의 친족관계상의 친소의 등급이 정해지는 촌수제도의 원리는 친속으로서의 양태를 잘 보여

준다.

「나」를 기준으로 성립되는 친속으로서의 친족관계는 다른 여러 제도들에서도 나타난다. 인종 12년(1134)의 사심관제도에서는[99] 그 임명 연고지가 관직의 고하에 따라 보다 다양한 계보의 확대된 연고지를 대상으로 사심관을 맡도록 하되, 그 확대는 사심관인 「나」를 기준으로 가장 가까운 친속관계를 1차적 대상으로 하고 점차 다음 등급의 가까운 친속관계로 확대되고 있다. 즉 선택의 범위가 가장 적은 參外員에서는 내·외향 중 1향을, 4품 이하 참상 이상은 내·외향·祖妻鄕 중 1향을, 상장군 이하 3품 이상은 내·외향·조처향·증조처향 중 2향을, 재추는 내·외향·조처향·증조처향·처향 중 3향을 선정하여 사심관을 맡도록 하였다.

이 사심관제도에서는 「나」에게 가장 가까운 내향(부의 향)과 외향(모의 향)이 일차적인 연고지로 열거되고, 그 다음은 조처향(조모의 향), 증조처향(증조모의 향), 처향의 순으로 가까운 연고지가 열거되었다. 이러한 내·외향 등의 향은 부모와 자식 사이에서도 달라질 수 있는 것으로서 「나」를 기준으로 한 친속으로서의 양태를 잘 보여준다.

무신집권기의 관제운영에서조차 준수되고 있었던 상피제의 경우도 「나」를 기준으로 한 양측적 친속을 대상으로 한 것이다.[100] 고려의 상피제는 당·송의 제도를 참고한 것이었으나, 부계친족에 일방적으로 편중된 중국의 제도로부터 대대적인 변화를 가하여 부변과 모변의 친속에 대등한 범위를 대상으로 하였으며, 또한 처변의 친속도 확대되어 대등한 범위를 가지고 있었다. 이러한 상피제의 대상 친속범위도 각 개인들마다 달라지는 것이어서 역시 「나」를 기준으로 한 친속의 전형적인 것이며, 부변과 모변에 대등한 범위가 되고 있는 것으로 양측적 친속적인 양태를 반영해 준다.

한 가지 더 언급해 둘 것은 사심관제나 상피제에서도 보이는 고려시대의 처족과의 관계이다. 음서제·전정연립·공음전 상속에서도 壻가 들어가 있는데, 처족과의 관계도 부변과 모변의 친속에 버금가는 중요한 의미를 가졌다. 자녀균분상속제나 딸에 의한 노부모봉양에서 볼 수 있듯이 딸이 아들과 대등한 친

---

99) 《高麗史》 권 75, 志 29, 選擧 3, 事審官.

100) 盧明鎬, 앞의 글(1981).
金東洙, 〈高麗時代의 相避制〉(《歷史學報》 102, 1984).

속으로서의 비중을 가졌던 만큼, 姻親으로서의 壻와 처족 사이는 긴밀했던 것이다.

(4) 양측적 친속의 특성과 기능상태

고려시대의 친족제도와 관련된 법제 중에는 중국 당·송의 법제를 참고한 것들이 많다. 그러나 당·송의 친족제도와 고려의 친족제도는 근본적으로 큰 차이를 가지고 있었고, 그런 까닭에 중국의 친족제도와 관련된 법제가 고려에 들어올 때는 근본적인 큰 변개가 가해지는 것이 일반적이었다.

「나」를 기준으로 성립되는 친속(kindred)은 그에 포함되는 계보관계에 따라 크게 두 가지로 나뉘어진다. 그 하나는 계보가 성별로 한정되거나 크게 편중되는 單系的 친속(unilineal kindred) 또는 비대칭적 친속(skewed kindred)이라 하는 것으로 중국 당·송의 제도에서 나타나는 친속은 이에 해당한다. 중국의 친속은 부계친족들에 일방적으로 편중되어 있었는데, 이는 당·송의 친속이 당시에 중국에서 강력한 기능을 하고 있었던 조상을 기준으로 성립되는 친족집단인 부계의 리니지나 씨족의 영향을 받은 결과로 보인다.

친속의 또 다른 형태는 그 계보가 성별로 한정되지 않는 양측적 친속(bilateral kindred)으로 부변과 모변에 대등한 친속범위들을 갖는 고려의 경우는 이에 해당한다. 특히 고려시대에는 조상을 기준으로 한 친족조직인 씨족이나 리니지가 존재하지 않았던 까닭에 친속의 기능은 친족관계의 전반에 걸치고 있었다.

당·송과 고려의 친족제도가 이처럼 크게 달랐던 까닭에 중국의 제도들이 고려에 도입될 때 그대로 고려사회에 부합되기 어려운 것은 당연한 결과였다. 그런 까닭에 중국의 제도가 고려에 도입될 때 그 제도를 구성하는 원리들 중의 일부만을 수용하거나 제도를 개편하여 사용하는 것이 불가피했으니, 그 시행 상태는 대체로 세 가지 형태로 나타나고 있다.

그 한 가지는 성씨(姓貫)제도에서처럼 부분적인 원리만을 수용하여 그 원리를 대체로 유지한 경우이다. 고려의 성씨제도는 그와 결합되어 있는 종법제적 친족원리는 받아들이지 않고 부계적인 출신 계보의 선대를 표시하는 원리만을 수용한 경우로, 그 부계적인 원리는 대체로 유지되었다. 고려시대에 공식적으로 출신 혈연관계를 표시하고 확인하는 방법인 8조호구식·4조호구식·성씨 등이 존재하는 속에서 성씨는 대략의 출신 계보를 가장 간략하게 나타내고 파악하는 수단이 되고 있었다. 그러나 혈연적 계보관념만큼은 중국과 근본적으로 달라서 당시에 「~씨의 族」·「~씨의 宗」으로 지칭되는 것이 같은 성씨의 부계친족만이 아니라, 성별로 한정되지 않는 모든 다양한 계보의 타성외손들까지를 포괄하는 것이었다. 이러한 계보관념과 성씨의 부계적 전승원리 사이의 괴리 때문에 성씨의 부계전승에 적지 않은 예외들이 나타나기도 하였다. 이 극히 간략하고 단순한 성씨의 전승원리는 그만큼 변형시키기도 어려웠던 것으로 보인다. 그 때문에 그 부계적인 원칙이 변경되지는 않았으나, 그 대신 때때로 양측적 계보관계에 따른 성씨제도의 예외적인 시행이 정부차원이나 개인적 차원 모두에서 여러 가지로 나타났던 것이다.

둘째로는 유교적 예법과 관련된 중국의 제도로서, 이 제도는 고려의 양측적 친속관계에 맞추어 일부 중요한 변형이 되기도 했지만 예제적인 중국식 제도의 골격을 근본적으로 바꾸지는 못하였다. 그 좋은 예가 특히 당제를 크게 참고한 五服親制이다. 중국에서도 오복친은 「나」를 기준으로 한 친속이었으나 그 구성은 종법적 친족제도가 존재하는 속에 부계에 일방적으로 편중되었다. 고려의 오복친제는 외조부의 正服을 親祖父母의 정복과 같은 등급으로 하는 등 외족복의 등급을 크게 높이고, 역대 중국의 제도에서는 有服親에 들어간 적이 없는 堂舅와 堂姨를 유복친에 넣는 등 외족 유복친 범위까지 확장시켰지만, 전체의 테두리는 당의 유복친 및 袒免親[단문친]의 범위에서 벗어난 것이 아니었다.

셋째는 예법과는 달리 사회생활에 실질적 중요성을 갖는 제도로서, 이러한 경우는 고려의 양측적 친속관계에 맞추어 중국의 제도로부터 근본적으로 개편된 제도를 만들었다. 상피제의 경우 송제를 본보기로 성립되었으나, 송제에서 오복친이 근간이 되었던 것과는 달리, 고려에서는 本族은 大功親 이내로 크게 축소시키고 外族은 그와 반대로 無服親까지 확대시켜 대등한 범위로 만들었다. 또한 처족도 처의 대공친 범위까지 대폭 확대시켜 대등한 범위로 설정되었다. 상피제는 情實에 의한 관제 운영상의 비리 등을 방지하기 위한 것이었던 만큼, 오복제와 대조되는 좋은 보기라 할 것이다.

음서제의 경우도 송의 법제에서는 부계적인 친족인 본족 유복친을 중심으로 시행되었다. 고려에서 승음친속 범위는 가까운 친속으로부터 광범한 내외후손에 이르기까지 다양한 범위들이 나타나지만 모두 양측적 친속이 토대가 되었다.[101]

금혼범위도 당·송의 법제에서는 동성혼 특히 同姓有服親婚이 엄금되고 외족의 경우 4촌간의 혼인도 법으로 금지되지 않았던 반면, 고려에서는 동성유복친혼도 문제되지 않는 속에 내외의 친속과 대등하게 근친을 대상으로 혼인이 금지되었고, 양측적 친속을 대상으로 하는 그러한 금혼 범위는 후대로 올수록 점차 6촌·8촌 범위까지 확대되었다.[102]

중국식 제도의 수용을 그 구체적인 내용을 고려하지 않고 곧 중국식 친족제도의 수용 또는 그의 성립과 연결시켜 이해하는 것은 위험한 판단이다. 중국의 법제를 수용하는 데 나타나는 앞에서 언급한 바와 같은 제반 현상들은 고려사회의 친족제도에 맞추기 위한 불가피한 조정들이었다.

고려의 친족제도는 법제의 비교에서도 나타나는 바처럼 그 구성이 중국의 친족제도와 근본적으로 달랐으니, 그러한 고려 친족제도의 구성상의 특징은 부계만이 아닌 부변·모변의 모든 계보를 포괄하는 계보에서 우선 중요한 특성을 가졌다. 즉 그것은 부계나 모계만으로 구성되는 단계적 혈족구성과도 판이하게 다른 것이고, 부모의 혈족의 어느 한쪽에 선택적으로 구성되는 선계적(ambilineal) 혈족구성과도 다른 것이다. 또한 이는 계보상에 남녀가 혼재되어 있는 계보(〈그림 2〉에서 보면 ①~⑮)의 혈족관계와 같은 모든 계보(〈그림 2〉의 ①~⑯)가 포함됨으로써, 부계(〈그림 2〉의 ①)만의 혈족과 모계(〈그림 2〉의 ⑯)만의 혈족, 두 가지에 개인이 동시에 귀속되는 二重出系(double descent)의 친족조직과도 다른 것이다. 이러한 이중출계와 양측적 친속의 차이를 나타내면 〈그림 6〉과 같다. 따라서 고려시대의 친족제도에서 본족과 외족을 아버지쪽·어머니쪽 각각의 부계친족집단으로 이해하는 것은 〈그림 2〉에서 본다면 본족의 경우 ①의 계보, 외족의 경우 ⑨와 같은 계보범위에만 한정하여 이해하는 것이 되고, 나머지 계보의 친속들과의 관계를 누락시키는

101) 盧明鎬, 앞의 글(1983).
102) 盧明鎬, 앞의 글(1981).

것이 된다.

단 〈그림 1〉에 나타낸 8조호구식에서 ①의 부계만의 계보가 다른 ②~⑩의 세계추심보다 1~2세대 많은 것과, 〈그림 3〉에서 내손들(〈그림 3〉의 ①)이 외손들(〈그림 3〉의 ②~63)보다 한 세대 더 큰 범위까지 음직수혜의 대상이 되고, 〈그림 3〉의 64가 ②~63보다 계보상에 개재되는 여가 1명 더 많아 제외되는 것과 같이 남에서 남으로 이어지는 계보에 약간의 혈연적 계보가 나타나는 것도 사실이다. 그러나 이러한 약간의 혈연적 강조의 편중은 양측적 친속형태의 혈연관계에서 흔히 있는 일로 알려지고 있다.

고려시대 친족제도인 양측적 친속의 또 다른 특성은 지속적인 단위집단으로서의 기능을 갖기 어렵고, 씨족이나 리니지처럼 집단의 성인으로서가 아니라 개별적인 친속과 개인 대 개인의 관계로 작용하게 되어 있다는 점이다. 양측적 친속의 그러한 특성은 친속범위들의 심한 중첩성, 친속간에도 서로 다른 친속범위, 개인별로 규정되는 친속관계에 의한 것이었다.

친속범위들의 중첩성이란 「나」의 친속범위들이 또한 동시에 다른 다수의 개인들을 「나」로 하는 친속들과 중복된다는 사실이다. 이것은 씨족이나 리니지 등과 달리 양측적 친속이 그 자체만으로서는 단위집단으로 지속적인 기능을 갖기 어렵게 만드는 중요한 요인이었다.

이를 앞에서 본 계보에서 살펴보면, 〈그림 3〉에는 하나의 조상에서 비롯된 남과 여 모두를 통한 후예들을 포함하고 있는데, 이러한 계보범위는 스톡(stock)이라 불린다. 양측적 친속에서 「나」는 이러한 스톡형태의 계보범위들에 중첩적으로 들어가게 된다. 예를 들면, 앞에서 본 「~씨의 족」 등으로 지칭된 계보기록이 그러한 스톡형태의 계보범위였음을 언급하였는데, 〈해주오씨족도〉·《안동권씨성화보》·《문화유씨가정보》 등에는 한 개인이 셋 중의 둘 이상에 중복해 기록되고 있는 경우들이 다수 나타난다. 이것은 제한된 계보기록만을 대상으로 한 것이지만, 이러한 계보기록과는 별도로 그러한 계보의식이 존재하는 속에서 한 개인은 자신의 선대와 관련된 여러 스톡형태의 계보범위에 속하게 되는 것이다. 그것을 도형화한 것에서 살펴보면, 〈그림 6〉의 ②는 4세대 범위에서 「나」를 포함하고 있는 스톡범위들을 (1)~(8)의 「∧」표로 나타낸 것이다. 여기에는 친속범위들 중 「나」로부터 소급되는 직계의 인물

〈그림 6〉 이중출계와 양측적 친속의 차이

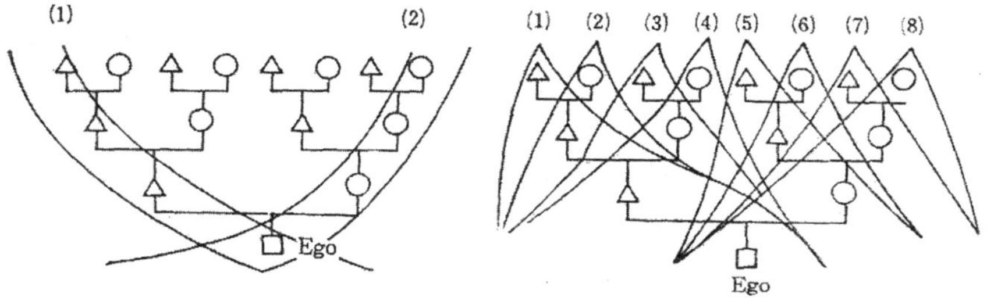

① 二重出系 ② 兩側的 親屬

들만을 표시해 놓은 것으로 실은 이들 계보상의 인물들 모두로부터의 남과 여 모두를 통한 후예들의 표시를 생략한 것이다. 물론 이러한 범위는 나와의 촌수가 멀어질수록 나와의 관계도 줄어들어 특별한 경우가 아니면 친속 관계가 잘 드러나지 안는 친속들에까지 이르게 된다.

이러한 중첩성 때문에 「~씨의 족」 등으로 지칭된 스톡형태의 범위는 그 성원들만의 독자적인 단위집단으로서의 성격을 가질 수 없었던 것이다. 이는 조선 후기에 발달한 문중조직이 그 전대에는 외족으로 관계를 갖던 계보들의 다른 성씨들을 배제시키며 동성동본만의 부계적인 집단을 형성하고 기능한 것과는 근본적으로 다른 양태이다. 스톡범위의 중첩성을 개인 차원에서 보면, 「나」는 동시에 「~씨의 족」으로 지칭되는 여러 스톡범위들에 속하여, 어떠한 특정 범위만에 속하는 것이 아니었다. 이러한 개인들로 구성된 스톡범위들이 독자적인 단위집단을 이루어 기능할 수는 없는 것이었다. 고려시대에는 문중 조직과 같은 것이 없었음은 물론, 時祭(時享)와 같은 공동의 조상에 대한 친족 집단 단위의 정기적 제사도 없었고, 선산과 같은 친족집단 공동의 묘역도 없었다.103)

이러한 스톡범위의 중첩되는 혈연관계는 부모가 같은 형제간이 아니면 개인마다 달라지게 된다. 2세대를 소급하는 범위에 한하여 4촌간에서 그것을 살펴보면 다음의 〈그림 7〉과 같다. 여기서 보면 A는 스톡 1·2, B는 스톡

103) 崔在錫, 〈高麗時代의 喪·祭〉(《鄭在覺古稀記念東洋學論叢》, 고려원, 1984). 金龍善, 〈高麗 支配層의 埋葬地에 대한 고찰〉(《東亞硏究》 17, 1989).

2·3에 포함되어 각각 포함되는 스톡들이 반만 같고 반은 다르게 된다. 이를 다시 6촌형제 간에서 보면 1/4만이 같고 3/4은 다르게 된다. 또한 사료 A 등에서도 처족의 비중을 볼 수 있으니, 率壻婚이나 女壻相續 등 당시의 사위와 처족과의 강한 혈연적 유대는 형제간에도 각기 다른 혈연관계망을 갖게 하였다. 이처럼 각 개인마다 서로 다른 친족관계망을 갖는 것은 원초적으로 앞에서 살펴본 「나」를 기준으로 한 개인 대 개인의 친족관계라는 구조에서 비롯된 것이고, 이는 양측적 계보관계에 의해 더욱 현저해지는 것이었다.

이렇게 양측적 친속은 그 범위가 중첩되고 친속간에도 서로 다른 친속범위를 갖기 때문에 친족집단으로서가 아니라 개인 대 개인의 관계로 작용하였다. 그러한 양측적 친속의 작용 형태는 「촌수」 제도에서도 잘 나타난다.

〈그림 7〉 개인별 친속범위의 차이

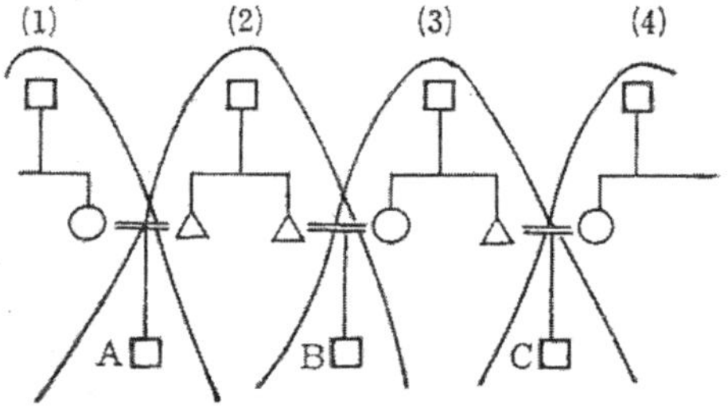

촌수제도로 나타낼 수 있는 계보상의 원근에 따른 친소정도의 차이는 친속 관계의 실제 작용에서 중요한 의미를 갖는다. 한 개인의 친속들이라도 친소 정도의 차이에 따라 「나」와 그들 각각의 친속으로서의 유대가 각기 달랐고, 나와 그들 친속들과의 친속 관계가 사회생활에 작용하는 빈도도 달랐다고 할 수 있다. 앞에서 본 사심관제에서 연고지의 대상이 되고 있는 각 친속들과의 관계는 그 좋은 보기의 하나이다. 고려시대에 음직이 일차적으로 근친들에게 수여되고 점차 원친에까지 확대되는 것도 친소관계의 차이에 따라 각 친속들과의 유대정도의 차이나 그들 각각과의 관계가 「나」의 사회생활에 작용하는 빈도의 차이를 보여준다.

촌수로 표시되는 것처럼 「나」를 기준으로 파악되는 계보상의 원근에 의거한 양측적 친속의 친소의 등급별 범위는 각 개인을 중심으로 하여 동심원 형태로 구별되어 존재하고 있었다고 할 수 있다. 따라서 甲이라는 인물을 중심으로 그려진 원의 안에 있는 다른 각 개인들(갑의 친속들)에게는 각자마다 그를 중심으로 설정되는 또 다른 동심원들(갑의 친속인 乙, 丙, 丁 등 각 개인의 친속범위들)이 존재한다는 것이다. 그러한 원들은 서로 일부가 겹쳐지며 계속 연결되어

나가는 양상을 이루게 된다. 이는 개인이 포함되는 스톡범위들이 여럿이 중복되며, 근친간에도 각 개인마다 그렇게 중첩되는 스톡범위들이 다른 데서 오는 현상이다.

개인별로 서로 다른 양측적 친속범위들을 가졌기 때문에, 그리고 한 개인의 친속들이라 해도 그 개인「나」에 대한 친소의 정도가「나」를 기준으로 한 계보관계의 원근에 따라 다르기 때문에, 양측적 친속은 하나의 단위 집단으로 기능을 하기가 어려웠고 자연히 개인간의 개별적 관계로 작용하였다. 간혹 한 개인의 일로 그의 양측적 친속들이 결집된 집단적 행동을 하는 수도 있지만, 그 결속은 지속적인 것이 아니라 결속의 계기가 된 상황이 종료되면 해체되기 마련이었다. 또한 지속성만이 문제가 아니라 그 결속의 기본 구조나 토대도 리니지나 씨족 등과는 달랐다. 비록 표면적으로는 집단적 행동이라는 점에서 유사하게 보일지라도, 리니지나 씨족에서의 집단행동은 동일집단 성원으로서의 관계를 토대로 한 것임에 비해,「나」의 친속들 사이에는 서로 친척 관계가 없을 수도 있는 것이니 모두「나」와의 개인적 유대관계를 토대로 한 것이었다. 양측적 친속관계가 주로 개인간의 개별적 관계로 작용되지만,「나」의 일로 집단적 결속을 하더라도 지속성을 갖기 어려웠던 것은 그러한 구조적 특성에서 비롯되는 것이었다.

나말여초 이후에는 그처럼「나」를 기준으로 성립되어 개인간의 개별적 관계로 작용하는 친족관계인 양측적 친속이 발달해 있었던 반면, 조상을 기준으로 성립되는 집단적인 친족관계인 씨족이나 리니지같은 친족집단들이 분해·소멸되고 있었기 때문에,[104] 나말의 각 개인들은 친족집단의 배타성과 폐쇄성의 제약에서 벗어나 보다 자유로운 개인적 활동을 할 수가 있었다.

예컨대 그러한 친족제도와 관련된 사회적 상황은 정치세력의 결집 양태에서도 잘 나타난다. 고구려의 桂婁部 왕족과 絶奴部 왕비족의 결속이나 신라의 김씨왕족과 박씨왕비족의 결속 등에서 보듯이 앞 시대에서는 단일 친족집단이나 그 몇몇의 제휴로 정치세력이 결성되고 있었고, 이러한 친족단위의 집단적 행동에서 벗어난 개인들의 개별적 행동은 극히 제한되었던 것으로 보인다. 고려시대에도 정치세력의 구성에 本族·外族·妻族 등으로 지칭되기도 한 친속

104) 盧明鎬, 앞의 글(1988a).

관계가 중요한 작용을 하고 있었으니, 단순하게 생각하면 古代의 현상과 다를 바가 없다. 그러나 고려시대에는 본족·외족·처족이 父의 부계친족집단·母의 부계친족집단·妻의 부계친족집단으로 작용하고 있었던 것이 아니라 각 개인의 부측·모측·처측 친속으로서 개인적인 작용을 하고 있었다는 점에서 우선 근본적인 차이가 있었다.

고려시대의 정치적 세력집단은 종래의 이해처럼 성씨별 부계의 친족집단이 단위가 되고 있었던 것이 아니라, 대개 한 명 또는 소수의 유력자를 중심으로 유력자와의 개인적 관계에 의해 결성되고 있었다. 각 개인은 친속관계가 없는 자와 이해관계나 입장의 합치만으로 결속될 수도 있었고, 양측적 친속들도 친속관계 그 자체만으로 정치세력을 구성한 것이 아니라 그들 중에서 개인적으로 입장이나 이해관계가 합치된 자들만이 동일세력으로 결속되고 있었던 것이다. 《고려사》 등의 기록에서는 후자를 「族黨」(때로는 「親黨」)이라 하고, 전자를 「黨與」라 함으로써, 한 정치세력의 구성부분을 두 부류로 구분하여 서술한 경우가 많다.105)

「당여」로 지칭되고 있는 인물들은 유력자와의 친속적인 유대관계가 없이 이해관계나 입장의 합치에 의해 개별적으로 유력자를 추종하거나 그와 결탁하고 있었던 자들이다. 여대에 결집된 정치세력의 구성부분으로 일반화된 「당여」적인 존재는 유력자와의 개별적인 입장이나 이해관계의 합치에 의해 행동하고 있는 것이다. 이는 친족집단별 사회편제가 해체된 단계에서의 현상을 보여주는 것으로, 성씨별 부계의 친족집단이 나말 이래의 호족세력이나 여대의 정치적 세력들에 토대가 되었다고 보는 기존 이해에서는 그 의미를 제대로 파악하기 어려운 현상이다.

정치세력 일파를 구성한 자들 중에서 「당여」들에 비해 「족당」으로 지칭되고 있는 부류들은 정치세력 일파의 핵심적인 위치를 이루고 있었던 부류들이다. 이들은 중심적 인물의 본족·외족·인족 등 양측적 친속관계의 다양한 계보들에 대등하게 분포되어 있고, 그 중에서 촌수가 가까운 쪽에 밀집되어 있었

---

105) 고려시대의 정치세력의 결집에 친속관계가 작용한 양태에 대해서는 盧明鎬, 〈李資謙一派와 韓安仁一派의 族黨勢力-高麗 中期 親屬들의 政治勢力化 樣態-〉(《韓國史論》 17, 서울大 國史學科, 1987) 참고.

다. 그러나 가까운 근친일수록 동일 족당세력으로 결집되는 경향이 컸지만, 근친이라도 반드시 동일세력으로 결집되는 것은 아니었으니, 3촌 내지 4촌간은 물론 형제간에도 동일세력을 이루지 않을 수도 있었다. 양측적 친속들 중에 서 족당세력으로 결집된 자들은 이해관계나 입장이 합치된 자들이었다.

당시 양측적 친속관계는 그 자체만으로도 여러 가지 작용을 하고 있었지만, 그것은 기본적으로 친속으로서의 개인적 유대관계였다. 이러한 개인적 유대로 작용하는 양측적 친속은 집단적 구속력이 없었기 때문에, 이해관계나 입장의 합치라는 부가적인 요인에 의해서만 족당세력이 결집될 수 있었다. 이렇게 결성된 족당세력은 집단적인 작용을 하는 것이었지만 그 토대는 어디까지나 개인적인 관계에 의한 것이었다. 각자는 그의 양측적 친속들 중에서 개인적인 이해관계나 입장이 합치되는 자와 결속될 수도 있었고, 또한 입장이나 이해관계가 달라지면 그 결속에서 이탈할 수도 있었던 것이다.

이상으로 고려시대의 친족조직이 양측적 친속의 형태였음을 살펴보았다. 그것은 종래에 고려시대의 친족조직으로 간주되던 부계친족집단과는 여러 가지 면에서 근본적인 차이를 갖는 것이었다. 후자가 남성으로만 연결되는 부계적인 계보만으로 성립됨에 비해, 전자는 남성과 여성이 다양한 형태로 개재되는 모든 계보들을 포괄하였다. 또한 후자가 조상을 기준으로 성립되고 집단으로 기능함에 비해, 전자는 「나」를 기준으로 성립되어 친속 개인간의 개인적인 관계로 기능하였다.

단 고려시대의 법제를 보여주는 자료들 중에서 앞에서 본 바와 같은 전형적인 양측적 친속과는 다른 면을 보여주는 것들도 일부 나타나고 있다. 그것은 중국 당·송의 제도 내지는 유교적 禮制의 영향을 받은 것 중에서 일부 실제의 사회생활과 관련이 적은 경우들에 국한되어 나타난다.

고려시대 친속제도의 기능 양태와 관련하여 한 가지 더 언급해 둘 것은 앞에서 본 바와 같은 양측적 친속조직이 계급내혼과 결합되어 사회 속에서의 친족관계망을 이루고 기능하고 있었다는 점이다. 왕경의 지배층으로부터 향촌사회의 주민에 이르기까지 고려사회에는 계급내혼적 단위들이 중층적으로 존재하고 있었다. 그러한 계급내혼적 단위는 고려시대의 전·중·후기 별로 특징을 가지며 점차 변하였지만, 계급내혼적 계층들 사이에는 서로 친족관계망의 분리가 이루어지는 경향이 있었다. 이러한 사실은 고려사회의 편성에 기초적인 요소로서도 작용하였으며, 당시의 많은 사회 현상들의 토대가 되고 있었다.

4) 향촌사회의 친족관계망

(1) 생활권과 친족관계망

고려시대 향촌사회와 친족관계망에 대해서는 호적대장 등과 같은 전반적 양상을 전해주는 자료들이 없어 이해에 어려움이 있다. 그러한 가운데 고려시대에 들어와 성립한 각 지방을 본관으로 하는 성씨인 토성과 관련하여 부계친족 집단으로서의 성씨집단이 향촌사회의 구성에 기본단위가 되는 것으로 보는 이해가 제기되었다.[106] 그러한 이해는 구체적인 증거에 의해 도출된 결론이라기보다는 조선 후기의 동족촌의 양상을 소급시켜 연결시킨 것이었으며, 그에 따라 고려시대의 향촌사회도 동족촌의 형태로 파악하였다.

고려시대의 동족촌에 대해서는 현종대의 若木郡 지역의 〈淨兜寺五層石塔造成形止記〉(이하 〈形止記〉로 약함) 자료를 통해서 추구되어, 약목군이 토성의 성씨집단들로 구성되어 있었다는 연구가 제기되기도 하였다.[107]

이 〈형지기〉의 연구에서는 표기된 인명의 앞 글자가 姓字일 가능성에 대해, 〈형지기〉에서 나타나는 빈도와 후대에 성자로 알려진 것인지의 여부를 기준으로 하여, 개연성이 높은 것으로 李·金, 개연성이 있는 것으로 成·柳·文·元·廉·洪, 그리고 이상의 8가지 이외는 개연성이 없는 것으로 구분하기도 하였다. 그러나 최종적으로는 지리지에 기록된 약목현의 토성들이 성씨집단을 이루었을 것이라는 가정에 의거함으로써 그 결론은 〈형지기〉의 기록상황과는 상당한 거리가 있는 것이 되고 말았다. 즉 《世宗實錄地理志》에는 약목현의 토성으로 李·柳·韓, 그리고 촌성으로 金이 기록된 것에 의거하여 당시 약목군이 이들 성씨의 동족촌적인 집단들로 이루어져 있었다고 결론지었다.

---

106) 旗田巍, 앞의 글(1960).
武田幸男, 앞의 글(1962).
姜晋哲, 앞의 글(1975).

107) 武田幸男, 위의 글.

이러한 주장이 〈형지기〉의 기록을 통해 근거를 가지려면, 적어도 앞의 이씨·유씨·한씨 및 김씨가 〈형지기〉에 열거된 인명 중에서 다수임을 입증하여야 할 것이다. 그러나 이들 토성은 〈형지기〉의 성씨일 가능성을 갖는 세 부류들과도 잘 부합되지 않으며, 전체 71명의 인명 중에서 약목군 성인 李가 4명, 柳가 1명, 韓은 없고, 촌성인 金이 6명에 불과하다. 그리고 토성 '韓'에 맞추기 위해 〈형지기〉의 '漢'이 후에 '韓'으로 쓰게 되었을 것이라고도 하였는데, 그렇다 해도 '漢'은 1명에 불과하다.[108]

이는 토성에 해당하는 성씨를 갖는 자들이 그 지역에 살고 있었음을 반영해 주는 것일 수는 있지만, 그 성씨를 갖는 자들이 주민의 주류를 이루고 동족촌과 같은 집단을 이루었다는 증거는 될 수 없다. 또한 만일 인명의 앞 글자들이 위와 같이 토성을 갖는 자들의 존재에 대한 증거가 될 수 있다면, 그것은 토성 이외의 다른 성씨의 존재에 대해서도 동일한 의미를 가질 가능성을 배제할 수 없다. 실제로 고려 초에도 그 지역 토성이 아닌 성씨를 갖는 인물들이 존재하는 사례들이 확인되므로, 그 가능성은 더욱 커진다. 그렇다면 성씨였을 개연성이 있다고 분류한 것 중에 토성 이외의 成·文·元·廉·洪 등도 토성에 해당하는 것들과 마찬가지로 성씨일 가능성이 있다고 하겠다. 다만 원씨의 경우는 주변지역의 토성에서 뿐만 아니라 경상도 지역 전체의 토성에서도 나타나지 않으므로 가능성이 그만큼 적을 수 있다. 그러나 조선시대 지리지들의 성씨조의 기록이 서로 출입이 있는 것으로 보아,[109] 지리지에서 누락 가능성도 완전히 배제할 수는 없겠다. 그리고 〈형지기〉에서 보이는 吉이나 明도 경상도지역의 성씨조에서 나타나는 것으로[110] 이들도 성씨일 가능성이 없다고 속단하기는 어렵다.

---

108) 武田幸男, 위의 글에서 〈形止記〉의 人名 첫 글자에서 '漢'을 '韓'으로 보는 한편, '菓'을 '漢'으로 보아 '韓'성의 사례가 2명 더 추가될 가능성을 논하기도 하였다. 그러나 이는 그 자신도 「妄說」의 범위를 벗어나기 힘든 추측이라 하였다.

109) 金東洙, 〈世宗實錄地理志 姓氏條의 검토〉(《東亞硏究》 6, 1985).

110) 《世宗實錄地理志》에서 보면 '吉'은 南界部曲姓(淸河縣)과 加恩縣姓(聞慶縣), '明'은 청하현 토성에서 나타난다. 다른 성씨들의 경우 '成'은 迎日縣과 鎭海縣의 토성, '文'은 蔚山縣·玄風縣·靈山縣·開寧縣의 토성, '廉'은 安康縣(慶州)토성, '洪'은 豊山縣(安東大都護府)·缶溪(義興縣)·加利(星州牧)·開寧縣 토성에서 나타난다.

이렇게 보면, 〈형지기〉에서 결코 성씨집단·동족촌의 존재가 검출되었다고 볼 수는 없다. 인명을 통한 검토만이 아니라 다른 어떠한 내용에서도 당시 약목군 내부의 친족집단의 기능을 반영해 주는 내용은 발견되지 않는다.

다만 조선시대 지리지에 보이는 약목군 토성 중의 일부가 소수의 인명 중에서 존재했을 가능성은 인정되고, 토성 이외의 다른 성씨들이 소수의 인명 중에서 역시 존재할 가능성도 있어 오히려 토성들과 함께 이성들도 섞여서 사는 상황으로 보인다. 그리고 보다 분명한 것은 〈형지기〉의 대다수 인명은 성씨를 표기하지 않았다는 사실이다. 이는 漢字式 성씨제도가 대다수의 약목군 주민들에게 아직 일반화되지 않았음을 보여주는 것이기도 하다. 그리고 동일 기록에서 성씨를 사용하는 소수의 부류와 사용하지 않은 대다수가 나뉘어지고 있는 것은 그만큼 그들 사이의 이질성을 반영하는 것으로 보아야 할 것이다.

향촌사회의 친족관계망의 구성은 통혼의 지역적 범위 그리고 혼인에 따른 거주지역의 변동을 결정하는 방식이나 이주 등에 의해 결정된다. 그렇다면 호적대장과 같은 향촌사회의 전반적인 친족관계망을 보여주는 자료가 남아 있지 않은 상황에서는 이러한 혼인에 따른 거주지의 결정 방식이나 이주 등의 양태를 통해 친족관계망의 구성을 추정해 보는 것이 가능할 것이다. 그리고 단편적인 사료일지라도 향촌의 친족관계망의 일면을 보여주는 자료를 통해 그렇게 추정된 결과를 확인해 보는 것이 가능할 것이다.

통혼과 이주의 지역적 범위는 당시의 지역적 생활권의 범위 속에서 이루어지는 것이 대부분이었을 것으로 보인다. 그리고 출생과 사망이 거듭되는 것과 함께 진행된 통혼이나 이주는 그 지역 향촌사회의 친족관계망을 형성시키는 요인이었다.

고려시대의 혼인은 앞 절에서 본 바처럼 率壻婚으로서, 결혼 초기의 일정기간을 처가에서 지낸 후 夫家쪽 지역에서 살게 되는 경우도 있었지만, 그에 못지않게 妻家쪽 지역에서 사는 경우들도 있었다. 실제로 처부모와 동거하거나 그의 부양을 책임지는 가족들이 적지 않은 비중으로 나타나고 있다. 이러한 혼인제는 혼례 후 신부가 夫家쪽으로 즉시 들어가는 중국식의 親迎制와는 근본적으로 다른 촌락내의 혈연관계망을 형성시키는 것이다. 더구나 이러한 혼인제가 보다 여러 지역 단위를 포괄하는 통혼권 속에서 빈번히 행해진다고 할 때, 그 결과는 동성촌과 같은 부계적인 촌락내의 혈연관계망과는 근본적으로 다른 양태를 만들게 된다.

고려시대의 통혼의 지역적 범위는 동일 군현의 한 촌락내의 통혼도 있고 동일 군현내에서도 다른 촌락들간에서의 혼인이 많았겠으나, 인근 군현 등과의 지역간의 혼인도 적지 않았던 것으로 보인다. 고려시대의 군현 중에서 1,000정 이상의 규모가 되는 것도 있었지만 20정 이하의 작은 것들도 있었으니[111] 이러한 소규모 군현들은 그 자체만으로서는 지역적 생활권이 되기도 어렵고 폐쇄적인 통혼의 단위가 되기도 어려웠다. 따라서 이러한 소규모 군현에서는 인근 군현 등과의 지역간의 혼인이 필연적이었을 것이다. 그리고 군현간의 혼인이 금지된 것이 아니라면 큰 군현의 주민이 다른 지역주민과 혼인하는 경우도 있었을 것이다.

다른 군·현 주민간 혼인의 실례는 이미 신라 말기의 촌락문서에서도 나타나는데, 沙害漸村의 「他郡中妻」를 따라 이주해 나간 烟의 夫妻는[112] 서로 다른 군현 출신간의 혼인사례이다. 고려시대로 들어와서 각 지방출신 중앙관인의 개경 진출 후 통혼사례를 제외하면, 중앙 중심으로 기록된 자료들에서 지방민간의 통혼사례를 찾을 수는 어렵겠지만, 당시의 자료에서 소수나마 그 실례들을 찾아볼 수 있다. 광종 23년(972)에 29세의 나이로 鄕貢 급제한 柳邦憲의 부모는 고려초의 혼인사례이다. 유방헌의 부는 전주인으로서 檢務 租藏과 大監을 역임한 지방세력이었고, 유방헌의 모는 潭陽郡人이었다.[113] 또 고려 중기의 인물인 李喬의 부모도 본관을 달리한 지방사람간의 혼인사례였다. 黃驪(驪州)가 본관인 이교의 부는 「戶長 軍尹」을 지냈고, 그 모는 慶州가 본관으로 「戶長 中尹」을 지낸 사람의 딸이었다.

공민왕 21년(1372)에 작성된 朴得賢의 准戶口에서는 지방에서의 혼인사례가 여럿 발견된다. 당시 호주의 나이는 81세였으므로 그 출생연대는 충렬왕 17년(1291) 경이다. 호주에서 4세대로 올라가는 「호주의 祖妻의 父의 부모」의

111) 《高麗史》 권 78, 志 32, 食貨 1, 公廨田柴 성종 2년 6월.
이 자료에서의 丁에 대한 해석은 여러 가지가 있으나, 200정 미만의 작은 규모가 다시 여러 등급으로 나누어지고 있는 것은 고려시대에 소규모의 군현들이 많았던 때문으로 보인다.

112) 李基白, 앞의 책(1980), 29쪽.

113) 〈柳邦憲墓誌〉(《朝鮮金石總覽》 上, 1919), 265쪽.

혼인은 상층 향리 집안간의 혼인이었다. 夫妻의 본관은 羽溪와 同村으로 기록되어 있는데, 여기서 「동촌」이 바로 앞에 나오는 우계를 의미한다면 동일 본관 안에서의 혼인이 되고, 호주의 본관과 같은 登州를 의미한다면 다른 본관간의 혼인이 된다. 이 혼인의 시점은 12세기 말부터 13세기 초 무렵이다.

같은 무렵에 「호주의 증조의 父」 毛善은 본관이 密陽인 호장으로서 嵐谷이 본관인 倉正 朴先의 딸과 혼인하였다. 이 경우는 다른 본관과의 혼인이 명확하다. 역시 같은 시기에 「호주의 曾祖妻(증조모)의 父」는 그 선대가 호장·倉正 등 상층 향리출신인 朴奉吉로, 權知戶長인 李仁의 딸과 혼인하였다. 이들 부처의 본관은 모두 「동촌」으로 표기되어 있어 동일 본관간의 혼인이었다.

「호주의 外祖妻의 父의 父」인 沈沖玄은 부호장으로, 兵正인 金呂의 딸과 혼인하였다. 이들 부처의 본관은 각각 三陟과 「동촌」으로 기록되어 있어, 동촌이 지칭하는 바에 따라 동일 본관간의 혼인이 될 수도 있고, 다른 본관간의 혼인이 될 수도 있다.

고려말 우왕 10년(1384)에 작성된 단편적인 豊山柳氏의 계보기록에서도 지방에서의 혼인사례로 호장 柳得公과 부호장 柳實의 딸의 혼인사례가 발견된다. 이들의 본관은 같은 豊山이었다. 공민왕 3년(1391)에 작성된 金得雨의 호구단자에서도 지방에서의 혼인사례를 볼 수 있다. 증조의 부모와 증조모의 부모의 혼인이 그것으로, 이들은 모두 본관이 안동이었고 대대로 호장을 역임하는 층이었다.

이상의 사례는 주로 지방의 상층인 향리층의 혼인사례였지만, 신라촌락문서에서 보이는 사례에서와 같이 일반 평민층의 경우에도 동일 군현내에서의 혼인만이 아니라 인근 군현간에 혼인이 있었다.

> 군현인과 津·驛·部曲人의 交嫁所生은 모두 진·역·부곡에 속하게 하고, 진·역·부곡인과 雜尺의 교가 소생은 반씩 나누되 남는 수는 母 쪽에 따른다(《高麗史》권 84, 志 38, 刑法 1, 戶婚).

부곡 등의 특수구역이 제대로 기능하고 있었던 고려 전기에 만들어진 것으로 보이는 이 규정에서는 특수구역민의 확보를 위해 군현인과의 혼인에 의한 소생을 이들 특수구역민으로 소속시키도록 하고 있다. 이 규정의 주된 적용

대상은 일반 하층 군현인들임이 분명한데, 이러한 규정은 군현인들이 거주 군현 밖에서 배우자를 구하기도 하는 사회적 상황에서 만들어진 것이다. 군현인이 특수구역민과 혼인하는 경우에는 위에서와 같은 불이익이 따르는 것이지만, 일반 인근 군현인과의 혼인에는 그러한 계약도 존재하지 않았다.

고려시대에 이처럼 군현간에 이루어진 혼인은 솔서혼과 결합하여 군현간의 인구 및 호의 이동을 수반하게 된다. 솔서혼에 의해 壻의 처가쪽으로의 이동, 처가에서 살던 호 중에 夫家쪽으로 돌아오는 경우 등이 있게 된다. 그리고 그 소생 자녀들 중에는 李承休의 사례처럼 자녀 균분상속에 의해 외가쪽으로 거주지를 이동하는 호들도 있게 된다.

그런데 고려시대의 생활권 및 이주와 관련하여서는 거주지가 본관지역으로 통제되었다고 보는 이해와 유망 등이 아닌 한 합법적인 이주에 제약이 없었다고 보는 이해가 제기되고 있다. 고려시대의 군현의 규모가 작은 것이 많았음을 감안한다면, 향·소·부곡 등의 특수구역 민이 아닌한 단일 군현단위에 거주가 통제되기는 어려웠을 것으로 보인다. 또한 당시의 혼속인 솔서혼에 의한 인구와 호의 이동을 고려한다면 동일 군현내에 거주가 긴박되어 있다는 것은 더욱 성립되기 어려운 것으로 생각된다. 그렇지만 이주가 가능하다고 해서 원거리 지역으로 이주해 가는 경우는 당시의 교통이나 그에 따른 전통적인 생활권의 제약을 감안하면 비교적 특수한 경우에 한정된다고 보아야 할 것이다. 행정적 단위와 관련해서 본다면 소규모의 군현들이 많은 상황에서 군현 단위보다는 주속현으로 구성되는 몇 개의 인근 군현이나 인근 임내의 향·부곡·소 등을 포함하는 범위가 대체적인 생활권이 되고, 이러한 지역범위 속에서 통혼이나 이주 등이 이루어지는 것이 보통이었을 것으로 보인다.

고려시대 군현의 평균규모가 작고, 100정 이하가 다시 60정·30정·20정을 경계로 세분될 정도로 소규모 군현이 많았음을 고려한다면, 이들 소규모의 개별 지역집단들이 인구 규모의 전체적 변동이나 연령별·성별 인구의 균형을 자체만으로서는 조절하기는 어려웠을 것이다. 이러한 상황에서 인구가 넘는 지역과 부족한 지역간의 부단한 인구이동은 필연적인데, 그러한 이동을 제도화하여 인구상의 문제를 조정하는 대처방식을 가족단위에서 보면 두 가지를 볼 수 있다.

중국과 같은 부계사회에서 흔히 나타나는 養子制도 그러한 대처방식의 한 가지였다. 고려시대의 법제에서도 양자제는 있었으나, 이미 밝혔듯이 실제로는 양자제가 거의 시행되지 않았다. 그런데 양자제가 시행된다 하더라도 아들들만의 부계친족에 의존하는 양자제는 대를 이어가기 어려운 상황에 봉착하기가 쉽다.

고려시대에는 이러한 인구문제를 양자제가 아닌 양측적 친속관계에 의한 거주와 자녀간의 균분상속 등으로 해결할 수 있었다. 솔서혼과 분가 후의 다양한 거주는 딸(사위와 외손)과 아들 모두를 이용함으로써 그러한 인구문제에 대한 극히 유연한 대처를 가능하게 해주는 제도였다. 그리고 고려시대의 그러한 인구이동의 결과는 촌락내의 혈연관계망을 다양한 계보관계로 얽혀지게 하였다.

혼인에 의한 것만이 아니라 때로는 이주와 이주 후의 통혼도 혈연관계망의 변화요인이 되고 있었다. 그 예를 보면, 무인집권 말기의 인물인 林衍의 열전에는 그 父에 대해 "그 아버지는 어떤 사람인지 알려지지 않았으나, 鎭州에 옮겨와 살며 州吏의 딸에게 장가들어 衍을 낳고는 마침내 진주로 貫을 삼았다"[114]고 하였다.

이 임연의 아버지는 진주로 이주해 와 그 곳에서 혼인을 하고, 임연을 출생하기에 이른 것이다. 그런데 여기서 한 가지 더 주목되는 것은 때로 이러한 처가지역에서의 정착이 처가쪽의 본관 등을 따르게 되는 경우도 있었다는 사실이다. 이에 대해서는 임연의 아버지가 「妻貫」을 따라 鎭州(鎭川)林氏가 되었다고 보면서 당시에 同姓同本婚이 일반적이었음을 들어 그 부계도 진천 임씨일 가능성이 크다는 해석도 있고,[115] 임연은 고려 전기의 진천 임씨와 부계로 연결되지 않으며 貫鄕과 함께 성도 鎭川의 모의 것을 따른 것으로 보는 입장도 있다.[116] 여기서 임연의 아버지가 "어떤 사람인지 알려지지 않았다"는 것은 그 성관을 포함한 출신이 알려지지 않았음을 뜻하는 것으로 보이고, 그 아버지대에 진천에 이주해 온 점을 보면, 후자의 해석이 가능성이 높지 않을까 생각

114) 《高麗史》 권 130, 列傳 43, 叛逆 4, 林衍.
115) 李樹健, 앞의 책(1984), 290쪽.
116) 蔡雄錫, 앞의 글(1986).

된다. 적어도 임연의 아버지대에 진천을 본관으로 했다는 사실은 그 전에는 진천이 본관이 아니었음을 뜻하므로, 만일 임연의 가계가 본래 진천 임씨였다면 중간에 다른 어떤 본관으로 바뀌었다가 다시 진천을 본관으로 하게 되었다는 것이 된다. 따라서 임연의 경우는 성관 모두나 또는 적어도 貫을 모쪽으로 따른 사례라 하겠다.

임연의 부와 비슷한 경우로는 金希磾의 선대를 볼 수 있다. 고종대에 활동한 김희제의 열전에는 "金希磾는 본래 群山島 사람이다. 그 선조가 상인을 따라 배편으로 개성에 도래하여 머물러 살며, 마침내 籍으로 삼았다"[117]고 하였다. 김희제의 선대도 군산도에서 개성으로 이주하였는데, 그 후로는 개성을 적으로 하면서 그 곳에서 통혼을 하고 있었던 것이다. 이 경우도 성관 모두, 적어도 貫을 바꾼 경우로서 여기에는 임연의 아버지처럼 외족관계나 인척관계의 연고가 작용했을 것으로 보인다.

한 촌락의 혈연양상이 성별에 의해 계고를 한정하는 등, 어떤 일정한 기준의 사람을 중심으로 결집될 경우, 그 기준에 맞는 사람은 그 촌락에 머물러 두고, 그 기준에 벗어나는 사람은 촌락에서 내보내는 행태로 人의 이동이 진행되게 된다. 예컨대 아들들을 머물게 하고 결혼 등을 계기로 딸들을 다른 곳으로 보내는 형태의 人의 이동이 계속되면, 각 촌락은 부계적인 친족들로써 이루어지게 된다. 반대로 모계적인 혈족들을 머물게 하거나 받아들이고 부계적인 혈족들을 다른 곳으로 보내는 형태의 人의 이동이 계속되면, 각 촌락은 모계적인 혈족들로써 이루어지게 된다. 예컨대 부계 친족집단으로서의 동성촌이 형성되기 위해서는 父處制이자 夫處制인 거주에 의해 남성들은 그 지역에 남고 여성들을 내보내는 한편 혼인을 통해 다른 집단으로부터 여성들을 받아들이는 제도가 성립되어야 한다.

그러나 솔서혼이나 처부모와의 동거 등 처가쪽에서의 거주, 자녀 균분상속 등에 의해 유발되는 다양한 연고지에서의 거주는 그러한 부처제적인 거주와는 근본적인 거리가 있는 것이었다. 양측적 친속관계에 의한 다양한 연고지에서의 거주에 의해서는 촌락내의 친족관계망도 동성촌 형태의 부계친족집단 형태가 아닌 양측적 친속관계 형태를 갖게 된다. 그러한 다양한 연고지에서의

117) 《高麗史》 권 103, 列傳 16, 金希磾.

거주는 같은 군현 안에서 이루어진 혼인이라도 촌락을 달리 하면 촌락의 혈연 관계망을 다양한 계보로 연결시키는 결과를 초래하게 된다.

그것을 성씨와 관련해서 본다면, '一姓一村' 이라는 식의[118] 단일 성씨집단 또는 몇 개의 성씨별 집단들이 촌락을 이루는 것이 아니라, 여러 성씨들이 뒤섞여 있는 상태가 된다. 고려말의 경우 촌락구성이 소가족형태를 갖는 여러 성씨의 집합체였던 사례를 제시한 연구가 있었다.[119] 고려초에도 승려들의 俗籍과 土姓이 일치하지 않는 경우들이 많음은[120] 토성으로 파악된 것 이외에도 다른 성씨들이 섞여 있었음을 보여준다. 본가쪽에서의 거주에 못지 않게 처가쪽에서의 거주가 있었던 상황에서 여러 성씨들이 섞여 촌락을 이루게 되는 것은 당연한 결과였다고 할 것이다.[121]

앞 절에서 고려시대의「~씨의 족」,「~씨의 종」으로 지칭되는 계보관계가 부계적인 계보만이 아니라 성별로 계보를 한정하지 않는 스톡형태의 계보였음을 보면, 촌락사회의 혈연관계망도 성씨별 단위집단이 아니라 스톡형태의 계보관념이 존재하는 속에서 여러 성씨들을 포함한 양측적 친속관계로 얽혀 있는 것임을 예상하게 된다. 居平部曲의 경우 여러 성씨들이 섞여 살고 있는 상태가 확인된 것은 그 한 예가 될 것이다.[122]

그리고 촌락사회의 혈연관계망의 실제를 확인해 볼 수 있게 하는 것으로는 소략하지만 우선 다음과 같은 水州의 한 촌락의 노파와 관련된 자료를 볼 수 있다.

> 왕이 水州 廷谷村에 나이가 104세나 되는 老嫗가 있는데 자손 95명이 모두 요역에 이바지한다는 말을 듣고, 그 할머니에게 곡식 30석을 내려 주었다(《高麗史節要》 권 13, 명종 25년 정월).

---

118) 武田幸男, 앞의 글(1962).
姜晋哲, 앞의 글(1975).

119) 李佑成, 앞의 글(1966).

120) 李樹健, 앞의 책, 121~124쪽.
蔡雄錫, 앞의 글, 367~368쪽.

121) 이러한 거주 상태에 따른 촌락의 혈연관계망이 다양한 계보 관계로 얽히고 여러 성씨들이 섞여 살게 되는 양상을 후대에서 찾아 보면, 17세기 초 산음현의 촌락들의 예를 볼 수 있다(盧明鎬, 앞의 글, 1979).

122) 李佑成, 앞의 글(1966).

위에서는 정곡촌에 사는 104세의 할머니에게 요역 징발대상이 되는 자손이 무려 95명이었음을 말하고 있다. 이 요역 징발대상이 되고 있는 95명은 사망한 자손이 제외되고, 생존자 중에서도 16세 미만의 어린아이들과 60세 이상을 제외하고,[123] 다시 그 중에서도 여성들은 제외된 숫자이다. 따라서 이 95명이 딸이 개재되는 계보들의 후손들을 제외한 부계적인 계보 한 가지만의 후손 중에서 위의 조건에 해당하는 자들이라고 보기에는 너무 많다. 104세라는 노파의 나이로 보아 당시 그 자손은 대체로 5~6세손 이내의 범위까지 존재했을 것으로 추정되는데, 아들과 딸이 다양하게 개재되는 모든 계보들과 5·6 세손 이내라 할지라도 위의 조건에 해당하는 자들이 95명임은 많은 숫자로 생각된다. 이렇게 보면, 그 95명의 자손은 그 노파를 祖先으로 하는 스톡형태 계보범위의 후손들 중에서 요역을 부담한 자들이었다고 하겠다. 즉 위의 자료는 향촌사회의 하층 지방민 속에서도 스톡형태의 계보관념이 존재했음을 보여 주는 실례라고 하겠다.

그런데 스톡형태의 계보관념은 친족관계를 인지하는 범주일 뿐 그 자체가 집단성을 갖는 것은 아니다. 95명의 몇 배에 달했을 것으로 보이는 노파의 전체 후손은 가족적인 생활단위를 이루었을 것으로는 생각되지 않는다. 앞 절에서 가족제도와 관련하여 검토한 黃守의 형제·자매들과 그 자손은 부모의 나이로 보면 3~4세대 범위의 모든 내외 후손범위인데, 그 정도의 범위가 동거하는 경우도 극히 드물었던 것이다. 위에서 파악되고 있는 것도 정곡촌이라는 촌 단위의 파악이라기보다는 노파가 살고 있는 정곡촌을 중심으로 그 주변촌락들에도 살고 있었을 노파의 전체 후손 중 요역대상자를 파악한 것이라고 하겠다.

夫家쪽 또는 妻家쪽에서의 거주나 기타 양측적 친속들과의 연고지에서의 거주가 행해질 때, 촌락내의 친족관계망은 단일 스톡형태의 계보범위로 유지될 수 없게 된다. 촌락내에는 보통 몇 개의 스톡범위－직계의 내외 선대계보가 함께 모아지는 범위－들이 있게 되고, 그 범위들 간에는 서로 일부가 겹쳐지는 경향이 있게 된다.[124] 특히 인근 촌락들로 구성되는 지역생활권 내에서는

123) 《高麗史》 권 79, 志 33, 食貨 2, 戶口.

124) 후대의 상황이지만 스톡형태의 계보가 촌락의 구성에서 나타나는 실례는 盧明鎬, 앞의 글(1979) 참조.

스톡범위들은 더 확대되고 서로 겹쳐지는 정도가 더욱 커지게 된다. 그러한 상태에서 스톡범위가 배타적인 폐쇄성을 갖기는 극히 어렵다.

앞에서 스톡형태의 계보인식이 양측적 친속관계와 결합되어 있었음을 보았는데, 실제의 친족유대는 각 개인을 중심으로 존재하며 촌수에 따른 친소의 차를 갖는 양측적 친속관계로서 작용하고 있었다. 그러한 실체를 다음과 같은 李義旼의 친속과 관련된 사건에서 볼 수 있다.

> 경주 부유수 房應喬를 면직시키고, 郎中 魏敦謙으로 그를 대신케 했다. 처음에 최충헌이 李義旼의 族을 멸함에 경주 별장 崔茂가 州官의 命을 받아 이의민의 족인 思敬 등 여러 사람을 잡아 죄주었다. 이에 思敬의 族 伯瑜·直材 등이 그를 원망하여 방응교에게 참소하여 이르기를 '최무가 반란을 일으키려 한다'고 하였다. 방응교가 그것을 믿고 최무를 잡아 가두니, 백유·직재가 밤에 옥에 들어가 최무를 죽였다. 방응교는 擅殺之罪를 묻지 않고 도리어 최무의 족인 用雄·大義 등을 잡아죽이려 하니, 州人들이 분하고 원통하게 여겼다. 그리하여 용웅·대의는 백유·직재를 죽이고, 용웅도 다시 다른 사람에게 죽임을 당하였다. 이에 이르러 대의 등은 州中의 무뢰배들을 모아 마음대로 횡포를 부리니 방응교가 또한 제어할 수가 없었다. 조정에서 그것을 들은 까닭에 이 命이 있게 된 것이다(《高麗史》 권 21, 世家 21, 신종 3년 12월 정미).

위에서 보면, 이의민의 族인 思敬 등이 崔茂에게 잡혀 처형되자, 사경의 족인 伯瑜·直才 등이 그에 원한을 품고 최무를 죽였다. 그리고 다시 최무의 족인 用雄·大義 등이 백유·직재를 죽이고, 다시 용웅은 백유 등의 편으로 보이는 자에게 살해되는 꼬리를 문 사건이 일어났다.

「이의민의 족」이라 함에서 「족」의 의미는 이의민의 양측적 친속들을 의미하는 것이었다. 《高麗史節要》나 李義旼傳에는 위의 「족」이 본족·외족·인족을 의미하는 것으로 보이는 「3족」이라고도 되어 있다. 당시 다른 무신집권자들의 족당세력들을 보아도 역시 본족·외족·인족으로 된 양측적 친속들이었다.125) 이러한 친속조직은 각자를 중심으로 존재하는 범주이기 때문에 이의민을 중심으로 설정되는 「이의민의 족」에 포함된 사경에게는 「이의민의 족」과는 일부는 겹치나 나머지는 겹치지 않는 각자 나름의 친속 범주가 존재하는 것이

---

125) 무인집권자들의 족당세력에 대해서는 盧明鎬, 〈高麗後期의 族黨勢力〉(《李載龔博士還曆紀念史學論叢》, 1990) 참고.

고「사경의 족」은 바로 사경 나름의 친속 범주를 의미하는 것이다. 그리고 위의 백유·직재 등은「이의민의 족」이 아닌「사경의 족」으로서 이의민에 연루되지는 않았으나 사경이 처형되자 그를 처형한 최무에게 복수하였다. 「최무의 족」도 최무의 친속들을 의미하는 것이다. 이러한 사실은 향촌사회의 친족관계망이 어떤 출계집단별로 나뉘어져 있는 것이 아니라, 다양한 형태의 계보관계들이 뒤얽혀 있는 속에서 양측적 친속관계가 작용하고 있는 면을 보여준다.

한 개인을 중심으로 한 다양한 계보의 친족관계망은 때로는 비교적 큰 범위를 갖게 되는 것이니, 다음의 金州 사람 大文의 사례는 그 한 예이다.

> 金州民인 大文이라는 자는 族黨이 백 명 정도였는데, 李英柱가 세력을 믿고 억눌러 奴로 삼으려 하였다. 都官佐郞 李舜臣은 성품이 아부를 잘하여, 이영주의 뜻에 아부하려고 거짓으로 문서를 꾸며 이들을 賤으로 만들었다. 대문이 王府斷事官 趙仁規에게 호소하니, 조인규가 그 案을 살펴보고 왕에게 이영주의 간사함과 거짓됨을 모두 아뢰었다. 이에 왕이 이순신을 가두고 이영주의 관직을 파직시켰다(《高麗史》 권 123, 列傳 36, 嬖幸 1, 李英柱).

위「大文의 族黨」도 고려에서의「~의 族黨」이라고 하는 일반적 용례에서처럼 본족·외족·인족 등 한 개인의 다양한 계보의 친속들을 지칭하는 것으로 생각된다.[126] 그러한 대문의 족당들은 대체로 金州 일대에 살았을 것으로 생각되는데, 백 명에 가까운 그 수는 한 개인의 친속들이 때로는 비교적 많은 수가 되기도 했음을 보여주는 것이다. 대문은「壓良爲賤」의 대상이 되고 있었으니, 이 자료는 특히 평민층의 사례를 보여주는 자료이기도 하다.

(2) 계급내혼에 의한 구성

향촌사회의 친족관계망이 양측적 친속관계의 다양한 계보관계들로 얽혀져 있었지만, 그 내부는 階級內婚에 의해 계층별로 분리되는 경향이 있었다.

향촌사회의 계층구성에 대해서는 앞으로 더 연구되어야 할 사항으로 시대별 또는 지역별 차이도 있을 것이나, 문종 연간을 기준으로 하면 다음과 같은 향리층에 대한 사료를 볼 수 있다.

> 문종 5년 10월에 判하기를 諸州縣吏들은 ⓐ初職에 後壇史, 2轉에 兵倉史, 3

126) 族黨의 용례에 대해서는 盧明鎬, 앞의 글(1987) 참조.

轉에 州府郡縣史, 4轉에 副兵倉正, 5轉에 副戶正, 6轉에 戶正, 7轉에 兵倉正, 8轉에 副戶長, 9轉에 戶長이 된다. ⓑ그 公須·食祿의 正은 戶正에 준하고, 그의 副正은 副兵倉正에 준한다. 客舍·藥店司·獄의 正은 副戶正에 준하고, 그의 副正은 州府郡縣史에 준하는데, 가풍이 戶正·副兵倉正에 미치지 못하는 자로 차출한다. ⓒ累世에 가풍이 있는 자식이면 兵倉史를 初授한다. ⓓ그 다음은 後壇史를 初授한다(《高麗史》 권 75, 志 29, 選擧 3, 鄕職).

고려시대의 향리를 조선시대의 향리처럼 하나의 신분층으로 이해하는 경우도, 위의 자료만 보아도 고려시대의 향리를 단순히 하나의 계층으로 보아서는 안될 것이다.127) 위 문종 5년의 판문에서는 향촌사회의 향리들이 상하의 3계층으로 나뉘어짐을 보여주고 있다. 그 최고의 계층은 ⓒ에 보이는「누세에 가풍이 있는」계층이다. 이 계층 출신들은 ⓐ에 보이는 9단계의 승진과정 가운데 제2단계부터 출발하는 특권이 부여되고 있다. 이들은 제술업과 명경업의 응시자격 부여에 대한 문종 2년 판문에서 가장 큰 기회가 주어진 최고의 향리층인 호장이나 부호장을 배출하고 있었던 부류들이다.128) 나말여초에 대두한 지방호족세력들의 상층의 직제가 고려초부터 성종대를 거치며 堂大等·大等으로 되고 다시 戶長·副戶長으로 전환되는데, 이들 최상층 향리직을 역임하는「누세의 가풍이 있는」층은 나말여초에 대두한 지방호족들의 후예들이었다. 따라서 이들은 나말여초 호족세력 예하의 부류들에 연결되는 하위의 향리층과 동일한 계층적 존재로 이해되어서는 안될 것이다.

이들이「누세의 가풍」을 갖는다는 것은 이들이 하나의 계급내혼적 단위를 이루면서 세습적으로 고위의 향리직인 호장·부호장을 역임한 것을 지칭한 것이었다.《고려사》에서는 溟州의 상층 향리인 金遷의 부모에서 戶長 집안간의 결혼 사례를 볼 수도 있다.129) 이러한 사례는 보다 많이 찾을 수 있는데, 특히 고려대의 호적자료에서는 이들의 강한 계급내혼 경향이 확인된다.130) 호적

127) 盧明鎬, 앞의 글(1986).

128) "문종 2년 10월에 判하기를 ⓐ각 州縣의 副戶長 이상의 孫과 副戶正 이상의 子로 製述業과 明經業에 응시하려는 자는 (중략) ⓑ醫業의 경우에는 모름지기 널리 익힌 것을 요할 것이요, 戶正 이상의 子에 한하지 않을 것이니, 비록 庶人이라도 樂工·雜類에 관계되지 않으면 함께 응시하도록 한다."(《高麗史》 권 73, 志 27, 選擧 1, 科目 1).

129)《高麗史》 권 121, 列傳 34, 孝友 金遷.

130) 고려시대의 호적자료에 나타나는 이러한 현상에 대하여는 許興植, 앞의 책

자료들의 戶主나 戶主妻의 선대 계보들에서는 중앙의 관직에 진출하기 전에는 대부분 같은 군현 또는 인근 군현의 본관을 갖는 호장층 출신간에 혼인이 이루어진 사례들이 나타난다.[131] 이는 하나의 군현 또는 몇 개의 군현을 단위로 하는 지역범위내에서의 계급내혼을 반영하는 것이다. 그 지역범위는 당시의 지역적 생활권, 즉 향촌사회의 단위와 밀접한 관련이 있으리라 생각되거니와, 호장층 아래의 계급들에서도 대체로 생활권을 이루는 그러한 지역 범위 내에서 계급내혼을 행했을 것으로 보인다.

이들 호장층은 과거나 군공 등을 통해 중앙의 품관으로 진출하는 지방의 주된 官人 공급원이었으며, 하층의 품관 배출층과의 빈번한 통혼사례들이 나타난다. 적어도 고려 전기에는 호장층과 하위의 품관 배출층과의 사이에는 통혼 상의 벽이 존재하지 않았던 것으로 보이는데, 보다 확대된 지역적 범위에서의 계급내혼적 단위를 검토한다면, 이들 호장층과 하위의 품관배출층을 포괄하는 계급내혼적 단위를 설정할 수 있을 것이다.

다음 제2의 계층은 위의 문종 5년 판문의 ⓑ에서 둘로 나누어 언급된 자들 중 상층의 부류들로, 이들은 제1계층의 호장층과도 구분되는, 4轉하여 도달하는 副兵倉正~6轉의 戶正을 역임하는「가풍」을 갖는 자들이다. 앞에서 언급한 문종 2년의 과거시험 응시 자격에 대한 판문에서 보면 호장층에 주어지는 기회보다 축소된 것이나, 이 계층의 출신에게도 제술업과 명경업의 응시 기회가 주어지고 있었다. 또한 이 계층의 출신은 원칙적으로 위 문종 5년 판문의 ⓑ에 열거된 藥店司나 獄의 正·副正 등의 직에 차출되지 않고, 邑司의 중심을 이루는 ⓐ에 열거된 직을 대체로 戶正~副兵倉正의 등급까지 역임할 수 있었던 것으로 보인다.

이 계층에 대한 자료는 극히 적은데, 吳闡猷의 묘지명에서 그 사례를 찾을 수 있을 것으로 생각된다.[132] 오천유는 사망시의 연령이 71세로 기록되고 있어, 묘지명에 밝힌 그의 부나 외조의 향리직은 최종으로 역임한 직이 분명하다. 그런데 그것이 副戶正으로 보이는 副司戶나 權(?)戶正으로 보이는[133] 權

(1981) 참조.

131) 호장층의 계급내혼 사례는 《慶州府戶長先生案》에서도 다수 나타난다.

132) 李奎報, 《東國李相國集》 後集 권 12, 吳闡猷墓誌銘.

133) 司戶는 戶正을 의미하는 것으로 보이며, 〈密陽 朴氏 壬子年 准戶口〉에서 '權

司戶에 불과했음을 보면, 이들이 호장·부호장을 역임하는 家風을 못 가진, 호정~부병창정의 직에 그치는 제2계층 출신들이었음을 반영하는 것으로 생각된다. 호장층 출신도 비록 특혜가 있지만 밑에서 두번째인 병·창사에서부터 향리직을 시작하여 승진해 가는 것이므로, 부호장 이상이 되기 전에 사망하는 경우 등이 있을 수 있다. 그러나 오천유 부모의 혼인은 그 당사자들이 한쪽만이 아니라 양가 모두가 副司戶나 權司戶로 되어 있어, 이들의「가풍」이 제2신분층이었을 가능성이 큰 것으로 생각된다.

누대에 호정~부병창정을 배출하는 이 제2신분층으로서는 상위의 호장층과의 통혼을 희망할 수 있겠고 그것이 명문의 법제로 금지된 바는 아니었으나, 호장층내의 계급내혼 경향이 강하므로 격이 떨어지는 그러한 통혼은 호장층으로서는 특별한 경우가 아닌 한 회피될 혼인이었다. 제1의 신분층인 호장층과 제2의 신분층 사이에 계급내혼적인 분리가 형성되는 것은 그러한 면에서 명문화된 법제에 의한 것이라기보다는 사회적 실제이고 관습적인 것이었던 셈이다.

다음 제3의 계층은 문종 5년 판문의 ⓑ에 언급된「가풍」이 호정~부병창정에 미치지 못하는 부류들이다. 그 판문에 의하면, 이들 출신은「가풍」의 제약으로 격이 가장 낮은 藥店司나 獄의 正·副正 등의 직에 차출되고, ⓐ의 직들 중에서는 史의 등급까지만 역임할 수 있었다.

위의 문종 5년 판문에서 보는 바와 같은 향리의 세 계층이 모든 주·군·현들에서 동일하게 존재했다고 볼 수 있는지는 의문이다. 지역에 따라서는 차이가 있었을 가능성을 배제할 수는 없을 것이다. 그러나 문종 5년 판문이 국가적 규정의 성격을 갖는다는 점에서 그에 언급되고 있는 계층은 적어도 대부분의 주·군·현들의 실정이 반영된 것으로 볼 수 있다.[134]

이상의 세 계층은 향리로서 수조지인 전정을 국가로부터 받아 보유하고, 전

知戶長' 이라는 직명이 나타남을 보면(李基白, 앞의 책, 1987), 권사호는 權知戶正에 해당하는 것인지 알 수 없다.

134) 향촌사회의 계층구성 속에서 鄕吏의 위치가 고려 문종대와는 크게 달라졌으므로 조선시대의 향리층과 직접적인 비교는 하기 어려우나,《安東鄕孫錄》·《晋陽志》·《完山志》에서 나타나는 조선시대의 향리층이 3등급으로 나뉘어져 승진이나 通婚이 규제되었던 점을 고려시대 향리층의 구성과 관계되는 것으로 보는 견해도 있다(李樹健, 앞의 책, 1984, 416~417쪽).

정연립에 의해 그를 세습해 나가는 부류들이었다. 전정을 보유하는 또다른 류로는 군반에 속한 군인 등의 직역자들도 있었으나, 위의 세 계층 밑에 있는 대부분의 지방민들은 전정을 보유하지 못한 백정 신분인 자들이고[135] 이들은 조세부담과 함께 요역의 부담을 지고 있었다. 이들은 과거 응시자격에 대한 문종 2년 판문에서는 庶人에 해당하는 부류들이기도 하다. 그리고 이들보다 아래의 최하의 계층으로는 노비층을 들 수 있을 것이다.

일반 군현민과 노비층의 사이에는 향·부곡 등의 특수구역민층이 존재하였는데, 이들 특수구역이 법제대로 통제되는 상황하에서는 향촌 사회의 친족관계망의 구성에서 이들은 지역단위로 분리되는 경향이 강했을 것으로 보인다. 그와 관련된 법제로 앞 절에서 본 군현인과 진·역·부곡인의 交嫁所生에 대한 규정이 주목된다. 이러한 법제가 적용되는 속에서는 특수구역민들의 소생은 같은 특수구역민 사이의 혼인에 의한 소생이든 군현민과의 혼인에 의한 소생이든 모두 특수구역내의 주민이 되도록 제한 받게 된다. 또한 특정의 役과 관련된 이러한 특수구역민들이 지는 국가로부터의 제부담은 일반 군현민에 비해 가혹하리만큼 컸기 때문에,[136] 이같은 불리한 조건은 군현민과의 통혼에 제약요인으로 작용할 수 있는 것이다.

일반 군현민들이 때로는 외부의 특수구역민과 혼인을 할 수 있었음을 보면 그와 같은 불리한 규제를 받지 않아도 되는 인근 군현민과의 혼인은 보다 많았을 것이다. 인근 군현민 사이의 혼인은 지역적 생활권이 主屬縣 단위와 같은 복수의 군현들을 포괄하는 경우에 보다 활발했을 것이다. 따라서 위와 같은 특수구역민에 대한 법제가 시행되는 속에서는 향촌사회의 친족관계망은 일반 군현민과 특수구역민 사이에서 지역적으로 분리되는 경향을 가질 수밖에 없었을 것으로 보인다.

양인 백정층인 일반 군현민들도 계급내혼적 단위를 이루고 있었다. 앞에서 본 水州지역의 104세 老軀의 5~6세손 범위 전체가 요역 징발의 대상이 된 것은 그 후손에서 양인 군현민 간의 계급내혼적인 혼인이 이루어진 결과이다. 金州民인 大文의 양측적 친속들로 보이는 「族黨」 백 명이 모두 압량위천의 대

135) 《高麗史》 권 82, 志 36, 兵 2, 站驛.

136) 朴宗基, 《高麗時代 部曲制硏究》(서울大 出版部, 1990), 142~161쪽.

상이 되었음은 이들이 모두 동일한 계층적 상태에 있었던 자들이었음을 반영하는 것으로 생각되고, 그것은 이들 역시 양인 군현민간의 계급내혼적 혼인을 하고 있었음을 반영하는 것이라 생각된다.

일반 군현민인 양인의 혈연관계망은 노비층과는 보다 현격히 구분되고 있었다. 양천간의 교혼은 다음 예와 같이 그 소생 모두가 노비로 되었다.[137]

> 우리 나라의 법은 그 8世戶籍이 賤類에 간여하지 않아야 벼슬을 할 수 있다. 무릇 천류가 됨에는 부모 중 하나만 賤이어도 천이 되는 것이다(《高麗史》 권 85, 志 39, 刑法 2, 奴婢 충렬왕 26년 10월).

이러한 불리한 규제는 양인층이 노비와의 혼인을 가능한 한 회피하게 하는 큰 압력이 되었다.

향촌사회내의 계급내혼이 법제적인 것이었음을 보여주는 자료는 없다. 그것은 법제적인 것이 아니라 하층과의 혼인을 회피하는 사회적 경향이었고, 따라서 소수이나마 때로는 상하의 계층간에도 혼인이 있었다. 그러나 상하 계층간의 혼인은 계층적 편제질서에서 당사자들의 상승이나 하락을 유발할 수도 있는 것이니, 향촌사회의 계층적 질서에 큰 변동이 없는 한 억제됨으로써 계급내혼적인 혼인이 향촌사회의 구성에 기초가 되고 있었다. 앞에서 본 계층간에 「누세의 가풍」의 차가 있는 것도 그 때문이다.

향촌사회의 친족관계망은 양측적 친속관계로 얽혀 있었지만 계급내혼 경향에 의해 상하의 계급간에는 거의 연결되지 않고 별도의 혈연적 群으로 나뉘어지고 있었다. 그러한 상황을 보여주는 자료로는 다음과 같은 것을 볼 수 있다.

> 金州의 雜族人이 무리를 이루어 변란을 모의하고 豪族人을 죽였다. 호족이 도망하여 성 밖으로 피하니, 무기를 들고 副使衙를 포위하였다. 부사 李迪儒가 지붕위에 올라가 首謀者를 쏘니, 활시위 소리에 따라 쓰러졌다. 그 무리가 사방으로 흩어지고 나서 돌아와 고하기를 '우리들은 강포하고 탐오한 자를 제거하여 우리 邑을 깨끗하게 하려는 것인데, 무엇 때문에 우리를 쏘는 것이요'라고 하였다. 이적유는 거짓으로 놀란 체하며 이르기를 '나는 그런 줄 모르고 外敵인줄 알았오'라 하고, 몰래 성 밖의 호족에게 연락하여 협격하여 모두 죽였다(《高麗史》 권 21, 世家 21, 신종 3년 8월).

137) 一賤則賤에 대해서는 洪承基, 앞의 책(1983), 21~23쪽 참조.

위에서는 금주의 호족인과 잡족인의 싸움이 언급되었는데 호족인과 잡족인이 앞에서 본 여러 계층들 중에서 구체적으로 어느 것을 지칭하는지는 명시되지 않았다. 호족인은 금주지방의 토착세력 중에서 「강폭하고 탐오한 자들」이라고 지탄을 받고 있음을 보면 향촌사회의 최고 세력인 호장층이 아닐까 생각되고, 제2계층도 그에 포함될 가능성이 있다. 그리고 잡족인은 그 아래의 어떤 계층으로 보인다. 여기서 주목되는 것은 그러한 계층적 구분이 「族」·「雜族」이라 하였듯이 출신 혈통별로도 구분되고 있다는 점이다. 그것은 각 계층들이 계급내혼에 의해 혈통상으로도 서로 구분되는 경향이 강했음을 의미한다.

향촌사회의 친족관계망이 이처럼 계층별로 나뉘어지는 경향이 있었으므로 계급내혼 단위별로 대체로 그에 포함되는 성씨들이 존재할 수 있었던 것으로 보인다. 그것은 성씨들로서는 일종의 신분 내지는 계층의 격을 가질 수 있었던 것을 의미하는데, 다음은 그러한 예이다.

> (鎭州)토성은 三韓으로부터 비롯된 것이 넷이니, 河·鄭·蘇·姜이요, 立州之後에 또 세 성이 있으니 柳·康·任이다. 기타 雜姓은 庶人이다(《晋陽志》 권 3, 姓氏).

위의 진주의 성씨에 대한 지리지의 기록에서는 土姓·立州之後姓을 雜姓과 구분하고, 잡성은 庶人이라 하였다. 여기서 잡성이 서인의 성씨라 함은 토성이나 입주후성은 非庶人의 성씨, 즉 官人 또는 그에 준하는 신분의 성씨임을 의미하는 것이라 하겠다. 지역, 즉 본관에 따라서도 성씨의 격이 내세워질 수 있는 면도 있으나, 위에서 구분되고 있는 것은 그와는 달리 동일지역 내에서 성씨의 계급적 출신을 나타내는 면을 보여준다. 이처럼 직접적으로 성씨의 계급적 관련성이 명시되지는 않았지만, 토성 또는 人吏性과 구분하여 次吏姓·次姓·百姓姓 등으로 지칭되고 있는 姓種들도 토성이 속한 계급보다 아래 계급의 성씨들임을 표시하는 것으로 생각된다.[138)]

---

138) 土姓·人吏姓·次吏姓·百姓姓 등 姓種의 개념은 그에 대한 현재 기록으로서는 가장 오래된 조선 전기의 地理志類에서도 분명하지 못하고 일부 혼동되고 있는 부분들이 나타난다. 土姓의 경우 《世宗實錄地理志》에서 보면, 南原府에서는 토성이 인리성과 백성성으로 나누어지는 것으로 기록되는 한편, 平海郡에서는 토성과 백성성이 구분되어 기록되고 있다. 위에서의 '土姓'은 평해군 성씨와 같은 의미로 쓰여진 것이라 하겠다. 그리고 백성성의 경우는 村姓과 동일한 것으로 파악하는 견해가 있다(李樹健, 앞의 책, 1984, 52쪽). 고려사회에서 성씨는 그를 지역적으로 구분하는 본관의 격에 따라 성씨 자체의 격도 규정되는 면이 있었고,

토성 등의 성씨는 고려초 내지 고려 전기에는 邑司를 구성한 부류들의 성씨와 밀접한 관련이 있었던 것으로 이해된다.[139] 앞에서 향리가 세 계층으로 분류되고 있는 자료를 보았는데 이들 성종의 구분은 향리직 내부의 계층적 구분과 관련되는 것이 아닐까 생각된다. 이러한 성종에 대한 이해를 확대함에 문제가 되는 것은 지리지 등에서 차리성·차성·백성성 등이 기록되고 있는 군현들이 소수에 불과하다는 점이 지적될 수 있다. 지역에 따라서는 애초부터 이러한 성종의 구분이 없었던 경우도 있었을 것이다. 그러나 이러한 성종의 구분은 같은 조선시대의 지리지인 《世宗實錄地理志》나 《慶尙道地理志》·《東國輿地勝覽》 등에서도 구분되지 않고 토성으로 합쳐지거나 누락되거나 하는 것을 볼 수 있다.[140] 이를 보면, 고려초 이후 조선시대에 이르는 장기간의 사회적 변동을 거치는 동안 그러한 성종의 구분이 이미 의미를 갖지 못하게 되고, 그에 따라 점차로 토성 등에 통합되거나 기록에서 누락됨으로써 조선시대의 지리지에서는 그 흔적만을 겨우 남기게 된 것으로 생각된다. 설사 이러한 보다 세분된 성종들이 존재하지 않는다 하더라도, 위 《진양지》의 기록은 토성이 향촌사회의 지배적 계급의 성씨임을 드러내는 것이고, 그것은 토성을 읍사의 구성원들의 성씨와 연계되는 것으로 이해하는 기존 해석과도 부합된다.

물론 이러한 성씨에 의해 나타내지는 출신계급은 개연적인 것이다. 그리고 고려초에서 조선시대에 이르는 장기간에 걸친 사회적 변동과정에서 각 계층들의 분화적 변화도 적지 않았던 만큼 개연적이나마 성씨에 의해 출신 계급이 파악되는 면은 후대에 올수록 오차가 커지고, 때로는 전혀 달라지는 경우도

邑治內의 성씨를 갖는 자들과 달리 村姓을 갖는 세력이 대개 人吏層이 되지 못하고 백성성이 됨으로써 촌성이 백성성과 연결되는 면이 있었던 것이 아닌가 한다. 그러나 용어 본래의 의미로는 村姓이 성의 소속 지역을 밝히는 용어임에 대하여, 백성성은 성의 소속 계층을 밝히는 용어로서 구분지어 지는 것이 아닌가 한다.

139) 토성 등의 姓種이 고려 이래의 邑司 구성에 참여한 부류들의 성이라는 해석에는 다음과 같은 연구들이 참고된다.
武田幸男, 〈高麗時代の 百姓〉(《朝鮮學報》 28, 1963).
―――, 〈新羅の滅亡と高麗の展開〉(《岩波講座 世界歷史》 9, 岩波書店, 1970).
李樹健, 위의 책, 7~8쪽.
金東洙, 앞의 글.

140) 李樹健, 위의 책, 52쪽.
金東洙, 위의 글.

있었던 것으로 보인다.

그러나 姓貫이 생성되고 있었던 초기에는 향촌사회 내에서 계급내혼이 행해지는 속에 어떤 성관을 갖는 자들이 동일 계층에 속할 확률이 컸고, 그 때문에 토성 또는 인리성·잡성·차리성 또는 차성·백성 등 동일 향촌사회내에서의 계층적 격에 따라 성을 분류하는 것이 가능할 수 있었던 것으로 보인다.

성씨에 의해 개연적이나마 이처럼 출신 신분 또는 계층이 파악될 수 있었던 것은 계급내혼의 경향 속에서 향촌사회 내의 친족관계망이 계층간에 분리되고 있었던 것과 밀접한 관련이 있다. 앞에서 본 바와 같이 향촌사회의 각 계층들 내에서 폐쇄적인 혼인이 거듭될 때, 그것은 같은 계층에 속한 자들의 성씨들, 즉 일정 성씨들간에서만 양측적 친속관계에 의한 친족관계망을 형성시키게 된다. 따라서 동일 성관을 갖는 자들은 대체로 동일 계층에 속한다고 보아도 좋을 것이다.

〈盧明鎬〉

3. 사회정책과 사회시설

1) 사회정책

고려 전기에 시행된 여러 가지 사회정책과 그에 따른 사회시설은 국가의 발전과 국민의 보호라는 측면에서 이미 태조 때부터 입안되었고, 이후 역대 국왕과 행정을 담당한 관료들에 의해 시행되었다. 이러한 정책은 크게 賑恤政策과 醫療政策으로 나누어 볼 수 있다.

진휼정책과 의료정책은 모두 백성을 재해·기아·질병 등의 고통에서 구하고자 시행한 것이었다는 점에서 공통점을 가지고 있다. 그러나 진휼정책은 주로 자연현상의 변화로 인한 각종 재해에 대비하거나 또는 그로 인해 피해를 입은 피지배층을 구호하기 위해 재해가 발생할 때에만 피해를 당한 백성에 대해서 시행한 정책인데 비해, 의료정책은 전국민을 대상으로 의료의 혜택을 베풀기 위해 시행한 정책이라는 점에서 그 내용을 달리하고 있다. 이에 이 두

가지 정책을 구분하여 살펴보고자 한다.

(1) 진휼정책

인류는 지구상에 등장한 이후 항상 자연의 변화에 민감하게 대처해 왔다. 인지가 발달하고 농경이 시작된 이후에는 특히 기상의 이변이 농업에 미치는 영향력 때문에, 그러한 현상은 두려움의 대상이 되기도 하였다. 그것은 국가의 기반인 농업이 천재지변에 의해 큰 피해를 입게 되고, 그로 인해 사회에 큰 혼란을 초래할 수 있었기 때문이다.

농업기술이 발달하지 못하여 식량의 공급이 제대로 이루어지지 못하던 상황에서 재해나 전쟁으로 식량부족이 가중되고 전염병 등으로 인명피해가 발생하게 되었을 때 생기는 혼란은 국가의 존립까지도 위협하게 되는 것이다. 따라서 국가 경영의 필수 요건으로 농민에 대한 보호는 국가의 의무였다.

이러한 국가적 보호는 농업구조의 파괴로 인해 미치게 될 농민의 생활뿐만 아니라 그것을 토대로 형성된 국가의 경제적 기반의 보호와도 깊은 관계가 있다. 그러므로 우리 나라에서의 진휼제도는 국가체제가 정비된 삼국시대부터 존재하였을 것으로 보이며, 특히 고구려 고국천왕 때에는 賑貸法이 제도적으로 성립되기도 하였다.[1] 고려시대에도 재해를 당하거나 의지할 데 없는 백성을 구제하고 불교의 大慈大悲思想을 구현하기 위해 역대의 국왕은 궁민을 구휼하고,[2] 한재가 들었을 때 기우제를 지내는 등[3] 재앙을 물리치기 위해 佛事에 적극 참여함으로써 자비와 보시의 정신을 구현하고자 노력하였다. 이러한 天譴思想이나 불교사상 외에 오행설과 도참사상도 진휼정책에 영향을 주었다.[4]

이러한 진휼정책은 정치·도덕적 측면에서 천재지변에 의해 주로 피해를 입었던 농민에게 베풀어 준 구빈책이었다. 왜냐하면 농민은 국가 사회경제의 기초인 노동생산과 수세의 주원이기 때문이었다. 따라서 지배자는 재해를 입

---

1) 《三國史記》 권 16, 高句麗本紀 4, 고국천왕 16년 10월.
2) 《高麗史》 권 11, 世家 11, 숙종 7년 6월 정해.
3) 《高麗史》 권 7, 世家 7, 문종 6년 6월 을해·권 9, 世家 9, 문종 29년 5월 신유·권 10, 世家 10, 선종 4년 4월 을사 및 권 11, 世家 11, 숙종 원년 5월 무신.
4) 李熙德, 〈高麗時代 五行說에 대한 연구〉(《歷史學報》 79, 1978).
崔柄憲, 〈高麗時代의 五行的 歷史觀〉(《韓國學報》 13, 1978).
金玎坤, 〈高麗前期의 救恤政策에 관한 硏究〉(《論文集》 19, 晋州敎育大學, 1979).

은 농민에 대해 여러 가지 제도를 마련하여 진휼하였다.

재해는 여러 가지가 있었으나 진휼의 대상이 된 것은 주로 자연재해였다. 그 중에서 旱災·水災·蝗災·霜災·雹災가 빈번히 발생하여 그때마다 식량이 부족하게 되어 굶어 죽는 자가 속출하고, 곡가가 앙등하여 流民이 발생하는 등, 다소 과장된 표현이기는 하지만 예종 때에는 '十室九空'의 현상까지 있었다[5]고 한다. 따라서 이에 대한 대책이 마련되어야만 했고 그 결과 재해의 예방과 사후 조치를 위한 제도가 성립되었다.

즉 태조 때 설치한 黑倉과 이를 개편·확충한 성종 때의 義倉, 그리고 常平倉이 그것인데, 이러한 의창과 상평창은 상설기구로 설치되어 재해나 경제적 변동이 있을 때마다 적절히 운영되었다. 그러나 이들 기구들만으로는 진휼의 목적을 모두 달성할 수 없었기 때문에 재해의 종류와 피해상황에 따라 정책적인 조치가 있었던 것이다.

그것은 재해를 당한 사람들에게 米·布·粟·豆·鹽·衣服·醬·鹽豉·柴炭 등 의식주에 필요한 물품을 공급하거나 빌려주는 한편 醮祭·道場 등을 통한 기도의식과 조세감면·사면·罷役 등을 시행함으로써[6] 이재민과 스스로 살 수 없는 궁민을 구휼하는 것이었다. 그 대상은 주로 농민이었지만, 향·소·부곡과 역·진·원·관에 거주하는 천민도 진휼의 대상이었다.

이재민에 대한 조세의 감면은 삼국시대부터 있었던 것이지만, 고려시대에 오면 더욱 구체화되어 피해 정도에 따라 조세를 감면해 주되, 이를 戶部에 보고하도록 법제화하였다.[7] 또한 문종 4년(1050)에는 田 1결에 대하여 손실이 4/10이면 租를, 6/10이면 租布를 면제하고, 7/10이면 조·포·역 모두를 면제하도록 하였다.[8] 또 倉이나 庫를 통해 貸穀해 간 농민들이 재해로 인해 제때에 갚지 못한 경우 이를 탕감해 주거나 연기해 주기도 하였다.[9]

또한 이미 성종 때에 고아를 보호하는 법이 제정되고 현종 때에는 홀아비·과부·고아·무의탁 노인 등에게 옷과 양식을 지급하도록 하였으며,[10] 수재와

5) 《高麗史》 권 12, 世家 12, 예종 즉위년 12월 갑신.
6) 朴杰淳, 〈高麗前期의 賑恤政策(II)〉(《湖西史學》 13, 1985), 46~54쪽.
7) 《高麗史》 권 78, 志 32, 食貨 1, 田制 踏驗損實 성종 7년 2월.
8) 《高麗史》 권 78, 志 32, 食貨 1, 田制 踏驗損實 문종 4년 11월.
9) 《高麗史》 권 80, 志 34, 食貨 3, 災免之制 선종 7년 6월 및 숙종 6년 11월.
10) 《高麗史》 권 80, 志 34, 食貨 3, 鰥寡孤獨賑貸之制 성종 10년 7월·13년 3월

한재를 당한 이재민에 대해 쌀·소금 등 생활필수품을 지급하고, 濟危寶·東西大悲院 등을 통해 환자를 치료케 하는 등[11] 진휼정책을 실시하였다.

이러한 진휼정책 이외에 재해가 자신의 부덕의 소치 때문이라 생각하고 사면이라는 형식을 통해 冤獄을 다스리기도 하였다. 사면이 재해를 극복할 수 있는 현실적인 수단은 아니었지만, 이것은 왕을 비롯한 지배층에게 위안을 주었던 것이다. 따라서 사면의 대상은 주로 가벼운 죄수가 대부분이었으나, 간혹 사형수가 풀려나는 경우도 있었다.

왕실에서 재해(주로 旱害)를 물리치기 위해 행한 기도행사는 대부분이 祈雨祭였는데, 특히 불교적 행사가 성행하였다. 기우제는 대개의 경우 消災道場을 설치하여 행하였는데, 그 근본 경전은 《消除一切災難陀羅尼經》으로서 여러 도량 중 밀교적 성격이 가장 강한 것이었다.[12]

유교의식은 圓丘祭가 중심을 이루었으며, 도교에서도 초제를 통해 기우행사를 하였고, 무당을 모아 전통적 의식으로 기우제를 행하기도 하였다. 그러나 이렇게 재해가 발생한 후에 행한 賑給과 賑貸, 의식적 은전인 사면이나 기도 행사 등은 삼국시대보다 구체화·다양화되었지만 이것만으로는 재해를 근본적으로 예방하거나 극복할 수 없었다. 따라서 근본적인 재해대비책이 요구되었는 바 이것이 「勸農政策」이었다.

권농정책의 내용은 개간의 장려·제방 수축·농기구의 개량 및 생산·부업의 권장·농경방법의 개선 등으로, 가장 기본적이고도 광범위한 상설 재해대비책이라 하겠다. 농업이 경제의 기본이었던 당시에 있어서 권농정책은 재해 예방뿐만 아니라 생활을 위해 가장 중요시된 정책이었다.

태조는 즉위후 진휼제도를 바로잡고 조세의 부담을 덜어주기 위해 什一制를 시행하였고, 농업을 장려하여 증산에 힘썼다. 특히 유교주의적 왕도정치를 지향한 성종은 祈穀(年豊祈禱)·籍田(君主親耕)의 예를 행하여 농업을 권장하고, 지방관으로 하여금 농번기에는 일체의 잡무를 정지하고 농사에 힘쓰도록 하였다. 심지어 성종 6년(987)에는 병기를 거두어서 농구를 만들기까지 하도록 명하였

및 현종 2년 12월.

11) 《高麗史》 권 80, 志 34, 食貨 3, 水旱疫癘賑貸之制.

12) 徐閏吉, 〈高麗의 護國法會와 道場〉(《佛教學報》 14, 1977), 25쪽.

다.[13] 이와 같이 병기로 농기구를 만들도록 지시한 것은, 그것이 아직도 지방에서 세력을 유지하고 있던 호족의 세력을 약화시키는 동시에 농사도 권장하는 이중의 효과를 거둘 수 있는 정책이었기 때문이다.

또한 현종은 지방의 丁戶와 白丁에게 뽕나무를 심어 양잠을 돕게 하였으며,[14] 문종 20년(1060)에는 외방의 장관은 勸農使의 직무를 겸하여 농사에 힘쓰도록 지시하는 등[15] 적극적인 권농정책을 실시하였다. 한편 농사와 밀접한 관계를 지니고 있는 天文에 대한 연구도 매우 중요한 일이었다. 天文術은 이미 삼국시대부터 발달해 왔는데, 고려는 이를 계승하여 天文學을 더욱 발달시켰다.

고려시대의 천문연구는 주로 恒星의 위치 관측, 일식·월식·혜성·객성 및 태양의 흑점 관측 등에 대한 것이었다. 그 목적은 점성술 때문이기도 했지만,[16] 이를 통해 「時變」을 살피려고 했던 것이다.[17] 그것은 하늘의 변화가 농사와 관계가 있기 때문이었다. 이러한 천문에 대한 연구는 권농정책을 추진하는 데 중요한 몫을 담당하였다.

이상의 여러 진휼정책은 고려 전기에는 지배층의 노력으로 어느 정도의 효과를 거두며 시행되었으나, 무신의 집권과 몽고의 침입 후에는 사회의 제반 제도가 해이해져서 전과 같은 효과를 보지 못하였다.

(2) 의료정책

의학 또는 의술은 그것이 인간의 생명과 관계가 깊은 것이기 때문에 국가의 체제가 점차 정비되면서 정책적으로 의학을 장려하고, 의원을 양성하여 민중의 질병을 퇴치하고자 노력하였다.

삼국시대에는 의료기구가 모두 설치되어 있었을 것이나, 고구려의 경우는 병자에게 賑給하였다는 기록[18] 외에는 알려진 것이 없다. 백제는 일찍부터 중국과의 교류를 통해 의료제도를 받아들였기 때문에 藥部를 설치하여 民疾을

---

13) 《高麗史節要》 권 2, 성종 6년 6월.
14) 《高麗史》 권 79, 志 33, 食貨 2, 農桑 현종 19년 정월.
15) 《高麗史節要》 권 5, 문종 20년 4월.
16) 全相運, 〈科學과 技術〉(《한국사》 8, 국사편찬위원회, 1974), 237~242쪽.
17) 《高麗史》 권 3, 世家 3, 성종 14년 2월 을묘.
18) 《三國史記》 권 18, 高句麗本紀 6, 고국원왕 2년 2월

치료함은 물론 의학을 교육하였고, 의료관계자를 일본에까지 파견하여 일본의 고대의학 발달에 크게 기여하였다. 그러나 백제의 의료제도에 대해서는 관련 자료가 보이지 않아 자세한 내용은 알 수 없다.

신라의 제도는 통일 이전은 알 수 없지만, 법흥왕 때를 전후하여 藥典이 설치되었을 것으로 보인다.[19] 통일 후 여기에는 의사가 속해 있으면서 궁중에서 치료를 담당하고 의료정책의 입안·실시에 간여했을 것이다. 그 후 효소왕 6년(692) 의학을 설치, 博士 2명으로 하여금 의학교육을 실시하게 하였다.[20] 이렇듯 신라는 법흥왕 이후 점차 중국식 의료제도를 도입하여 체제를 갖추기 시작하였다. 특히 통일 후에는 당나라의 제도를 모방함으로써 전통적 의료제도에서 탈피, 새로운 제도로 전환하였다.

이러한 통일신라의 진휼정책은 고려에까지 이어져 고려시대 의료제도의 체계를 수립하고, 의료정책을 수행하는 데 영향을 끼쳤다. 의료정책은 본래 백성을 위한 것이었기 때문에 국초부터 민심을 수습하기 위해 정책적으로 수립되었다.

그리고 이에 따른 의료기구의 설치나 의전의 양성은 黑倉의 설치보다 더 필요하였다. 더욱이 신라의 직제 중에는 藥典·醫博士·供奉醫師 등 의학교육과 치료에 종사하던 관직과 기관의 명칭이 보이고 있으며, 또 태조 때에는 신라의 제도를 많이 답습하였다고 한 기록 등으로 미루어 보아, 치료와 교육을 전담하던 기구가 이미 태조 때 설치되어 있었을 것이다.

그러나 태조 때 어떠한 기구가 수도인 개경에 있었는지 알 수는 없다. 대신 태조 13년(930) 西京에 醫學院을 설치한 것으로 보아,[21] 개경에는 이보다 먼저 이러한 기구가 있었을 것으로 사료된다. 이와 같이 개국과 동시에 의료기구를 설치한 것은 의료의 중요성을 인식한 때문이었다. 광종 9년(958) 과거제도 실시 이후 의업 급제자가 광종과 성종 때에 배출되고 있는 것은[22] 태조 때의 의료정책에 의해 의원을 양성하고 있었기 때문에 가능한 것이었다.

광종 14년 濟危寶(鋪)를 설치하여 貧民·行旅의 구호와 질병의 치료를 맡아

19) 孫弘烈, 《韓國中世의 醫療制度硏究》(修書院, 1988), 55쪽.
20) 《三國史記》 권 39, 志 8, 職官 中, 醫學.
21) 《高麗史》 권 74, 志 28, 選擧 2, 學校.
22) 《高麗史》 권 73, 志 27, 選擧 1, 科目.

보게 한 것도,[23] 이러한 정책에 의한 것이었다. 고려의 중앙의료기구는 성종 2년(983) 당나라의 제도를 모방하여 관제를 정비할 때 그 하나로 설치되었다.[24] 이 때 설치한 기구는 궁중의 御藥 및 왕실의 치료를 관장하던 尙藥局과 의료정책의 수립과 관리의 치료를 맡아보던 太醫監이었다.

태의감에서는 양반관료와 전염성 질환에 대한 치료·약품제조·土産藥品의 채취 및 의학교육과 의원에 대한 과거 등을 관장하였다.[25] 또한 태의감 소속의 의관 중에는 醫學博士·助敎·呪噤博士 등 교육에 종사하는 의관이 있어서 의생에 대한 교육도 실시함으로써, 국가 전반에 대한 의료업무를 주관하였다. 이외에도 왕실 소속의 의관으로 東宮醫官과 翰林院醫官·茶房醫官이 있고, 軍醫와 獸醫가 있었다.

동궁의관은 태자의 의료를 전담하는 의관으로, 藥藏郞과 藥藏丞이 있었으며, 한림원의관은 상약국 의관을 겸직시켜 어약을 관장하게 하고, 衆疾의 치료와 의생의 교육을 담당하였다. 다방은 송나라의 都茶房의 명칭을 모방한 것이었지만 직제나 운영은 독자적인 것이었다.[26] 즉 송의 도다방에는 환관이 직무를 맡았지만, 고려에서는 의관이 속해 있었기 때문에 그 나름대로의 藥方文을 가지고 있었다. 崔宗峻이 편찬한《新集御醫撮要方》2권도 다방에서 수집한 藥方이 그 토대가 되어 완성된 것이다.[27]

고려시대에는 군의도 있었다. 이는 문종 29년(1075) 변방의 군인이 병이 나면 그곳 의원의 치료를 받도록 정한 것에서 알 수 있다.[28] 또 인종 23년(1145)에는 각 군의 軍候가 사용할 수 있는「藥員」을 5명으로 정하였는데,[29] 이것이 군의였다.

전근대 사회에 있어서 獸醫의 존재는 절대로 필요한 것이었다. 우리 나라

23)《高麗史》권 77, 志 31, 百官 2, 諸司都監各色 濟危寶.
24)《高麗史》에는 尙藥局·太醫監 등의 醫療機構가 목종 때에 설치된 것으로 되어 있으나 성종 8년 2월에 의관 즉 侍御醫·直長·醫正 등을 파견해 병든 관리를 치료했다고 되어 있다(《高麗史》권 3, 世家 3, 성종 8년 2월 경진). 따라서 그 이전에 이미 尙藥局과 太醫監이 설치되어 있었음을 알 수 있다.
25) 孫弘烈, 앞의 책, 93~94쪽 참조.
26) 孫弘烈, 위의 책, 89~92쪽 참조.
27) 李奎報,《東國李相國集》권 21, 說序 新集御醫撮要方序.
28)《高麗史》권 81, 志 35, 兵 1, 五軍.
29) 위와 같음.

는 농업국이므로 農牛의 관리와 사육 및 질병치료를 위해 수의는 매우 중요한 존재였다. 말의 이용은 더욱 다양하여 驛馬·乘用·賞賜用·擊球用으로 사용되었고, 그 수도 많았기 때문에 더욱 그러하였던 것이다. 따라서 수의의 양성도 사회정책의 일환으로 이루어졌다고 보아야 할 것이다.

이러한 의료정책은 국가체제가 점차 정비되면서 지방에까지 확대 실시되었다. 전술한 바와 같이 서경에는 이미 태조 때 의학원이 설치되었고, 약점이 설치되어 백성의 질병을 치료하였으며, 이어 동경과 남경에도 의사가 배치되었다. 문종 때부터는 大都護府와 大都督府에는 醫師를, 防禦鎭에는 醫學을 파견하여 치료를 맡게 하는 등[30] 전국의 군현에 의사를 배치, 백성의 질병을 치료하였다.[31]

이처럼 중앙에 의료기구를 설치하고 지방에까지 의원을 파견하였으나, 이러한 시설만으로는 백성의 병을 모두 치료할 수는 없었다. 따라서 서경을 비롯하여 주·부·군·현에 약점을, 개경에 제위보·東西大悲院·惠民局 등을 설치하여 질병의 예방과 치료에 임하였다.

고려시대에는 이렇듯 중앙과 지방에 의료기관을 설치하였으므로 이에 필요한 의원을 확보하기 위해 국초부터 의학교육을 실시하였다. 의학교육은 삼국시대부터 실시한 것이지만, 고려는 태조 때부터 서경에 의학원을 설치하여 교육을 실시하였으니, 개경에서는 이보다 먼저 실시되었을 것이다. 그러나 지방에까지 확대 실시된 것은 성종 6년(987)에 이르러서였다.

성종이 의학교육을 정책적으로 실시하게 된 것은, "신체가 건강하기 위해서는 병 치료를 우선해야 할 것"이며, 또 "백성들의 難危를 막기 위해서는 완전한 의술을 널리 보급시키는 것이 급선무"라고[32] 믿었기 때문이다. 따라서 성종 2년 12목을 설치하고 지방관을 파견한 이후 향리의 자제를 뽑아 개경에 올라와 習業케 하였으나 별로 효과를 보지 못하였다.[33] 이에 經學博士와 醫學博士 각 1명씩을 12목에 파견, 지방자제를 교육시킴으로써 의학교육을 확대하였다.

---

30) 《高麗史》 권 77, 志 31, 百官 2, 外職.
31) 《高麗史》 권 80, 志 34, 食貨 3, 賑恤 水旱疫癘賑貸之制 공민왕 20년 12월.
32) 《高麗史》 권 3, 世家 3, 성종 6년 6월.
33) 《高麗史節要》 권 2, 성종 5년 7월.

이러한 적극적인 의료정책은 백성을 질병으로부터 구하고자 하는 위민정책이 소산이었다. 광종 때 과거를 실시하면서 의업을 함께 실시한 것도 이러한 정책적 배려에서였다. 의과는 잡과 가운데 하나였기 때문에 응시자격은 상당히 개방되어 있었으나,34) 시험이 어려워 급제자는 많지 않았다. 따라서 성종초부터 지방관이 의술에 밝은 자를 천거하는 것을 恒式으로 삼게 하였다.35)

고려시대에는 중앙에 여러 의료기구를 설치하고, 지방에 의원과 약점을 설치하여 질병의 예방과 치료에 힘썼으며, 이를 위해 경향 각 지에서 의학교육을 실시하는 등 의료정책은 국가의 항구적인 정책으로 시행되었다. 고려시대 사회정책으로서의 진휼정책과 의료정책은 국가의 체제를 유지하고, 백성의 재난과 질병을 극복하기 위해 실시된 정책이었으나, 이를 뒷받침해야 할 국가의 재정 부족과 잦은 전란으로 말미암아 소기의 목적은 충분히 달성되지 못하였다.

2) 사회시설

고려시대 백성을 진휼하기 위한 사회시설은 태조 때 설치한 흑창을 시작으로 광종 때의 제위보, 성종 때 흑창을 개편·확대한 의창, 지방에 설치한 약점, 그후 차례로 설치한 대비원·혜민국·제위도감 등 다양한 기구가 있었다. 이외에도 재해가 발생했을 때 임시로 설치한 기구나 민간에서 운영한 의료시설 등이 있어 재난과 질병에 대비하였다. 이러한 진휼·의료시설의 내용과 운영 실태, 직제 등을 살펴보기로 한다.

(1) 의 창

우리 나라의 진휼제도는 이미 삼국시대부터 존재하였는데, 그 대표적인 것이 고구려 고국천왕 때의 진대법이라 할 수 있다. 이러한 제도는 고려시대에 이르러 더욱 확충·보완되었다.

진휼기구의 설치는 재난이나 질병을 당한 사람들에게 쌀·종자·소금·의복·간장 등의 생활필수품과 약품을 진대 혹은 진급하여 재난을 극복하게

34) 孫弘烈, 앞의 책, 122~126쪽 참조.
35) 《高麗史》 권 74, 志 28, 選擧 2, 學校 성종 6년 8월.

하는 실질적인 기능과 함께 정치·도덕적인 애민·휼민의 의지를 실천한다는 정책적 기능도 가지고 있었다. 이러한 정책적 기능이 왕을 비롯한 지배자로 하여금 사면을 행하게 하고, 기우제 등 각종 기도행사를 베풀게 하였던 것이다.

이와 아울러 민심을 수습하기 위해 이러한 기구를 설치하기도 했는데, 태조의 흑창 설치가 이 경우에 해당된다고 하겠다. 곧 태조는 즉위 후 즉시 흑창을 설치했는데,[36] 이것은 백성을 구휼하려는 목적도 있었지만 무엇보다도 후삼국의 혼란기에 민심을 수습하려는 정치적 의도가 더 강한 것이 아니었나 한다. 어떻든 처음 흑창을 설치할 때의 진의가 무엇이었던지 간에 이것은 고려시대 진휼기구의 효시가 되었고, 의창으로 개칭하여 고려는 물론 조선시대까지 존속하면서 궁민을 진휼하였다.

의창은 본래 중국의 제도로서 그 기원은 周나라에까지 올라갈 수 있으나,[37] 隋·唐시대에 완성을 본 진휼기관이다.[38] 즉 隋文帝 開皇 5년(585) 長孫平의 건의로 각 州에 의창을 설치하였으며, 당은 太宗 貞觀 2년(628)에 戴冑의 건의에 의해 주·현에 의창을 설립하여 빈민을 진휼하도록 하였다.[39]

고려는 태조가 즉위하면서 바로 의창을 설립하였으나 그 규모나 설치지역, 진휼한 내용 등에 대한 자세한 내용은 알 수 없다. 그후 성종은 5년(986) 7월에 흑창에 쌀 1만 석을 더 보태고 그 이름을 의창이라 고침으로써 이것을 확충·정비하였다. 이어 성종은 주·부에도 이를 설치하기 위하여 해당 관청으로 하여금 주·부의 人戶의 다소와 창곡의 數目을 조사·보고하도록 지시하였다.[40] 이때 주·부에 설치한 의창의 수와 규모는 알 수 없지만, 인호와 창곡을 조사케 한 것으로 보아, 지방에 따라 차등을 두어 설치한 것이 아닌가 한다.

의창은 성종대에서부터 현종 때까지 점차 정비되었다. 이 기간은 고려 초기 중앙과 지방의 제도가 정비되던 시기였고, 특히 성종은 崔承老를 비롯한 여

36) 태조는 918년 6월에 즉위했는데 (《高麗史》 권 1, 世家 1, 태조 원년 6월 병진), 이 해 8월에 호랑이가 흑창 담 안에 들어와 이를 쏘아 잡았다(《高麗史》 권 54, 志 8, 五行 2, 태조 원년 8월 무진)고 한 것으로 보아 즉위하면서 즉시 흑창을 설치했던 것으로 생각된다.

37) 《十三經注疏》 周禮 16, 地官 司徒 下.

38) 《隋書》 권 24, 志 19, 食貨, 開皇 5년 5월.

39) 《舊唐書》 권 49, 志 29, 食貨 下, 貞觀 2년 4월.

40) 《高麗史》 권 80, 志 34, 食貨 3, 常平義倉 성종 5년 7월.

러 문신들의 건의에 따라 유교적 이상정치를 구현하기 위해 노력하던 때였으므로, 의창·상평창과 같은 진휼제도가 정비되고 확대될 수 있었던 것이다.[41]

특히 현종 14년(1023) 9월에는 〈義倉租收取規程〉을 마련하였는데, 이것은 公田을 3등급으로 나누어 田丁 수에 따라 의창곡을 징수·확보하도록 한 것이다. 그 내용을 보면, 1科公田은 結당 租 3斗, 2科公田과 궁·사·원 및 兩班田은 결당 조 2두, 3科公田과 軍人戶丁 및 其人戶丁은 결당 조 1두씩을 부담하도록 한 것이다.[42]

이렇게 의창곡을 징수하게 된 것은 태조 때에는 개경에, 성종 때에는 주·부에 의창을 설치하였으나, 현종 때에는 현에까지 확대되어 일반 조세 수입만으로는 이를 운영할 수 없었기 때문이었다. 그러나 이렇게 의창곡을 징수했다고는 하지만, 뒤에는 이것이 규정대로 징수되지 않았던 것 같다. 즉 인종 때에 이르면 의창에 미곡의 축적이 적어 官穀을 비축하도록 한 기록이 있는 것으로 보아,[43] 이를 짐작할 수 있다.

의창에는 주로 곡식을 저장하였지만, 이외에 포·소금·간장·된장 등도 저장하여 기근에 대비하였다. 이러한 물품으로 진휼하는 데는 진대와 진급의 두 가지가 있었다. 진급은 무상으로 분급하는 것이고, 진대는 양식과 종자를 나누어주고 이를 가을에 환납토록 하는 유상분급을 말한다. 그러나 《高麗史》에 보이는 대부분의 진휼 사례에서는 이를 구별하기가 어려운데, 그것은 양자를 엄격히 구분해서 행하지 않았기 때문으로 여겨진다. 그런데 진대의 경우 환납할 때 利息을 취했는가 하는 점이다. 이에 대해서는 진휼정책을 시행하는 과정에서 많은 폐단이 발생하여 고리대로 전락하였다는 견해도 있으나,[44] 고려 전기 의창곡은 환납할 때 이식을 취하지 않았던 것으로 보인다.[45]

진휼대상은 罹災民·飢民·疾疫者·鰥寡孤獨·孝子順孫·義夫節婦·戰亡將卒의 가족·投化人 등이었고, 진대한 물품은 대부분이 곡물이었지만, 그외에

41) 朴鍾進, 〈高麗前期 義倉制度의 構造와 性格〉(《高麗史의 諸問題》, 三英社, 1986), 428쪽.
42) 《高麗史》 권 80, 志 34, 食貨 3, 常平義倉 현종 14년 9월.
43) 《高麗史》 권 80, 志 34, 食貨 3, 常平義倉 인종 5년 3월.
44) 白南雲, 《朝鮮封建社會經濟史》 上(改造社, 1937), 573쪽.
45) 林基形, 〈義倉攷〉(《歷史學研究》 II, 全南大 史學會, 1964), 78~79쪽.
朴鍾進, 앞의 글, 431~432쪽.

도 소금·간장·포·된장 등도 분급하였다. 곡물의 경우 분급한 양은 알 수 없지만, 대체로 춘궁기에 양식과 종자로 주어졌는데, 무상으로 지급된 것 이외에는 가을에 환납하는 것이 원칙이었다. 이러한 진휼방법은 기근을 면하게 해줄 뿐만 아니라 농업의 재생산 수단을 제공해주는 것이기도 하였다. 진휼 지역은 지난해에 수재나 한재를 당하거나 兵亂으로 고통을 당하고 있는 지역이 그 대상이 되었으며, 시기는 대체로 춘궁기였다.[46)]

의창은 고려 전기에는 그런 대로 잘 운영되었으나, 인종 때 이자겸의 난·묘청의 난, 그리고 의종 때의 무신의 집권 등 국내의 정치적 혼란과 이어 벌어진 몽고와의 전쟁은 이러한 진휼기관의 운영을 매우 어렵게 만들었다.

더욱이 1/3의 이식이 인정되는 고려의 公私借貸는 관리들로 하여금 부당하게 농민들로부터 이익을 취하도록 해주어 무이식의 의창제는 점차 그 기능을 상실하게 되었던 것이다. 이러한 사실은 인종 5년(1127)에 내린 칙서에서 "관곡의 저축에 힘써 백성의 구휼에 대비하라", "濟危寶·大悲院은 축적을 많이 하여 질병을 구하라", "관고의 썩은 곡식을 강제로 나누어주고 이식을 취하지 말라"는 등의 기록으로도 알 수 있다.[47)]

결국 관곡을 비축해서 빈민을 구하라 한 것은 백성을 구휼할 의창미가 없음을 뜻하는 것이었고, 이후 무신의 난과 몽고의 침입으로 국가의 재정상태는 더욱 악화되어 의창은 그 기능을 완전히 상실하고 말았다. 충렬왕 22년(1296) 洪子藩이 의창의 재설치를 건의한 것으로 보아[48)] 이 때 이미 의창이 없어진 것을 알 수 있다.

그러나 당시 국가의 재정상태는 의창의 운영을 어렵게 만들었다. 곧 충선왕은 有備倉과 典農司 등의 구휼기관을 설치하였으나,[49)] 이것도 제구실을 하지 못하였던 것이다. 그후 공민왕 때에서 우왕에 이르기까지 지방관에 의해 의창이 일부 지역에 설치되었고, 공양왕 때에 전국에 다시 의창이 설치되어,[50)] 조

---

46) 朴鍾進, 위의 글, 430~431쪽.
47) 《高麗史》 권 15, 世家 15, 인종 5년 3월 무오.
48) 《高麗史》 권 80, 志 34, 食貨 3, 常平義倉.
49) 朴鍾進, 〈忠宣王代의 財政改革策과 그 性格〉(《韓國史論》 11, 서울大 國史學科, 1983), 85~90쪽.
50) 《高麗史》 권 80, 志 34, 食貨 3, 常平義倉 공양왕 원년 12월·3년 4월.

선시대 의창의 기틀을 마련하였다.

이와 같이 고려초 흑창으로 시작한 의창은 구휼기관으로서 빈민을 구휼하는 실질적인 기능뿐만 아니라 지배계층의 정치적 명분을 충족시켜 주는 역할을 담당하였다. 의창은 고려 전기에는 재해를 당하거나 스스로 존립할 능력이 없는 궁민에게 무상 또는 유상으로 물품을 진급 또는 진대하는 기본적 기능을 유지하였지만, 중기 이후 점차 붕괴되어 충렬왕 이전에 붕괴되고 말았다. 그러나 의창은 다시 고려 말기 지배계층에 의해 부활되어 조선시대까지 존속하였다.

(2) 상평창

常平倉은 곡가가 떨어지면 국가에서 시가보다 비싸게 미곡을 구입하여 저장하였다가 흉년이 들어 곡가가 오르면 시가보다 싸게 방출함으로써 백성의 생활을 안정시키고자 설치한 물가조절 기구였다. 이것은 漢宣帝 五鳳 4년(B.C. 54) 大司農 中丞 耿壽昌의 건의에 의해 처음 실시된 것이었다.[51] 이 제도는 중국의 경우 농촌경제의 원활한 유통에 도움이 되는 것이었으나 운영 방법에 각종 폐해가 발생하여 실시한 지 10년 후에는 폐지되고 말았다.[52]

이러한 상평창 제도가 고려시대에 처음 실시된 것은 성종 12년(993) 2월에 개경과 서경 및 12목에 倉을 설치하도록 함으로써 비롯되었다. 이 제도 역시 중국 한나라의 상평창제도를 모방한 것으로, 풍년에 백성이 손해를 보지 않게 하고, 흉년에는 농민을 해치지 않게 하기 위한 진휼책이었다.[53]

성종은 상평창을 설치하면서 여기에 米 6만 4천 석을 주어 그 중 5천 석은 개경의 상평창에, 나머지 5만 9천 석은 서경과 12목 등 모두 15개의 상평창에 분급하였다.[54] 상평창의 관리는 개경의 경우, 市廛을 관리·감독하던

---

51) 《漢書》 권 8, 紀 8, 五鳳 4년 춘정월.

52) 徐吉洙, 〈高麗時代 常平倉에 관한 硏究〉(《論文集》 6, 淑明女大 韓國政治經濟硏究所, 1977), 154쪽.

53) 《高麗史》 권 80, 志 34, 食貨 3, 常平義倉.

54) 위와 같음.
이 때 보급한 米穀의 양에 대하여는 몇 가지 설이 있다. 즉 첫째, 千金에 해당하는 布 64만필 중 반은 米穀 6만 4천석으로 바꾸어 의창에 주고, 나머지 布 32만필은 상평창에 주어 운영케 하였다는 것이며 (朝鮮總督府 中樞院 編, 《社還米制度》, 1933, 69쪽), 둘째는 천금을 포로 바꾸면 64만필이 되고 米로 바꾸면 12만 8천석이 되기 때문에, 반은 포 32만필로, 나머지 반은 미 6만 4천석으로 하여 각지의 상평창에 나누어주었다는 것이다(村上四男, 〈高麗時代の常平倉〉, 《學藝硏

京市署로 하여금 穀·布의 가격 변동에 따라 이를 관리·조절하게 하는 한편, 大府寺와 司憲臺가 출납을 공동 관리하게 하였으며, 서경은 分司司憲臺에 위임하였다. 한편 기타 州郡倉은 당해 지역의 관원이 이를 관리하도록 하였다.

양경의 사헌대에게 이를 관리하게 한 것은 운영하는 과정에서 발생할 수 있는 폐단을 막아 보려는 데 그 뜻이 있었던 것으로 보인다. 그러나 이 상평창이 어떻게 운영되었는지 그 실태를 알려주는 자료가 거의 없다. 다만 인종 원년(1123) 고려에 다녀간 송의 徐兢이 편찬한 《高麗圖經》에 의해 상평창이 존속하고 있음을 확인할 수 있을 뿐이다.[55]

그러나 이보다 먼저 현종 3년(1012)에 서경이 지난해의 수재와 한재로 인하여 곡가가 등귀하여 백성들이 곤란하게 되었다며 소관 관청으로 하여금 창고를 열어 진휼하라는 지시를 내린 바 있는데,[56] 이 때의 소관 관청이 상평창이었는지 또는 의창이었는지는 확실치 않다. 그러나 곡가가 등귀하여 창고의 곡식을 풀었던 것으로 보아, 그것은 상평창이었을 것이다. 그것은 상평창이 처음에는 물가조절 기구로 출발하였지만 뒤에는 진대의 역할도 담당하였기[57] 때문이다.

또 현종 5년 6월에는 풍년이 들어 쌀값이 떨어져 거친베(麤布) 1필이 쌀 12말이나 되므로 그 값을 조절하도록 삼사에서 건의하므로 이에 따랐다고 한 것으로 보아,[58] 상평창이 물가조절 기능을 유지하고 있었던 것은 분명한 것 같다. 또한 삼사에서 이를 건의한 것은, 삼사가 중외 전곡의 출납과 회계를 맡던 기구였으므로 경제의 안정과 농민의 손해를 덜어주기 위함이었다.

따라서 상평창은 그 실재가 확인된 인종 때까지는 그 기능을 유지하였으나, 그 이후 발생한 내우외환으로 국가적 혼란기를 맞아 의창과 같이 그 기능을 완전히 상실하고 말았다고 보여진다. 상평창이 다시 설치된 것은 충선왕 즉위

究》Ⅱ, 和歌山大學, 1951, 118~207쪽 및 徐吉洙, 앞의 글, 156~159쪽), 셋 째는 당시 실정으로 보아 千金額에 상당한 穀布를 염출하기 어려워 우선 그 반인 6만 4천석을 내어 자본으로 하였다는 것인데(李丙燾, 《韓國史》 中世篇, 震檀學會, 1961, 166쪽), 이 글에서는 셋째의 의견을 취하였다.

55) 徐兢, 《高麗圖經》 권 16, 官府 倉廩.

56) 《高麗史》 권 80, 志 34, 食貨 3, 水旱疫癘賑貸之制 현종 3년 5월.

57) 李丙燾, 앞의 책, 167쪽.

58) 《高麗史》 권 79, 志 33, 食貨 2, 市估 현종 5년 6월.

년(1308)이었다. 정치적 개혁을 시도했던 충선왕은 여러 도의 務農使 李厚·陸希贊·崔伯倫 등을 불러 "典農司를 설치한 것은 常平倉을 설치하여 백성에게 糶糴을 실시, 그 급한 것을 구하는 데에 있다"[59]고 한 것으로 보아, 이때 상평창이 다시 설치되었음을 알 수 있다.

그러나 충선왕은 얼마 후 아들인 충숙왕에게 왕위를 물려주고 원나라로 갔고, 그 뒤 계속된 원의 수탈과 權門世族의 횡포, 충정왕 이후 창궐한 왜구의 침입은 이러한 제도의 정상적 운영을 방해했다. 이 때문에 상평창은 그 기능이 다시 정지되었고 공민왕 20년(1371) 復置되었으나,[60] 전국적으로 다시 설치된 것은 공양왕 원년(1339) 대사헌 趙浚 등의 건의에 의해서였다.[61]

이와 같이 상평창은 고려 전기에는 그 기능을 유지하면서 존속하였으나, 후기에는 치폐를 거듭하였기 때문에 제기능을 발휘하지 못하였다. 상평창은 본래 물가조절이 목적이었지만, 고려 475년간 수재와 한재가 평균 2년에 한번씩 일어났기 때문에[62] 물가조절과 함께 의창과 같이 진대의 기능도 가졌던 것이다. 상평창이 물가조절을 위한 좋은 제도였음에는 틀림없지만, 고려시대가 가지고 있었던 여러 문제점들이 이러한 제도의 원활한 운영을 방해했기 때문에 지속적으로 그 기능을 유지하지는 못하였다.

(3) 제위보

고려시대에는 중앙의 의료기구로서 尙藥局과 太醫監이 있었지만, 이것은 주로 왕실과 관리의 치료, 의료정책의 수립, 전염성 질환에 대한 대책과 치료 등을 담당하였다. 따라서 일반 백성의 질병치료를 위한 국립의료 기구가 별도로 중앙과 지방에 설치되어 있었는데, 최초의 기구가 바로 광종 14년(963)에 설치된 濟危寶였다.[63]

제위보는 빈민·행려의 구호와 질병의 치료를 맡아보던 기관이었다. 처음의 직제는 알 수 없으나, 문종대에 이르러 직제를 정비하여 副使 1명(7품 이상)·

59) 《高麗史》 권 32, 世家 32, 충선왕 즉위년 10월 경자.
60) 《高麗史》 권 80, 志 34, 食貨 3, 常平義倉 공민왕 20년 12월.
61) 《高麗史》 권 80, 志 34, 食貨 3, 常平義倉 공양왕 원년 12월.
62) 徐吉洙, 앞의 글, 164~165쪽 참조.
63) 《高麗史》 권 77, 志 31, 百官 2, 諸司都監各色 濟危寶.

錄事 1명(병과권무)을 두었고, 뒤에 使 1명을 다시 설치하였다. 제위보에서는 질병의 치료도 담당하였기 때문에 동서대비원·혜민국과 같이 의원이 있었을 것이다. 이곳에서는 죄를 진 여인으로 하여금 그 대가로 徒役을 시키기도 하였다.[64)]

제위보는 질병치료가 주임무였으나, 숙종 6년(1101) 4월에는 제위보로 하여금 빈민을 진휼하도록 하였고, 이듬해 4월에도 기민에게 施食하도록 한 것으로 보아,[65)] 빈민 구료사업도 겸하였던 듯하다. 인종 때 제위보는 대비원과 함께 운영을 위한 양곡을 지급 받았고, 때때로 수리하여 환경을 정비하기도 하였다. 그러나 의종 이후로는 제대로 운영되지 못하여 본래의 임무를 수행하지 못하였고, 몽고의 침구 후에는 그 기능을 완전히 상실하였다. 그후 충숙왕 12년(1325)에 수리하여 공양왕 3년(1391) 폐치될 때까지 다시 민질을 치료하였으나, 과연 소임을 다할 수 있었는가는 의문이다.

(4) 동서대비원

대비원이라는 명칭은 불교의 大慈大悲思想의 구현이라는 의미를 갖는 것으로, 불교국가였던 고려의 의료기구로서 역대 임금들의 관심 아래 병자의 치료를 담당하였다. 대비원은 개경의 경우 동·서에, 서경에는 한 곳에만 설치되어 있었다. 그것은 설치 연대는 알 수 없으나, 이미 정종 2년(1036) 11월에 그것을 수리하도록 한 것으로 보아,[66)] 그 이전에 설치되었다고 여겨진다.

대비원의 직제는 문종 때에 이르러서 정비되었는데, 이를 정리해 보면 다음 〈표 1〉과 같다.

이 〈표 1〉에 의하면 동서대비원의 사·부사·녹사와 서경 대비원의 부사·판관은 모두 권무관으로 임명하였음을 알 수 있다. 이들은 과거에 합격한 문관이었으며, 記事 2명은 醫吏를 임명, 치료를 전담케 하였다.[67)] 본래 대비원의 주임무가 치료였기 때문에 전속 의관이 배치되어 있었고, 이것은 서경의 경우도 마찬가지였을 것이다.

---

64) 《高麗史》 권 71, 志 25, 樂 2, 濟危寶.
65) 《高麗史節要》 권 6, 숙종 6년 4월.
66) 《高麗史》 권 80, 志 34, 食貨 3, 水旱疫癘賑貸之制 정종 2년 11월.
67) 《高麗史》 권 77, 志 31, 百官 2, 東西大悲院.

〈표 1〉

직 명	인 원 수	비 고
使	1 인	權務官
副 使	1 인	〃
錄 事	1 인	丙科權務
記 事	2 인	吏屬(醫吏로 差之)
書 者	2 인	吏 屬
(大悲院)副使	(1 인)	西京權務官
(大悲院)判官	(1 인)	〃

대비원의 또 다른 임무는 飢寒者와 환과고독을 돌보는 것이었다. 따라서 대비원은 운영을 위하여 축적을 많이 하도록 하였고, 때로 이를 수리하여 환경을 정비하였다. 이러한 경비를 조달하기 위하여 따로 田·民을 속하게 하였다.68) 의종도 이러한 救療機關에 관심을 가지고 있어서 동서대비원과 제위보에 적임자를 임명하여 백성을 구휼하도록 하였고, 그 관리는 사헌부에서 能否를 규찰하여 권징토록 하였다.69) 이와 아울러 무신의 집권기인 명종 때에도 의관의 活人業績에 따라 포폄하도록 하는 등 병자의 구료에 부단한 노력을 경주하였으나, 몽고의 침구를 거치는 동안 이러한 기관은 거의 폐치되다시피 되었다.

그러나 충렬왕 말기부터는 점차 구료기관으로서의 기능도 회복되어 동서대비원으로 하여금 80세 이상된 노인으로 병들고 보호할 사람이 없는 자를 安集하여 식량을 지급하고 치료하도록 하였다. 이와 아울러 충선왕도 동서대비원의 녹사로 하여금 有備倉 米를 지급 받아 질병을 치료하도록 지시한 바 있다. 그러나 당시 이러한 구료기관은 국가로부터 거의 지원을 받지 못하는 상태였기 때문에 실적은 매우 저조하였다. 따라서 충숙왕 12년(1325) 이를 다시 수리하여 병자를 진휼하도록 하였고, 충혜왕은 4년(1343) 3월 僧 翯仙의 권유로 習射場을 파하여 동서대비원에 속하게 하고 또 성 밖에 院을 세워 성 안의

68) 《高麗史》 권 80, 志 34, 食貨 3, 賑恤 水旱疫癘賑貸之制의 공민왕 20년 12월 下敎條에 都評議使司와 사헌부로 하여금 원래 속해 있던 田·民을 도로 찾아서 醫藥과 粥飯의 資로 할 것을 지시한 것으로 보아 創院 당시부터 田·民을 속하게 했던 것을 알 수 있다.

69) 《高麗史》 권 18, 世家 18, 의종 22년 3월 무자.

병자를 모아 옷과 음식을 지급하고 치료하도록 하였다.[70] 이것으로 고려 말기에는 동서대비원의 운영이 원활하지 못하였음을 알 수 있다.

요컨대 정종 이후에 설치 운영된 대비원은 전국적인 규모로 운영된 것은 아니었지만, 몽고의 침입기를 제외하고는 춥고 배고픈 사람과 병자를 돌보는 본래의 임무에 충실하고자 노력하였다. 이후 대비원은 조선시대에 活人院(뒤에는 活人署)으로 개칭되어 진휼업무를 계속하였다.

(5) 혜민국·기타 기구

惠民局은 백성의 질병을 치료하고, 약을 제조·판매하기 위하여 설치한 官藥局으로서 예종 7년(1118)에 설치되었다. 여기에는 판관 4명을 두었는데, 本業(醫官)과 散官 중에서 서로 差任하도록 하되, 乙科權務로서 하였다.[71] 고려는 문종대 이래 예종대까지 특히 대송관계에 있어서 의원·약품·의서 등의 교류가 빈번하여 고려 의학의 발달에 큰 영향을 주었다. 결국 혜민국의 설치는 이와 같은 의학의 발달과 위정자의 관심으로 이루어진 결과였다.

《고려도경》에 보면, "普濟寺 동쪽에 藥局이 있었다"고 했는데,[72] 이것이 바로 혜민국이었다. 그리고 여기에는 太醫·醫學·局生 등이 있어서 날마다 그 직에 임했는데, 이는 의관으로 임명된 판관을 가리키는 것이다. 또 다른 물건은 모두 물물교환이었으나, 약은 간혹 錢寶로 교역했다는 것으로 보아, 국내외의 약재와 백성들이 필요로 하는 약을 조제하여 판매했던 것으로 보인다. 쉽게 의원과 약품을 접할 수 없었던 당시에 혜민국의 신설은 매우 중요한 의미를 갖는 것이었다. 후에 고종이 예종의 혜민국 설치를 그의 중요한 업적으로 여긴 것만 보더라도,[73] 이것이 당시에 얼마나 큰 역할을 담당했는지 알 수 있다.

혜민국 역시 이후로는 다른 구료기관과 마찬가지로 제기능을 충분히 발휘하지 못하였다. 뒤에 충선왕은 이를 司醫署의 관할 아래 두고 활용했으나, 충숙왕 12년(1325)에 이것도 동서대비원 등과 같이 수리하도록 한 것으로 보아

70) 《高麗史節要》 권 25, 충혜왕 4년 3월.
71) 《高麗史》 권 77, 志 31, 百官 2, 惠民局.
72) 徐兢, 《高麗圖經》 권 16, 官府 藥局.
73) 《高麗史》 권 22, 世家 22, 고종 2년 10월 을미.

그 실태를 짐작할 수 있다. 혜민국은 공민왕 3년(1354) 惠民典藥局으로 개칭되었고, 조선시대에는 惠民署로 되었다가 고종 때 폐치될 때까지 민질의 치료를 담당하였다.

이외에 기민과 병자를 구제하기 위해 전술한 기구와는 별도로 설치한 것도 있었다. 즉 救濟都監은 예종 4년(1109) 5월 개경에 역질이 유행하여 사망자가 많이 생기고 심지어는 시체를 거리에 버리는 등의 사태가 발생하게 되어 설치한 것이다.[74] 그러므로 이 역시 병자의 치료와 빈민의 구제를 목적으로 한 것이었지만, 무엇보다도 유행병의 치료를 목적으로 한 것임을 알 수 있다.

구제도감은 상설기구가 아니라 필요에 따라 설치되었던 것으로서 충목왕 4년(1348) 3월에는 같은 목적으로 賑濟都監이, 공민왕 3년 6월에는 賑濟色이 설치되어 기민을 구제하였다. 또한 예종 원년에는 東西濟危都監이 있어서 빈민과 병자를 구휼하기도 하였다.[75] 이것은 이미 동·서 두 곳에 설치되어 있던 것으로 빈민과 병자의 치료를 담당하는 기구였고, 예종 때에만 있었던 임시기구로 보인다.

위의 여러 기관은 때로는 설치 목적대로 운영되지 못한 경우도 있으나, 그것이 본래 기민의 구휼과 민질의 치료가 주된 임무였기 때문에 역대의 국왕과 뜻있는 관원들의 관심과 노력의 결과 고려 전기에는 상당한 성과를 거둘 수 있었다. 특히 예종은 애민정책의 실현자로서 상설기구인 혜민국을, 또 때에 따라서는 구제도감·동서제위도감 등을 설치하여 빈민과 병자를 구휼하였다.

(6) 지방의 의료기구

지방에도 민질과 군인·관리의 질병을 치료하는 의료기구가 설치되어 있었다. 개경 이외의 지역에 의료기구가 처음 설치된 곳은 서경이었다. 즉 태조 13년(930) 서경에 醫學院을 설치하였는데, 의학원의 교수는 생도의 교육뿐만 아니라 관리나 백성의 치료도 담당하였다. 또한 성종 때 설치한 동경과 문종 때 설치한 남경에도 의사가 배치되어 지방의 의료업무를 담당하였다.

서경의 의학원은 예종 11년(1116) 分司太醫監으로 그 관호가 개칭되었는데,

---

74) 《高麗史》 권 80, 志 34, 食貨 3, 賑恤 水旱疫癘賑貸之制 예종 4년 5월.
75) 《高麗史節要》 권 7, 예종 원년 3월.

관원으로는 判監과 知監을 두되 정원은 정하지 않고 본직의 고하로 이를 겸임케 하였으며 8품과 9품의 參外를 각 1명씩 두었다. 그후 명종 8년(1178) 관제를 개정할 때, 서경의 약점에는 부사·판사와 의사 1명, 기사 2명, 의생 5명을 두었다.[76] 이 분사태의감의 의관, 약점의 의사·의생 등은 치료와 교육을 병행하였을 것이다.

서경 이외의 지역에 언제부터 의관을 파견하였는지 자세히 알 수는 없으나, 성종 6년(987) 經學博士와 醫學博士를 12목에 파견해 쓸만한 자를 골라 가르치게 하였고, 또 州縣官으로 하여금 의관 후보자를 천거하도록 한 바 있다.[77] 이 때 파견된 의사 역시 의학교육과 함께 치료를 담당하였기 때문에 지방의 의료시설은 성종 6년 의학박사의 파견을 계기로 확충되기 시작하였고 현종과 문종을 거치는 동안 더욱 확대되었다고 하겠다.

즉 문종 때부터는 동경과 남경은 물론 大都護府와 大都督府에는 의사 1명씩을, 防禦鎭에는 醫學 1명씩을 파견해 치료를 담당하게 하였으며, 또한 국초부터 각 군현에는 의사가 배치되어 민질의 치료를 담당하였다.[78] 그러나 인구에 비해 의사의 수가 적어 귀하게 되니 거만해져 이들 악덕 의관에 대해 법으로 다스려야 한다는 상소가 있을 정도였다. 이에 고려 말기에 이르면 가난한 자는 치료도 받지 못하는 지경에 이르니 법으로 다스리게 하였다. 즉 의관은 관아에 소속되어 있었기 때문에 환자의 집에서 요청하면 즉시 가야 하는데도 불구하고 富豪가 아니면 불응하는 사례까지 있었던 것이다.[79] 따라서 대부분이 가난한 농민이었던 당시에 있어서 의료의 혜택은 고루 미치지 못하였다고 보여진다. 더구나 노비와 같은 천민은 치료도 받아 보지 못하고 죽어 길에 내다버리는 경우도 있었다.

한편 이러한 지방의 의관과는 별도로 경향 각지에 설치된 것으로 藥店이 있었는데, 이것도 국가에서 운영하는 의료기관이었다. 주·부·군·현에 설치되어 있던 약점의 기능을 자세히 알 수는 없으나, 개경의 혜민국과 같은 업무를 수행했을 것이다. 약점의 설치연대는 분명치 않으나, 지방에는 현종 때에, 서

76) 《高麗史》 권 77, 志 31, 百官 2, 外職 西京沿革.
77) 《高麗史》 권 74, 志 28, 選擧 2, 學校 성종 6년 8월.
78) 《高麗史》 권 80, 志 34, 食貨 3, 賑恤 水旱疫癘賑貸之制 공민왕 20년 12월.
79) 《高麗史》 권 85, 志 39, 刑法 2, 禁令 공민왕 4년 3월 憲司上疏.

경에는 문종 때에, 그리고 개경에는 예종 때에 설치된 것으로 보인다.[80] 이와 같이 지방에 먼저 약점이 설치된 이유는 개경과 서경에는 이미 대비원·제위보 등의 의료기관이 설치되어 있기 때문이었다. 의료의 혜택을 제대로 받지 못하고 있던 실정이므로 이곳부터 설치하였던 것으로 보인다.

서경의 약점에는 전술한 바와 같이 부사·판관·의사·기사·의생 등이 있었고, 기타 지방의 약점에는 인구에 비례하여 藥店司가 배치되어 있었다. 이 약점사는 鄕吏職 중의 의직으로서 현종 9년(1018) 주·부·군·현의 이직을 개정할 때 새로 설치한 것이다. 그 내용을 보면, 1,000정 이상의 지역에는 4명씩, 500정과 300정 이상의 지역에는 2명씩, 그리고 100정 이하의 지역에는 1명씩 배치하였고, 동·서의 諸防禦使와 鎭將 및 縣令官의 관할 지역에는 1,000정 이상에서 100정 이하에 이르기까지 모두 2명씩 배치하였다.[81]

문종 때에 이르면 약점사의 상위직으로 藥店正과 藥店副正이 나타나는데, 약점정은 副戶正에 준하고, 副正은 州府郡縣史에 준하는 것으로서, 약점사와 함께 지방의료의 일익을 담당하였다. 이러한 약점의 정·부정·사 등은 같은 鄕職이라 하더라도 호장·부호장·병정 등의 행정직과는 다른 특수직이었다. 그것은 약점사가 인간의 생명과 관계되는 직책이었기 때문이다.

따라서 약점사는 의사는 아니라 하더라도 의학에 대한 전문지식을 가지고 있는 자 중에서 선발되었을 것이고, 그렇다면 이들이 지방의료의 일부를 담당하였으리라는 것을 짐작할 수 있다. 또한 약점에는 공해전을 두어 필요한 경비를 조달하게 하였는데, 서경의 약점에 7결을 지급한 것으로 보아,[82] 개경의 혜민국을 비롯한 각지의 약점에도 공해전이 지급되었을 것이다.

이처럼 전국에 설치되었던 약점이 국민 보건에 얼마나 기여하였는지는 잘 알 수 없다. 그러나 대중의 질병치료와 더불어 藥材의 채취와 보급에 중요한 역할을 담당하였을 것은 틀림없는 사실이다. 이러한 약점의 향리와 지방 의관과의 관계도 잘 알 수 없다. 그러나 이들이 다 같이 지방 의료에 간여한 것은 사실이므로 서로 긴밀한 관계에 놓여 있었을 것은 짐작할 수 있다. 조선시대

80) 孫弘烈, 앞의 책, 115쪽 참조.
81) 《高麗史》 권 75, 志 29, 選擧 3, 鄕職 현종 9년.
82) 《高麗史》 권 78, 志 32, 食貨 1, 公廨田 명종 8년.

에는 지방에 審藥이 파견되어 있었지만, 향리직 중에 이러한 의직이 있었던 때는 고려시대뿐이었다.

(7) 민간의 의료사업

고려시대에는 제위보·동서대비원·혜민국 등 국립 의료기관이 상설되어 있어 백성들의 질환을 치료하였다고는 하나, 이 기구들이 모든 병자를 다 치료할 수는 없었다. 그러므로 왕족이나 민간에서 이러한 사업을 하는 사람이 종종 있었다.

먼저 국왕으로서 개인적으로 민질을 치료하기 위해 약을 비축한 왕은 의종이었다. 의종의 경우 국사를 돌보지 않았기 때문에 무신정권의 수립을 초래케 한 인물이지만, 인간적으로는 심약한 사람이어서 궁중의 별실 중 하나를 善救寶라 이름 짓고, 그곳에 약을 비축하여 衆疾을 널리 구하려 하였다.[83] 그의 이러한 사업이 얼마나 실효를 거두었는지는 알 수 없다. 그러나 점차 그 기능을 잃어가고 있던 의료기관이 큰 효과를 보지 못하고 있던 사실을 알고 있었기 때문에 이러한 생각을 하게 된 것이 아닌가 한다.

의종의 부마인 王沔은 왕족으로서 성품이 순박하고 침착했으며 글씨도 잘 쓰고 재능도 많았다. 특히 의술에 정통하여 약을 저축하여 活人하기를 일삼았다고 한다. 더욱이 많은 병자들이 그의 집에 몰려들어도 조금도 꺼리지 않고 치료해 주어 모두 탄복하였을 정도였다.[84] 그의 이러한 사업은 현대의 자선사업과 같은 것이라 할 수 있는데, 특히 당시에 병자가 많이 몰려온 것은 그때가 무신집권기로서 국가의 의료기구가 제기능을 발휘하지 못하고 있었기 때문이라 하겠다.

또 蔡洪哲은 충렬왕 때 과거에 급제하여 관리를 지낸 후 충선왕 때 司醫副正이 되고, 뒤에 順川君에 봉해진 인물이다. 그는 재물을 좋아하여 관직에 있는 동안 거부가 되었으나, 사람됨이 문장에 능하고 의술을 비롯한 技藝에 재주가 있었다. 또 불교를 매우 좋아하여 일찍이 자기 집 북쪽에 栴檀園을 지어 항상 승려를 대접하였으며, 또 약을 시혜하니 많은 사람이 이에 힘입어 이를

83) 《高麗史》 권 18, 世家 18, 의종 10년 10월.
84) 《高麗史》 권 90, 列傳 3, 宗室 1, 朝鮮公燾 附 沔.

活人堂이라 하였다. 충선왕도 일찍이 이곳에 행차하여 白金 30근을 시사하여 그의 구료사업을 격려하였다.[85] 충선왕의 부마인 許悰도 원나라에서 돌아온 후 의술로 많은 병자를 구했던 사람이다.[86]

이상 예로 든 세 사람의 활동은 모두 가난한 병자에 대한 구료사업이었다. 이들은 사회적 지위도 비슷하였고, 시대도 왕면이 약간 앞서기는 했지만, 대체로 무신의 집권 혹은 원의 지배로 국가가 혼란한 때였다. 이러한 혼란으로 국가에서 운영하는 의료기관은 그 기능을 충분히 발휘하지 못하게 되었고, 이에 민간의 活人事業이 그 기능의 일부를 담당하게 되었던 것이다. 그러나 이러한 민간에 의한 구료사업은 시설이나 능력에 한계가 있어 극히 일부인에게만 혜택이 가능한 것이었으므로 근본적인 대책은 될 수 없는 것이었다.

고려 전기에 설치되어 형식적이나마 후기까지 운영된 의창·상평창 등의 진휼기관과 제위보·대비원·혜민국·약점 등의 의료기관은 이재민과 질역자에게 식량과 약품을 진급 혹은 진대하는 본래의 기능을 비교적 충실히 수행하였다. 그러나 의종 때를 고비로 그 기능이 사실상 정지되고 말았다. 그 가운데 몇몇 기관은 충선왕 이후 다시 설치되었으나 전기와 같이 활발한 역할을 하지 못하였다.

이렇게 후기에 와서 활동이 중지된 것은 고려 중기의 무신란을 고비로 하여 뒤이은 고종 때의 몽고의 침입, 여말의 왜구 등의 내우외환과 원의 수탈, 권문세가의 농장 확대 등으로 국가 재정수입이 감소된 데에 기인한다. 이로 인해 사실상 진휼·의료기관의 운영이 마비되었던 것이다. 따라서 농민의 보호와 국가경제의 기반인 농업의 재생산수단을 제공한다는 실질적인 기능과 애민·휼민을 목표로 하는 王道政治의 실현이라는 형식적 기능의 달성을 위해 이러한 사회시설이 운영되었지만, 고려사회가 안고 있던 여러 문제로 인해 지속적인 효과를 보지는 못하였던 것이다.

〈孫弘烈〉

85) 《高麗史》 권 108, 列傳 21, 蔡洪哲.
86) 《高麗史》 권 105, 列傳 18, 許珙 附 悰.

4. 형률제도

1) 율령의 내용

(1) 《고려사》 형법지에 대한 검토

지금까지 고려시대에 시행된 刑法인 고려율에 관하여는 많은 연구가 진척되었다.[1] 그러나 그 연구영역의 대부분은 법제사적인 측면에 치우쳐 있다고 해도 과언은 아니다.

고려시대에 시행된 형법과 刑政에 관한 기록이 수록되어 있는 것으로는 《高麗史》 刑法志(이하 형법지로 약칭함)를 꼽을 수 있다. 따라서 고려시대에 시행된 고려율과 행형제도를 연구하는 데에 있어서는 먼저 형법지에 대한 개괄적인 검토와 이해가 필요하다. 그러면 우선 다음과 같은 형법지의 序文을 통해 검토의 실마리를 풀어보자.

① 刑은 지나간 일을 징계하고, 法은 아직 일어나지 않은 일을 예방하는 것이니, 이미 일어난 일을 징벌하여 사람들로 하여금 두려움을 알게 하는 것은 일을 未然에 방지하여 사람들로 하여금 피할 줄 알게 하는 것만 못하다. 그러나 형이 없으면 법이 시행될 수 없다. 이것이 先王이 병용하면서 어느 한 가지도 없애지 못한 까닭이다.

② 고려시대의 제도는 대개 唐制를 모방하였고, 형법에 이르러서도 唐律을 채록하여 時宜를 참작하여 사용하였다. 獄官令 2條·名例 12조·衛禁 4조·職制 14조·戶婚 4조·廐庫 3조·擅興 3조·盜賊 6조·鬪訟 7조·詐僞 2조·雜律 2조·捕亡 8조·斷獄 4조 등 모두 71조인데, 번잡한 것은 삭제하고 간결한 것은 취하여 한 시대에 시행하였으니 또한 근거가 없다고 말할 수는 없다.

③ 그러나 그 폐단은 법망을 펴지 못하고 형벌은 완화되고 사면이 잦아서 姦兇의 무리들이 법망을 벗어나서 제멋대로 하여도 제지하지 못하였고, 말기에 가서는 그 폐단이 극에 달하였다. 이렇게 되어 元나라의 議刑易覽과 明의 大明律을 섞어서 쓰자는 의견도 나왔고, 또 至正條格·言行事宜를 겸해서 채용하자고 책을 만들어 바친 자도 있었다. 이것은 비록 시대의 폐단을 시정하는 데 절

---

1) 高麗律에 관한 자세한 연구현황에 대하여는 辛虎雄, 《高麗法制史硏究》(國學資料院, 1995), 9~12쪽 참조.

실한 것이었으나 이미 국가의 大綱이 무너지고 국세가 기울어진 바에야 무슨 소용이 있겠는가(《高麗史》 권 84, 志 38, 刑法 1).

위의 사료에서 보듯이 형법지의 서문은 대략 세 단락으로 나누어 생각할 수 있다. ①은 서문 중의 서문이라 할 수 있는 일반론으로 刑과 法意의 개념을 밝히고 있다. 즉 형법의 예방적·응보적 성격을 밝히면서[2] 후자의 기능을 전자보다 하위의 개념에 놓고 보려는 것이 형법지 찬자(이하 찬자)의 형법관이라 할 수 있다. 형법지에는 가혹한 형벌이 많았음에도 불구하고 用刑에 있어서는 매우 인도적이었고, 또 개별화시켜 적용함으로써 형벌을 완화한 寬刑主義·省刑主義를 채용하였던 것이다.

②에서 보듯이 고려의 형법은 당률을 채용하면서도 시의를 참작하여 獄官令 2조 등 12편목으로 모두 71조의 법률이 시행되었다. 그러나 형법지의 실제 내용은 名例·公式·職制·奸非·戶婚·大惡·殺傷·禁令·盜賊·軍律·恤刑·訴訟·奴婢 등 13항목으로 구성되어 있음이 크게 다르다.

③에 의하면, 고려의 법률은 「刪削取簡」하여 한때 잘 시행되었으나 고려 말기에 이르러 법망이 해이해져 간흉의 무리가 마음대로 빠져 나와도 이를 禁制할 수 없게 됨으로써 그 폐단이 극도에 이르렀다는 것이다. 그리하여 그 대책으로 원의 《議刑易覽》과 명의 《大明律》을 혼용하여 당시의 폐단을 바로잡으려 하였지만 이미 국세는 기울었다는 것이다.

이상의 서문을 종합해 보면, 찬자들은 고려의 형법이 당률을 기본으로 하면서도 전통적인 관습법을 참작하여 썼고, 또 형법을 운영하는 과정에서는 말기에 올수록 문란해졌다는 부정적인 관점을 보이고 있다. 이는 《고려사》 찬자가 갖는 흥망사관이라 할 것이며, 그 목표는 조선의 건국에 대한 당위성과 합리성을 부여하는 것이라 할 것이다.[3]

《고려사》 형법지는 두 가지 형식으로 기사가 기록되어 있다. 하나는 年·月이 없는 일반적 기사 내지 科條的 기사이며, 다른 하나는 년·월이 있는 編年的 기사이다.[4] 가령 형법지 「職制」 항목을 보면, 앞에는 과조적 기사에 해당

2) 延正悅, 《韓國法制史》(學文社, 1984), 49쪽.
3) 邊太燮, 《『高麗史』의 硏究》(三英社, 1982), 216~217쪽.
4) 辛虎雄, 앞의 책, 307쪽.

되는 일반적인 법률(주로 형법)이, 뒤에는 연월이 있는 구체적 사실이 수록되어 있는 것이 보여진다.

형법지의 기사 중에서 주목되는 점은 고려의 독자적인 율문이 많다는 점이다. 찬자가 서문에서 「시의를 참작」하였다고 한 것은 관습법을 뜻할 수도 있지만, 형법지 각 항목에 산견되는 국왕의 制·判·敎도 그것에 포함될 것이다. 대체로 과조적 기사가 당률을 형식적으로 채록한 것이 많은데 비해, 제·판·교 등은 그때그때의 時法으로 고려의 현실에 적용되었던 것으로 보인다. 그런데 제·판·교 등의 사례를 보면 연월이 없는 경우도 다소 있지만, 대부분은 연월이 부기된 편년적 기사로 되어 있다. 따라서 고려율의 체계는 과조적 기사와 詔勅類로 구성되어 있다고 하겠다. 이제 형법지에 수록되어 있는 각 항목에 대해 과조적 기사를 중심으로 고려율의 法意와 法源을 분석해 보자.

(2) 고려율의 내용

가. 명 례

형법지 찬자는 오늘날의 형법 총칙에 해당하는 부분을 名例 항목에 수록하고 있다. 명례에서 名이란 5형의 刑名(형벌규정)이며, 例는 5형을 적용하는 법례를 뜻한다.[5] 이것이 바로 범죄의 구성요건에 해당한다고 할 수 있다.[6] 형법지에는 당률의 예에 따라 名例律을 그 첫머리에 수록하고 있다. 다음 〈표 1〉은 그 구체적인 법원을 규명하기 위해 만든 것이다. 이것을 보면, 5형제도의 법원은 당률임을 알 수 있지만, 고려율의 5형체계는 당률과는 달리 折杖法이 시행되었던 것으로 보아 宋刑律도 참조하였음을 알 수 있다.[7] 그러나 贖銅制는 당률을 모방하였다.[8] 이로써 고려율의 절장법은《宋刑統》을, 속동제는 당률을 따랐던 것이라 하겠다.

《송형통》을 법원으로 하는 절장법의 내용을 보면, 당률의 경우 태형에서는 그 형량이 10~50이지만, 절장법에서는 臀杖(볼기를 치는 매) 7~10을 과하는

5) 宋斗用, 〈高麗律條의 硏究〉(《行政學報》 1·2, 建國大, 1968·1969).
6) 辛虎雄, 《高麗時代 刑法史 硏究》(東國大 博士學位論文, 1986), 14쪽.
7) 仁井田陞, 〈唐宋の法と高麗法〉(《東方學》 30, 1965), 12쪽.
8) 戴炎輝, 〈唐律における除免當贖法〉(《法史學硏究》 13, 1962), 55~59쪽.

〈표 1〉

구 분	高 麗 律	唐 律	宋 律
① 笞 刑 (5종류)	笞 10=折杖 7·贖銅 1근 笞 20=折杖 7·贖銅 2근 笞 30=折杖 8·贖銅 3근 笞 40=折杖 9·贖銅 4근 笞 50=折杖 10·贖銅 5근	笞 10=贖銅 1근 笞 20=贖銅 2근 笞 30=贖銅 3근 笞 40=贖銅 4근 笞 50=贖銅 5근	笞 10=決臀杖 7 笞 20=決臀杖 7 笞 30=決臀杖 8 笞 40=決臀杖 8 笞 50=決臀杖 10
② 杖 刑 (5종류)	笞 60=折杖 13·贖銅 6근 笞 70=折杖 15·贖銅 7근 笞 80=折杖 17·贖銅 8근 笞 90=折杖 18·贖銅 9근 笞 100=折杖 20·贖銅 10근	杖 60=贖銅 6근 杖 70=贖銅 7근 杖 80=贖銅 8근 杖 90=贖銅 9근 杖 100=贖銅 10근	杖 60=決臀杖 13 杖 70=決臀杖 15 杖 80=決臀杖 17 杖 90=決臀杖 18 杖 100=決臀杖 20
③ 徒 刑 (5종류)	1년 =折杖 13·贖銅 20근 1년반 =折杖 15·贖銅 30근 2년 =折杖 17·贖銅 40근 2년반 =折杖 18·贖銅 50근 3년 =折杖 20·贖銅 60근	1년 =贖銅 20근 1년반 =贖銅 30근 1년 =贖銅 40근 1년반 =贖銅 50근 1년 =贖銅 60근	1년 =決脊杖 13 1년반 =決脊杖 15 2년 =決脊杖 17 2년반 =決脊杖 18 3년 =決脊杖 20
④ 流 刑 (3종류)	2천 리=折杖 17·配役 1년·贖銅 80근 2천 5백 리=折杖 18·配役 1년·贖銅 90근 3천 리=折杖 18·配役 1년·贖銅 100근	2천 리=贖銅 80근 2천 5백 리=贖銅 90근 3천 리=贖銅 100근	2천 리=決脊杖 17·配役 1년 2천 5백 리=決脊杖 18·配役 1년 3천 리=決脊杖 18·放配役 1년
⑤ 死 刑 (2종류)	絞=贖銅 120근 斬=贖銅 120근	絞=贖銅 120근 斬=贖銅 120근	絞=贖銅 120근 斬=贖銅 120근

데 그치고 있으며,[9] 장형에서는 그 형량이 60~100이지만 이를 절장법으로 환산할 경우에는 둔장 13~20을 과하게 된다. 또 徒刑은 獄舍 내에서 작업을 행하는 일종의 役刑인 自由刑으로 그 기간은 1~3년이다. 그러나 절장법에서는 徒를 과하지 않고 脊杖(잔등을 치는 매) 13~20을 과하고 있다. 그런데 고려율에서는 이와 같은 절장에 속동형이 수반되고 있는 점이 다르다.

이 밖에 고려 나름의 특색을 보이고 있는 형빌에 내해 살펴보기로 하자. 먼저 笞杖·臀杖·脊杖을 집행할 때 사용하는 刑具의 모양을 나타낸 법식인

9) 《宋刑統》에서는 笞 40에 해당되는 것으로 折杖 8을 과하고 석방시키나, 고려율에서는 折杖 9를 과하고 있는 점이 특이하다.

刑式을 살펴보면, 이 규정은 唐律令에 연유하고 있는 것 같지만 당률이나 당령 그리고 송형통 등에서는 보이지 않는다. 특히 형장식에서 "尺은 金나라 척을 쓴다"고 한 것을 보면 형장식의 법원은 金律이라 생각된다.[10]

다음으로 辜限제도에 대해 살펴보자. 이는 결과적 加重犯의 제도를 규정한 《唐律疏議》(이하 唐으로 표기) 鬪訟律 6, 保辜條를 그 법원으로 하고 있다. 손과 발로 사람을 때려 다치게 했을 때는 10일, 다른 물건으로 사람을 때려 다치게 했을 때는 20일, 칼이나 끓는 물 또는 불로써 사람을 다치게 했을 때는 40일, 팔다리를 꺾거나 뼈를 부러뜨렸을 때는 50일 등으로 하고, 이상의 각 유죄기간 내에 피해자가 사망할 경우에는 살인죄로 다스린다. 따라서 이 제도는 살의의 유무를 묻지 않고 가해의 일정한 결과를 가지고 그 형을 가중하고 있음을 알 수 있다. 그러나 고려율은 '칼이나 끓는 물 또는 불'로 사람을 상하게 했을 경우 당률에 비해 기간을 10일 더 늘리고 있다.

또 형벌을 집행할 수 없는 날이 별도로 정해져 있었다. 국가의 忌日, 十直, 俗節, 愼日 등은 禁刑日로 규정되었다.[11] 그 법원은 唐 斷獄律 27, 立春後不決死刑條에서 비롯된 것이지만 내용면에서는 약간 다른 점도 있다.

그 밖에 유배형에 대하여 살펴보면, 당률은 유배죄인이 배소에서 1년 내지 3년간의 居作을 마치면 이미 죄인이 아니라 그 지역의 주민으로 인정되었고, 특별한 경우를 제외하고는 「六載」 이후에는 서용을 허락하였으며 관작이 없는 자는 放歸되었다.[12] 그러나 고려율에서는 유배자가 유배되고 있는 한 죄인이었으며, 사면 또는 소환이 없는 한 종신토록 그 배소에서 거주하는 것을 그 내용으로 하였다.[13]

---

10) 형장식에 金尺을 쓰게 된 시기는 金이 건국된 해인 예종 10년(1115) 이후로 유추해 볼 수 있다.

11) 10直은 초하루·8일·14일·15일·18일·23일·24일·28일 29일·30일을 말하며, 俗節은 정월 초하루·정월 보름·한식·삼짇날·단오·추석·9월 9일·동지·팔관을, 愼日은 정초의 子日과 午日 및 2월 초하루를 각각 지칭한다.

12) 浜中昇, 〈高麗律における唐律の繼受と歸鄕刑·充常戶刑〉(《歷史學硏究》 483, 1980), 40쪽.

13) 고려의 版圖는 개경으로부터 2천리 이상에 해당되는 지역이 거의 없었으므로 行刑에 있어서는 그 경중에 따라 有人島 또는 無人島, 그 밖에 遠惡地를 택한 경우가 많다.

나. 직제율

職制律이란 관리의 직무상 책임사항과 그 비위에 대한 벌칙사항을 말한다.[14] 형법지 내용 가운데 禁令 항목과 아울러 가장 많은 분량의 기사가 실려 있는 이 직제율의 조목을 살펴보면 대략 다음과 같다.

> ① 감찰하는 관리 자신이 도적질하거나 감찰할 때에 재물을 받고 법을 어긴 자는 徒刑과 杖刑으로 논하지 말고 職田을 회수한 다음 귀향시킨다.
> ② 僧人으로 사원의 미곡을 훔친 자는 귀향시켜 編戶에 충당한다.
> ③ 관가의 물품을 무역한 자는 귀향형을 제외하고는 법에 따라 科罪한다(《高麗史》 권 84, 志 38, 刑法 1, 職制).

위의 사료는 고려의 독자적인 형률체계이며 고려사회의 특수성을 반영하고 있는 법제이다. 특히 歸鄕刑은 고려율에서만 설정되어 있는 독특한 형벌적 기능이다. 이러한 형벌제도는 고려 초기에 새로운 통치질서를 모색하는 과정에서 당·송의 형법제도를 수용하였지만 외래적 제도의 수용만으로는 효율적으로 운영하기 어려웠기 때문에 설정한 제도로 보인다.

귀향형은 本貫에 유배되는 형벌로서 당률에 규정된 除名과 관련되어 있다. 관인이 죄를 범하면 제명이 부가되지만 死刑 및 加役流 등 특수한 유배형에 해당되는 죄가 아니라면 제명처분에다 귀향형이 부가되어 본관에 유배되었다.[15] 이 귀향형은 관인만이 아니고 관인의 가족, 승려, 군인에 대해서도 과해졌다. 귀향형에 대한 최초의 기사는 현종 7년(1016)에 나타나고 있어[16] 법제의 성립시기도 현종 7년 이전으로 잡을 수 있을 것이다.

또 관리가 직무와 관련하여 관물을 횡령하거나 뇌물을 받은 경우에 대한 행형은 다음과 같은데 그 法意는 당률과 거의 일치하지만 고려율에서는 피해법익과 형벌과의 관계를 구체적으로 명시하고 있다.

> ① (관리가) 감찰하면서 금품을 훔친 경우(監臨贓) ; 베 1尺을 숨겼을 때에는 笞 40에 … 8匹을 숨겼을 때에는 徒 1년에 … 40필에는 徒 3년에, 50필에는 流 1천리에 처한다. (監臨官에게) 물품을 준 자는 죄를 5등 감해 주고 매는 杖 1백에

---

14) 《唐律疏議》 권 9, 職制 序文.
15) 浜中昇, 앞의 글, 33쪽.
16) 《高麗史》 권 84, 志 38, 刑法 1, 職制 현종 7년 5월.

그친다. 만약 監臨官이 부서에서 물품을 요구하여 취한 자는 1등을 더하고, 만약 위력으로서 강제로 취한 자는 枉法贓에 準하여 논한다(《高麗史》권 84, 志 38, 刑法 1, 職制).

② 법을 어기고 뇌물을 받는 경우(枉法贓); 1척에는 장 1백에, 1필에는 도 1년에…5필에는 3년, 6필에는 流 2천리…8필에는 3천리, 15필에는 絞刑에 처한다. 관품이 있는 자가 범하였을 때는 官當收贖하되 베 1필 이상인 경우에는 除名하고, 無祿者이면 減 1등하고, 20필에 (달하면) 교형에 처한다(위와 같음).

③ 법을 어기지 않고 뇌물을 받은 경우(不枉法贓); 1척에는 장 90에, 2필에는 杖 1백대, 4필에는 도 1년에…12필에는 도 3년에, 14필에는 流 2천리, 30필에는 귀양을 보내는 외에 요역을 더 시킨다. 관품이 있는 자가 범한 경우에는 官當收贖하되 4필 이상은 제명하고 무록자는 죄를 1등 감하고 40필에는 귀양을 보내는 외에 요역을 더 시킨다(위와 같음).

① 은 관물횡령에 해당하는 「受所監臨」의 贓을 규정한 것으로 재물수수의 경우에는 양자를 모두 처벌하였고, 장물은 몰수하였다. ①의 법원은 唐 職制律受所監臨財物條인데, 고려율에서는 50필에 대한 장의 형량을 달리하고 있다. ② 와 ③ 은 枉法贓과 不枉法贓에 대한 규정인데, 이 율문은 당 직제율 48, 監主受財枉法을 법원으로 하여 당률 1개조문을 2개조문으로 분리·설정하고, 거기에다 당 名例律 22, 以官當徒不盡條에 나오는 官當收贖을 결합시켜 조문화한 것이다. 그리고 관인의 형벌에 대한 閏刑 체계인 관당수속법[17]을 교묘하게 접합시킨 것을 보면 당률의 법의를 고려 실정에 맞도록 포괄적으로 수용한 것을 알 수 있다.

그리고 고려율은 坐贓의 경우 당 雜律 1, 坐贓治罪條를 법원으로 하여 당률의 규정을 그대로 채입하고 있다. 좌장이란 일의 책임자가 아닌 자로서 재물을 받은 경우로 일반적으로 强盜贓·竊盜贓·枉法贓·不枉法贓·受所監臨贓과 아울러 이른바 6贓을 구성하는데, 그 중에서 좌장치죄에 대한 科罪가 가장 가볍다.[18]

고려사 형법지에는 관리가 위세를 이용하여 타인의 私田이나 재물을 침탈한

17) 이에 대해서는 辛虎雄, 〈高麗律에 있어서 官當收贖法의 施行問題〉(《關東大論文集》15, 1987) 참조.

18) 贓에 대한 唐律의 각 조문을 비교해 보면 强盜贓 1척은 徒 3년, 竊盜贓은 杖 60, 枉法贓은 杖 100, 不枉法贓은 杖 90, 受所監臨贓은 笞 40, 坐贓은 笞 20으로 되어 있다.

죄에 대해서도 과죄하고 있다.[19] 사전 침탈의 과형은 당 戶婚律 18, 在官侵奪私田條의 법의를 취하였으나, 피해법익과 과형의 숫자에 있어서는 약간 다르다. 田地와 園圃를 침탈한 경우에는 죄명이 균등하지 않기 때문에 무거운 법으로서 가벼운 법을 倂滿해서 처벌하였다.[20] 그리고 관리가 위세를 이용하여 백성의 재산을 취했을 때 이를 처벌하는 조문은 당 직제율 58, 挾勢乞索條 의 법의를 취하고 있다.

다. 간 비

이 奸非의 항목[21]은 당률의 편목에는 없다. 그것은 고려율이 형식적인 내용에 있어서 당률을 모델로 했지만, 형법지의 항목 설정은《元史》에 준했기 때문에 나타난 현상이다. 이 항목에 수록된 과조적 기사는 적고, 율문의 내용을 당률의 분류에 따른다면 잡률에 속하는 것이다. 그 내용은 대략 다음과 같이 네 항목으로 나누어 설명할 수 있다.

첫째, 감찰하는 우두머리(監臨主守)가 자기 관할 내에서 간음하였을 경우, 和奸이면 徒(징역) 2년에, 남편이 있는 자를 화간했을 경우에는 도 2년 반에, 强姦이면 도 3년에 처하였다. 그리고 화간일 경우 婦女는 남자보다 죄 1등급을 경감하였다. 이는 당 잡률 28, 監臨於監守內姦條의 법의를 따랐다고 생각되는데, 당률에서는 감임주수의 감찰기간 내의 간음은 凡姦에 죄 1등을 더하는 것으로 되어 있다.

둘째, 部曲人 및 奴가 주인 및 주인의 周親尊長을 간하였을 때에는 화간은 교형에, 강간은 참형에 처하였다. 그리고 화간한 부녀는 (남자보다) 죄를 1등 감하며, 노가 주인의 緦麻 이상의 친척을 간하였을 때는 1등급을 감하고 있다. 이는 당 잡률 26, 奴姦良人條의 법의를 따르고 있는데 노가 주인의 시마 이상의 친척을 간하였을 때 죄 1등을 감하는 규정은 당률과 같이 화간은 유형에, 강간은 교형에 처한다는 뜻이 된다.

셋째, 父祖의 妾, 伯叔母·姑母·姉妹·子孫의 婦, 兄弟의 女를 간한 경우 그것이 화간이면 교형에 처하고, 부조의 幸婢를 간한 경우는 죄 2등을 감한

19)《高麗史》권 84, 志 38, 刑法 1, 職制.
20)《唐律疏議》名例律 45, 二重從重罪.
21)《高麗史》권 84, 志 38, 刑法 1, 奸非.

다. 이는 당 잡률 25, 姦父祖妾條의 법의를 취한 것이다. 당률의 해당 조문에는 화간에 동의한 부녀는 모두 똑같이 벌을 받게 되어 있다. 즉 부조의 첩이나 행비 자식의 유무를 막론하고 부조의 행비이기 때문에 이를 간하였을 때는 규정대로 처벌하였다. 그러나 일찍이 부조와 동거할 때 자식을 낳은 첩이나 행비일지라도 부친이 사망한 후 일단 타인에게 개가한 후에 간하였을 때에는 간부조첩죄로 처벌하지 않았다.

넷째, 일반인이 비구니와 女冠을 간한 경우 화간이면 도 1년 반, 강간이면 도 2년, 화간한 비구니와 여관은 도 2년 반의 도형에 각각 처하는데, 강간의 피해자는 처벌하지 않고 있다.

라. 호 혼

일반적으로 戶는 戶籍을, 婚은 婚姻을 뜻한다. 이 戶婚律은 漢나라 이전에는 아직 형률에 편입되지 않았으나, 北齊 때에 이르러 호·혼의 두 요소를 갖추게 되었고, 그후 隋의 開皇律에서 戶婚律로 바뀌어 당률에 이르러 이를 답습하였다. 그리고 고려율은 당률을 모방하여 만든 것으로 대체로 戶律은 脫稅·戶籍·耕作 등에 관한 사항을, 婚律은 혼인과 가족에 관한 사항을 각각 규정하고 있다.

먼저 편호와 부역문제를 살펴보면, 고려는 인정의 다과에 따라 9등급으로 편호하여 부역을 과하고 있으며, 피역행위에 대해 형법지 호혼조에는 매우 엄격한 처벌규정을 마련하였다. 즉 고려시대는 16세 이상부터 59세까지의 장정이 국역을 지도록 되어 있었는데,[22] 家長으로서 연령을 증감시키거나 식구 수를 줄인 경우에 대하여 처벌하였다. 한 사람을 줄인 경우는 도 1년, 2명에는 1년반, 5명에는 2년, 7명에는 2년반, 9명에는 3년의 징역에 각각 처하게 하였다. 그리고 里正이 부주의로 漏口·탈세·연령의 증감을 잘 파악하지 않아 과역에 지장을 초래했을 경우에 대해서도 처벌규정을 마련하였다. 이는 당 호혼률 2, 里正不覺脫漏條에 그 법원을 두고 있으나. 당률에 비해 고려율은 보다 구체적인 처벌규정을 두고 있었다. 또 차출된 丁夫나 雜匠이 부역을 지체한 경우, 당사자들을 태형과 장형 등으로 처벌하였을 뿐 아니

---

22) 《高麗史》 권 79, 志 33, 食貨 2, 戶口.

라 그의 主司와 將領에게도 加 1등한다는 내용이 부기되어 있다. 이 조문의 경우 당 擅興律 23, 丁夫雜匠稽留條의 법의를 계수하였으나, 그 과형은 달리 하고 있다. 즉 당률에서 정한 것보다 죄 1등을 무겁게 하고, 태형에 있어서도 「1日 加 1等」, 장형의 경우 「3日 加 1等」으로 하여 그 처벌을 도형으로까지 연장하고 있다.

형법지 호혼조는 또 隣保와 관련하여, 隣里에서 강도를 당하고 있는데 그 정황을 알면서도 구조하지 않는 행위, 이른바 「不作爲犯」에 대한 처벌규정을 두고 있다. 이 율문은 당 捕亡律 6, 隣里被强盜條를 법원으로 하여 설정된 율문인데, 전반적으로 당률의 과형보다 1등을 감하고 있다. 또 五保내에서 죄를 규명하지 않고 덮어두는 행위에 대한 처벌규정은 당 鬪訟律 59, 監臨知犯法條의 법의를 취하였으나, 율문 자체는 고려 나름대로 간략하게 하였다.[23]

고려율 호혼조는 가족과 혼인문제에 대해서도 다음과 같이 상세한 규정을 마련하고 있는 바 당률과 비교하며 살펴보기로 하자.

①성씨가 다른 남아를 기르도록 준 자는 笞 50에, 기르는 자는 徒 1년에, 자식이 없으면서 (양자를) 버린 자는 2년의 도형에 처한다. 여아를 기르는 자는 坐罪되지 않으며, 그 버린 아이가 3세 이하이면 성씨가 다르더라도 기르는 것을 허용한다(《高麗史》 권 84, 志 38, 刑法 1, 戶婚).

②조부모와 부모가 있는데 자손이 호적과 재산을 달리하여 공양을 하지 않으면 徒 2년에, 服喪 중에 別籍을 하면 도 1년에 처한다(위와 같음).

③㉠서로 합의하여 자손을 팔아(和賣) 노비로 삼으면 도 1년에, 꾀어서 (노비로) 팔면(略賣) 도 2년에 처하며, 서로 합의하여 고의로 판 자(和而故賣)는 加 1등한다. ㉡서로 합의하여 親弟姪·外孫을 노비로 삼으면 도 2년반에, 꾀어서 팔면 도 3년에 처하며, 아직 팔지 않았으면 1등을 감한다. ㉢서로 합의하여 堂弟와 堂兄弟의 자손을 노비로 삼으면 2천 리의 유형에, 꾀어서 팔면 3천 리의 유형에 처하며, 아직 팔지 않았으면 1등을 감하고, 서로 합의하여 고의로 판 자는 1등을 가한다. 여타의 친족은 일반인과 같다(위와 같음).

④관노비나 사노비가 양민의 子를 꾀어내 매매하는 자가 여자인 경우 초범이면 율에 따라 처벌하고, 재범이면 귀향형에 처한다. 남자인 경우 초범이면 歸鄕刑에

---

23) 당률에는 徒罪不糾 때에 杖 70으로 하였으나 고려율에는 이를 장 60으로 경감하였고, 당률에서는 女世帶의 婦女와 15세 이하의 남자는 죄를 묻지 않기로 되어 있는데 비해 고려율에는 이 규정이 설정되어 있지 않다.

처하고, 재범이면 充常戶刑에 처한다(위와 같음).

⑤처가 함부로 떠나가면 도 2년에, 개가하면 流 2천 리에 처한다. 첩이 함부로 떠나가면 도 1년 반에, 개가하면 도 2년 반에 처한다. 취한 자도 같은 죄를 주되 유부녀인줄 알지 못하였으면 죄에 처하지 않는다(위와 같음).

⑥군현인과 津·驛·部曲人이 결혼하여 낳은 자녀는 모두 진·역·부곡에 속하게 하고, 진·역·부곡인과 雜尺이 결혼하여 사이에 낳은 자녀는 반을 나누되 남는 수는 母에 종속시킨다(위와 같음).

①은 양자문제와 관련된 조항으로, 이 조문은 당 호혼률 8, 養子捨去法의 법의를 취하고 있음을 볼 수 있다. 이 조문은 우리 실정에 맞지 않았던 것으로, 문종 22년(1068)의 制[24]에서는 자식이 있거나 또는 형이나 동생에게 자식이 있는 경우와 항렬이 같지 않는 경우에는 입양이 허용되지 않는 방향으로 보완되었다.

②는 조부모와 부모의 생존시에 자손으로서「別籍異財」하여 공양을 하지 않는 자와 服喪 기간 중에 분가한 자에 대한 처벌규정이다. 이 조문은 당 호혼률 6, 子孫不得別籍條와 동률 居父母喪生者條의 율문과 법의를 취하였고,「供養有闕徒2年」의 한 구절은 당 鬪訟律 46, 子孫違犯敎令條에서 채입한 것이다.

③은 당 賊盜律 47, 略賣期親卑幼條를 법원으로 하고 율문의 일부는 동률 48, 知略和誘和同相賣條에서 취하여 성립한 조문이다. ㉠항은 자손을 和賣·略賣·故賣하여 노비로 하였을 때 과해진 처벌규정인데, 이 경우 행위의 객체는 자손이다. 약매하는 경우는 도 1년 반에, 화매하는 경우는 도 1년에, 고매하는 자는 1등을 더하여 과죄하였다. ㉡항의 객체는 친동생이나 조카, 외손자이다. 약매하는 경우는 도 3년에, 화매하는 행위는 도 2년 반에, 고매하는 행위는 죄를 1등 감하였다. ㉢항의 객체는 종제와 종형제의 자손인데, 화매할 때는 流 2천 리에, 약매할 때는 유 3천 리에,「화이고매」하는 행위는 1등을 감한다는 내용이다. 당률에서는 期親 이하의 尊長이 卑幼를 파는 행위와 타인이 그 사정을 알고 사는 행위를 분리 설정하고 있지만, 고려율에서는 한편으로는 양자를 동일항에 수록하고, 다른 한편으로는 행위의 객체별로 나누어 수록하고 있다.

④는 歸鄕刑과 充常戶刑을 설정한 고려 독자적인 율이다. 이 법률은 중국의

24) 《高麗史》 권 84, 志 38, 刑法 1, 戶婚 문종 22년.

율과는 전혀 무관한 累犯加重制度의 시행을 상정할 수 있을 뿐 아니라,[25] 입법시기도 귀향형과 충상호형의 제정과 더불어 성종 14년(995)~현종 7년(1016)간에 설정되었다고 짐작된다.[26]

⑤는 군현인과 진·역·부곡인이 결혼해서 낳은 자식은 모두 진·역 부곡에 속하게 하고, 진·역·부곡인과 잡척이 결혼하여 낳은 자식은 나누고, 남는 수는 母에 따른다는 내용이다. 이것은 당률의 正條는 아니고 고려의 독특한 율로 보여진다. 군현인과 진·역·부곡인과의 혼인으로 낳은 자의 귀속에는 쌍방의 신분적 차별을 기초로 한 명료한 구분이 설정되어 있지만, 양자사이에 혼인 규제가 없었다는 점은 주목된다.

마. 대 악

형법지 大惡 항목에 수록되어 있는 고려율은 가족윤리를 주요 내용으로 하고 있다. 가족윤리를 저해한 범죄행위에 대해 이를 규제하는 형벌적 제재가 중심을 이루고 있는 이 법제는 고려가 유교적 윤리관을 상민층에까지 침윤시킴으로써 친족적 유대를 중심으로 하는 가족질서의 토대 위에서 사회적 안정을 추구해 나가기 위해 노력했음을 보여주는 것이라 하겠다.[27]

형법지에는 모두 10여 개 조문이 수록되어 있다. 그 내용은 周親尊長·外祖父母로부터 시작하여 小功 緦麻의 친인척을 殺傷한 경우, 욕한 경우, 또 그들의 죄를 고발한 경우 등에 대한 처벌규정이다.[28] 그 가운데 몇 가지 사례를 보기로 하자.

> ①周親尊長·外祖父母·夫婦의 부모를 죽이려고 했을 때는 비록 상처를 내지 않았다 하더라도 참형에 처하고, 道士·女冠·僧尼가 師主를 죽이려고 했을 때는 伯叔父母를 죽이려 한 것과 같다(《高麗史》 권 84, 志 38, 刑法 1, 大惡).
>
> ②조부모나 부모를 구타하였을 때는 참형에, 고발하거나 욕하였을 때는 교형에,

---

25) 仁井田陞, 앞의 글, 5쪽.

26) 蔡雄錫, 〈高麗時代의 歸鄕刑과 充常戶刑〉(《韓國史論》 9, 서울大 國史學科, 1983), 40쪽 참조.

27) 鄭用淑, 〈高麗時代 儒敎 倫理思想의 性格〉(《院友論叢》 1, 淑明女大 大學院, 1983), 3쪽.

28) 《高麗史》 권 84, 志 38, 刑法 1, 大惡條 11항목 전체에 대한 法規와 法意·法源에 대한 구체적인 설명은 辛虎雄, 앞의 책(1995), 120~129쪽 참조.

잘못하다 상처를 내거나 과실로 욕하였을 때는 도 3년에, 과실로 구타하였을 때는 유 3천 리에 처한다(위와 같음).

③백숙부모나 외 조부모에게 욕하였을 때는 도 1년에, 구타하였을 때는 도 3년에, 상처를 냈을 때는 유 2천리에 처한다. 뼈를 부러뜨린 상처를 냈을 때는 교형에, 죽었을 때는 참형에 처한다. 과실로 상처를 냈을 때는 본래의 傷罪에서 2등을 감한다(위와 같음).

④ ㉠주친존장·외조부모·부부의 조부모를 고발하면 비록 사실이라 하더라도 도 2년에, 流罪에 처해질 때에는 도 3년에, 死罪에 처해질 때는 유 3천 리에 처한다. 誣告한 자는 무고한 죄에다 加 2등하며, 周親卑幼의 죄를 고발한 자는 장 60에 처한다. ㉡大功尊長의 죄를 고발하면 비록 사실이라 하더라도 徒 1년 반에, 유죄에 처해질 때에는 도 2년 반에, 死罪에 처해질 때에는 도 3년에 처한다. 무고한 자는 무고한 죄에다 2등을 더한다. ㉢小功과 緦麻의 존장을 고발하면 비록 사실이라 하더라도 도 1년에, 유죄에 처해질 때는 도 2년에, 사죄에 처해질 때는 2년 반의 도형에 처한다(위와 같음).

①을 검토해 보면 고려율도 당률과 마찬가지고 동종의 범죄에 있어서는 그 犯意와 범죄의 상황에 따라 종류를 나누고 科刑에도 단계를 붙이고 있으며, 범죄의 준비행위에 해당하는 豫謀(단독계획 또는 합의통보)·未遂·旣遂의 구분이 있음을 알 수 있다.

고려율은 주친존장·외조부모·부부의 부모를 죽이려고 모의했을 때 미수에 그쳐 未傷의 단계에서도 참형을 과하고 있다. 따라서 살상단계에는 미수와 기수를 불문하고 참하며, 또 백숙부모에 대한 미상의 단계에서 이미 최고형을 과한다면 부모에 대한 경우에는 적용법규가 없더라도 최고형을 과하도록 되어 있다는 것은 말할 나위도 없다. ①은 당 적도율 6, 謀殺期親尊長條와 名例律 57, 稱道士女冠條의 법의를 취하여 한 조문으로 설정한 것이라 생각된다.

②는 조부모나 부모에 대한 毆詈罪를 규정한 것인데, 이는 당 鬪訟律 27, 毆詈祖父母父母條를 법원으로 하여 같은 조문의 순서를 약간 바꾸었을 뿐이다.

③은 백숙부모나 외조부모에 대해 책임차별에 따른 과형을 설정한 것이다. 이는 당 투송률 26, 毆詈緦麻兄姉條의 법의를 취하였고, 백숙부모에 대한 규정은 당률에서 그 일부를 취하여 과형의 내용만 약간 달리했을 뿐이다.

④는 ㉠ 주친존장·외조부모·부부의 조부모, ㉡ 대공(복)존장, ㉢ 소공(복)과 시마(복)존장 등 친속범죄자를 고발한 경우에 대응하는 형량이 설정되어 있다. 이 율을 설정한 당이나 고려에서는 부모의 범죄뿐만 아니라 그 밖에 친족 에

대한 범죄를 인지하더라도 국가안위에 관한 것 이외에는 절대로 고발해서는 안된다는 입법정신을 천명하고 있다. 형법지 대악조에서 구현하려는 입법 취지의 기본골격을 보면 항렬이 낮거나 어린 자(卑幼)에 대한 가해자는 촌수가 멀어질수록 형량이 무거워지는 데 비해 존속에 대한 범법행위는 이와 반대로 촌수가 가까울수록 형량이 가중되고 있다.

이와 같이 존비속, 근원친에 따른 형률의 차이는 가족구성원을 개성을 가진 인격체로 파악한 것이 아니라 절대적 복종과 순종이 요구되는 상하 질서체계로 이해하려는 당시의 시대상을 반영하고 있다.[29] 이것은 가족질서의 확대로 이해되는 고려사회가 곧 엄격한 신분제 사회이기 때문에 그러한 사회에 질서유지의 명분을 주고, 한편으로는 위계질서를 중시하는 통치권 행사에 확실한 설득력을 부여하는 근거가 될 수 있기 때문이다.

바. 금 령

이 禁令 항목도 당률 체계에는 없지만 《원사》의 체제를 모델로 한 고려율에서는 이를 설정하여 많은 과조적 기사를 수록하고 있다.[30] 몇 가지 사례를 들어 그 법의와 법원을 찾아보기로 하자.

①부모의 喪이나 남편의 상을 듣고도 슬픔을 잊고 잡된 놀이를 한 자는 도 1년에, 상복을 벗고 길복을 입는 자는 도 3년에, 거짓으로 조부모나 부모가 사망하였다고 휴가를 구하거나 직무를 회피하는 자는 도 3년에 처한다(《高麗史》 권 85, 志 39, 刑法 2, 禁令).

②조부모나 부모가 죄수가 되었는데 시집·장가를 간 자는 徒罪에는 장 1백에, 死罪에는 도 1년에 처하되, 조부모나 부모가 이를 명한 경우에는 논죄하지 않는다. 첩은 3등을 감한다(위와 같음).

③ ㉠사사로이 저울과 말을 만들어서 저자에서 증감이 있게 한 자는 1尺에는 장 60에, 1匹에는 장 70에…5필에는 도 1년에…30필에는 流 2천 리에…40필에는 유 3천 리에 처한다. ㉡ 秤斗尺度를 써서 관물을 출납할 때에 공평치 않게 출납하여 사복을 채운 자는 1尺에는 장 60에…5필에는 도 1년에…40필에는 유 2천 리에…35필에는 加役流하며, 증감이 있는 자는 贓罪로써 논한다(위와 같음).

④모든 실화자로서 2월 1일 이후 10월 3일 이전에 野田을 태운 자는 장 50

29) 鄭用淑, 앞의 글, 3쪽.
30) 《高麗史》 권 85, 志 39, 刑法 2, 禁令條에 대한 자세한 분석은 辛虎雄, 앞의 책(1995), 129~144쪽 참조.

에, 타인의 택사와 재물을 태웠을 때는 장 80에, 불이 난 틈을 타서 물품을 훔친 자는 장죄로 논하여 3등을 감한다. 고의로 관부나 종묘·사직 및 사가의 주택이나 재물을 태운 자는 (화재를 입은) 옥사의 대소와 재물의 다과를 막론하고 도 3년에 처하며, (화재를 이용하여 훔친) 물품이 5필이면 유 2천 리에, 10필이면 絞刑에 처한다. 타인을 살상하였을 때는 고의로 살상한 죄로 논한다(위와 같음).

⑤ 돈이나 물건을 걸고 도박한 자는 장 100에 처하며, 그 유숙시킨 주인 및 일을 꾸미고 사람들을 모아 도박을 시킨 자도 또한 장 100에 처한다. 음식을 걸고 궁사로서 무예를 익히는 자는 비록 돈이나 물건을 걸었다 하더라도 죄가 되지 않는다(위와 같음).

①은 喪중의 불효에 대한 처벌규정인데, 당 직제율 30, 匿父母夫喪條를 모법으로 하여 입법한 것으로 생각된다. 대체로 이 형률은 부모상에 대한 謹愼守則을 나타낸 것으로서 당률에서는 期親尊長·大功 이하의 친척 어른과 아이에 이르기까지 형량을 체감 적용하고 있으나 고려율에서는 이를 설정하지 않았다.

②는 직계존속의 被囚 중 嫁娶에 대한 처벌규정인데, 이는 당 호혼률 31, 父母囚禁嫁娶條를 모법으로 하고 있다. 고려율에서는 피수된 존속의 해당죄목이 死罪 또는 徒罪 때의 과형이 설정되어 있으나 流罪의 경우에는 삭제되어 있다. 이것은 당률에서의 유죄는 일정기간이 설정되어 있어「6載」이후에는 서용될 수 있었지만, 고려율에서는 유배자가 유배되고 있는 한 죄인이며 또 유배자의 복역기간은 無期로 간주되었기 때문이다.

③은 사사로이 저울을 만들어 시중에서 쓰는 경우와 秤·尺을 써서 관물을 출납할 때 이득을 남겨 이를 자기소유로 한 자에 대한 처벌규정이다. 이 율문은 당 잡률 32, 私作斛斗秤度條를 모범으로 하였으나, 고려율에서는 당률 1개조를 '私作秤斗條'와 '用秤斗尺度 出入官物條'로 분리 설정하고 있다. ㉠과 ㉡의 율문을 비교해 보면 피해법익과 과형은 거의 일치하고 있다. 특히 이율은 실정법으로서 고려사회에서 운용된 것으로 보인다. 가령 매년 춘추 2회로 나누어 도량형의 검사를 한다던가 이를 위반한 자에게는 무거운 형벌을 내리고 있는 것[31]에서 알 수 있다.

④는 화재와 관련된 처벌규정인데 이 율문은 당 잡률 42, 非時燒田野條와 잡률 44, 燒官府私家舍宅條를 결합하여 1개 조문의 고려율로 설정한 것이다.

31) 《高麗史》 권 84, 志 38, 刑法 1, 職制 정종 12년 및 권 85, 志 39, 刑法 2, 禁令.

따라서 이 율은 전반은 失火에 대하여 후반은 放火에 대한 처벌규정임을 알 수 있다. 이 율은 흔히 발생할 수 있는 실화죄와 방화죄에 대한 규정이기 때문에 이를 백성에게 널리 주지시키려는 노력은 국왕의 「敎」라는 형식을 띠고 표출되기도 하였다.[32]

⑤는 博戱에 돈이나 물건을 거는 도박행위에 대한 처벌 규정인데, 이는 당 잡률 14, 博戱賭財物條를 모범으로 하였다.

이외에도 公私의 밭을 몰래 경작하는 행위, 남의 땅에 몰래 묘를 쓰는 행위, 공갈로 협박하여 물건을 빼앗는 행위, 장물인 줄 알면서 매매 또는 보관하는 경우, 分財가 공평하지 못한 경우, 의원으로 기본 처방을 위배하여 과다진료를 하여 재물을 취하는 경우, 관리가 불법징세를 하여 그 일부를 착복하는 경우 등에 대한 처벌 규정이 있다.

뿐만 아니라 중국계 형률과 무관한 고려의 독자적인 금령으로 향·부곡·진·역·兩界州鎭의 編戶人이 승려가 되는 것을 금하였으며 소를 도살한 자는 良賤을 막론하고 鈒面해서 형이 끝난 뒤에 遠地의 주현에 充入시켰다. 특히 부가형의 성격을 띤 이 鈒面刑은 고려의 독자적인 행형의 하나였다. 가령 인종 14년(1136) 詔에 "이제 法官이 소를 죽인 자를 논하기를 살인죄에 준하여 삽면하여 섬으로 유배하는데, 이는 율문의 본의가 아니므로 이제부터는 本罪로써 죄를 주라"[33]고 한 것을 또면 殺牛者를 처벌하는 율문이 고려율의 체계에도 있었을 것으로 생각된다.

또 현이나 주·진의 경계를 함부로 넘는 자에 대한 처벌규정은 未遂와 旣遂를 구별하여 과형을 달리하고 있다. 이 율문은 당 衛禁律 24, 越州鎭戍等城垣條의 법의를 취하여 그 순서만 바꾼 것이다.

이상에서 살펴본 바와 같이 형법지 금령 항목에 수록된 고려율은 그 법원에서는 당률이 압도적으로 많이 차지하고 있지만, 때로는 송률계통과 고려 독자적인 것도 있다. 고려율이 법의를 취한 당률은 호혼률·잡률·직도율을 비롯하여 거의 전 편목에 걸치고 있다. 이러한 현상은 고려율의 모델이 당률이지만 형법지의 분류기준이 《원사》를 따랐기 때문에 나타난 현상이라고 하겠다.

---

32) 《高麗史》 권 84, 志 38, 刑法 2, 禁令 성종 6년 정월 敎.
33) 《高麗史》 권 85, 志 39, 刑法 2, 恤刑.

사. 도 적

형법지 盜賊 항목의 내용들은 당률의 적도율에 대응하는 것들이다. 고려는 당률을 계수하는 과정에서 이를 도적이라 개칭하였다.

> ①절도를 범하여 5貫에 달하면 사형에 처하고, 5관에 차지 않으면 脊杖 20에다 流 3년에, 3관에 차지 않으면 척장 20에다 유 3년에, 2관에 차지 않으면 척장 18에다 유 1년에 처한다. 1관 이하는 죄를 헤아려 처결하고 여자는 유배를 보내지 않는다(《高麗史》권 85, 志 39, 刑法 2, 盜賊).
>
> ② 1匹을 절도하면 장 60에, 2필은 80에…5필은 도 1년에…30필은 유 2천리에 처한다(위와 같음).
>
> ③동거하는 卑幼가 남을 시켜 자기 집의 가재를 훔치게 한 것은 사사로이 재물을 함부로 쓴 죄로써 논하여 2등급을 더하여 과죄하고 무릇 타인은 도의 상례에서 1등급을 감한다(위와 같음).
>
> ④緦麻·小功親의 재물을 훔치면 1등급을 감하고, 大功親—의 재물을 훔치면—2등급을 감하고, 周親의 재물을 훔치면 3등급을 감한다(위와 같음).
>
> ⑤盜를 범하여 유배한 곳에서 도망한 자는 鈒面하고 형기가 끝난 뒤에는 遠陸와 주현으로 유배한다(위와 같음).
>
> ⑥投化人이 盜를 범하면 南界의 수로에 유배하여 주현과 통하지 못하게 한다(위와 같음).

①은 절도죄에 대한 규정으로 이 율문은《宋刑統》建隆 3년(962 ; 고려 광종 13) 2월 21일 勅과 일치하고 있다. 장물액에 대응하는 형벌도 宋制를 그대로 모방하여 결척장이 부가된 配役刑이 과해지고 있다. 그런데 고려율에서 장물액으로 보이는「貫」에 대한 해석을「累犯」으로 보는 견해가 있다. 그러나《송형통》建隆勅에 나오는「貫文」은 화폐단위이므로 고려에서의「관」도 누범을 뜻하는 말이 아니고 화폐단위로 보아야 한다. ①에서 또 하나 주목되는 점은 행형에 있어서 남녀를 구분한 점이다. 이 역시 당률에서는 볼 수 없는 법제라 하겠다.

②는 절도범에 대한 규정으로 절도의 액수에 대응하여 형량이 정해져 있다. 이 율문은 당 적도율 35, 竊盜條를 모방한 것이라고 생각된다.

③은 동거하는 손아랫사람이 타인을 시켜 자기 집 가재를 훔치게 했을 경우에는 절도죄가 성립되지 않고「私輒用財物罪」로써 논하였고, 손아랫사람에게는 그 죄의 2등을 더하고, 凡人에게는 常盜罪에서 죄 1등을 감하였다. 고려

율의 법의는 손아랫사람을 벌하는 데 있어 徒罪보다 가벼운 「사첩용재물죄」로써 논한 것은 아마 고려의 가족제도가 당의 그것과 같은 家族共産制였기 때문이라 생각된다.

④는 시마 이상의 親이 별거한 상태에서 존장이 卑幼家에서 절도 또는 강도를 한 경우와 비유가 尊長家에서 절도행위를 한 경우에 대한 처벌규정이다. 이 때 시마·소공친이면 보통 도죄에다 죄 1등을 감하고, 대공친이면 2등을 감하며, 주친이면 3등을 감하게 되는 것이다. 이 율문은 당 적도율 40, 盜緦麻小功財物條의 법의를 취한 것으로 생각된다. 이 율문이 당률의 법의를 취했다 하더라도 용어 선택에 있어 송률의 영향도 배제할 수 없을 것 같다. 일반적으로 당률에서는 1년복에 해당되는 근친을 「期親」으로, 송률에서는 「周親」으로 표현하고 있는 점에 송률의 영향인 것을 알 수 있다.

⑤는 盜를 범하여 배소에 복역 중인 자가 도망친 경우에 적용되는 형률로서 고려 독자적인 율이며, ⑥은 투화인에 대한 고려의 특수한 행형체계를 뒷받침하는 고려 독자적인 율이라 짐작된다. 만약 투화인에 대해 屬人法主義를 그대로 고수했다면 당연히 ②의 고려율을 적용했을 것이다. 당률에서는 가해자와 피해자가 모두 외국인이거나 국적이 같은 경우에는 그 本俗法(本國法)에 의거하였지만, 가해자와 피해자가 국적을 달리할 때는 속인법주의를 채택하였다. 이 원칙은 고려에도 그대로 繼受되었다. ⑥의 투화인은 여진인 또는 거란인을 지칭하는 것임은 두말할 나위도 없다. 이들의 도범행위에 대해 "南界의 水路에 유배하여 주현과 통하지 못하게 한다"고 한 것은 고려사회와 완전히 격리시키려 한 법의로서 그들을 야만시하는[34] 고려인의 선입견이 깔려있기 때문이라 생각된다.

아. 옥관령

고려율이 당률을 「刪削取簡」하여 13편목 71조를 만들어 이를 참작하여 시의에 맞게 운용하였다는 것은 전술한 바 있다. 그런데 71조 가운데는 獄官令 2조가 포함되어 있는데도 이 항목이 형법지에는 누락되어 있다. 그러나 형법지의 일부 항목에는 이와 관련된 내용이 산견되고 있다. 《고려사》에 옥관령이

34) 《高麗史》 권 84, 志 38, 刑法 1, 殺傷.

라고 명시된 조문을 보여주는 것으로서 다음의 기사가 있다.

> 門下侍中 劉瑨 등이 奏하기를 … '또 獄官令을 상고하면 立春부터 秋分까지는 死刑을 奏決하지 못하며, 만약에 惡逆을 범하면 이 令에 구애되지 않는다고 하였사오나 法吏가 모든 것을 상세하게 살피지 못할까 두렵사오니 엎드려 청하옵건대 이제부터는 내외의 해당 기관 모두 月令에 의하여 시행토록 하게 하소서' 하니 (임금이) 이에 따랐다(《高麗史》 권 85, 志 39, 刑法 2, 恤刑 현종 9년 윤4월).

이 기사는《당률소의》나《송형통》에 인용되어 있는 옥관령과 일치하고 있다.[35] 그런데《고려사》에는 옥관령이라고 명시된 규정은 보이지 않지만, 당·송의 옥관령과 관련될 듯한 규정이 형법지의 여러 조항에서 산견된다. 따라서 사료의 인멸을 감안한다면 고려에서 시행된 옥관령은 형법지 찬자가 말한 2개조보다는 많았을 것이다. 당의 옥관령과 관련 있는 것으로 보이는 형법지의 과조적 기사를 살펴보면 대략 다음과 같다.

> ① 옥을 살피는 관원은 먼저 다섯 가지 사항을 청취하고 또한 모든 증거를 검토한 후에 사실에 의심나는 것이 있는 데도 본인이 사실을 자백하지 않는 연후에야 고문을 가한다. 訊問은 매번 20일을 간격으로 한다. 만약 신문을 마치지 못하고 범인을 다른 부서로 옮긴다면 국문한 자가 본안을 連寫하여 이송하여야 하며 신문 횟수는 앞서 행한 신문과 합하여 세 차례 한다. 만약 의심할 바가 없으면 꼭 3번을 채울 필요는 없으며, 만약 신문으로 인하여 죽게 된 자는 모두 전말을 갖추어 신첩하며 해당 기관의 장관이 糾彈官과 더불어 입회하여 이것을 확인한다(《高麗史》 권 84, 志 38, 刑法 1, 職制).
>
> ② 流移하는 사람이 유배지에 도달하기 전에 고향에 있는 조부모나 부모가 상을 당하였을 때는 휴가 7일을 주어 發哀를 하고 장례를 주선케 한다. 承重喪도 마찬가지이다(《高麗史》 권 85, 志 39, 刑法 2, 恤刑).
>
> ③구금 중에 있는 婦人이 産月에 가까워졌을 때는 保人을 세워 출옥을 들어주되 死罪는 産後 만 20일로 하고, 流罪 이하는 만 30일로 한다(위와 같음).
>
> ④사죄를 범해 감금 중에 있는 자로서 惡逆 이상이 아닐 때에는 부모상·夫喪·조부모상을 당한 承重者는 휴가 7일을 주어 發哀케 하고, 流罪와 徒罪는 30일로 하되 보인을 세운 뒤에 나가게 한다(위와 같음).
>
> ⑤流移하는 죄수가 (유배지로 가는) 도중에서 부인이 해산하였을 때에는 그의 가족과 함께 휴가 20일을 주며, 家女와 노비에게는 휴가 7일을 준다. 만약 자신과 가족이 환란 혹은 적을 만났거나 건널목에 물이 불어 갈 수 없을 때에는 부근 관청에서 매일 알아보고 갈만 하면 즉시 보낸다. 만약에 조부모나 부모의 상을

---

35) 仁井田陞,《唐令拾遺》(東京 ; 東方文化院, 1933), 765쪽.

당한 자는 휴가 15일을 주고, 가족 중에 사망자가 있으면 휴가 7일을 준다(위와 같음).

위에 예시한 옥관령을 조목별로 살펴보면, ①은 당 斷獄律 8, 迅囚察辭理條의 법의를 취하여 주로 형사사건의 심리 절차를 규정하고 있고, ②는 流罪人이 배소에 도달하기 전에 조부모나 부모상을 당했을 때 휴가 7일을 주어 상을 치르게 하고 있다. ③은 여죄수의 출산에 보증인을 세우고 출옥을 허용하는 규정이고, ④는 수인이 형기 중에 당한 상으로 인한 급가규정이다. 또 ⑤는 流移囚가 배소로 가는 도중에 遇患·逢賊·水漲 등으로 인해 부득이한 사정이 생겼을 때 그에 대응하여 내리는 급가규정이다. 그런데 ①~⑤는 당 옥관령과의 관련을 유추할 수 있지만, 그것을 확인하는 명백한 증거는 없다.

그러나 다행히 이를 복원할 수 있는 자료가 일본《養老令》중의 獄令에서 찾아진다.[36]《고려사》의 관련기사와 이《양로령》의 율문을 비교·검토하면 법의는 물론 문장의 구성까지 일치하고 있다.[37] 형법지의 규정에는《양로령》의 주로서 기술된 것을 본문으로 나타냈다든지 숫자나 기타 일부 자구가 고쳐져 있기는 하지만 그나마 일부에 불과하다. 고려시대의 형사사건의 심리를 비롯하여 재판 및 행형의 여러 절차를 규정하고 있는 옥관령의 실상을 유추해 볼 수 있는 사료는 위의 사례뿐만 아니라 편년적 기사에서도 더러 산견된다.

2) 사법제도

(1) 고려율의 적용문제

高麗律의 적용문제에 있어 우선 검토대상이 되어야 할 것은 첫째는 형법의 적용에 있어 對人的 효력에 관한 문제이고, 둘째는 형벌법규의 시간적 효력에 관한 문제이며, 셋째는 형벌 적용에 있어서 객관주의적 입장의 해석이라 하겠다.

먼저 형법의 대인적 효력에 대해 살펴보자. 唐 名例律 48, 化外人相犯條에는 "모든 化外人에 있어서 同類 간에 발생한 범죄는 本俗法에 따르고, 異類간

---

36) 曾我部靜雄,《日中律令論》(吉川弘文館, 1963), 167~168쪽 참조.
37) 仁井田陞, 앞의 글(1965), 17~18쪽.

에 발생한 범죄는 法律로서 논한다"고 되어 있다. 여기서 화외인의「동류」간에 발생한 범죄란 가해자 및 피해자가 국적을 같이 하는 외국인을 뜻하며, 이 경우에 발생한 범죄는 그 화외인의 자국 법률을 적용한다는 것이다. 한편「이류」간의 범죄란 양자간에 국적이 다른 경우로써 가령 고구려인과 백제인 사이에 발생한 범죄행위는 당률을 적용하여「斷之」한다고 되어 있다. 이와 같이 당률에서의 형법의 대인적 효력에는「동류」간에 발생한 범죄는 속인법주의를 취하고, 이류간에 발생한 범죄는 속지법주의를 취하고 있음을 볼 수 있다. 고려율에도 다음의 기사를 살펴볼 때 속인법주의를 채택하고 있음을 알 수 있다.

> 東界兵馬使가 보고하기를 '威州·雞州에 사는 女眞人 仇屯과 高刃化 두 사람이 그 곳의 都領將軍인 開老와 재물을 다투다가 개로가 술에 취한 때를 이용하여 때려 죽였습니다'라고 하니, 侍中 徐訥 등은 아뢰기를 '여진인이 비록 종족은 다르나 이미 귀화하여 이름이 版籍에 실려 있어 일반 백성과 같으니 당연히 국가의 법을 따라야 할 것입니다. 이제 재물을 다투다가 그 長을 때려 죽였으니 그 죄를 용서할 수 없습니다. 청컨대 법대로 논죄하십시오'라고 하였다. 內史侍郎 黃周亮 등이 의논하기를 '그들이 비록 귀화하여 우리의 울타리가 되었다고 하나 사람의 얼굴을 하고 짐승의 마음을 가져 事理를 알지 못하고 風敎에 익숙하지 못하니 형을 가하는 것은 불가합니다. 또 律文에 이르기를 '모든 화외인으로서 자기들끼리 서로 범하는 경우에는 각각 그들의 本俗法에 따른다고 되어 있는데 하물며 그 이웃의 老長이 이미 (그들의) 본속법에 따라 범인 두 사람의 가산을 개로의 집으로 실어감으로써 속죄를 하였으니 어찌 다시 논죄하겠습니까'라고 하니 왕이 周亮 등의 의견에 따랐다(《高麗史》권 84, 志 38, 刑法 1, 殺傷 정종 4년 5월).

위의 기사는 고려에 귀화한 여진인들 사이에 살인사건이 발생하였을 때의 처벌 사례이다. 당시 시중 서눌 등은 여진인도 귀화한 이상 고려율에 의해 구속되는 것이 당연하다고 주장하고 있는 데 비해, 황주량 등은 여진인이 설사 귀화했다고 하더라도 아직 고려의 風敎에 익숙하지 않으므로 여진인끼리의 사건은 고려율에 따르지 말고 여진법을 적용해야 한다는 의견을 제시하자 정종은 황주량의 의견을 따르고 있다. 여기서 투화외인에 대한 율문의 적용에 있어 서눌은 속지법주의를, 황주량은 속인법주의를 각각 채택할 것을 주장하고 있음을 볼 수 있다. 결국 이 판례는 여진법에 따라 賠賞制를 적용하여 일단락된다.[38] 하지만 일반적으로 투화인의「異類相犯」에 대하여 고려에서는 속지법주

38) 이 사건을 屬地法主義를 적용할 경우 고려율에 따라「鬪殺論」으로 단죄되어야 한다.

의가 적용되었다. 그 예로 투화인이 고려인에 대해 범죄를 저질렀을 경우 고려율에 따라 南界로 유배보낸 경우가 그것이다.[39]

다음은 형벌규정의 적용에 있어서 시간적 효력에 대해 살펴보자. 널리 알려져 있는 「刑法不遡及」의 원칙이라 하는 점은 罪刑法定主義의 귀결이며, 오늘날 서구를 비롯한 자유주의 국가의 근대적 형법도 이 원칙에 따르고 있다.[40] 「형법불소급」이란 범죄가 발생한 시기와 재판할 때의 법률이 서로 다른 경우에는 재판시의 법률에 따르지 않고 범죄시의 법률을 적용한다는 것이다(犯罪時法主義). 마찬가지로 당률에서도 범죄시와 재판시의 법률이 다를 때에는 범죄시의 법률에 따르고 있다. 그러나 재판시의 법률이 가벼울 때에는 양자 중에서 輕法에 따르게 하였다.[41]

그런데 고려율이 당률을 모법으로 하여 제정되었다고 할지라도 이와 같은 「형법불소급」의 원칙을 설정한 법률 조항은 찾아지지 않는다. 그러나 형법의 기본정신이라고도 볼 수 있는 "죄가 의심스러운 것은 가벼운 형벌을 택한다"[42]는 당률의 취지에 준거한 덕종 3년(1034)의 敎旨 내용[43]은 당률의 기본정신에 의거한 것이라 생각된다.

고려율의 객관주의적 경향을 확인할 수 있는 근거로는 형법지 대악조의 각 조문을 들 수 있다. 이를 표로 나타내면 다음 〈표 2〉와 같다.

다음의 〈표 2〉에서 보듯이 동질의 범죄에도 범의·범죄의 정황, 범죄의 방법, 가해자 및 피해자의 신분, 범죄의 목적물의 여하에 따라서 그 처벌 내용을 달리하고 있다. 즉 같은 살인죄에도 고의로 죽인 것과 과실치사의 여부가 구분되며, 거기에다 謀殺·鬪殺·戲殺·誤殺 간에는 법률의 적용이 각각 다르게 적용된다.

또 범죄인과 피해자의 관계가 尊長인가 卑幼인가에 따라 법률의 적용이 각각 다르다. 가령 존장 중에는 부모·조부모·주친존장·외조부모·백숙부모

---

39) "諸投化人犯盜 配南界水路 不通州縣"(《高麗史》 권 85, 志 39, 刑法 2, 盜賊)이란 科條的 記事이다.

40) 仁井田陞, 《中國法制史研究》(東京大出版部, 1959), 247~256쪽.

41) 仁井田陞, 위의 책(1933), 776쪽.

42) 《唐律疏議》 斷獄律 33, 疑罪條.

43) 《高麗史》 권 85, 志 39, 刑法 2, 恤刑 덕종 3년 7월 敎.

〈표 2〉 고려율의 적용 일례

형량 관계	死刑		流刑		徒刑				
	斬	絞	3천리	2천리	3년	2년반	2년	1년반	1년
父母·祖父母	毆	詈	過失毆		誤傷				
外祖父母	謀殺	折傷	告死罪		告流罪	毆	告得罪		詈
伯叔父母	至死	折傷		傷	毆				詈
大功尊長	已殺	已傷		謀殺	告死罪	告流罪		告得實	
親兄弟	至死	折支		折傷	傷	毆			
堂兄弟		二事		折筋	折齒			毆	
小功兄弟	至死		二事		折筋	二齒	折齒		毆
周親卑幼			已殺		已傷	謀殺			
堂弟妹		故殺		毆殺					
弟妹				故殺	毆殺				
妻	故殺	至死			二事		折支		絶筋

*《高麗史》권 84, 志 38, 刑法 1, 大惡條에 의거하여 작성함.

등으로, 비유 중에서는 형제·당자매·생질·형제의 자손 등으로 구분해서 적용되고 있다. 그뿐만 아니라 夫와 妻, 처와 첩, 관리와 서민의 구별, 특히 서민 중에서도 양민과 천민간에는 법률 적용과 그 처벌내용이 다르다. 또한 가해방법이 단순구타인가 흉기를 사용했는가 또는 끓는 물이나 불을 사용했는가의 여부에 따라서 재판상의 구별이 있었음은 전술한 바 있다.

객관주의를 채택하고 있는 고려율은 생명과 신체에 관한 범죄뿐만 아니라 재산에 관한 범죄에도 여러 종류의 贓을 설정하여 그 종류와 장물액을 기준으로 하여 형량을 정하고 있다.[44] 형법 적용에 있어서 객관주의적 경향은 당률을 모범으로 하여 설정된 고려율이지만 당 이후 중국의 여러 왕조에서도 보편적으로 적용되었던 것이다.[45]

(2) 고려율의 형벌체계

지금까지 판결의 준거가 되는 고려율의 적용문제에 대해 살펴보았다. 이를

44) 贓은 범죄행위 또는 부당이익에 대해 불법적이며 비합법적으로 취득한 재물을 가리키는 것으로서 형법지에는 다음과 같은 내용이 있다. ①强盜贓, ②竊盜贓, ③收賂罪에 있어서 賄賂 즉 枉法贓, ④賄賂를 취해도 법을 어기지 않는 不枉法贓, ⑤官物橫領에 해당하는 受所監臨의 贓, ⑥부당이득에 의한 坐贓(《高麗史》권 84, 志 38, 刑法 1, 職制·盜賊).

45) 仁田井陞, 앞의 책(1959), 253쪽 참조.

바탕으로 하여 고려시대에 시행된 형벌의 체계를 검토해 보자. 형벌의 체계란 보다 구체적으로 표현하면 「형벌의 종류」라 할 수 있다. 대개 그 분류기준에 따라 公刑과 私刑, 正刑과 閏刑, 主刑과 附加刑, 本刑과 換刑, 眞刑과 贖刑 등으로 분류할 수 있다.46)

가. 공형과 사형

국가의 공권력이 확립되어 가는 것과 비례하여 형벌의 체계도 公刑罰主義로 그 체계가 확립되어 갔지만, 특별한 경우에는 私刑罰主義도 허용되고 있었다. 물론 여러 가지 조건이 따라야 하나 私刑이 용인되는 경우는 대략 다음의 세 가지를 들 수 있다. 첫째는 조부모・부모가 살해되었을 때 가해자에 대한 피해자 직계자손의 보복, 둘째는 직계비속인 자손이나 처에 대한 조부모・부모 또는 夫의 징계, 셋째는 노비 등에 대한 주인의 징계가 그것이다. 고려시대 사형에 관하여는 다음의 사례를 통해 살펴보기로 하자.

①執政 王詵을 외방으로 내쫓았다. 처음에 왕이 선조의 참소를 입은 사람의 자손에게 복수하는 것을 허용하였더니 마침내 사람들이 서로 마음대로 사람을 죽여서 다시 원통함을 부르짖게 되었다. 이 때에 왕선이 복수한다고 핑계 대고 임금의 명령을 거짓으로 꾸며서 태조의 아들 天安府院君을 죽였으므로 이에 왕선을 내쫓고, 이어 제 마음대로 사람을 죽여 복수하는 것을 금지하였다(《高麗史節要》 권 2, 경종 원년 11월).

②金光中은 벼슬이 여러 번 올라 諫議大夫 秘書監에 이르렀다. 김광중이 일찍이 驅使 朴光升을 애호하여 어떤 사람에게 청을 넣어 隊校를 시켰다. 鄭仲夫亂 때 박광승이 김광중을 유인하여 민가에 숨겨 놓고 한편으로는 밀고하여 그를 죽게 만들었다. 그 후 김광중의 아들 金蒨가 順安縣令이 되었다. …그 때 박광승이 祭告使가 되어 그곳으로 온다는 소문을 듣고 먼저 사람을 蔚州로 보내어 박광승의 아비를 잡아오고 또 박광승도 체포하여 모두 순안으로 데려 왔다. 부자를 대면시킨 후 먼저 그의 아비를 죽이고 박광승에게 말하기를 '너의 아비의 죽음이 서러운가' 라고 물으니 박광승이 '그렇다' 고 대답하였다. 金蒨가 또 묻기를 '아버지를 사랑하는 마음은 같은 것이다. 너는 어째서 은혜를 배반하고 나의 아버지를 죽였는가' 라고 하니 박광승이 대답을 못하였다. 드디어 그의 팔을 잘라 軍中에 두었다가 몇 고을을 巡歷한 후에 죽였다(《高麗史》 권 101, 列傳 14, 金光中).

①은 선대의 복수를 허용하고 있는 私刑에 관한 자료이다. 내용인 즉 경종

46) 戴炎輝, 《唐律通論》(正中書局, 1964), 182~186쪽.

이 즉위함에 이르러 광종 연간에 발생한 被讒人의 자손에게 복수를 허용한 결과 그 피해가 늘어나자 복수를 빙자한 살인행위를 금한다는 내용이다.

②는 정중부의 난 때 박광승이 은혜를 배반하고 김광중을 밀고하여 살해되도록 하였는데, 그후 광중의 아들 蕲가 順安縣令이 되어 부친의 복수를 위해 광승과 그의 父를 私刑으로 死刑에 이르게 했다는 내용이다.

이외에도 일종의 私刑이라 할 수 있는「爲親殺人」을 범한 경우에 그 정상을 참작하여「移鄕」또는 사면된 사실이 산견된다.[47] 당률에서의 이향제도는 타인을 살해하였을 때는 마땅히 사형에 처해졌지만, 사면을 거쳐 죄를 면한 자가 피해자 가족과 가까이 있을 때에 그 근친에 의한 복수를 피하기 위해 타향에 이주케 하는 제도이다.[48]

나. 정형과 윤형

正刑이란 刑法總則에 해당되는 名例律 중에 설정되어 있는 笞·杖·徒·流·死 등의 5형체계를 말한다. 이 가운데 태와 장은 身體刑, 도와 유는 自由刑, 사는 生命刑이다. 이른바 5형은 고려 형벌의 핵심이며, 고려율 본조에 규정되어 있는 형이라고 정의할 수 있다. 고려율에서는 비록 5형체계만을 정형이라 하지만, 신라 이래 시행되었던 형벌도 이에 해당된다고 보아도 좋을 것이다.

고려 초기에는 신라 이래의 형벌체계가 지배적으로 시행되고 있었다고 생각되지만 성종 이래 당률을 繼受한 고려율체계가 정비되면서 정형으로서 5형체계가 확립되었다고 볼 수 있다. 그러나 전통적으로 내려오던 신라 이래의 형벌도 때로는 主刑으로서 이용되기도 했다. 가령《三國史記》에 산견되는 棄市刑·支解刑·環刑·梟首刑·夷一族刑·伏誅刑 따위의 형벌체계가 고려에서도 시행되고 있었다.[49] 이들 형벌은 모두 생명형이지만 그 내용면에서는 위화적 전시효과를 나타낸다는 점에서 보통 시행되는 사형보다도 매우 잔인한 방법을 취하고 있다. 따라서 고려시대의 정형은 5형체계가 그 주류라 할 수 있지만, 경

47)《高麗史》권 85, 志 39, 刑法 2, 恤刑 인종 원년 및 권 84, 志 38, 刑法 1, 殺傷 공양왕 원년.

48)《唐律疏議》賊盜律 18, 殺人移鄕.

49) 辛虎雄, 앞의 책(1986), 162~163쪽 참조.

우에 따라 기시형 등의 형벌도 정형의 일부로서 시행되었다고 생각된다.

5형이 통상의 형이라면 閏刑은 특수한 형벌이다. 官人이 죄를 범하면 형의 조건부 면제규정으로, 윤형은 官當과 행정처분적 制裁의 성격을 띠고 있는 除免에 의해 5형의 實刑을 면제하는 형벌이다. 대개 전자의 경우는 관등을 깎아서 형에 代當하거나 대당하고도 남을 때에는 贖을 받고, 후자의 경우에는 관인의 名譽刑에 해당하는 除名·免官·免所居官에 처해졌다. 이 점을 감안해 볼 때 윤형은 명예형과 재산형의 2중적 구조를 띠고 있다고 볼 수 있다.[50)]

이와 같이 당률의 형벌체계는 이중구조로 설정되어 있는 것이 특징이다. 고려율에서도 윤형체계인 당률의 官當收贖法을 계수하여 枉法贓과 不枉法贓을 선정하여 관인 중에서도「有官品人犯者」에 한하여 이를 적용하였다.

다. 주형과 부가형

主刑은 5형과 같이 독립하여 과해지는 형이고, 附加刑은 주형에 부가적으로 과해지는 형으로, 여기에는 沒官, 반역인 재산의 몰수, 除免, 官當 등이 있다. 5형에 부가되는 몰관이란 당률에 의하면 "모반 및 대역자는 모두 斬하고 父子의 나이 16세 이상은 모두 絞하고, 15세 이하의 母女·妻妾·祖孫·兄弟·姉妹 그리고 부곡·노예·資材·전택은 모두 몰관한다"고 하여 범죄인의 가족과 재산은 관에서 몰수하였고, 몰관된 가족은 관노비가 되거나 또는 工樂·雜戶 등이 되었다. 단 연좌되어 몰관된 가족에 대해서는 죄인이 사면을 받으면 형이 경감되어 방면되는 경우도 있었다.

고려율에 있어서 몰관은 籍沒이라고도 칭했는데, 이에 대한 사례는 적지 않게 나타나지만 그 중에서 사안이 확실한 것을 들면 다음과 같다.

> ①御史臺에서 아뢰기를 '姦臣 李資義 등이 사사로이 미곡을 축적하여 수량이 鉅萬입니다. 이것은 모두 착취하여 모은 것이니 관에서 몰수하기를 청합니다' 하니, 왕이 허락하였다(《高麗史節要》 권 6, 숙종 원년 3월).
>
> ②大司憲 禹玄寶 등이 贊成事 睦仁吉을 모함하여 가만히 다른 뜻을 품는다고 탄핵하니 관직을 삭탈하고 집을 籍沒하여 유배보냈다(《高麗史節要》 권 31, 신우 6년 2월).
>
> ③金師幸의 처음 이름은 廣大이다. 공민왕의 총애를 받고 여러 관직을 거쳐 判

50) 이것은 "禮는 庶人에게 내려가지 않고, 刑은 大夫에게 올라가지 않는다"는 유교 이념에 따른 사회규범을 반영하고 있는 제도라 보여진다.

內府事 벼슬을 하였다. 성품이 간교하였으며 왕의 뜻을 잘 맞추어 正陵과 影殿의 공사를 크게 일으켜서 지극히 사치하고 화려하게 지었다. 이로 인해 재력이 고갈되고 백성들이 편히 살지 못하게 되었으므로 왕이 죽은 후에 공민왕을 미혹하게 하여 공사를 일으켰다는 것으로 論罪되어 益州의 官奴로 편입시키고 그 집을 몰수하였다(《高麗史》 권 122, 列傳 35, 宦者 金師幸).

④ 瑞興侯琠·王惟紹·宋邦英·韓愼·宋璘·宋均·金忠義·崔涓이 처형되었다. 前王은 琠을 용서하고자 하였으나 丞相이 불가하다 하여, 형부로 하여금 8명을 文明門 밖에서 斬하였다. 전왕이 王惟紹 등 7명의 집을 籍沒하라고 명하고, 부자·형제를 모두 沒入하여 노비로 삼았으며, 한신의 아들을 驛戶로 충당하였다(《高麗史節要》 권 23, 충렬왕 33년 4월).

①·②는 몰관의 내용으로 범죄인의 노비·재산·전택 등을 몰수한 경우이며, ③·④는 범죄인 본인을 몰관하여 노비로 삼거나 범인의 부자·조손·처첩·형제자매 등 동거가솔을 노비로 삼는 경우라 하겠다. ①·②의 경우 삭탈관직된 뒤 주형으로서 유배를 보내고 부가형으로서 재산을 몰관하고 있는 것이다. 이처럼 고려에서는 주형과 아울러 부가형이 보편적으로 시행되었던 것이다.

주형에 부가되어 죄인의 가족과 재산이 몰관되는 것이 부가형의 대표적인 경우이지만 剃髮刑도 고려에서 자주 나타나는 부가형이었다. 가령 "黃州牧使李緝의 처 藩氏는 金南俊과 私通하여 마침내 남편을 살해했는데, 헌부에서 이를 극형에 처하려 했으나 上王(충선왕)으로부터 명령이 있었고, 또 그 사이에 사면이 있어 死刑은 면했지만, 사헌부에서 이들의 머리를 깎고 淨業院에 放했다"[51]는 내용이 있다. 이 경우에 주형인 사형은 면제되었고, 체발형이 부가형으로 집행되고 있다. 또 공민왕 때 辛旽을 비방한 죄를 물어 金貴·朴椿 등에게 주형을 사하고, 부가형인 체발형을 집행한 사례가 있다.[52]

라. 본형과 환형

本刑이란 고려율의 각 本條에서 규정하는 형으로서 5형이 바로 그것이며, 官人·僧侶·鎭人 등에게 과해지는 歸鄕刑과 充當戶刑도 본형이 된다. 換刑이란 본형에 대치되어 과해지는 형인데, 당률에서는 주로 名例律에 특별법으로 규정되어 있다. 전술한 윤형 중에 官當과 贖銅·還俗·苦役 외에 樂工·雜戶·

51) 《高麗史節要》 권 24, 충숙왕 3년 5월.

52) 《高麗史》 권 132, 列傳 45, 叛逆 6, 辛旽.

太常音樂人·官戶部曲·官私奴婢·單丁·婦人 등이 徒·流罪를 범했을 때 留住決杖 혹은 加杖에 환형된다. 따라서 환형 중에 윤형만이 있는 것이 아니다.

당률에서는 명례율에서 환형될 수 있는 경우를 첫째, 범죄를 한 경우라도 그 내용이 十惡이 아니고, 더구나 조부모·부모가 노환으로 집에 근친의 丁男이 없을 때는 특별조치를 上請하고, 流罪를 범했을 때는 유배시키지 않고 우선 정남을 부모와 함께 있도록 한 뒤 부모가 사망하면 곧바로 유배하도록 하였으며, 配所에서 복역하는 居作者라 할 지라도 부모가 사망한 때는 喪期를 마치고 다시 배소에서 거작토록 한다. 둘째, 徒罪를 범해 복역해야 하는데 집에 2인 이상의 정남(또는 처 21세 이상)이 없을 경우에는 가족의 생활을 고려하여 도형을 바꾸어 杖刑을 과하도록 하였다. 셋째, 악공·잡호와 같이 관에 속하는 천민이 유죄를 범한 경우에도 배소에 거작하는 것보다 관의 쓰임에 더 유용할 경우 유죄에서 환형할 수 있으며, 부인이 유죄를 범했을 때도 장형을 바꾸어 贖을 징수하도록 한다고 규정되어 있다.

당률을 모델로 한 고려율에도 환형을 설정한 여러 규정이 형법지에 수록되어 있다. 有官品人犯者가 徑法贓·不枉法贓을 범할 경우에는 환형으로서 官當收贖을 허용하고 있다.

형법지 이외《고려사》世家 또는《고려사절요》등에서도 제명·면관 등의 환형에 처한 예를 많이 볼 수 있다.[53] 그리고 流刑에 처한 환형으로서 移鄕·放歸田里·放還田里·放還鄕里 등을 시행한 경우도 많이 보인다. 이향의 경우는 앞에서 예로 들었듯이 인종 때「救父殺人」죄를 범한 자에게 유배의 환형으로서 이향시킨 판례가 있으며 방귀전리 등의 여러 제도는 귀향형과 유사한 것으로서 모두 同意異音的인 표현이며, 이는 유형의 감형 내지 보안처분적 성격을 지니는 환형이라고 생각된다.[54] 형을 받는 사람의 입장에서는 귀향된 상태와 방귀전리된 상태는 별 차이가 없었을 것으로 생각되지만, 귀향형에 비해 방귀전리는 비록 實職은 아니지만 檢校者 등의 散職과 功臣錄卷을 그대로 유지한 채로 처벌된다는 점에서[55] 그것은 현직에서 배제되는 일종의 환형이라 볼 수 있다.

---

53)《高麗史》권 4, 世家 4, 현종 2년 7월 및 권 9, 世家 9, 문종 27년 6월.
54) 徐壹敎,《朝鮮王朝 刑事制度의 硏究》(博英社, 1968), 155~156쪽.
55) 蔡雄錫, 앞의 글, 33쪽 참조.

마. 진형과 속형

眞刑이란 勞役(流徒)·苦身(笞杖)을 하는 형이며, 贖刑이란 官 혹은 銅으로써 贖하는 것을 말한다. 당률의 경우 관리의 범죄에 대해서는 관리가 保持한 현재 및 과거의 관으로써 代當하여 끊어질 때에는 贖銅을 징수하지 않지만, 대당하여 끊어지지 않을 때는 그 부분에 대해서만 동으로 속하게 된다. 고려율에서는 官當收贖法의 일환에서 과해진 것이 아니고 독립된 財産刑으로서 과해지고 있다는 점에서 주목된다.

> ① 갑오일에 公徒와 私徒 이하의 죄수 및 벌금을 바친 모든 죄수들을 용서하게 하였다(《高麗史》 권 6, 世家 6, 정종 2년 정월 갑오).
>
> ② 制하기를 '…8월 을유일 이후로 잘못된 법을 범하여 有司에게 탄핵 당한 사람이나 구리를 바치고 기와를 바쳐서 속죄할 사람은 모두 면제하라' 고 하였다(《高麗史節要》 권 8, 예종 15년 9월).
>
> ③ 元에서 宗正府斷事官 哈兒章·兵部郎中 剛升 등을 보내어 鄭天起·高忠節·廉伯顔帖木兒·郭允正·李君常·李龜龍 등을 목베고 그 집을 몰수하였다. 또 그 徒黨 朴西 등 14명을 목베고 曺用權 등 17명에게 곤장을 때렸다. 政堂文學 安震·密直提學 李濟는 나이가 늙었으므로 곤장을 면하고 대신 銅을 바치게 했다(《高麗史節要》 권 26, 공민왕 2년 3월).

①·②는 고려에서도 진형과 아울러 속형을 시행하고 있음을 보여주고 있으며, ③은 鄭天起 등이 奇氏일족을 제거하려 한 사건에 대해 원에서 파견된 관리에 의해 정천기의 黨與가 모두 처형되고, 정당문학 안진과 밀직제학 이제는 나이가 많기 때문에 속동에 처했다는 내용이다. 따라서 고려의 경우 말기까지 독립된 재산형으로서의 속형이 시행되고 있었다고 볼 수 있다.

대체로 당률에서는 나이 70세 이상 15세 이하 및 廢疾者가 流罪를 범했거나 9품 이상 관인의 조부모·부모·처·자손이 유죄 이하를 범했을 때에는 실형을 대신하여 속형으로 동을 징수할 수 있는 규정을 두고 있다. 속동은 원칙적으로 관에 돌아가지만, 무고 및 과실치상의 경우에는 피해자에게 돌아가는 것이다. 그런데 贖은 정해진 기한 내에 받도록 되어 있다. 死刑의 속은 80일을 한도로 하며, 이하 체감되어 태형의 경우에는 30일로 되어 있다.[56]

이와 같은 당률의 法意는 고려의 행형에도 그대로 반영된 것으로 보이는 자

56) 仁井田陞, 앞의 책(1933), 788쪽.

료가 형법지 등에 산견된다. 가령「毆人折齒者」에게 동을 징수하여 피해자에 지급한다거나[57] 80세 이상 및 篤疾者에 대한 특례 등에서「收贖之例」를 시사하는 내용[58]을 찾아볼 수 있다.

(3) 고려율의 행형체계

가. 자유형 중심의 행형체계

고려의 行刑은 형법지 名例 항목에 수록되어 있는 것처럼 5刑制를 중심으로 한 것이지만, 그 중 실제 운용에 있어서 가장 주목되는 점은 자유형인 流刑이다. 그것은 사료에 수록되어 있는 행형기사 가운데서 그 양에 있어서 절대적인 비중을 차지할 뿐만 아니라 그 내용에 있어서도 제반 사회의 변동과 밀접하게 관련되어 당대의 사회상을 표출하고 있다.

널리 알려져 있듯이 자유형이란 受刑者의 자유를 박탈하는 것으로서 그 주요 내용으로는 流刑과 徒刑이 있다.

> ① 流刑에는 세 가지가 있다. 2천 리의 유형은 折杖 17대를 치고 징역 1년에 처하며 贖銅 80근을 받는다. 2천 5백 리의 유행은 절장 18대를 치고 징역 1년에 처하여 속동 90근을 받는다. 3천 리의 유형은 절장 20대를 치고 징역 1년에 처하고 속동 100근을 받는다(《高麗史》 권 84, 志 38, 刑法 1, 名例).
>
> ② 徒刑에는 다섯 가지가 있다. 도형 1년은 절장 13대를 치고 속동 6근을 받는다. 도형 1년반은 절장 15대를 치고 속동 30근을 받는다. 도형 2년은 절장 17대를 치고 속동 40근을 받는다. 도형 2년 반은 절장 18대를 치고 속동 50근을 받는다. 도형 3년은 절장 20대를 치고 속동 60근을 받는다(위와 같음).

①에서 보듯이 유형에는 2천 리·2천 5백 리·3천 리의 3종류가 있다. 그 밖에 加役流가 있어[59] 고려시대에는 모두 4종류가 시행되었다. 자유형에 있어서 속동형은 당률을 계수한 것이며, 절장형은 송률을 수용하였다는 것은 전술한 바 있다. 이는 고려의 영토상으로 볼 때 이와 같은 내용이 그대로 실행될 수 없었기 때문에 고려의 실정에 맞추어 당률과 송률을 수용하였던 것이다. 따라서 거리를 환산하여 적용하지 않고 수형자가 복역할 배소를 지정하여 판

57) 《高麗史》 권 84, 志 38, 刑法 1, 殺傷.
58) 《高麗史》 권 85, 志 39, 刑法 2, 恤刑.
59) 《高麗史》 권 84, 志 38, 刑法 1, 職制 不枉法贓.

결하는 것이 일반적이었다. 가령 歸鄕·流本貫·流田里·流州縣·流有人島·流無人島·流海島 등과 같은 형식으로 시행된 것이 바로 그것이다. 이와 같은 배소의 차이는 수형자의 죄질 또는 형량과 밀접한 관련이 있었다는 것은 말할 나위도 없다. 왕도를 기준으로 하여 멀어질수록 또는 생활환경이 열악한 곳일수록 죄질이 중형에 해당되는 것은 분명한 사실이라 하겠다.

한편 유배형은 징계의 효과와 아울러 생명형을 赦宥하는 인도주의적 행형사상이 반영되어 있으므로 다른 형벌에 비하여 압도적으로 많은 수형자의 기록이 남아있지만, 행형의 정치적 의미 또한 과소 평가할 수 없다.

그런데 ②에 대한 행형자료는 거의 없는 실정이다.[60] 따라서 자유형하면 바로 유배형이라 해도 과언이 아니다. 이 유형과 同意異音的인 표현으로써 넓은 의미의 유형체계에 포함시킬 수 있는 것으로는 配·謫·放·遷·鼠 등이 있다.[61] 이외에도 充軍하거나 烽卒 또는 水軍에 편입시켜 특정한 지역에 복무케 하는 것도 자유형의 일종이라 할 수 있다.

나. 귀향형과 충상호형의 행형체계

고려의 행형체계는 당률체계의 5형인 태·장·도·유·사가 기본이었고, 그 중에서도 유배형 중심의 자유형이 가장 중요한 행형체계였다. 유배형만 하더라도 유 2천리~3천리 형은 중국에 비해 훨씬 좁은 국토를 가진 고려에서는 규정대로 적용할 수 없었기 때문에 고려 나름의 독특한 방법이 설정되었음은 이미 살펴본 바 있다.

이러한 경향은 관인의 범죄행위를 처벌하는 행형체계에 있어서도 같은 맥락에서 가늠해 볼 수 있을 것이다. 즉 당의 관인과 고려의 관인과는 그 존재 양상과 권력의 행사뿐만 아니라 국가와 관인과의 관계, 국왕과 관인과의 관계가 각각 다른 것이었다 따라서 당률에서 관인에 대한 행형체계의 기본이라 할 수 있는 官當收贖法의 내용이 고려에 그대로 수용될 수는 없었던 것이다. 다시 말해 死刑과 加役流 등 일부 유형을 제외하고는 원칙적으로 실형에 처하지 않는

---

60) 徒刑에 관한 자료는《高麗史節要》권 8, 숙종 17년 12월 및 권 29, 공민왕 20년 6월 기사가 있을 뿐이다. 이와 같이 자료가 빈약한 것은 사건의 내용이 史書에 남을 정도로 중요하지 않았기 때문이라 생각된다.

61) 辛虎雄, 앞의 책(1986), 172~174쪽.

당률의 법의가 그대로 적용될 수 없는 실정이었다. 이에 따라 고려 실정에 맞춘 형벌체계가 바로 歸鄕刑과 充常戶刑이라 할 수 있다.62)

형벌적 기능과 고려율의 운용에 있어서 귀향형과 충상호형이 갖는 행형체계는 어떠하였는가. 다음의 사료는 유배형과 그 실상에 대한 이해에 도움을 주고 있다.

> ① 官吏가 監臨하면서 관물을 훔친 자(監臨自盜)와 감림하면서 재물을 받고 법을 어긴 자(受財枉法者)는 職田을 회수한 다음 귀향시킨다(《高麗史》 권 84, 志 38, 刑法 1, 職制).
> ② 僧人이 寺院의 미곡을 훔친 자는 귀향시켜 常戶에 충당한다(위와 같음).
> ③ 官物을 무역한 자는 귀향형을 제외하고는 법에 따라 科罪한다(위와 같음).
> ④ 鎭人으로 귀향죄를 범한 자는 그대로 本處에 머무르게 하고 만약에 田丁을 받은 자는 그 田을 회수하여 다른 사람에게 준다. 流罪를 범한 자가 東界의 鎭人이면 北界에 移配하고, 북계의 鎭人이면 동계로 이배하되, 남계로 이배하지 못하게 하였다(이와 같음).
> ⑤ (현종 7년 5월) 刑部에서 奏하기를 '관리가 감림하면서 관물을 훔친 자는 贓物의 多少를 헤아리지 않고 모두 除名하여 本貫으로 유배하소서'하니 왕이 이에 따랐다(위와 같음).

위의 사료는 귀향형의 대상과 수형자의 복역장소를 시사해 주고 있다.

첫째, 귀향형의 대상이 되는 부류는 관리·승려·진인63) 등이다. 이들은 전시과체제 내에서 功蔭田·科田·閑人田·軍人田 등을 지급받는 계층으로 국가로부터 토지를 지급받지 못한 白丁보다는 한 단계 높은 계층이다.64)

---

62) 이에 관한 연구로는 다음의 글들이 있다.
文炯萬, 〈麗代歸鄕考〉(《歷史學報》 23, 1964).
北村秀人, 〈高麗時代の歸鄕刑·充常戶刑について〉(《朝鮮學報》 81, 1976).
浜中昇, 앞의 글.
蔡雄錫, 앞의 글.

63) 鎭人에 대해서는 '命州鎭入居軍人 例給本貫養戶人'이라 하여 本貫지역에 田丁과 養戶를 지급받고 兩界州鎭에 入居한 군인이라 정의할 수 있을 것이다(《高麗史》 권 81, 志 35, 兵 1, 五軍 문종 27년 3월 命).

64) 한편 노비의 귀향죄 적용 여부에 대하여는 두 가지 견해가 상충되어 있다. 우선 귀향형의 대상이 된다고 보면서도 노비의 本貫所有를 인정하는 견해는 귀향을 流本貫으로(文炯萬, 앞의 글, 30쪽), 노비의 본관소유를 부정하는 견해는 천민집단의 거주지인 鄕으로 유배되었다고(北村秀人, 앞의 글, 449쪽) 각각 주장하고 있다. 이에 대해 노비는 귀향의 대상이 되지 않는다고 보는 견해는 浜中昇(앞의 글) 및 蔡雄錫(앞의 글) 등에 의해 제시된 바 있다. 필자는 후자의 견해가 더 합리적이라 생각한다.

둘째, 수형자의 귀향장소에 관한 문제이다. 위의 사료들을 검토해 보면 귀향죄를 범했을 경우 현거주지에 상관없이 획일적으로 귀향형을 적용하고 있음을 볼 수 있다. 그리고 ①·②·⑤의 귀향지가 본관이라는 것은 짐작하기 어렵지 않지만, ④의 경우 진인이 귀향죄를 범했을 경우에는 현재의 거주지가 곧 귀양처가 되고 있음이 주목된다. 또 귀향죄를 범한 관리나 승려의 현거주지가 본관지일 때는 그 본관지가 바로 귀향지가 된다는 사실을 추측해 볼 수 있을 것이다. 물론 관리의 경우 직전의 회수·제명 등 기존의 특권이 박탈되며, 승려의 경우는 환속됨과 아울러 해당지역에 편호되고 있음이 확인된다(②). 이러한 사실을 종합해 볼 때 귀향형의 본질적인 행형내용은 거주지의 강제 이동이라기보다는 직전의 몰수·제명 등 수형자의 기존의 특권이 박탈되는 것이라 할 수 있다.

셋째, 귀향형에 처해지는 죄목, 즉 귀향형의 구체적인 내용에 관한 문제이다. ①에서 보듯이 관리의 監臨自盜罪(횡령죄)와 收財枉法罪(수뢰죄)가, 그리고 ②의 승려의 절도죄가 귀향형에 처해지는 구체적인 죄목이 될 것이다. 이외에도 공사노비를 유인하여 도망시키거나 타인에게 방매한 자는 초범일지라도 귀향형에 처해졌다.[65] 따라서 귀향형의 대상은 관리의 횡령죄와 수뢰죄, 승려의 절도죄, 불법인신매매죄 등이었음을 알 수 있다.

넷째, 귀향형의 성격에 대한 문제이다. 귀향형의 성격에 대하여 正刑을 면제하는 대신 과하는 윤형, 즉 환형으로 보기도 하지만,[66] 윤형에는 환형뿐만 아니라 부가형도 있다. 따라서 귀향형이나 환형, 또는 부가형이냐에 따라 행형체계에 있어서 귀향형의 위치는 크게 달라진다.

앞의 사료 ①의「감림자도」·「수재왕법」은 당률에서는 이미 제명에 처하는 죄였다. 원래 제명 그 자체가 부가형이지만, 귀향형은 제명에 부수되는 형벌이라 볼 수 있는 것이다.

⑤는 관인을 제명하여 서인신분으로 떨어뜨리는 경우에는 본관으로 유배되었다는 것인데, 관인을 대상으로 하는 귀향형이 부가형이라 할 때, ②에서의 승려의 귀향형도 같은 맥락으로 보아도 좋을 것이다. 즉 승려 특유의 형벌로

65)《高麗史》권 85, 志 39, 刑法 2, 奴婢.
66) 北村秀人, 앞의 글.

서 환속을 생각할 수 있다. 승려가 사원의 미곡을 절취한 경우에는 환속되는 것만이 아니고 본관에 유배되는 부가형이 과해졌던 것이다.

> 臨津縣人 裵行이 왕명을 위조하여 趙京 등 7인에게 관직을 주었다. 법으로는 마땅히 絞刑에 처할 것이나 마침 사면이 내린 때이므로 귀향형에 처하였다(《高麗史》 권 7, 世家 7, 문종 즉위년 9월 정유).

위의 사료에서 배행의 행위는 법대로 하면 교형에 해방되지만 마침 사면을 받아서 귀향되었다는 것이다. 여기서 배행은 주형은 사면되고 부가형인 귀향형만 적용되었다고 보아야 할 것이다. 그런데 주형이 사면되었음에도 불구하고 굳이 귀향형으로 처벌한 것은 귀향형이 제명이나 면관처럼 본형이 아니고 징계처분적 성격을 갖는 부가형적 처벌이기 때문일 것이다.

지금까지의 사료를 분석해 볼 때 귀향형의 주된 행형내용이 부가형임은 두 말할 나위도 없지만, 또 다른 면에서 볼 때 量移的 성격도 갖고 있다. 그리고 양이에 대한 사료도 자주 보이는데[67] 예를 들면 다음과 같다.

> 二罪(斬刑과 絞刑) 이하의 죄수를 사면하되, 참형·교형에 해당하는 자는 섬으로 유배보내고, 전에 섬으로 유배된 자는 육지로 내보내고, 이미 육지에 나와 있는 자는 귀향형에 처한다. 그리고 귀향형에 처해져 있는 자는 上京하게 하고, 이미 상경해 있는 자는 朝會에 참가하게 하며, 이미 조회에 참가하고 있는 자는 다시 등용하였다(《高麗史》 권 11, 世家 11, 숙종 3년 10월 갑신).

일반적으로 量移의 대상자는「流配者」·「配流者」로 기록되어 있는 것이 보통이지만, 귀향형에 처해진 자도 섬에 유배된 자들과 마찬가지로 유배자·배유자로 일괄되어 있다. 유배자의 양이는 配島→出陸→歸鄕→上京이라는 순서로 행해지고 있다.

다섯째, 앞의 사료 ④에 의하면 귀향죄와 유죄는 구별되고 있으며, 거기에 대응하는 형벌내용을 보면 귀향형보다는 유형이 더 중죄임을 짐작할 수 있다. 그것은 귀향죄를 범한 자에게는 本處에 유배시키고 田丁을 몰수하여 타인에게 주는 것으로 그치지만, 유죄를 범한 자는 동계와 북계 사이에 상호 유배시키고 있다. 이미 鎭人이라는 신분이 담당하고 있는 군사적 기능을 박탈시키지

---

67) 《高麗史》 권 12, 世家 12, 예종 3년 4월 계해 및 권 23, 世家 23, 고종 22년 9월 계해.

않으려는 의도 때문이라 생각된다.

또 초범·재범의 단계와 남녀를 구별하여 가중 처벌하는 행형체계를 볼 수 있는데,[68] 이로써 依律斷之→歸鄕→充常戶刑의 순으로 형이 가중되는 일련의 행형체계가 운영되고 있음을 짐작하기는 어렵지 않다.

그러나 여기에 반드시 해명해야 할 부분은 「의율단지」의 「율」이라 할 것이다. 이 용례는 ③에서 貿易官物者에게 과해지는 「依律科罪」의 경우도 같은 성격이라 이해된다. ③에서는 귀향형을 면제하고 「의율과죄」하는 과형과 무역관물죄보다 죄상이 무거운 ①의 관리의 횡령죄와 수뢰죄는 도형과 장형을 물론하고 직전을 회수한 다음 귀향시킨다는 행형체계를 분석해 볼 때, 「의율단지」 또는 「의율과죄」에서의 「율」이란 도형이라 생각된다.

결국 귀향형의 형벌적 성격은 도형보다는 무겁고 유형보다는 가벼운 것으로 판단되지만, 당률을 모델로 하는 유형과는 전혀 다른 행형체계임이 주목된다. 만약에 귀향형이 유형의 한 단계에 속하는 것이라면 재범단계에는 유 2천 리·3천 리 또는 配島·配遠惡地 등으로 가중 처벌되어야만 하는 것이었다. 그러나 고려의 행형체계는 귀향형→충상호형으로 처벌되는 것이었다. 이러한 형벌체계야말로 당률 또는 송률에서는 전혀 찾아볼 수 없는 고려의 독자적인 행형체계임을 확인할 수 있다.

이제 끝으로 검토하여야 할 것은 귀향형과 충상호형과의 관계라 하겠다. 이에 대해서는 다음의 사료가 있다.

① 制하기를 '여러 관인으로 귀향형에 처해진 자를 常戶에 충당하는 것과 위협하여 죽게 한 자를 絞刑으로써 논하는 것은 義에 어긋나는 일이니 모두 면제하라'고 하였다(《高麗史》 권 85, 志 39, 刑法 2, 恤刑 문종 20년 7월).

② 詔하기를…'그 僧徒가 奸을 범하고 영구히 鄕戶에 충당(永充鄕戶)되어 사면을 거쳐서도 풀려나지 않음은 가혹한 법이라 할 것이니 마땅히 有司로 하여금 검찰하여 모두 軍役에 충당시키라'고 하였다(《高麗史》 권 85, 志 39, 刑法 2, 恤刑 예종 원년 7월).

③ 왕이 敎書를 내리기를…'전에 유배에 처해진 자 중 반역·불충불효·살인강도·미리 계획하여 고의로 겁탈하여 죽인 자(謀故劫殺)·鈒面充常戶者 외 그 나머지 입도자들은 육지로 내보내어 고향에 와 있게 하고, 고향에 있던 자는 왕에게 참알하

68) 《高麗史》 권 84, 志 38, 刑法 1, 戶婚.

는 것을 허용하며, 참알하는 것을 허용 받은 자는 서용하도록 할 것이다'고 하였다(《高麗史》 권 33, 世家 33, 충선왕 즉위년 정월 무신).

①은 귀향된 관인을 충상호형에 처하는 것은 위협하여 죽게 한 자[69]를 교형으로 논하는 것과 마찬가지로 근본에 어긋난다는 것이다. 이 사료에서 주목되는 것은 귀향형보다 한 단계 중형에 해당하는 것이 충상호형이며 이는 수형자의 복역장소에서 그대로 집행된다는 점이다. 여기서 복역장소라 함은 유배된 본관을 뜻하는 것임은 두말할 나위도 없다. 이 점에 있어서는 역리가 직무태만으로 파면되고, 「降爲常戶」가 부가된 경우에도[70] 그 수형 장소는 역으로 보아도 무방할 것이다. ②는 충상호형의 성격이 가장 잘 나타나 있는 사료이다. 여기서 수형자의 신분이 승인이며 죄목도 같다는 점, 그리고 시기도 근접되어 있는 것을 비교해 볼 때 「永充鄕戶」는 충상호형에 대응하는 것이라 생각된다.

③의 사료에서는 전에 유배에 처해진 자 중 반역·불충불효·살인강도·모고겁살·삽면충상호자들은 사면에서도 제외되고 있는 점이 확인된다.[71] 여기서 삽면충상호가 부가되어 있는 자들은 入島者들이 명백하며, 이들은 徐兢이 《高麗圖經》에서 "죽을 죄라도 용서하여 산골이나 섬으로 유배하고, 사면해주는 것은 세월의 다소와 죄의 경중을 헤아려 용서하여 준다"[72]라고 표현하고 있는 것처럼 사형이 면제되어 섬으로 유배된 자들일 것이다. 따라서 「減死流配者」 중에서 삽면충상호된 자를 제외한 「其餘入島者」들은 出陸歸鄕→ 餘鄕者通朝見→朝見者敍用이라는 사면단계를 거치고 있음을 알 수 있다.

위의 사료를 일별해 보면 충상호형은 본관지·현 거주지·유배된 섬 등 특정한 장소에 구애받지 않고 집행되었으며, 경우에 따라 얼굴에 入墨이 부가되는 사례도 볼 수 있다.

요컨대 고려 독자적인 행형체계는 그 근본적인 목적이 수형자의 거주지에 대한 강제적 이동이나 賤鄕에 永續시키는 데에 있는 것이 아니고 기존의 자격

---

69) 고려시대 畏懼致死罪는 「脊杖配島」에 처하도록 되어 있다(《高麗史》 권 95, 列傳 8, 王寵之).

70) 《高麗史》 권 82, 志 36, 兵 2, 站驛 숙종 8년.

71) 고려시대의 赦免에 대해서는 辛虎雄, 앞의 책(1986), 231~260쪽 참조.

72) 徐兢, 《高麗圖經》 권 16, 官府 囹圄.

박탈과 아울러 관인으로서의 재서용을 영원히 배제시키는 데 그 의미를 찾을 수 있다. 고려 나름의 독자적인 행형체계를 굳이 당률과 결부시켜 본다면 당률에서 제명·면관에 해당하는 죄를 고려에서는 귀향형·충상호형으로 처벌하고 있는 것이며, 그것은 어디까지나 당률에 있어서 관인에 대한 처벌법규인 관당수속법을 고려적인 차원에서 수용하면서 그것을 고려의 실정에 알맞게 법제화시킨 것이라 할 수 있겠다.

(4) 행형의 실태

전술하였듯이 고려시대의 행형은 자유형 중심의 행형체계였으며, 귀향형·충상호형으로 가중되는 고려 독자적인 행형체계로 운용되고 있었다. 고려시대의 행형관계 사료를 보면 유형과 사형 기사가 거의 대부분을 차지하고 있으며, 그 중에서도 대부분을 차지하고 있는 기사는 유형관계의 자료이다. 그것은 생명형인 死罪를 정치적으로 사면할 때 유배형이 집행된다는 사실에서도 그 사정을 짐작할 수 있을 것이다.

고려에서는 태·장·도·유·사를 그 내용으로 하는 5형체계가 실시되고 있었음은 각종 사면기사에서 확연히 입증되고 있다. 사실 사형과 유형의 집행 기사를 제외하고는 일반적으로 輕刑에 속한다 할 수 있는 태·장·도형에 처해진 기록은 史書에서 거의 찾아 볼 수 없다.

가. 유형의 집행실태

《고려사》·《고려사절요》 등에 수록되어 있는 고려 전시기의 유배 관계기사는 모두 500여 건에 달한다. 이를 무신란을 기준으로 하여 전·후기로 구분할 때 전기에 63건에 달하고, 그 나머지는 모두 후기에 접전된 유배건수였다.

이처럼 행형기사를 기준하여 볼 때 후기에 올수록 그 수가 증가하는 것은 자료의 인멸이 비교적 적었던 점도 있겠지만, 무신란 이래 사회기강의 해이에 따른 범법행위의 증가와 집권자의 자의에 의한 무분별한 행형도 많았던 것으로 나타났다. 따라서 행형실태의 분석에 대한 시기를 고려 전기로 제한하였고, 그 전기를 다시 태조~경종 간의 국초와, 성종~의종까지로 구분하여 분석하고자 한다. 이처럼 성종 이전과 이후로 구분하여 분석하려는 것은 전자는 왕권 확립과정이라는 시대적 특수성과 고려율의 제정[73] 이전이라는 법제사적인 분류기준에 그 동기를 찾을 수 있고, 후자는 고려율의 제정 이후에 집행된 행형일 뿐만 아니라 문물제도가 성종 때를 계기로 정비되었다는 데서 그 구분의 근거를 두고 있다.

대체로 유배형의 행형실태를 파악하기 위해서는 다음 세 가지 점이 해명되어야 할 것이다. 첫째는 유배형에 처해진 사건을 정리함으로써 행형의 실상과 사회적 특징과의 상관관계가 밝혀져야 할 것이다. 둘째는 수형자의 신분변동에 관한 문제가 검토되어야 할 것이며, 셋째는 유배지에 관한 문제가 개괄적으로 정리되어야 할 것이다. 다음의 〈표 3〉과 〈표 4〉는 이상의 문제를 분석하기 위하여 시도한 기초작업의 일환이다.

태조~경종년간에 집행된 流刑관계기사는 다음 〈표 3〉에서 보듯이 8건에 불과하다. 그 중에서 정치적인 참소 또는 반역행위로 인해 유형에 처해진 경우가 많다(②·⑤·⑥). 이 시기는 아직 고려의 형법이 제정되기 이전이므로 고려율의 적용여부는 생각할 수 없고, 대체로 신라·태봉 이래 계승된 전통적 형률과 관습법에 준용하였을 것이라고 생각된다. 당시에 유배지로 선정된 곳은 海島·遠陸·邊境 등으로 나타나고 있어 특정한 장소가 정해져 있지 않는 점으로 보아 형의 결정권자가 임의로 선택한 것으로 여겨진다.

유배자의 형기는 처음부터 설정되어 있지 않아 왕의 사면이 없는 한[74] 영구

〈표 3〉 태조~경종년간의 流刑 집행실태

항	집 행 시 기	유 배 자	유 형 사 유	유 배 지
①	태조 원년 9월	柳問律·朱瑄劼	班列是非	邊境
②	14년 3월	庾黔弼	被讒	鵠島
③	19년 9월	良劍·龍劍	謀囚君夫	眞州
④	25년 10월	契丹使者 30인	對契丹 强硬策	海島
⑤	정종 즉위년	朴述熙	被讒	甲串
⑥	광종 11년 3월	俊弘·王同	被讒	?
⑦	21년	崔知夢	飮酒失禮	隈傑縣
⑧	경종 원년 11월	王 詵	矯殺罪	外方

73) 高麗律의 제정에 대해서는 辛虎雄, 앞의 책(1995), 19~49쪽 참조.
74) 崔知夢은 流配에서 11년 만에 사면되어 경종 5년에 다시 敍任되었다(《高麗史》 권 92, 列傳 5, 崔知夢).

〈표 4〉 성종~의종년간의 流刑 집행실태

항	집 행 시 기	유 배 자	유 형 사 유	유 배 지
⑨	성종 년월 미상	金致陽	千秋太后와 和奸	遠 地
⑩	7년 11월	郁(太祖 제8男)	景宗妃와 奸	泗水縣
⑪	목종 10년 7월	韓藺卿·金諾	奴婢受賂	楊州·島
⑫	12년	庾行簡 등의 가족	緣 坐	海 島
⑬	현종 원년 5월	河拱辰·柳宗	擅發兵	遠 島
⑭	2년 2월	劉彦卿의 妻子	緣 坐	?
⑮	2년 8월	趙容謙 등 6인	驚動行宮	?
⑯	2년 8월	卓思政 등 5인	緣 坐	海 島
⑰	5년 11월	皇甫兪義·張延祐	金訓·崔質의 난	?
⑱	7년 2월	金訓의 子·同産兄弟	金訓의 緣坐	歸本貫
⑲	11년 5월	崔元信·李守和	奉使汚辱	?
⑳	16년 정월	皮渭宗 등 6인	犯發兵	?
㉑	정종 7년 정월	李洪叔	犯憲章	嶺 表
㉒	9년 9월	鄭莊·承迪	盜監臨之物	?
㉓	문종 26년 7월	平壤公 基의 子 등 4인	廢王擁立	南 海
㉔	36년 8월	東蕃賊 張向 등 14인	外 敵	山南遠地
㉕	선종 9년 6월	崔士謙	誤 奏	仙山島
㉖	헌종 원년 7월	李資義의 黨	韓山侯 昀 옹립	南 裔
㉗	원년 9월	金德忠	李資義의 黨	遠 地
㉘	숙종 원년 10월	昀의 兄弟 등 3인	緣 坐	慶源郡
㉙	4년 11월	夫餘公 燧	政 爭	若水郡
㉚	6년 정월	李景澤의 妻	謀殺夫之繼母	安山縣
㉛	6년 3월	孫弼 등 3인	詐造陰陽書	?
㉜	6년 4월	僧 覺眞	衆人현혹	谷 州
㉝	8년 8월	高文蓋 등 4인	逆 謀	南 極
㉞	예종 7년 8월	僧統 窺 등	圖不軌	巨濟縣
㉟	7년 8월	金仁錫 등 10여 인	緣 坐	遠 地
㊱	12년 12월	淮安伯 沂	設醮祭于山寺	天安府
㊲	인종 원년 12월	帶方公 俌	李資謙의 모함	京山府
㊳	원년 12월	文公美 등 10여 인	〃	忠州 등
㊴	2년 2월	崔弘宰 등 7인	〃	褥地島
㊵	4년 2월	智祿延·金粲	謀殺 李資謙	遠 地
㊶	4년 5월	李資謙의 妻子 등	緣 坐	靈 光
㊷	4년 6월	朴昇中 등	〃	蔚 珍
㊸	5년 3월	拓俊京과 그 黨與	政 爭	岳墮島
㊹	5년 5월	崔惟迪·蔡碩	緣 坐	慶州·珍島
㊺	13년 정월	陰仲寅 등	妙淸에 緣坐	遠 島

㊻	13년	李仲孚	妙淸에 緣坐	淸 州
㊼	의종 2년 7월	宋彦升	殺其妻	有人島
㊽	2년 7월	楊秀英	殺母弟	海際縣
㊾	2년 10월	李深 등 3인의 妻	利敵罪에 緣坐	遠 島
㊿	3년 12월	高元仁	監臨自盜	遠 島
(51)	5년 4월	韓令臣	貿易官物	方還田里
(52)	5년 5월	鄭壽開·李份 등	反 坐	黑山島
(53)	5년 5월	暻의 奴 金旵·鄭敍 등	暻과의 交結	懷仁·東萊
(54)	9년 12월	李龜禱	圖不軌	仁 州
(55)	10년 12월	崔淑淸 등	謀殺 鄭諴 등	遠 島
(56)	11년 2월	大寧侯 暻	被 讒	天安府
(57)	11년 2월	彭夢齡 등 8인	賭 博	南 州
(58)	11년 3월	李仲齊 및 家屬	仲齊 妻의 讒言	南 島
(59)	16년 5월	官婢 善花	殺孕婦	紫燕島
(60)	16년 9월	尹至元	誣 告	無人島
(61)	21년 정월	牽龍·巡檢·指諭	流失의 變故	田 里
(62)	24년 9월	毅宗(王)	鄭仲夫의 난	巨濟縣
(63)	24년 9월	崔倖 등	〃	?

히 배소에서 풀려날 수 없었으며, 복역자의 자손도 그 지역의 주민이 되었던 것으로 보인다.[75]

위의 〈표 4〉는 성종~의종 간에 집행된 유형기사를 정리해 본 것이다. 성

〈표 5〉 유형 사유의 분석

항목	유배사유	해 당 항 목	계(%)
Ⓐ	反逆·逆謀	㉓·㉖·㉝·㉞·(53)·(54)·(56)	7(12.7)
Ⓑ	王室權威의 危害	⑮·⑲·㉑·㉕·㊱·(61)	6(10.9)
Ⓒ	緣 坐	⑫·⑭·⑯·⑱·㉘·㉟·㊶·㊷·㊹~㊻	11(20.0)
Ⓓ	誣告·反坐	(52)·(58)·(60)	3(5.5)
Ⓔ	政爭	⑰·㉙·㊲~㊵, ㊸·(62)·(63)	9(16.4)
Ⓕ	瀆職	⑪·㉒·㊿·(51)	4(7.2)
Ⓖ	反社會秩序	㉛·㉜·(57)	3(5.5)
Ⓗ	姦通	⑨·⑩	2(3.6)
Ⓘ	殺人	㉚·㊼·㊽·(55)·(59)	5(9.1)
Ⓙ	擅發兵	⑬·⑳	2(3.6)
Ⓚ	利敵·外敵	㉔·㉗·㊾	3(5.5)

75) 《高麗史節要》 권 2, 성종 원년 6월.

종~의종년간에 각 왕들의 재위년수를 합치면 170년이 되고 이 기간에 발생한 流刑의 집행건수는 모두 55건에 이르고 있다.

〈표 4〉를 통해 알 수 있듯이 후세의 史家[76]들에게 긍정적 평가를 받는 성종·문종년간에는 유형의 집행건수가 적은 반면, 상대적으로 정치적 불안·반란 또는 외침에 의한 민심의 동요가 심했던[77] 현종·인종·의종대에는 유형의 집행건수가 증가하고 있다. 이 유형의 행형기사를 내용별로 정리해 보면 앞의 〈표 5〉와 같다.

〈표 5〉에서 국가사직 및 왕실에 관련된 사유로 유배된 항목(Ⓐ·Ⓑ·Ⓒ)은 전체의 43.6%에 해당된다. 사실 Ⓚ항도 국가사직과 관련된 것으로 볼 수 있기 때문에 위의 범주에 넣어도 무방할 것이다. 그렇게 본다면 무려 49.1%에 달하는 부분이 왕실 및 국가사직을 보호법익으로 하는 데에서 발생한 유형이라 볼 수 있다. 또 정치적 알력 내지 갈등으로 인해 발생한 사건, 즉 정치권에 관련된 항목(Ⓓ·Ⓔ)도 약 21.9%에 상당하고 있다. 따라서 성종~의종간에 집행된 유형의 내용은 사직·왕실 및 정치권에 관련되어 있는 것이 전체의 71.0%에 달하고 있다. 사실 여기에 관련된 사건들을 분류해 보면 이에 대한 판결에 있어서도 고려율에 준거할 수 없는 내용들이며 피해법익에 따른 형량의 단계적 적용도 거의 불가능한 정치적 사건이라 할 수 있다. 또 그에 따른 정치적인 행형이라 보아도 좋을 것이다. 우리는 이 점에서 고려시대의 유형이 갖는 역사적 의미를 생각해 볼 수 있다.

가령 Ⓐ~Ⓒ로 분류된 국가와 국왕을 보호법익으로 한다는 점에서 그 최종적인 판결자가 행형의 주관 부서가 아니라 국왕이라는 점을 주목하지 않을 수 없다. 이 말은 유배죄인은 일정한 죄와 형에 적합하다 하더라도 일반적인 행형의 소관부서에서 결정하지 못하고 최종적인 재가자인 국왕의 결정에 의해 시행된다는 뜻이 될 것이다. 고려율의 운용과정에서 왕권을 행사하는 중요한 수단이 유배형의 집행과정을 통해 나타나고 있어 왕권행사와 유형의 집행과는 불가분의 관계가 있다고 생각된다.

다음으로 검토되어야 할 내용은 수형자의 신분변동에 관한 문제이다. 주지

---

76) 예컨대 李齊賢 등의 論讚을 말한다.

77) 현종 때는 거란의 침입, 인종 때는 妙淸의 난, 의종 때는 무신란의 발생 등을 들 수 있다.

하듯이 고려의 유배형은 형기가 없는 終身刑[78]이므로 관인이 유배형에 처해지면 우선적으로 신분적·경제적 특권이 박탈되는 것을 생각할 수 있다. 다시 말하면 유배죄인에게는 제명과 아울러 직전이 몰수되며, 모든 가산이 적몰될 뿐만 아니라 유배인의 가족들도 노비로 몰락하는 경우도 많았던 것이다.[79]

한편 관인이 죄를 범하였을 경우에는 그들의 범죄행위가 罪籍이나 正案에 기록되었으며, 그 이름이 죄적에서 삭제되지 않는 한 관인으로 기용될 수 없었다.

문종 때 檢校將作少監 庾恭義는 비록 선조가 太祖의 配享功臣일지라도 범법한 일로 죄적에 올라있기 때문에「不可敍用」의 원칙으로 散官의 자리에 있어야 했다.[80] 그러나 사면의 혜택에 따라 죄적에서 지워지기만 하면 관인으로서 모든 혜택을 누릴 수 있었다. 때문에 무신집권기 贓汚행위로 파면된 990여 명의 관리들이 그들의 죄적을 삭제하기 위해 50여 근의 銀을 당대의 실력자인 鄭仲夫에게 뇌물로 바친 사례[81]가 있다.

유형에 대하여 검토해야 할 또 하나의 문제는 배소에 대한 문제이다. 고려시대에 집행된 유형의 장소를 보면, 어느 특정지역에 집단적으로 배속시키지 않고 전국 각지에 분포되어 있음을 확인할 수 있다. 앞의 〈표 3〉과 〈표 4〉에는 海島·遠地·南裔 등으로 기록되어 있어 명확하게 배소를 알 수 없는 경우도 있지만 비록 지명이 확인된다 하더라도 배소로 이용된 곳은 대부분 한두 차례에 불과한 실정이다.[82]

고려시대 유배자의 경우 배소가 결정되고 수형생활이 시작되면 가족동반은 물론 면회조차 금지되어 있었지만, 유배형에서 한 단계 量移되어 放歸田里된

78) 崔知夢은 11년, 崔惟迪은 12년 6개월, 李份은 1개월, 河拱辰은 7개월, 崔弘宰는 4년 4개월간 복역한 뒤 사면된 것으로 나타나고 있으며, 帶方公 俌와 郁은 4년여의 수형생활 도중에 配所에서 사망하였다. 따라서 고려의 유배형은 종신형으로 보는 것이 타당할 것이다.

79) 公奴婢의 발생은 대체로 정치적인 계기로 인해 이루어지며 그 대상은 귀족신분층을 포함한 모든 신분층이 된다고 한다(洪承基,《高麗貴族社會와 奴婢》, 一潮閣, 1983, 59~60쪽).

80)《高麗史節要》권 4, 문종 9년 8월.

81)《高麗史節要》권 12, 명종 11년 9월.

82)《高麗史》에 유배장소로서 명확하게 지명이 확인되는 곳은 80여 곳이다. 그 중 清州가 7회에 걸쳐 이용되었고, 2회 이상 이용된 곳은 20지역이다. 이 수치는 고려 후기까지 포함한 것이다.

경우에는 그것이 가능하였다.[83] 유형보다 한 단계 가벼운 형벌인 귀향죄인은 가족을 동반하여 본관에 安置·編戶되는 것이기 때문에 유배죄인이라기보다는 오히려 그 지역의 주민으로 인정되는 형편이었으므로 유형에 비하여 수형생활이 훨씬 자유로웠다 하겠다.

나. 사형의 집행실태

고려시대의 死刑은 교형과 참형의 두 가지 형태로 집행되었다.[84] 그런데 같은 행형체계인 생명형이라 하더라도 교형에 비하여 참형이 한 단계 가중된 행형체계라 할 수 있다. 즉 전자는 사체의 보존이 원형과 같이 완전한 양상으로 집행되지만, 후자는 머리와 몸을 단절시킴으로써 사체의 보존이 불완전한 데서 그 원인을 찾을 수 있다.

전술한 바와 같이 유형이 다분히 정치적인 행형이라면 사형은 죄인의 생명을 인위적으로 단절시킴으로써 위화적 전시효과를 거둘 수 있는 행형체계라 할 수 있다. 그러므로 고려의 행형은 유형과 사형 중심으로 운용되었다고 할 수 있다. 형법지 서문에 "刑은 이미 일어난 일을 징벌하여 사람으로 하여금 두려움을 알게 하는 것"이라는 표현은 사형의 행형효과를 적절하게 표현한 것이라 할 수 있다.

고려 전기 사형의 집행실태는 다음의 〈표 6〉과 같이 모두 24건에 달하고 있다.

국초(태조~경종)에 집행된 사형은 거의 모반죄가 주류를 이루고 있는데,[85] ①과 ③~⑧항은 모두 모반사건으로 보는 것이 타당하다. 행형방법은 棄市 또는 伏誅되고 있는데, 형벌의 동기가 모두 모반이라는 사실은 고려 초기의 왕권강화 또는 집권화 과정의 어려움을 잘 반영해 주고 있다.

실제로 중앙집권체제가 어느 정도 일단락된 성종 이후 국가사직 또는 왕실의 권위를 침해한 사건(⑨·⑩·⑮·⑯·㉔) 역시 모두 모반의 범주에 포함되는 사건이라 할 수 있다. 위의 사례에서 보듯이 모반 또는 모반죄로서 처형된 것은

---

83) 《高麗史》 권 121, 列傳 34, 孝友 鄭臣祐女.
84) 《高麗史》 권 84, 志 38, 刑法 1, 名例 死刑.
85) 원래 謀叛罪라 함은 「謀背國從僞」와 「謀爲社稷」을 내용으로 하는 十惡罪에 속한다(《唐律疏議》 名例律 6, 十惡 謀叛·謀反).

〈표 6〉 고려 전기의 死刑 집행실태

항	집 행 시 기	사 형 수	사 형 사 유	유 형
①	태조 원년 6월	馬軍將軍 桓宣吉	謀 叛	伏 誅
②	원년 6월	蘇判 宗品 외 1인	讒害良善	〃
③	원년 6월	馬軍大將軍 伊昕巖	謀 叛	棄 市
④	원년 9월	徇軍吏 林春吉	〃	伏 誅
⑤	원년 10월	淸州帥 陳瑄	〃	〃
⑥	정종 즉위년 9월	王 規	〃	〃
⑦	광종 25년	西京居士 緣可	〃	〃
⑧	경종 5년	王 承	〃	〃
⑨	현종 6년 3월	金訓・崔質 등 19인	作 亂	誅
⑩	7년 5월	龜州軍 橋仙・永夢	謀 叛	斬
⑪	덕종 원년 8월	大相 主烏	毆 母	棄 市
⑫	정종 6년 정월	李公叶	不 孝	〃
⑬	문종 원년 7월	長淵縣民 文漢	弑父母 등 4인	〃
⑭	10년 12월	東女眞 沙支何 등 2인	劫 掠	斬
⑮	26년 7월	校尉 巨身	謀 叛	伏 誅
⑯	헌종 원년 7월	李資義	叛 亂	〃
⑰	숙종 6년 6월	定州長 今男	監臨自盜・利敵	〃
⑱	인종 7년 6월	忠州人 劉挺	殺 父	棄市?
⑲	22년 9월	旗頭軍 羅信	毆傷父母	棄 市
⑳	의종 원년 11월	西京人李淑・柳赫 등	背國利敵罪	伏 誅
㉑	2년 10월	張 喆	〃	〃
㉒	14년 정월	龍虎軍卒 張彦	殺 母	梟 首
㉓	16년 9월	主簿同正 金義輔	御床 畵雞사건	斬
㉔	22년 11월	良守 등 7인	謀 叛	〃

전체의 62.5%를 차지하고 있다. 이와 같이 고려 전기에 집행된 사형의 대부분은 국가사직 및 왕실의 권위를 침해함으로써 발생한 것들이었음을 알 수 있다. 이러한 범죄는 여타의 범죄와는 달리 그 緣坐의 대상이 매우 넓었다.86)

한편 ⑪・⑫・⑬・⑱・⑲・㉒항은 殺親・毆母・不孝罪를 범해 棄市刑에 처해진 사례이다. 고려율과 당률에서는 惡逆罪를 구성하는 주요 내용으로서 부모・조부모에 대한 謀殺 및 구타행위를 들고 있다. 고려율에서는 부모의 모살에 대해서는 조문 그 자체가 규정되어 있지 않을 뿐만 아니라 처벌규정을 설정하지

86) 緣坐에 대해서는 辛虎雄, 〈高麗時代의 連坐制에 대하여〉(《明知史論》 3, 1990) 참조.

않고 있다. 이러한 반인간적인 범죄는 윤리 도덕적으로 도저히 상상할 수 없는 일이기 때문에 그 조문조차 설정되어 있지 않았다고 생각된다. 가령 周親尊長(伯叔父母나 兄妹)의 謀殺행위와 조부모나 부모를 구타한 자도 참형에 처해진 것으로 보아,[87] 殺弑에 대해서는 비록 법률에 규정이 없더라도 유추해석을 적용하여 참형에 처하게 되는 것이다.

> 中書門下에서 아뢰기를 '忠州人 劉挺이 아비를 죽였는데 그 牧守 및 州吏가 능히 백성을 가르치지 못한 까닭이라, 청하옵건대 모두 법관에 회부하고 州는 강등하여 郡으로 만들게 하소서' 하였다. 왕이 좌우의 신하에게 물으니 대답하기를 '《禮記》에 이르기를 邾나라의 婁定公 때에 그 아비를 죽인 사람이 있어 그 사람을 죽이고, 그 집을 헐고 그 집터에 못을 파 버렸을 뿐이요, 그가 거주하는 州邑을 말하지 않았으니 州를 낮추어 郡으로 만드는 것은 옛 법이 아닙니다' 하니 이에 좇았다(《高麗史》 권 9, 인종 7년 6월).

위의 사료에서는 충주인 유정의 弑父 행위에 대하여 해당 지역의 수령과 州吏의 파직은 물론 주를 군으로 강등하자는 중서문하의 上奏가 있었지만, 결국 고전적인 판례[88]에 따라 처리되고 있음을 보여주고 있다.

그 밖에 ②항은 타인에 대한 참소행위로, ⑭항은 東女眞人 沙支何 등의 약탈행위로 처형된 것이며, ⑰항에서 今男의 監臨自盜罪는 贓物을 적에게 처분하였기 때문으로 엄밀히 따지면「背國從僞」의 모반죄를 구성하는 것이며, ⑳·㉑항의 背國利敵罪도 ⑰항과 같은 맥락으로 처벌된 것이라 할 수 있다. 또 ㉒항은 왕의 총애를 받던 궁녀가 媚道로써 화계를 몰래 왕의 요속에 넣어 두었던 일이 발각되자, 注簿同正 金義輔가 內侍 尹至元과 함께 공모하여 저주한 것이라고 무고함에 따라 김의보는 참형에 처해지고, 윤지원은 무인도로 유배된 사건이었다.

이와 같이 사형은 집행과 동시에 수형자의 생명을 단절시키는 결과를 가져오기 때문에 그 절차와 특히 판결에 신중을 기해야 하는 행형이었다. 이에 대해서는 다음의 사료가 주목된다.

---

87) 毆祖父母·父母罪는 斬하고 과실로 한 행위에 대해서는 流 3천 리에 처하도록 했지만, 殺祖父母·父母罪는 규정되어 있지 않다(《高麗史》 권 84, 志 38, 刑法 1, 大惡).

88) 《禮記》 上, 檀弓 下.

① 尙書刑部가 사형을 복주하니 왕이 말하기를 '인명은 지극히 중요한데 죽은 자는 가히 재생을 못하므로 과인이 매양 사형수를 다룰 때에는 반드시 세번 복심함을 기다린다' 고 하였다(《高麗史》 권 85, 志 39, 刑法 2, 恤刑 문종 원년 8월).

② 典法司가 상소하기를… '大辟(사형)은 장군이 임전한 때를 제외하고는 죄상을 갖추어 都觀察使에게 보고하고, 도관찰사는 다시 典法司에게 보고하여 전법사에서 律에 의거하여 사형에 처함직하다고 한 뒤에 도평의사사에 보고하고, 도평의사사는 상감에게 奏聞하여 상감께서 살피시어 전법사에 명하여 율에 의하여 行移하도록 한 연후에 이를 시행하면 사람이 억울하게 죽는 일이 없을 것입니다' 하니 判하여 도평의사사에 부쳐 擬議하여 시행하라고 하였다(《高麗史》 권 84, 志 38, 刑法 1, 職制 신우 14년 9월).

①은 사형의 판결에는 3심제가 운영되고 있음을 시사하고 있다. 대개 2심까지는 형부에서, 3심은 "군신이 같이 의논하여 처결하는 것은 이미 선왕의 成憲"이라 한 것을 보면 국왕과 신하의 합의제였음을 확인할 수 있다.

또 판결에서 신중을 기하고자 결송 날짜를 小事는 5일, 中事는 10일, 大事는 20일, 徒罪 이상의 옥사는 30일로 제한하고 있다.[89] 특히 살인죄의 경우 처음 단계에는 아홉 가지 단서로써 문초하고, 다시 21일을 지나 둘째 단계에서는 12가지 단서로써 문초하고, 다시 28일을 지나 셋째 단계에서는 15가지 단서로써 문초하였다.

②는 비록 여말의 자료이지만 사형의 판결과 집행과정을 잘 보여주고 있다. 그 내용을 보면 大辟(사형)은 "장군이 임전한 때"를 제외하고는 관할수령이 죄상을 갖추어 都觀察使에게 보고한다. 도관찰사가 다시 전법사에 보고하면 여기에서 율문을 찾아서 이를 적용하여 사죄에 해당하는 것임을 도평의사사에 보고한다. 도평의사사에서 왕에게 奏聞하면 왕이 이를 검토한 뒤에 전법사에 명하여 율에 의하여 행할 것을 재가한 연후에야 사형을 집행하면 억울하게 죽는 일이 없다는 것이다. 이를 도식화해 보면 관할수령→도관찰사→전법사→도평의사사→왕→전법사→시행의 단계를 거치고 있다.

그리고 사형이 결정된 죄인이라 하여도 입춘부터 추분까지는 사형을 奏決하지 않았으며[90] 사형수라 할 지라도 부모상이나 부상 및 조부모상을 당했을 때는 承重者에게 7일의 휴가를 주어 發哀를 허용하였다. 사면한 경우 家主를

---

89) 《高麗史》 권 84, 志 38, 刑法 1, 職制 숙종 원년 教.

90) 《高麗史》 권 85, 志 39, 刑法 2, 恤刑 현종 9년 윤4월.

구타한 자 및 살인과 강도를 도모한 자는 무인도로 杖流하고, 비록 살인과 강도를 하여도 杖 이하의 죄는 유인도에 유배하였다.

요컨대 고려 전기에 집행된 사형의 실태를 분석해 보면 왕실의 권위 및 국가질서를 침해한 행위, 그리고 가족질서를 침해한 행위로 처형된 것이 그 대종을 이루고 있었다. 즉 전자는 모반 또는 모반죄를 구성하는 것이며, 후자는 親弑·毆母·불효 등을 구성요건으로 하는 범죄라 하겠다. 또 사형의 판결에는 3심제가 운영되었고, 신문과정에는 판결의 공정성을 기하기 위해 3인이 배석하였다. 또한 사형수가 사면을 받을 경우 참죄는 무인도, 絞罪는 유인도로 유배되었는데 여기에는 척장형이 並加되는 것이 보통이었다.

고려시대의 행형내용을 보면 사형기사에 비해 유형기사가 압도적으로 많다. 그것은 생명형을 사면할 때 일반적으로 유배형을 택하기 때문에 나타난 현상이라 하겠다. 사형의 구성요건을 보면 대부분이 謀反·謀叛·친시이었듯이 그 죄목이 궁극적으로는 사면될 수 없는 惡逆에 해당되기 때문에 일반 사형수가 사면의 혜택을 입어 配島되는 것과는 달리 실형인 참형 또는 교형에 처해졌다고 생각된다.

〈辛虎雄〉

Ⅱ. 대외관계

1. 10~12세기 동아시아 정세와
   고려의 북진정책
2. 5대 및 송과의 관계
3. 북방민족과의 관계
4. 일본 및 아라비아와의 관계

II. 대외관계

1. 10~12세기 동아시아 정세와 고려의 북진정책

1) 10~12세기 동아시아 정세

고려 전기, 즉 10~12세기 동아시아의 정세는 격동의 시대였다. 중국 대륙만 하여도 300년간 통일정권을 유지해 왔던 당나라가 멸망하고 5대 10국의 분열기를 거쳐 다시 송에 의해 재통일되는 왕조의 변혁을 거듭하였다. 이러 한 중원의 분열은 곧 북방의 거란족으로 하여금 군사력의 성장뿐 아니라 국가 의식까지 고취시켜 북방민족에 의한 최초의 정복국가 건설을 이룩케 하였다. 따라서 송이 중원을 재통일하였을 때 그 영토의 일부, 즉「燕雲 16州」는 이미 거란에게 빼앗긴 상태였다. 이에 송은 이 지역 회복을 위해 거란과 싸움을 벌여야 했다. 그러나 거란의 군사력 또한 만만치 않아 결국 두 나라는 1004년 澶淵의 盟約을 맺고 외형적으로 평화관계를 유지하게 되었다.

12세기 초 여진족에 의해 금이 건국됨에 따라 대륙의 정세는 다시 바뀌었다. 왜냐하면 금은 거란을 멸망시키고(고려 인종 3년 ; 1125) 이어 2년 뒤에는 송까지 남천시켰기 때문이다. 이로써 12세기 이후 대륙에는, 하북과 만주에는 여진족의 금나라가, 그 이남에는 한족의 남송이 서로 대립하게 되었다.

한편 당시 고려정국도 이자겸의 난, 묘청의 난을 거쳐 마침내 무신란에 의해 무신정권이 수립되는 큰 변화가 있었다. 하지만 고려는 대외적으로 거란과 송이 대치되어 있었을 때와 마찬가지로 명분보다는 실리를 앞세우는 외교성책을 관철시켜 갔다. 금에 대하여는 정치적인 관계를, 송에 대하여는 상인을 통한 민간차원의 경제·문화교류를 지속하였으므로 고려는 국제적으로 실리에 바탕을 둔 평화적인 관계를 유지할 수 있었다.

처음에는 북송과 거란이, 그리고 뒤에는 남송과 금이 서로 대치하고 있을 때 서쪽 사막에는 黨項族이 세운 西夏가 있었다. 비록 그 국력은 이들 왕조와 비교될 정도는 아니었으나 서하는 중개무역으로 실리를 얻으면서 오랫동안 국운을 유지하였다.

이상과 같이 10~12세기 중국대륙에서 중국과 북방의 정복왕조 사이에 갈등과 대립의 국면이 전개되고 있을 때 일본의 국내사정도 격동의 소용돌이 속에 있었다. 그것은 바로 藤原氏·平氏 등의 귀족정권이 지방무사인 源氏에 의해 몰락하고 幕府政權(1185~1333)이 수립되었기 때문이다.

(1) 당·송 변혁기 중국의 정치적 동향

가. 당의 멸망과 5대 10국의 분열

918년 태조 왕건이 고려를 건국하던 무렵 중국은 각 지역에 군벌(節度使)이 할거하는 藩鎭割據의 시대였다. 이와 같은 상태에서 실질적인 지배력을 잃고 있었던 당나라는 마침내 하남의 宣武節度使 朱全忠에게 멸망되고 後梁(907~923)이 세워졌다. 그러나 이처럼 당제국을 멸망시킨 후량이었지만 그 지배영역은 황하연안의 중원지방에 지나지 않았다. 게다가 후량은 곧 다른 군벌에 의해 사라졌으며, 이러한 세력 교체는 그 뒤에도 계속되었다. 한편 양자강 이남에는 이들 정권의 정통성을 인정하지 않는 군웅들이 할거하여 10여 개의 독립정권이 난립하였다. 따라서 이러한 당말의 분열된 정치적 상황을 고려하여 이 시기를 「5대 10국시대」라 부른다.

즉 5대는 주전충의 후량을 비롯하여 李存勗의 後唐(923~936), 石敬瑭의 後晉(936~946), 劉知遠의 後漢(947~950), 郭威의 後周(951~959)가 서로 싸우며 중원의 지배자로 흥망을 거듭했던 시기를 말하며, 그 이남의 10국은 吳·南唐·前蜀·後蜀·南漢·楚·吳越·閩·南平 및 후한에서 갈라져 나온 北漢 등을 칭한다.[1]

이 5대 10국은 남당을 세운 李昪을 제외하고는 모두 당 말기의 절도사출신 무사들이었다. 따라서 당시 중국을 무사출신에 의한 「무단정치기」라고도 불리운다. 이렇게 절도사의 힘이 커지게 된 것은 8세기 중엽 현종 때로 거슬러 올

1) 李龍範, 〈10~12세기의 國際情勢〉(《한국사》 4, 국사편찬위원회, 1974), 215~217쪽 참조.

라간다.

현종 때 두드러진 변화의 하나는 도망인구, 즉 「逃戶」의 급증이었다. 이는 국가재정 수입의 타격과 부병제의 붕괴를 뜻하는 것이었다. 게다가 주변국가의 성장으로 변경 방위체제(鎭戍制)에 의한 방위만으로는 국경을 지킬 수 없게 되었다. 이에 진수제와는 별도로 수천 명 혹은 그 이상으로 구성되는 軍鎭을 변경에 배치하니 현종 중기에 이르면 이 군진의 병력은 50만에 달하여 변경방위의 중추적인 역할을 하였다. 그러나 이것 역시 열악한 근무조건으로 背軍·逃兵이 늘고 富家들의 병역기피가 만연하여 수정이 불가피하게 되었다. 이에 국가에서는 군진을 통할하는 藩鎭을 설치하고 그 최고 지휘자로 절도사를 두니 天寶 원년(742), 전국 변경에는 10명의 절도사가 임명되었다. 그러나 점차 문관들이 절도사 부임을 꺼려하자 전국 번진의 절도사는 모두 무관들로 바뀌고, 계속되는 중앙의 부패와 사치로 각 번진의 군사비조차 내려보낼 수 없게 되었다. 이에 각 번진의 경비는 절도사 개인의 능력에 일임되어 자연 무신절도사의 번진내에서의 영향력은 강화될 수밖에 없었다.

더욱이 755년 平盧節度使 安祿山의 亂은 번진의 전국적인 확대와 절도사 권한에 변화를 초래하였다. 9년 동안이나 지속된 안사의 난을 진압키 위해 국가에서는 종래 변경에만 설치하였던 번진을 경조부와 하남부를 제외한 전국으로 확대하였으며, 지금까지 軍政權만을 장악해온 절도사에게 觀察使와 州刺史의 직책을 겸하게 함으로써 절도사는 민정권과 재정권까지 장악하는 강력한 세력이 되었다. 이것은 다시 당나라의 지방통치구조에도 변화를 가져와 중앙정부와 주 사이에 번진이 설치되어 한 번진이 2~3개의 주, 혹은 10여 개의 주를 관장하게 되었으며, 절도사 아래에 州院과 使院이라는 별도의 지배기구가 존재하게 되었다. 이로써 권력이 강화된 번진은 중앙의 통제에서 벗어나 분권적이며 반독립적인 존재가 되었다.

일반적으로 번진은 官建(牙軍)과 團練의 이중적 정규군으로 구성되어 있었다. 단련은 지방치안을 유지하기 위해 농한기에 소집된 병사로 절도사와 주종관계를 갖지 않는 존재이다. 하지만 관건은 「관의 健兒」라는 의미로 관으로부터 모든 생활기반을 제공받는 용병으로 번진병력의 중추였다. 그런데 이들의 특성은 자신들의 이익을 위해서는 상관인 절도사조차 폐립하고 아군

장교 가운데 새로운 인물을 옹립할 정도로 자신의 생활기반에 매우 민감한 존재였다.[2)]

따라서 당말 5대의 권력핵심은 절도사가 거느리고 있던 사병집단인 아군에 있었다고 해도 과언이 아니다. 즉 강력한 아군을 거느리고 있는 절도사는 기존의 왕을 누르고 새 왕조의 군주가 될 수 있었으니 각 절도사들은 아병 양성에 주력하게 되었다. 만약 양성한 아병의 힘으로 그들 상관인 절도사가 황제가 되면 그 아병은 황제의 禁軍이 되는 것이고, 그 아병을 지휘하던 장군은 절도사로 승진하여 지방통치의 새로운 실력자로 군림하게 되었다. 뿐만 아니라 그 절도사는 다시 자신의 직속 군사력인 아병의 강약에 따라 새 왕조의 군주가 될 수 있는 가능성도 갖고 있었던 것이다.

하지만 이 5대의 난맥상은 계속될 수만은 없었다. 언젠가는 승자에 의해 통일정권을 이루게 되듯 바로 중원에서의 후량과 후진의 전쟁은 통일을 위한 과정이었다. 후량의 주전충은 黃巢집단의 후신으로 통치자로서의 자격은 없었다. 게다가 주전충은 아들 朱友珪에게 피살되고, 우규는 다시 동생 友貞(末帝)에게 피살되는 혼란을 거듭하였다. 이와 같이 왕실 내부의 혼란상 이외에도 후량의 영내인 하북지방에는 당 이래로 군벌들이 魏州 중심으로 반독립상태에 있었다. 이들은 안록산 집단의 잔당이었는데 이 위주군벌들이 후량을 배반하고 후진에 항복하니 결국 후량정권은 치명적인 타격을 받게 되었다. 즉 진왕 이존욱은 위주병을 선두로 삼아 개봉까지 쳐들어가 형제의 모반을 두려워하며 떨고 있는 말제를 살해하고 새 왕조를 건국하였다. 이존욱은 자신의 성이 李氏라 하여 大唐의 뒤를 잇는 뜻에서 국호를 唐이라 하고, 수도 역시 낙양으로 정하고 즉위하니, 이가 곧 莊宗이다.

후당의 성립으로 일단 하북의 3대 군벌은 통합되었다. 뿐만 아니라 그 여세를 몰아 陝西省 부근의 岐(924)와 甘肅省 일대의 前蜀(925)을 멸망시켜 최대강국을 이루니, 이것은 곧 혼란했던 중원에 통일의 조짐이 보인 것이다. 하지만 이 통일은 장종에 의해 주도되지 못하였다. 왜냐하면 장종의 秕政(失政)으로 즉위 3년만에 정변이 일어났기 때문이다. 그는 스스로 배우로서 연기까지 할 정도로 악극을 좋아하여 주위의 배우나 내시와 같은 측근들의 정치개입을

2) 辛聖坤, 〈唐宋變革期論〉(《講座 中國史》 2, 지식산업사, 1989), 22~36쪽.

묵인하였다. 또 재상에 등용된 孔謙은 온갖 착취를 일삼았으며, 환관을 監軍으로 삼아 여러 절도사를 감시하게 하니 정치는 더욱 부패해지고 정권다툼을 둘러싼 내분은 끊이지 않았다.[3] 이러한 실정으로 장종은 유력한 아군을 소유한 양아들 李嗣源(明宗)에게 황위를 빼앗기고 말았다. 명종은 재위 8년 동안 개혁을 통해 민심을 수습하고 정치적 안정을 이룩하였지만 그를 이은 閔帝 역시 李從珂(廢帝 ; 명종의 양아들)에게 폐위되는 등 혼란이 계속되었다.

이렇게 중앙정권이 어수선할 무렵 河東節度使 石敬瑭(高祖)은 거란의 협조를 얻어 4대 14년만에 후당을 멸망시키고 後晋을 세웠다. 그런데 여기서 주목해야 할 점은 후진의 건국이 종전처럼 아병의 힘에 의한 것이 아니라 북방민족 거란족의 도움으로 세워졌다는 점이다. 나아가 이와 같은 중원의 분열을 이용하여 후진에 군사력을 제공한 거란은 그 대가로 후진의 臣禮를 받고, 금백 30만 필의 세폐와 지금의 북경지방에서 산서성의 북부에 걸쳐있는 소위「연운 16주」를 양도받았다.[4] 특히 이 연운 16주의 소유는 중원지방에 遼라는 거란의 정복국가가 들어설 수 있는 발판을 확보한 것이다.

석경당은 무분별한 할지약속으로 후진의 멸망을 재촉하였다. 재위 7년만에 석경당이 죽고 그의 후임으로 石重貴(出帝)가 즉위하였는데, 출제가 즉위할 당시 조정에서는 민족적 국수론이 일어나 거란과의 대등한 관계를 요구하며 세폐를 중단하였다. 그리고 고조 석경당의 죽음을 알리는 告哀使를 거란에 파견하면서도 稱臣을 거부하였다. 이에 거란 태종은 상국의 허가 없이 신 왕이 즉위한 사실에 분노하며 책망하는 사신을 보냈다. 하지만 후진은 오히려 군사력에 자신감이 넘쳐 있어 거란의 침입을 유도하였다.[5] 이에 거란 태종은 군대를 이끌고 후진을 공격하여 멸망시켰다. 漢人의 군대를 물리친 거란은 이듬해(947) 2월 나라이름을「大遼」라 하여 중국식으로 바꾸고 대대적인 제도의 개편을 단행하며 帝國수립의 기초를 다졌다.

한편 후진이 멸망하는 혼란을 틈타 터어키계로서 唐代에 용맹을 떨친 바 있던 사부타 출신의 하동절도사 劉知遠은 後漢을 건국하였다(947). 하지

3)《資治通鑑》권 273, 後唐 莊宗 同光 2년 정월.
4)《資治通鑑》권 280, 後晉 高祖 天福 원년 9~11월.
5)《資治通鑑》권 283, 後晉 高祖 天福 7년 12월.
《舊五代史》권 88, 列傳 3, 景延廣.

만 유지원의 후한은 아들 隱帝 즉위 3년만에 아군에 의해 옹립된 禁軍部長 郭威에 의해 멸망하고 後周가 세워짐으로써 역대 중국왕조 가운데 가장 단명한 국가가 되었다. 그러나 유지원은 이미 석경당의 부하로 있을 때 석의 할지정책이 중원에 끼칠 후환을 걱정하며 이를 반대한 자이며, 후한 건국 후 재위 1년간 보여준 거란에 대한 자주적인 자세는 주목할 만하다. 즉 대요를 세운 거란 태종은 연운 16주를 발판으로 삼아 남진정책을 계속하였는데 거란의 학정에 시달린 한인들은 유지원을 중심으로 거란에 대한 항쟁의식을 키워 갔다. 뿐만 아니라 많은 지방의 무장들과 군벌들조차 거란진영을 떠나 후한군에 투항해 하나로 뭉쳤기 때문에 거란 태종은 중국지배의 야망을 포기하지 않을 수 없었다.

후당·후진·후한 등 3대로 계속된 이민족의 왕조에서 다시 한족의 왕조를 되찾은 후주의 곽위는 하급군인에서부터 출발한 자로 전란에 시달려 온 인민의 고통을 잘 알고 있었다. 따라서 거란의 침입을 막으면서 한편으로는 내정 개혁에 착수하는 등으로 국가의 안정을 꾀하였다. 특히 그의 뒤를 이어 즉위한 양아들 世宗은 5대분열기에 있어서 가장 뛰어난 군주로 칭송되는 인물이다. 또한 고려와의 관계에 있어서도 광종에 의해 중용된 귀화인 雙冀가 바로 후주인이며, 당시 고려가 취한 과거제 실시, 백관의 복식개정 등은 후주 세종의 개혁정치와 밀접하다는 사실이 주목된다.

세종은 곽위(高祖)의 정책을 계승하여 조세를 삭감하고 황하의 치수에 힘쓰는 한편 황폐된 토지를 개간하며, 경제에 타격을 주고 있던 불교계를 정리하였다. 뿐만 아니라 당시 가장 폐단이 많았던 아군에 대하여도 제재를 가하여 5대의 분열을 마감하며 통일로 나아가는 기운을 이끌어냈다. 하지만 통일의 숙원은 그의 갑작스런 죽음으로 중단되고 근위대장 趙匡胤이 황제위에 오르니 이로써 통일의 대업은 宋왕조로 넘어가게 되었다.

나. 송의 중원통일과 「내실외허」

960년 조광윤은 아군의 옹립으로 새 왕조 송의 태조가 되었지만, 그는 후주 세종의 개혁정치를 충실히 계승하며 국내의 안정과 중원의 통일사업을 계속해 갔다. 재위 17년간 태조는 남방에서 독립해 있던 南唐을 비롯한 蜀·南漢 등 6국을 평정하고, 그의 동생 太宗은 북방에 잔존한 北漢과 남방의 吳

越을 멸망시켜 당말 이후 분열되어 있던 중국의 통일을 완성하였다. 그러나 하북의 연운 16주의 땅을 되찾기 위하여 두 차례에 걸쳐 거란을 침략하였지만 번번이 실패함으로써 이 지역은 오랫동안 포기하지 않을 수 없었다.

한편 송 태조는 비록 아군의 추대에 의해 황위에 올랐으나 5대 혼란의 원인이 節度使에게 막강한 군사력이 집중되어 있다는 점에서 절도사 등의 군벌을 무력화시키는 데 주력하였다. 이에 禁軍의 조직을 개편하여 3衛로 나누어 황제 직속으로 두었다. 그리고 지방의 강력한 절도사에게는 군대를 삭감하고 아병의 양성을 금지시키고, 그들의 지방에 대한 행정적 권한을 축소시켜 재정권은 轉運司에게, 치안경찰권은 문관에게 각각 이임시켰다. 이로써 5대의 특성이던 무신정치는 해체되고 역으로 군주권은 강화될 수 있었다.

요컨대 송조의 정치운영 가운데 무엇보다 주목되는 것은 황제의 전제권(독재권)의 강화이다. 중앙의 최고기관으로 中書省을 두어 합의에 따라 정무를 심의하였으나 그 결재권자는 황제였으며, 군사의 최고기관으로 樞密院을 설치하였지만 결정사항에 대하여는 추밀관 이하 복수로 된 장관들이 심의하고 군사의 최종 결정은 황제 1인에게 귀속시켰다. 아울러 三司를 두어 종전 戶部·鐵部·度支部의 직권을 합병하여 1명의 전임장관이 그 직무를 통솔하게 하였다. 지방은 세분하여 전국을 15路로 나누되 일반 행정을 총괄하는 행정관청을 두지 않고 帥(經略安撫使)·漕(轉運使)·憲(提點刑獄公事)·倉(提擧常平茶鹽司)의 4司를 병설하여 路의 군사·재정·사법·차·소금에 관한 사무를 나누어 맡아보게 하였다. 로의 하부에는 府·州·軍·監 등의 행정구획을 두고 최하위 지방관청은 종전과 같이 縣을 두었다. 그러나 이들 관청의 책임자인 知事·通判 등의 자리는 이전처럼 지방장관들의 자유임명에 맡기지 않고 모두 중앙의 과거출신자를 파견함으로써 지방행정력을 중앙에 집중되게 하였다.

이로써 황제는 국가의 모든 통치의 중심이 되었다고 하겠다. 이러한 새로운 통치조직을 운영하는 데는 많은 관리의 양성이 필요하였다. 과거제는 이미 5대라는 무신통치시대에도 4년간을 제외하고 해마다 실시되었다. 그러나 강력한 독재권을 쥔 송 황제의 충실한 대리인으로서의 관리를 선발하는 송조의 과거제는 특별한 의미가 있다. 황제권을 강화하기 위해 황제의 뜻에 맞는 유능한 관리로 새 시대의 관료조직을 채워 넣어야 했다. 이에 태조는 鄕試(府州)와

省試(禮部)를 거쳐 관리의 자격을 얻은 사람(進士)에게 다시 御試(殿試)를 실시하여 성적에 따라 교양있는 인재를 관료층에 흡수하였다. 이 과거에 응시하는 사람들은 대개 지방에서 세력을 얻고 있던 신흥지주인 「形勢戶」가 많았다. 시대의 경과에 따라 이들 형세호의 자제들은 점차 관료계로 진출함으로써 곧 송대 전제군주제를 뒷받침해 주는 주체세력이 되었다.[6)]

이와 같이 황제를 정점으로 하는 송대의 정치조직은 태조·태종대 약 30년간에 걸쳐 기초가 확립되고 眞宗·仁宗대의 황금기를 맞이하니, 적어도 개국 후 100여 년 동안은 안정을 유지할 수 있었다. 하지만 이러한 중앙 황제권의 강화에 대비한 지방 군권의 축소 내지는 문신에 의한 군권 장악은 군사력을 약화시켜 당시 흥기하고 있는 거란족과 여진족의 군대와 대적하기에는 역부족이었다. 결국 이러한 「內實外虛」의 결과는 송왕조가 멸망하게 되는 한 원인이 되었다.

그러나 인종대의 「慶曆의 治」를 거치면서 正學의 발생 등을 비롯한 사상·문화·경제의 비약적인 발전은 많은 사가들에 의하여 「儒林의 개벽기」[7)]니 중국의 르네상스 또는 산업혁명이니 하는 평가를 받을 정도로 눈부신 것이었다. 안사의 난 이래 하북지방에 계속된 정변으로 많은 사람들이 사천과 강남지방으로 남하함에 따라 양자강 하류가 본격적으로 개발되었다. 게다가 송의 중원 통일로 정치가 안정되자 농지면적은 더욱 확대되고 농업생산력은 급증하였다. 잉여생산력이 풍부하게 되자 차와 비단, 도자기 등의 상품생산도 활성화되었다. 나아가 이러한 경제적인 변화는 사회적으로 중소신흥지주의 출현을 자극하였으며, 학문 또한 이러한 현실에 대응할 수 있는 治用의 학문으로서 정학이 성립되게 하였다.

그런데 이와 같은 송의 극성기는 英宗대를 고비로 점차 쇠퇴되어 갔다. 그 원인은 바로 국방 소홀로 인한 전쟁의 기피와 이를 금전적으로 해결하려는 데서 오는 재정적자 때문이었다. 물론 그 폐단은 이미 태종과 진종대 연운 16주의 회복을 위한 전쟁의 결과에서 비롯된 것이었다. 雍熙 3년(986) 태종은 遼에서 나이 어린 聖宗이 즉위하는 혼란기를 틈타 다시 연운 16주 회복을 위한

6) 李龍範, 앞의 글, 230쪽.

7) 全祖望, 《鮚埼亭集》 外編, 권 16.

전쟁을 일으켰다. 하지만 거란(요)의 명장 耶律休哥의 전략에 말려 참패를 당하고 말았다. 설상가상 이 무렵 서북쪽에 있는 黨項族의 西夏까지 반란을 일으키니 송의 군사력를 한 곳으로 집중시킬 수가 없었다. 이러한 난국에 전쟁을 일으킨 태종마저 죽고 진종이 사태수습을 해야 했다. 이러한 상황에서 진종은 재상 寇準의 건의에 따라 거란에 사신을 보내 화평교섭을 벌여 성사시키니 이것이 곧 澶淵의 맹약이다. 이 맹약을 계기로 두 나라는 형제관계를 맺고 평화를 유지하였으나 송은 방위비 보조의 명목으로 해마다 견 20만 필·은 10만 냥의 歲幣를 거란에 보내게 되었다.

당시 송의 국고수입은 흑자를 유지하고 있어 남아도는 국고를 쓰기 위해 억지로 토목공사를 일으켜야 할 정도였다. 따라서 이 정도의 세폐는 선진국이 후진국에 보내는 일종의 무상의 경제원조로 간주될 수도 있는 것이었다. 하지만 11세기 중반 이래 관료기구의 경직화와 빈부계급의 분열 등으로 송조의 번영에는 암운이 깃들기 시작하였다. 더욱이 송조의 관료들, 보다 구체적으로 말하면 임관되지 않은 진사를 포함하여 문무관을 배출한 지배계급인 官戶는 납세 및 요역의 의무를 지지 않는 특전을 누리고 있었다. 때문에 이들의 감면분은 자연히 일반민에게 전가되지 않을 수 없었다. 더욱이 鄕戶들이 지는 요역이란 단순한 力役이 아니라 조세징수나 자치경찰 등 말단 지방행정의 업무를 처리하는 것이어서 시간의 낭비와 아울러 금전의 부담을 감수하는 것이었다. 게다가 서하와의 「4년전쟁」을 종식시키기 위한 새로운 세폐 부담과 거란에 보내는 세폐의 증액 등으로 송의 국고는 바닥나지 않을 수 없었다.

송·거란 두 나라의 대립관계를 이용하여 외교의 주도권을 쥐며 국제적 지위를 높여 왔던 당항족의 李元昊는 인종 寶元 원년(1038 ; 거란 중희 7) 나라이름을 大夏라 칭하고 정식으로 건국을 선언하였다. 이 대하가 곧 역사상의 서하이다. 서하는 송과 서역을 잇는 중개무역과 청백염의 수출로 경제력을 쌓은 후 인종 康定 원년(1040) 정월 송의 서북쪽 연주 공격을 시작으로 전쟁을 도발해 왔다. 서하의 침입을 받은 송은 韓琦·范仲淹과 같은 젊고 유능한 정치가를 발탁하여 그 방어에 힘쓰게 하였다. 그런데 4년간 지속된 서하와의 전쟁으로 정국이 어수선한 가운데 마침 요의 興宗까지 關南 10縣의 수복을 요구하며 선전포고를 해 왔다. 서하와의 오랜 싸움에 지쳐있는 데다가 거란과 다시 전쟁을 하는 것을 결코 현명한 일이 아니라고 판단한 송 인종은 주화파의 건의를 받아들여 일단 거란의 도움으로 서하를 공격하기로 하였다. 이처럼 송의 서하에 대한 견제책이 강화되자 승산이 없는 싸움임을 안 서하는 적극적인 강화책을 요구하며 전쟁을 종식시켰다. 이에 慶曆 4년(1044) 서하는 송에 대한 신례를 취하고, 그 대가로 송은 매년 세폐로서 견 13만 필·은 5만 냥·차 2만 근을 서하에 보내기로 하였다. 하지만 송은 이와 같은 서하에 대한 새로운 세폐 이외에도 거란에 대한 세폐를 증액해야 했다. 거란이 서하의 송에 대한 신례를 눈감아 주고 관남 10현을 포기한 대가로 송은 40년 전부터 보내온 세폐를 다시 10만 냥씩 늘려, 은 20만 냥·비단 30만 필로 하였다.[8)]

마침내 송은 금전적 대가로 서북변의 안정을 찾게 되었지만 이제 국고는 전연의 맹약 당시의 상황과는 사뭇 달랐다. 그리하여 국가에서는 부족한 중앙의 재정을 보충하기 위해 지방의 요역에 끌려 나온 衙前들에게 그 짐을 떠넘겼다. 특히 縣을 넘어 州의 아전으로서 요역을 나가는 경우에는 그들이 부담해야 할 경비는 주의 각종 행사비용, 세입보충 등으로 액수가 지나치게 많기 때문에 가정의 파탄까지 초래하는 경우가 많았다. 이에 한 사람의 관리라도 배출한 관호는 국가로부터 각종의 혜택을 누리며 부를 축적시켜 갔으나, 아무리 넉넉한 중소지주라 할지라도 한 명의 관인도 배출하지 못한 향호의 경우에는 각종 세금과 요역의 부담으로 파산하였다. 아울러 이러한 현상에 편승하여 관호들은 파산한 향호들의 토지를 매입하거나 병탄함으로써 그들의 재산을 증식시켜 갔다. 또한 소금의 전매값 인상은 청백염의 밀수를 조장하고 민심의 이반을 자극하기에 충분하였다.

사태가 이렇게 되자 중앙에서는 국정의 재정비를 위한 본격적인 논의를 하지 않을 수 없었다. 하지만 이 문제의 해결방안을 놓고 관료들 사이에 의견이 대립되었다. 이러한 경향은 일시적인 것이 아니라 서로 朋黨을 만들어 사사건건 충돌하며 정국을 소란에 빠뜨렸다. 이 붕당의 씨는 이미 진종 때부터 시작된 것으로, 특히 거란과의 정책에 대한 주화파·주전파의 다툼이 바로 그 단초이다. 전연의 맹약을 주선한 寇準에 대하여 王欽若은 구준이 각종 미신적인 행사를 일으켜 국가재정을 어렵게 한다며 이에 대한 여론을 일으켰다. 또 이

---

8) 金渭顯,《契丹的東北政策》(華世出版社, 1981), 125~130쪽.

어 즉위한 인종 때 범중엄은 부국강병과 관리의 기강확립을 목적으로 관리 선발의 폐단을 개혁하자는 상소문을 올리니 이것이 계기가 되어 다시 당론이 일어나 결국 자신이 탄압을 받기까지 하였다. 이것은 다시 夏竦과 杜衍을 중심으로 하는 呂夷簡·范雍 및 범중엄·富弼 등의 두 파로 갈리어 대립하는 당쟁으로 확대되었다.

뿐만 아니라 당쟁은 다시 대서하 정책을 둘러싸고 확대되고 또 다시「慶曆의 讜議」로까지 이어져 이후 20여 년간 당쟁의 소용돌이는 계속되었다. 게다가 인종이 후사 없이 죽자 태종의 증손인 영종이 즉위하여 그의 생부의 묘호 문제를 둘러 싼「濮議」[9]까지 일어나 당론은 계속 번져 갔다.

한편 인종대를 정점으로 하여 극성을 이루었던 송의 정치문화도 쇠퇴의 기운이 보이면서 개혁이 요구되기 시작하였다. 이미 지적한대로 재정면에서 문관정치 발전에 따른 관료의 수적 증가와 요와 서하에 보내는 세폐 등은 적자재정의 폭을 심각하게 하였다. 또 무신억제를 토대로 한 문치주의는 유능한 군지휘관 양성을 막아 결국 군사력의 약화를 초래하였다. 이러한 군사력의 약화를 보완하기 위해 군인의 수를 늘려야 했다. 그것은 인종 때 금군의 증가와 지방 상비군의 신설로 나타나 국가재정의 80%가 군사비로 지출되고 갈수록 적자폭이 심화되었다. 따라서 건전한 재정경제를 꾀하기 위하여 송은 요와 서하에 대한 외교정책의 개선을 통한 세폐의 절약, 병제의 개편을 통한 국방비의 감소, 국내산업의 진흥을 통한 세입원의 확대가 필요하였다. 이 문제는 영종의 뒤를 이어 즉위한 神宗과 그에 의해 중용된 王安石의 개혁정치를 통해 이루어졌다.

왕안석은 원래 남당의 영내였던 臨川縣 사람으로 이미 인종에게 萬言書라는 상소문을 올려 정치개혁의 필요성을 주장한 바 있다. 그는 이 상소문에서 송이 인구·영토·부력·지력 등 모든 것에 있어서 거란이나 서하보다 앞서 있는데도 민중들이 고통을 받고 있는 것은 국왕이 선왕의 도에 어긋난 길을 가고 있기 때문이라고 보고, 유교에서 가장 이상적인 정치조직인 周禮정신에

9) 영종 치세 4년 내내 영종의 친아버지 박왕(宗實)의 例祭를 행할 때 박왕을 皇親이라 칭하자는 파(歐陽修), 皇伯을 주장하는 파(司馬光·呂海)의 논쟁이 대립되었다.

입각하여 개혁해야 한다고 주장하였다. 이러한 왕안석의 의견에 크게 감탄한 신종은 정치를 일신하고자 왕안석을 발탁하여 전권을 일임, 개혁을 추진하게 하였다. 이러한 신종의 절대적인 신임하에 왕안석은 곧 개혁을 위한 준비작업으로 차와 소금 등의 전매수입 일체를 재상의 관할로 하여 재정의 실권을 쥔 후, 이어 차례로 대담한 정치개혁인「新法」을 추진하였다.

신법의 대략적인 내용은 ①재정 합리화를 위한 均輸法을 통한 물가조절 ②농민에 대한 저리 융자를 목적으로 하는 靑苗法 ③자금이 필요한 상인들에게 자금을 대부해주는 市易法 ④농촌 향호들의 고통이었던 불합리한 역법을 개선한 募役法 ⑤향토방위를 위한 일종의 부병제로서의 保甲法 ⑥군마 조달을 위한 保馬法 등이다. 이외에도 일일이 열거할 수 없을 정도로 다방면에 걸친 그의 개혁안은 당시 송의 정치·사회의 병폐를 직시하고 이를 개선하여 국민 경제의 발전과 국가재정의 충실을 통해 군사력을 강화시키는 것을 목적으로 하고 있었다.

하지만 기본적으로 약자의 이익을 옹호하는 입장에서 이루어진 개혁이었으므로 강자들이 차지하고 있는 기득권을 침범하지 않을 수 없었다. 따라서 강자의 위치에 있던 구관료와 학자들은 태조 이래의 祖宗의 成法을 바꾸었다고 왕안석을 공격하기에 이르렀다. 게다가 그의 후원자인 신종마저 죽고 哲宗이 즉위하여 舊法黨의 司馬光이 재상이 되자 신법은 폐지되고 말았다. 사마광이 죽은 후에도 여전히 구법에 의해 정치가 주도되었다. 그러다 元祐 9년(1095) 섭정을 하며 구법을 주장해 오던 철종의 조모 高太后가 죽자 왕안석의 일파인 章惇과 蔡京 등이 집권하여 신법은 다시 정치의 규범이 될 수 있었다.

그러나 계속되는 신·구법당의 대립은 올바른 정책의 수립을 좌절시켰다. 그 위에 휘종대의 향락적인 정치풍조와 안일한 對金外交政策은 금의 공격을 야기시켜 휘종과 아들 欽宗 및 3천 명의 종실이 만주로 끌려가는「靖康의 變」을 겪고 북송시대를 마감하게 되었다.

(2) 북방민족의 흥기와 송의 동향

가. 거란의 흥기와「전연의 맹」

거란은 옛부터 요하 상류로 흘러 들어가는 시라무렌 유역에서 유목생활을 하고 있던 선비족의 하나이다. 이미 北魏 때부터 그 존재에 대해 알려진 거란족이었지만 그들이 급속히 성장하여 중국 최초의 정복왕조를 세우는 민족으로 자리잡게 된 데에는 전술하였듯이 당말 5대의 정치적 혼란의 영향이 컸다. 따라서 하북 5대의 분열기는 거란족의 성장을 위해 존재했던 시기라 해도 과언이 아닐 듯하다.

원래 거란족은 각각의 大人이 다스리는 8부족으로 나뉘어 있었다. 이들은 3년마다 1인을 선발하여 8部大人, 즉 大干으로 삼는 부족연합사회였으나 당말기에 이를 세습제로 바꾸어 유목 전제국가로 비약적인 발전을 하였다. 거란족의 이러한 발전에는 8부대인 가운데 한사람인 耶律阿保機의 힘이 컸다. 그는 뛰어난 무공으로 여러 부족의 군사적 지도자가 되어 여러 부족의 추장위에 군림하였다. 그리고 자주 만리장성 이남으로 쳐들어가 많은 한족을 사로잡아 노동인구를 증가시켰다. 그가 권력을 키워 나가는 데 특히 중요한 역할을 한 것은 바로 돌론노르 부근의 천연염이었다. 그는 이 소금의 독점권을 이용하여 다른 7부족의 부족장을 꾀어 모두 암살하여 거란부족의 통합에 성공한 후, 후량 貞明 2년(916) 거란국을 건설하고 스스로 帝라 칭하였다.

특히 태조 야율아보기는 韓廷微·康默記·盧文進 등과 같은 망명 한족 지식인들을 등용하여 중국식 문물제도를 갖추는 漢化政策運動에 종사케 하였다. 그리고 장차 중원으로 진출할 계획을 세우고 먼저 배후의 압박을 제거하고자 동쪽의 발해를 침략해 멸망시키고(926), 이어 그곳에 괴뢰정부인 東丹國을 세워 장남 倍로 하여금 다스리게 하였다. 하지만 동단국왕 배는 어머니 소태후(述律太后)의 강력한 지지를 받고 있는 차남 耶律德光(태종)과의 권력쟁탈에서 패하여 죽었다. 태종 야율덕광은 중원 침략의 첫 단계로 후당을 위협하고 절도사 석경당을 꾀어 그를 후원하여 후진을 세우게 하였다. 당시 후진을 도운 대가로 받은 연운 16주는 거란의 남하정책의 교두보가 되었다.

완전한 점령은 아니지만 하북의 연운 16주를 얻게 된 거란 태종은 幽州를 남경, 雲州를 서경으로 삼아 한족관료로 하여금 통치케 하고 자신은 중국본토 점령의 의지를 계속 추진해 갔다. 그런데 마침 후진의 出帝가 거란에 대한 신례의 약속을 거부하자 會同 10년(947) 태종은 후진을 멸하고 바로 그 자리에서 국호를 중국식 명칭인 「大遼」로 고치니, 이는 중국을 아우르는 제국수립의 결의를 표한 것이었다.

그러나 유목사회의 생산단계를 벗어나지 못한 거란인이 고도의 선진문화를 가진 중국을 통치하는 데는 한계점이 있었다. 모처럼 하남까지 진출하였으나 그들의 능력으로는 한족을 통치할 수 없었고, 복속된 부족들의 반란 또한 계속되었다. 결국 능력의 한계를 느낀 태종은 南征을 포기하고 철군하였으나 귀국 길에 죽고 말았다. 그리고 그의 뒤에 남은 것은 황권을 둘러싼 왕실내분이었다.

그것은 태종의 모친 술율태후를 중심으로 하는 북방의 유목파와 태조의 장손인 兀欲을 중심으로 한 남방의 농경파의 대립이었다. 이 싸움에서 올욕이 승리함으로써 요의 정책은 큰 변동 없이 안정을 되찾고 후진의 옛 신하를 포함한 많은 한족관료들이 등용되어 漢化政策에 박차를 가하였다. 그러나 올욕(世宗)이 타살되고 이어 즉위한 述律(穆宗) 역시 近侍에 의해 살해되어 황권은 다시 세종의 아들 宗賢(景宗)에게 넘어가는 등 황실의 내분은 계속되었다.

이와 같은 양파의 대립은 거란족·한족·奚族들로 구성된 민족 성원의 이질성 때문이었다. 태조가 국가를 세운 처음에는 사로잡았거나 스스로 망명해 들어온 한족들을 거란의 여러 부족집단에 나누어주어 여러 부족사회의 공동체적 결합을 약화시키는 데는 성공하였다. 하지만 고도의 문화민족이며 생산력이 왕성한 한족의 국가와 대항하기 위해서는 한족의 제도와 정치기구를 받아들이지 않을 수 없었다.

이를 위해 경종에 이어 즉위한 聖宗(경종의 아들, 이름은 융)은 부분 통합과 분리 등의 과감한 정책을 추진하였다. 즉 거란의 전통적인 부족제적 잔재를 손상시키지 않으면서 거란인 수령을 정점으로 하는 領國制를 성립시킴으로써 요의 정권을 궤도에 올려 놓았다. 다시 말하면 그는 거란족을 비롯한 여러 부족의 주민을 다스리는 것은 北樞密院에, 한족 통치는 南樞密院에서 각각 나누어 다스리게 하는 이중적 지배체제를 구축하였다. 이는 거란 및 해족 등의 후진 유목사회가 한족의 선진사회인을 다스릴 수 없는 데서 강구한 최선의 방법이었다 할 수 있다.[10)]

이와 같이 하여 성종 때 거란(요)은 대내적으로 안정을 찾을 수 있었다. 뿐

---

10) 李龍範, 앞의 글, 224~225쪽.

만 아니라 대외적으로는 동북만주와 고려에 대한 공격을 감행하여 국제적인 위상까지 높였다. 성종은 즉위하자마자 나라 이름을 거란으로 고치고, 統和 원년(939) 10월 蕭蒲寧·蕭桓德으로 하여금 고려 북변에 있는 여진족을 토벌하였으며, 통화 3년 8월에는 발해유민이 압록강변에 세운 定安國을 멸망시켰다. 그리고 군사기지로서 압록강 연안의 威寇·振化·來遠에 성을 쌓음으로써 고려침입 준비를 완료하였다.

한편 성종대 송과의 관계는 연운 16주의 귀속문제를 둘러싸고 재개되었다. 송 태종은 거란 성종이 12세의 어린아이임을 얕보고 군사를 일으켜 연운 16주를 회수하려 하였다. 송은 우선 고려에 韓國華를 파견하여 협공을 제의해 왔는데 이웃나라의 싸움에 말려들 필요가 없다고 판단한 고려는 적극적인 참여를 주저하였다. 이에 雍熙 3년(986 ; 거란 통화 4) 송은 단독으로 3道幷出作戰으로 거란을 침공해 들어갔다. 전쟁 초기 송군은 유주·계주·운주·삭주 등지에서 승세를 올렸으나 유주의 거란장군 야율휴가의 보급로 차단계획에 말려 수세에 몰리다가 결국 岐溝싸움에서 패하고 태종조차 겨우 목숨만 건져 도망 나왔다. 이 싸움의 패전으로 이후 한인들의 대거란정책은 소극적으로 바뀌게 되었다.

이어 태종에 이어 즉위한 송 진종에게는 날카로워진 두 나라 관계를 원만히 처리해야 하는 의무만 남게 되었다. 더구나 성종 통화 22년(1004) 윤 9월 거란군은 소태후의 지휘하에 하북성까지 쳐들어와 송이 고심하며 마련한 소택지의 방어시설을 뚫고 황하 북쪽의 澶州까지 진군하여 왔다. 이 보고를 접한 송조정은 크게 충격을 받아 서울을 버리고 양자강 남쪽으로 천도하자는 의견까지 나올 정도로 동요하였다. 이에 진종은 재상 구준의 양면작전을 받아들여 황제가 직접 전주까지 가서 군의 사기를 고무시키는 한편, 다른 한편으로는 거란에 사신을 파견하여 화평교섭을 추진하였다.

이와 같이 황제가 친히 나서 군의 사기를 진작시키자 송군의 기개는 다시 활력을 얻어 싸움이 계속되었다. 이에 거란군도 놀라 송군과 화평할 의향을 보이게 되었는데 마침 송에서 사신을 보내 강화를 요구하자 양국 사이에는 쉽사리 강화가 이루어졌다. 이것이 소위 「澶淵의 盟」이다. 그 조약 내용은 ① 송은 매년 견 20만 필·은 10만 냥을 거란에 세폐로 보낼 것 ②두 나라의 국경선은 현 상태로 유지하고 서로 국경부근에 군사시설을 설치하지 않을 것 ③ 양국은 서로 도망온 사람을 숨겨주지 않을 것 ④나이 어린 거란 성종은 송의 진종을 형으로 부를 것[11] 등이다. 다소의 변동은 있으나 이로써 송 徽宗 宣和 4년(1122)까지 119년 동안 두 나라의 평화적인 관계는 유지되었다.

특히 이 맹약이 성사된 이면에는 전쟁을 기피하려는 송의 소극적인 정책과 국가발전을 위한 재원확보라는 거란의 요구가 일치되었다는 점이 있다. 이로써 두 나라 국경인 雄州·覇州·安肅軍 등에는 榷場이 설치되었다. 특히 당시 거란의 귀족층들은 한민족과 같은 정도의 문화생활을 누리고 있어 여러 가지 물자를 송으로부터 수입하게 되었다. 송에서는 상아·쌀·차·비단·향료·의약품 등이 수출되었으며, 거란에서는 소·양·모피·인삼 등이 송으로 수출되었다. 그러나 상호 대립하는 관계였으므로 송은 군사기밀이 거란에 흘러 들어가는 것을 막기 위하여 9經 이외의 서적 수출을 엄금하였으며, 거란은 馬의 수출을 금하여 송의 군비가 확대되는 것을 저지하였다. 이에 송 조정은 여러 차례 編勅을 반포하여 대외무역 금지규정을 확대·단속하였으나 무역차액을 노리는 송 상인들은 법을 어겨가며 금지품을 취급하였으며, 때로는 고려를 통한 삼각무역 등으로 양국의 경제교류를 계속하였다.[12]

나. 금의 건국과 「정강의 변」

전연의 맹약 이후 화평관계가 계속되었으나 송의 휘종과 거란(요)의 天祚帝때에 이르러 두 나라는 모두 국가기강이 해이해지고 군주의 사치가 심해져 결국 정치는 실권을 쥐고 있는 관료의 손에 좌우되는 상황에 이르게 되었다. 바로 이러한 때 만주의 동북쪽에는 퉁구스계의 여진족이 흥기하여 새로운 강자로 등장하였다.

여진족이 일어나는 데 중심세력이 된 것은 송화강의 지류인 아르치카강 기슭에 살고 있던 完顔部였다. 이 지역은 거란의 동북국경과 가까우며 철이 많이 나고 거란족이 좋아하는 海東靑의 산지이기도 하였다. 이러한 특산물은 그들의 생계에 주요한 역할을 하였다.

11세기 초 당시 요 천조제는 송으로부터 받은 세폐에 빠져 향락을 일삼았

11) 葉隆禮, 《契丹國志》 권 20, 澶淵誓書.
12) 徐炳國, 〈高麗·宋·遼의 三角貿易攷〉(《白山學報》 15, 1973).

으며, 관리들의 부패 또한 만연하여 각지에는 발해인·여진인들의 반란이 자주 일어났다. 특히 해동청 등 공물징수를 담당하는 거란인 관리의 착취와 여진인에 대한 멸시는 여진족들로 하여금 거란에 반감을 갖고 그들로부터 독립해야 하는 필요성을 절감케 하였다. 이러한 반거란 감정을 토대로 전여진인을 뭉치게 한 이는 바로 완안부의 阿骨打였다.

아골타는 天慶 4년(1114 ; 고려 예종 9) 가을 요에 대한 군사행동을 개시하여 순식간에 북류 송화강 동쪽 寧江州를 함락시키고, 이어 북쪽 송화강을 건너 賓·祥·咸州 등을 차례로 공격하여 이곳에 살고 있던 熟女眞과 발해인을 항복시켰다. 영강주전쟁에서 승리를 거둔 아골타는 천경 5년 정월, 여진족을 통합한 하나의 왕국으로 국호를 「大金」이라 하고 칭제하였다. 이듬해 봄 태조 아골타는 요의 동북면 방어에 있어 가장 중요한 黃龍府(농안)를 함락하고 다시 천조제의 親征軍을 護步荅岡(길림성 부여) 부근에서 격파시키며 대세를 장악하였다. 다시 거란 동경에서 발해인 고영창의 반란이 일어나 어수선해지자 이 틈을 이용해 東京(요양)을 공략하고, 요동반도의 曷蘇館女眞 및 그 동쪽의 高州·保州 방면의 숙여진을 복속시켜 여진통합의 숙원을 완성하고 연호를 天輔로 고쳐 이를 기념하였다(1117).

이 당시 태조 아골타의 계획은 전여진 통합과 이에 대한 거란의 인정을 받아내는 데 있었기 때문에 거란과의 화평교섭을 추진, 사신왕래에 주력하였다. 그리고 한편으로는 금 건국 후 국내 부족세력을 정리하는 내치에 전념하였다. 그것은 바로 猛安謀克制의 개혁이었다. 태조는 영강주 전투에서 승리한 후 안으로 여러 부족의 우두머리인 勃菫[보긴]의 세력을 약화시켜 중앙집권화에 박차를 가하고자 그 세력의 고하에 따라 猛安(천부장)과 謀克(백부장)으로 개편하여 행정조직과 군사조직을 완비하였다. 그리고 영토의 확장과 계속되는 전쟁으로 직업군인이 필요하게 되자, 다시 부족장인 보긴을 군대지휘관 또는 지방장관으로 삼았는데 지방장관인 세습맹안과 세습모극의 자격을 종전처럼 옛 토착세력인 보긴에 한하여만 수여한 것이 아니라 완안부에 충성도가 높은 일반 군인에게도 허용하였다.

이렇게 내치에 힘을 기울이고 있는 터에 지금까지 금과 외교관계가 없었던 송에서 사신을 보내 요에 대한 협공을 제안하였다. 송 휘종은 그들의 전통적인 以夷制夷政策에 의거해 금의 군사력을 이용해 거란을 멸망시킬 계획에 따라 선하 2년(1120 ; 고려 예종 15) 사신 馬植을 통해 협공을 제의하며 그 조건으로, ①종래 송이 요에 보낸 세폐를 금에 보낸다는 것과 ②금은 만리장성 이북의 땅을 공격해 취하고, 송은 장성 이남의 땅을 공격해 취하기로 하되 서로 장성의 경계를 넘지 않는다는 것이었다. 그 후 다시 ③요의 南京(北京)은 송이 함락시키고 西京(大同)은 금이 공격하되 함락 후에는 송에게 되돌려준다는 조항을 추가하였다. 하지만 마지막 조건, 즉 서경을 송에 되돌려준다는 조항에 대한 타협을 보지 않은 채 두 나라는 요협공작전에 들어갔다.

금군은 평지의 松林으로부터 古北口쪽으로, 송군은 白溝河로부터 공격을 시작하였는데 금은 요의 上京·中京 등을 차례로 공격하여 대승을 거두고 천조제를 쫓아내 서경을 함락시켰다. 하지만 남경에 쳐들어간 송군의 상황은 달랐다. 宋將 童貫이 이끄는 송군과 대치하고 있던 요군의 전력이 만만치 않아 오히려 송군은 蘆溝싸움에서 완패 당하여 수많은 사상자를 내었으며 군수품 또한 바닥이 났다. 이에 동관은 패전 책임의 추궁을 두려워한 나머지 비밀리에 금 태조에게 구원을 요청하니 아골타는 곧바로 진격해 요군을 궤멸시켰다. 이 싸움의 승리로 금 태조는 장성을 넘어 남경까지 들어가고 송에 대한 자신감까지 얻게 되었다.

거란을 내쫓은 데 성공한 송·금의 연합군은 사전 약속에 따라 전후문제를 처리하였다. 송은 약속에 따라 남경을 돌려줄 것을 요구하였으나 금이 직접 싸워 뺏은 땅이라 하여 반환을 거부하였다. 이에 송은 남경을 반환받는 조건으로 다시 新約을 맺어 원래 약속한 은 20만 냥·비단 30만 필의 歲幣 이외에 代稅錢으로 은전 100만 냥과 군량 20만 석을 추가하여 주기로 하였다.[13] 이에 금군은 남경에서 철수하였다. 하지만 금군은 성안의 인민과 재물을 모두 털어 빈 성을 돌려주었을 뿐이다. 그럼에도 송은 오랫동안 거란에게 빼앗긴 땅을 되찾았다는 데 의미를 갖고 이를 환영하였다. 그 후 금의 아골타가 죽고 그 후임으로 요에 볼모로 잡혀간 적이 있던 동생 吳乞買가 즉위하니 이가 바로 太宗이다. 그는 즉위하자마자 陰山으로 도망가 숨어 있던 천조제를 생포하니 이로써 거란은 건국 후 218년만에 망하고 말았다(1125).

13) 宇文懋昭, 《大金國志》 권 37, 兩國往來誓書.

한편 신약에 따라 요의 남경 이하 6주를 돌려 받은 송은 세폐의 약속을 지키지 않았을 뿐 아니라 비밀리에 금 조정의 내분을 사주하였다. 이 사실을 안 금 태종은 송의 배신을 응징하는 군사를 일으켜 송의 수도 개봉 가까이 진격해 들어갔다. 이에 놀란 송의 휘종은 배신에 대한 책임을 인정하고 황위를 태자에게 양위하였다. 그러나 금군의 진격은 계속되어 欽宗 靖康 원년(1126) 정월 수도를 포위하였다. 이에 놀란 송 조정은 금 5백만 냥·은 5천만 냥·우마 1만 필·표단 1백만 필을 증여하고 화북의 요충지인 中山·河間·太原의 3鎭 33州를 금에 이양하며, 금제와 송제는 「숙질관계」로 한다는 조건을 제시하였다(1126).

이에 금에서는 이 조건을 받아들여 燕京(북경)으로 군대를 철수시키고 사태를 관망하였다. 하지만 그 후 송은 또 다시 약속을 지키지 않았다. 이에 화가 난 금 태종은 다시 군사행동을 개시하여 같은 해 윤 11월, 송의 수도 개봉을 함락시켰다. 당황한 송은 황하 이북의 땅을 할양하겠다는 조건으로 강화를 요구하였으나 몇 차례에 걸쳐 송의 배반을 경험한 금 태종은 더 이상 기다리지 않고 쳐들어갔다. 송군을 격파한 금은 그들이 점령한 황하 이남의 송나라 땅을 다스리기 위해 괴뢰정부로 楚國을 세우고 다음달 휘종과 흠종을 비롯한 3,000명의 황족을 인질로 삼아 본거지인 만주로 철수하였다.[14] 이로써 송은 건국 168년 만에 완전히 초토화되었다. 이것이 바로 「정강의 변」이다.

다. 금과 남송의 화전

정강의 변 직후, 금에 끌려가는 것을 모면한 휘종의 아들 康王을 중심으로 송의 각지에서는 義勇勤王軍이 모여 송의 재건에 노력하였다. 이에 강왕은 南京 應天府에서 즉위하니 이가 바로 高宗이다. 그 후 다시 금군의 추격을 받자 양자강 남쪽 杭州로 옮겨 그곳을 臨安府로 고쳐 수도로 정하고 기강을 바로 하니 이것이 바로 南宋의 시작이다.

한편 금 태종은 금에 볼모로 잡혀와 있는 張邦昌을 내세워 초국을 대신 다스리게 하고 거란이 다스리던 華北지방은 한족을 통치한 경험이 있는 한인과 거란인 관리로 하여금 직접 다스리게 하였다. 그러나 금 태종이 만주로 들어

14) 宇文懋昭, 《大金國志》 권32, 宗族隨二帝北遷.

가자 황제 장방창은 퇴위되어 초국은 없어지고 말았다. 초국의 폐지와 남송 건국 소식을 들은 태종은 다시 군사를 몰아 고종을 쫓아 수도 임안을 함락시키고 깊숙히 明州까지 쳐들어갔다. 하지만 뒤이어 후원병이 이르지 않아 곤경에 처하게 되니 금군은 군대를 철수하였으며 남송의 고종도 다시 수도 임안으로 돌아오니 양측의 전쟁은 소강상태에 들어가게 되었다.

이렇게 초국의 송 세력을 일소한 금 태종은 다시 齊國을 세워 한족 관리인 劉豫를 황제로 임명하였다. 유예는 변경에서 송의 옛 관료들을 등용하여 관제를 세우고, 과거제를 실시하며 징병제와 주화 交鈔를 발행하는 등 독립국가로서의 체제를 갖추었지만 여러 차례 금군에 협력하여 남송의 침입을 꾀하는 등 괴뢰국가로서의 역할을 하였다. 하지만 이 유예의 제국을 둘러싸고 금 황실내부에서 권력싸움이 일어나 결국 제국폐지론이 우세해져 제나라는 건국된 지 8년만인 천회 15년(1137)에 사라지고 말았다. 이렇게 제국의 존속기간은 얼마 되지 않지만 금과 남송의 완충국으로서의 위치는 금으로 하여금 帝國으로서의 내정을 다지며 또 점령지에 대한 통치방법에 대해 귀중한 체험을 하도록 하였다.[15)]

한편 남송은 고종을 중심으로 뭉쳐 민족의식을 고취하였으며, 岳飛·韓世忠과 같은 실전에 강한 장군들을 등용하여 금에 대한 반격을 개시할 정도가 되었다. 그런데 마침 이 무렵 금에서는 태종이 죽고 熙宗이 즉위하였는데 그는 태종과 달리 영토확장보다는 내치에 주력하고자 했으므로 양국 사이에는 화평의 분위기가 조성될 수 있게 되었다. 이 때 송에서는 금의 인질로 잡혀가 있던 秦檜가 귀국하여 금 조정에서 사귀어 둔 인맥을 통해 금과의 화평책을 적극적으로 주도해 갔다. 특히 「정강의 변」으로 만주땅에 잡혀가 있던 휘종 및 흠종 두 황제와 생모 偉氏가 무사히 귀국하기를 바라는 고종의 염원에 의해 진회는 요직에 등용되어 금과의 화평교섭을 전담하게 되었다. 진회의 이러한 화친정책에 대하여 한세충·악비 등 주전파들의 반대가 만만치 않았는데 진회는 이들을 과감히 제거하고 금과의 강화를 매듭지었다. 그 조약의 내용은 ①두 나라의 국경선은 淮水에서 서북의 陝西大散關까지로 할 것 ②매년 송에서는 은 25만냥·견 25만 필을 금에 세폐로 바칠 것 ③송 고종은 금 의종에 대하여 「신하

15) 李龍範, 앞의 글, 248~249쪽.

의 예」를 갖추며, 금의 책봉을 받아 황제가 된다는 것(희종 황통 원년 ; 1141)으로 매우 굴욕적인 것이었다. 그러나 이 화의에 따라 이미 적지에서 죽은 휘종의 관과 모친 위씨가 송으로 귀국할 수 있었다.

뿐만 아니라 두 나라는 거의 20년간 전쟁의 소모 없이 각기 내치에 힘쓸 시간적 여유를 갖게 되었다. 특히 이 화평기간은 남송으로 하여금 어느 때보다 내실을 기할 수 있는 기회가 되었다. 양자강 유역의 개발에 따른 수리시설의 확충은 쌀·사탕수수·차 등의 농업생산력을 증가시켰으며, 남아도는 노동력으로 각지에서는 분업적 수공업이 발달하게 되었다. 그 예가 바로 越州·安州·汝州 등의 도자기산업을 비롯하여 東絹·蜀錦·北絹·越羅 등의 견직물 산업의 발전이다. 또 제지업도 발전하여 관용의 소비뿐 아니라 인쇄·출판업의 발달을 촉진시켰으며 이들 상품 교환경제의 활성화는 동전뿐 아니라 운반이 쉽고 위험성이 적은 지폐사용을 자극하였다. 양자강 등 큰 강과 호수를 끼고 있는 입지조건은 해상교통의 발전을 가져와 먼 지역까지 대량화물을 운반하는 일이 가능해졌다. 이러한 경제의 변화는 그 규모에 있어 북송 때의 수준을 훨씬 능가한 것이었으며 나아가 송의 비단·서적 등이 고려·일본 및 동남아 여러 지역까지 전파되어 각국의 무역의 폭을 넓혔다.[16)]

하지만 이러한 남송의 번영은 금으로부터의 침입이 없는 조건에서 가능한 것이었다. 그런데 송과의 화평조약을 맺은 희종이 종제인 海陵王에 의해 시해되자 이러한 상황은 다소 변화하게 되었다. 즉 天德 원년(1149) 중국문화의 애호자였던 해릉왕은 소박한 여진사회의 습속에서 벗어나 선진의 한문화를 통해 중원의 왕조다운 국가로 키우려는 야심을 가지고 있었다. 이미 거란의 경우에서 보았듯이 중원을 점령한 북방정권의 공통된 과제가 전쟁을 통해 빼앗은 한문화를 포용하되 어느 선까지 국가운영에 채용할 것인가가 문제였다. 금 역시 여진의 고유풍습을 우위에 둘 것인가 아니면 나라 발전을 위해 과감히 구습을 버리고 나라 전체를 漢化할 것인가를 놓고 왕을 비롯한 종실간에 싸움이 끊이지 않았다. 희종이 친자였다면 이러한 희종의 정책에 불만을 갖고 있는 종실의 세력을 업고 쿠데타에 성공한 사람이 바로 해릉왕이었다.

16) 李範鶴, 〈宋代의 社會와 經濟〉(《講座 中國史》 3, 지식산업사, 1989), 162~186쪽.

이러한 계획을 실천에 옮기고자 해릉왕은 스스로 중국의 통일자로 자처하고 대대적인 사민정책과 함께 동북쪽에 치우쳐 있던 수도를 만주의 上京會寧府에서 중경인 燕京으로 옮겨 중원국가로서의 외적인 모습을 갖추었다. 그리고 추밀원 등 직속 관제를 두어 종실의 정치개입을 차단하여 황제권을 강화시키는 한편,[17] 밖으로 송에 대한 남침을 개시하였다(正隆 6년 ; 1161).

하지만 이 남침은 큰 실수였다. 과중한 전쟁비용과 징병은 국민들의 불만을 고조시켜 도처에서 반란이 일어났다. 이렇게 민의 지지가 없는 데도 해릉왕은 직접 군대를 이끌고 회수 이남 양자강을 넘으려 하였다. 하지만 이것은 해릉왕 자신의 정치생명을 단축할 뿐이었다. 이 때 요양에 있던 東京留守 烏祿은 많은 호족들의 지지와 불만 군인들의 호응에 힘입어 해릉왕을 폐하고 새로운 황제에 옹립되었다. 이가 바로「小堯舜」으로 불리는 금나라 최고의 명군주 世宗이다. 즉위 후 세종은 해릉왕에 의해 초래된 국내외의 위기를 처리하여 민심을 안정시키고, 이어 반격해 오는 송군을 물리치기 위하여 군대를 진격시키는 한편, 외교적으로 송과의 교섭도 진행시켰다.

당시 남송에서도 고종이 죽고 孝宗이 새 황제로 즉위하였다. 그는 재상 張浚의 주전론에 따라 금과의 싸움을 계속하였지만 금의 방어군에 대패하여 군인들의 사기가 실추되었다. 이에 양국은 다시 조약을 맺으니, 그 내용은 ①송에서는 매년 금에 바치던 세폐의 양을 각각 5만씩을 줄여 은 20만 냥·견 20만 필로 할 것 ② 이전 금에 대한「신하의 예」를 고쳐「숙질관계」로 할 것 ③ 외교문서의 격식은「表」에서「國書」로 한다는 것이었다(大定 5년 ; 1165). 이로써 금은 해릉왕의 무모한 전쟁으로 지금까지 누려왔던 경제적 이익과 국제적 권위가 손상되었다.

그러나 이후 두 나라는 다시 평온을 되찾고 각각 내치에 힘을 기울여 국가 발전에 박차를 가하였다. 한편 대외정책에 있어 금 세종은 고려 무신정권에 대해 우호정책을 견지하였다. 그 결과 고려 역시 적극적인 대금친선정책을 펴게 되니, 고려와 송과의 정치적 관계는 자연히 소원해지게 되었다.[18]

---

17) 河內良弘, 〈金王朝の成立とその國家構造〉(《岩波講座 世界歷史》9, 岩波書店, 1970).

18) 黃寬重, 〈高麗與金·宋的關係〉(《아시아문화》창간호, 한림대, 1986), 168~174쪽.

(3) 일본의 정치동향

가. 평안시대의 섭관정치

중국 대륙에서 송이 중원을 통일하고, 북방의 요나라와 대치하고 있는 동안 일본은 平安(헤이안)시대로서 藤原家에 의한 귀족정치가 극성을 이루고 있었다(858~1160).

794년 수도를 平城(奈良)에서 평안(京都)으로 옮겼던 초기만 하여도 일본은 桓武天皇과 이후 3대 천황들의 혁신정치에 의하여 중앙집권적 관료기구가 효과적으로 운영되어 천황의 전제권은 강화되었다. 그리고 국가적인 차원에서 당나라와의 교역이 추진되고, 아울러 당나라 유학승인 傳敎大師 最澄(사이쵸오)에 의해 창시된 天台宗과 홍법대사 空海(쿠우카이)에 의해 창시된 眞言宗은 천황의 적극적인 후원에 힘입어 국가사상으로서 발전해 갔다.

하지만 시간이 지남에 따라 국가기구의 정점으로서 천황의 권위를 지탱해 온《大寶律令》의 원칙이 희박해지면서 조정의 대귀족과 불교사원들에 대한 천황의 강력한 통치력은 상실되어 갔다. 나아가 귀족들은 도시나 國(쿠니)에 거점을 가지면서 자신의 지위를 굳혀 가니 점차 권력의 지방분권화와 세습제가 심화되었다. 이러한 현상은 곧 중앙재정의 축소를 의미하기도 하였다. "나라의 모든 토지는 황제의 토지"라는 율령제도에 입각해 재편되고 운영되어 온 口分田을 토대로 한 중앙정부의 수입은 점차 줄어들게 되고, 대신 각 지방귀족이나 사원의 사유지로 조세가 면제된 莊園이 확대되었기 때문이다.

하지만 이 장원이라는 것은 원래부터《대보율령》의 결함에서 야기된 것만도 아니며 귀족에 의한 수탈 때문에 나타난 형태도 아니었다. 오히려 사유권이 여러 차원에서 확장된 결과라 하겠다. 즉 귀족들에게 공직에 대한 급부로서 지급되었던 공해전·위전·직전 따위가 영업전으로서 상속되어 갔다. 그러나 이보다 더 확실한 것은 진전의 개발을 통한 사적 소유권의 확대였다.

중앙정부는 재원이 되는 구분전의 확대를 위해 개간을 장려하고 때로는 개간지에 대한 특별한 권리를 주어 새로 개간한 토지에 대하여는 1대 내지 3대에 걸쳐 보유할 수 있는 권리를 주었다. 그러다가 743년 聖武천황은 신전에 대한 개간자의 영구소유를 허락함으로써 토지공유의 근본개념을 와해시켰다. 그 후 이러한 사유지에 대하여는 여러 가지 면세특권이 부여되었다. 여기서의 면세란 세액의 면제뿐 아니라 지방관청의 지조검사나 경찰관리 등과 같은 기관의 보호와 간섭으로부터 불가침권을 갖는 것을 의미하며, 이는 결국 천황의 권한이 지방에까지 침투되는 것을 차단하는 것이기도 하였다.

이러한 사적 보유지, 즉 장원제도는 8세기 경까지는 드문 현상이었으나 13세기 경에 이르면 2~3백 명에 불과한 귀족들에 의해 전 국토가 5천 개의 장원구역으로 분할되는 양상을 보였다. 더구나 장원의 소유자가 행사할 수 있는 각종 면세특권이 권력에 의해 공식적으로 승인·확보됨에 따라 소유자(즉 영주)들은 재력을 바탕으로 땅을 새로 구입하거나 권력을 이용해 공유지를 불법적으로 병합하여 그 규모를 확대해 갔다. 이외에도 寄託에 의한 장원 확대가 두드러졌다.

이러한 장원제의 발달, 지방분권화 경향과 세습제의 영향으로 9세기 중엽에 이르러 천황을 대신하여 정치의 중심으로 떠오른 귀족이 있었으니 바로 藤原家이다. 이 가문은 7세기 天智천황을 보필하여 大和改新을 성공적으로 추진할 수 있게 한 中臣鎌足(나카토미노 카마타리)[19]의 후손이다. 그는 이외에도 천황권을 지키기 위한 정치적 사건과 나라에서 경도로 수도를 옮기는 일 등을 성공적으로 추진함으로써 천황으로부터 두터운 신뢰를 받았다. 이러한 천황에 대한 충성의 대가로 그의 후손인 藤原良房(후지와라노 요시후사)은 太政大臣에 임명되어 전 관료에 대한 통치권을 허락 받았고 이를 계기로 등원가가 황실과 경쟁할 수 있는 세력으로 성장하게 되었다.

이렇게 천황의 신뢰와 요직을 확보한 등원양방은 마침내 황족을 제거하고, 仁明천황의 후임으로 자신의 생질인 道康親王을 황태자로 삼았으며, 866년에는 자신의 나이 어린 외손자 淸和를 제56대 천황에 즉위시키고 자신은 「攝政」이라는 칭호까지 얻었다. 이처럼 어린아이를 천황에 즉위시킨 것은 유례가 없는 것이었으며, 일본 역사상 황족이 아닌 인물이 공식적인 직함을 가지고 천황을 대신하여 정치를 전담하기는 처음이었다.

---

19) 그는 대화개신 성사 후 藤原(후지와라)이라는 성을 하사받고, 그의 세 손녀가 황족과 혼인함으로써 귀족 중의 최고 귀족이 되었다.

뿐만 아니라 천황이 성인이 되면 물러나야 하는 것이 섭정의 자리였지만 등원양방은 다시 「關白」이라는 공식 직함을 갖고 擅斷을 계속하였다. 등원양방 사후 그의 양자 藤原基經(후지와라노 모토쓰네)이 제57대 陽成천황의 섭정이 되었는데 그는 양부보다 더욱 강력한 권한을 장악하였다. 양성천황이 16세가 되자 압력을 넣어 천황의 자리를 光孝천황에게 양위케 하였으며, 등원기경의 후원으로 천황의 자리에 오른 광효천황은 그의 권위를 강화시켜 주는 데 주력해야 했다. 이리하여 등원기경은 제59대 宇多천황대까지 섭정과 관백이라는 공식적인 직함을 가지고 모든 정치의 실권을 장악하였으니 이 때부터 「섭관정치기」라고 한다.

다시 말하면 9세기 말부터 등원가는 천황을 대신하여 중앙의 절대적인 통치권을 장악하는 「攝」·「關」이라는 두 지위의 독점과 황족의 외척이 되는 특권을 보유하며 200년 가까이 일본정치사의 주역이 되었던 것이다.[20]

등원가의 전성기는 藤原道長(후지와라노 미치나가)의 섭관기였다. 그는 30년 동안 사실상의 최고통치권자로, 4명의 천황이 그의 사위였으며 다른 3명의 천황은 그의 외손자였다. 등원도장은 온갖 수단과 방법을 동원하여 천황 주위의 다른 세력을 제거하며 등원가의 권력독점을 유지하였다. 그의 이러한 행위는 많은 사람들로 하여금 정치에 대한 의식적인 도피증을 낳게 하였다. 마침 당시 지진과 화재, 천연두의 만연과 같은 재해가 빈번하였는데 이러한 변화에 대해 당시 사람들은 등원가에 의해 억울하게 피살된 원혼들이 내린 재앙이라고 생각하였다. 그리하여 도처에서 원혼을 달래는 제사가 행해졌으며, 흉흉한 민심에 대하여 황실에서도 대대적인 위령제를 올렸다. 이 위령제의 영향으로 훗날 원혼을 달래주는 전문적인 神社가 출현하게 되었다.

이처럼 10~11세기 섭관정치가 극에 달해 있을 때 일본의 대외관계를 보면, 당시 일본은 폐쇄적인 대외정책을 추진하였으나 고려에 대하여는 비교적 적극적이었다. 일본과 고려의 교류에 관한 최초의 기록은 白河천홍 延久 5년(1073 ; 고려 문종 27) 7월의 일이다. 일본상인 王則貞과 松永年 등 42인이 고려 예성강에 입항하여 문종에게 螺鈿을 비롯하여 일본칼·거울·현석·문궤·화병풍·궁시·수은 등의 일본 특산물을 헌상하였다. 이외에도 문종 및 선종대

20) 坂本賞三, 〈攝關常置時代〉(《日本の歷史》6, 小學館, 1974), 219~227쪽 참조.

에 걸쳐 정식으로 일본상선이 고려에 온 것은 20회에 달하였다. 그런데 도항한 일본인들 가운데는 日本國使·對馬島使 등과 같이 「使」를 칭하는 자가 많아 조공무역의 형식을 취한 교역이 大宰府體制에 기초하여 추진된 것을 알 수 있다. 이것은 법으로 금지하고 있던 사무역의 형식과는 다른 공무역의 성격을 띤 것이라 하겠다.21)

8세기에 9차례 遣唐使를 파견했던 것과 달리 이 무렵 일본과 송의 관계는 정치적 외교관계가 수립되지 못하였다. 하지만 송 상인과 일본 승려에 의한 민간 차원의 왕래는 부단히 계속되었다.22) 물론 그 사이 鳥羽천황 元永 원년(1118)에 송의 휘종은 일본조정에 致書하여 오랫동안 교류가 끊긴 것에 대하여 유감의 뜻을 표하며 통교의 뜻을 보내기도 하였다. 그러나 일본은 수차례 조신회의를 거듭한 결과 이에 대한 회답을 보내지 않기로 하였다. 이것은 당시 송이 문화적으로 우수한 나라임에 분명하나 당시 송과 대치하고 있던 거란의 국력을 의식한 때문이다. 당시 일본은 송에 대하여는 송 상인과 일본 승려를 통한 문화 교류를 유지하는 데 그친 것에 비하여 거란에 대하여는 이미 5대 혼란기부터 시작하여 堀河천황 寬治 5년(1091 ; 요 道宗 大安 6 ; 고려 선종 8)까지 鄭元·鄭心 및 승 應範 등 28인을 보내 방물을 바치는 등 세 차례에 걸쳐 사신을 보냈다는 사실이 주목된다.23)

나. 원평전쟁과 겸창막부 수립

이렇게 일본조정에까지 그 위엄을 떨쳤던 거란이었지만 전술하였듯이 1125년 금나라에 의해 멸망되었다. 뿐만 아니라 송조차 금의 공격으로 양자강 이남으로 밀려나 남송시대를 열어야 했다. 이러한 대륙의 급격한 정세변동과 마찬가지로 일본열도 또한 일본사에 있어서 격동기였다.24) 攝關政治의 몰락에 대신하여 퇴위한 천황(上皇)에 의한 통치형태인 「院政」이라는 새로운 정치형태가 생기고 이어 平氏에 의한 정권독점 및 이를 극복하는 과정에서 새로운 통치형태로서 幕府政權이 수립되었다.

21) 坂本賞三, 위의 글, 163~165쪽.
22) 王儀, 《趙宋與王氏高麗及日本的關係》(臺北 ; 中華書局, 1980), 63~66쪽.
23) 《遼史》 권 25, 本紀 25, 道宗 大安 7년 을해 및 8년 정미.
24) 安田元久, 〈中世への序曲〉(《日本の歷史》 7, 小學館, 1974), 16쪽.

10~11세기에 일어났던 몇 차례의 쿠데타는 몇몇 군사적 유력자가 대두하는 계기가 되었다. 우선 東國에서 일어난 平將門(타이라노 마사카도)事件을 들 수 있는데 그는 桓武천황의 5대 후손으로 야망을 가진 인물이었다. 935년 평장문은 친족인 常陸의 國司(코구시) 대리였던 平國香을 공격하여 살해했으며, 4년 뒤에는 京都 8개 國의 지배권을 요구하면서 下野와 上野의 國府(코쿠후)를 점령하고 스스로 「새로운 천황」을 칭할 정도로 세력이 막강했다. 하지만 그의 반란은 결국 하야의 신임 押領使인 藤原秀郷과 평국향의 아들 平貞盛에 의해 진압되고 평정성은 이 난을 진압한 공로로 鎭守府將軍의 지위에 올랐다.

한편 당시 서일본 해안에는 해적이 횡행하여 조세수송까지 방해하였다. 게다가 이들 해적을 진압하기 위해 중앙에서 파견한 관리들조차 해적이 되어 이 지방을 공포로 떨게 하였는데, 이러한 해적세력은 939년 새로운 지방귀족의 군사력에 의해 겨우 진압될 수 있었다. 이러한 지방귀족 가운데 한 사람이 바로 源經基(미나모토노 츠네모토)였다.

이러한 정변 처리의 결과로 平氏와 源氏 일족은 점차 막강한 세력이 되었다. 이들은 여러 곳의 지방장관을 역임하면서 많은 장원을 그들의 수중에 넣고 이러한 재력은 더 많은 전투력의 증강을 가능케 하였다. 11세기 말엽 원씨는 關東에서, 상황들의 후원을 받고 있던 평씨는 畿內에서 세력을 굳히게 되었다. 뿐만 아니라 이들 새로운 지방귀족은 각 국의 치안을 담당하는데 그치지 않고 중앙의 권력투쟁에까지 참가하였다. 그 대표적인 사례가 바로 1156년의 「保元의 亂」이다.

12세기 중엽 수도 경도는 정치의 중핵이었던 院廳(인노쵸오)의 등원가와 대사원 등이 상쟁하는 대혼란에 빠지게 되었는데, 1156년 崇德상황과 後白河천황 사이의 갈등은 「보원의 난」으로 폭발하였다. 결과는 후백하천황을 지지했던 平淸盛(타이라노 키요모리)의 승리로 돌아갔다. 평청성은 다시 유일하게 남아있던 원씨의 지도자 源義朝(미나모토노 요시토모)의 음모사건도 평정함으로써 平安에서 더 이상 대적할 자가 없게 되었다. 이후 그는 지방귀족으로는 처음으로 參議로 승진되고 公家들과 함께 중앙 상층부의 정책에 참여하는 인물이 되었다.

평씨는 과거 등원씨가 했던 것처럼 중앙정부의 요직을 차지하고 황족과 혼인관계를 맺어 그 지위를 확고히 하였다. 자신은 태정대신이 되고, 그 아들은 內大臣이 되었으며, 40명 이상의 친척이 조신의 반열에 포진하였다. 1184년에는 어린 손자를 安德天皇에 즉위시키니 이로써 사실상 조정의 최고 지위에 오른 셈이다. 그리하여 六波羅(로쿠하라)에 있던 그의 사령부는 등원씨의 政所(만도코로)나 상황의 院廳을 능가하며 최고의 권력을 차지하였으므로 이 때문에 1160년부터 1185년의 시기를 「로쿠하라시대」로 부르기도 한다.

하지만 평씨의 집권은 그의 불손한 행위로 곧 조정과 승려의 심한 반발을 받아 오래 지속되지 못하였다. 한때 그의 후원자였던 후백하천황(1169년부터 법황)조차 그의 제거계획에 참여하였다. 1180년 원씨의 잔당과 園城寺·興福寺의 승려 및 후백하법황의 황자인 以仁(모치히토) 등에 의해 평씨제거 계획은 실행에 옮겨졌다. 이 거사는 곧 진압되었으나 그 실패를 안타까워 한 많은 무사들이 源頼朝(미나모토노 요리토모)를 중심으로 뭉쳐 평천성에 대항하였다.

5년간 계속된 원씨와 평씨의 「源平(겜페이)戰爭」에서 최후 승리한 원씨는 전국에 걸친 군사력을 장악하게 되었다. 그러나 원씨는 평씨와는 다른 방법으로 정치의 주도권을 장악하였다. 그는 천황정부의 인가 아래 수도 경도로부터 멀리 떨어진 鎌倉(카마쿠라)에 별개의 막부를 설치하여 중앙의 구귀족들의 조정을 피해가면서 중앙의 권력을 탈취해갔다. 이러한 통치방법으로 그는 외곽에 머물면서 군사력과 인적 조직을 증강시켜 갔으며 이어서 궁정위계와 칭호까지 받아 정권의 정통성을 확보하였다.

1185년에는 헌병사령관인 總追捕使의 칭호를 받아 자신의 세력기반인 동국은 물론 서국의 무사에 대한 임명권과 궁정과 사원이 갖고 있는 장원에 개입할 수 있게 되었다. 또한 1190년에는 總守護·總地頭라는 칭호를 획득하여 武家의 우두머리가 되었으며 마침내는 征夷大將軍의 칭호를 받아 최상의 정통성을 획득하였다. 이로써 원씨는 천황 政體의 파괴자가 아니라 보호자로서, 봉건적 지휘계통에 기초한 합법적인 행정제도를 실현한 것이다. 그 결과 경도에 중심을 둔 문관정치의 여러 기관이 폐지·흡수되니 겸창은 이제 단순한 무사의 사령부가 아니라 전국적인 행정기관을 통솔하는 도시로 탈바꿈하며 일본 역사의 중심지가 되었다.[25]

한편 그동안 고려는 일본의 항해술 미발달과 일본 조정의 폐쇄정책 등으로 일송무역의 중계역할을 하며 무역차액을 획득해왔다. 하지만 12세기 무신란 등의 고려정국의 변화와 후백하 원정시대 이래 일본의 적극적인 대외정책에 힘입어 일송무역이 활발해짐에 따라 고려의 역할은 축소되었다.

즉 承安 2년(1172) 9월 송 효종은 후백하법황과 평청성에게 國書와 贈物을 보내 朝貢使의 파견을 요구해 왔다. 당시 송에서 보낸 국서에 「日本國王」이라고 칭하였다고 하여 이의 접수를 반대한 자들도 있었으나 실권자인 평청성은 이러한 반대를 무시하고 송의 사절을 인견하고 효종에게 返書와 返禮品을 보내 송과의 외교를 다시 시작하였다.

이로써 일·송 양국의 상선이 博多와 明州를 중심으로 왕래하니 일본도 동아시아 교역권 안에 들게 되었다. 당시 일본에서 송에 보낸 수출품으로는 사금·수은·유황·진주·나전·도검·일본선(부채)·蒔繪 등이 있었으며, 송으로부터의 수입품은 唐絹·唐綾·唐錦 등의 고급 직물을 비롯하여 향료·약품·도자기·서적 등이었다. 특히 12세기 무렵에는 일본 국내의 상업도 발달하여 유통경제가 활성화되니 국내 통화로서 政和通寶와 같은 여러 宋錢에 대한 수요가 높아져 주요한 수입품이 되었다.[26]

〈朴漢男〉

2) 고려의 북진정책

(1) 국초 북진정책과 발해유민 대책

태조 왕건은 건국 이후 후삼국 통일이란 남방문제와 고구려 고토 회복이란 북방문제를 동시에 해결해야 하는 입장에 있었다. 그렇기 때문에 태조가 고려를 창업한 직후부터 북진의 대상지역에 있던 여진을 포함한 발해유민에 대해 깊은 관심을 갖지 않을 수 없었다.

당시 중국 대륙은 당의 멸망(907) 이후 송왕조의 성립(960)까지 50여 년간 5대의 정치적 혼란기가 전개되었다. 한편 10세기초에는 遼河 상류에 흘러들어가는 시라무렌상 유역 유목민족의 하나인 거란족이 흥기하기 시작하였다.

25) John Whitney Hall, *From Prehistory to Mordern Times*, N.Y. Delling Publishing Co., 1970.

26) 安田元久, 〈日宋貿易の展開〉(앞의 책), 154~174쪽.

특히 동아시아 정세변화에서 주요 인물이 된 耶律阿保機는 거란족 통일을 추진하는 한편, 강한 전투력을 발휘하여 만리장성 남쪽지역까지 여러 차례 진출해서 한족 포로를 붙잡아다가 그들의 생산력을 이용하여 경제역량을 키워갔고 마침내 축적된 경제적 기반을 배경으로 916년에는 거란국을 건설하였다. 그리고 天顯 원년(926) 정월에는 渤海를 무너뜨리고 그곳에 東丹國을 세워 장자 培를 동단국 왕에 봉하고 그의 동생 迭剌로 左大相을, 발해 老相을 右大相으로 삼으며, 그 아래 발해 司徒 大素賢과 耶律羽之를 각각 左右次相으로 삼아 통치하게 하였다.[1]

이로써 발해는 해체되고 동단국이 거란의 괴뢰로서 발해고토를 지배하게 되었다. 동단국이 겉으로는 거란과 발해 구귀족의 연합으로 성립된 것 같지만, 실제로는 완전한 거란의 괴뢰국가였다. 그러나 이 때 거란이 차지한 지역은 사실상 발해고토의 서반부지역에 불과했다.[2] 그나마 거란 점령지 밖에 있던 南海 이하 3府는 이미 천현 원년 3월부터 반란을 일으켜 왔는데, 이 때가 바로 동단국 건립 바로 다음달이다.[3] 그리고 5월에는 다시 남해부와 定理府가 반란을 일으켰다. 이들 지역을 포함한 발해 동반부 지역은 비록 표면적으로는 거란의 지배하에 들어갔으나 사실상은 거란의 간섭이 미치지 못했으므로 독자적 행동을 수행할 수 있는 다수의 발해유민 집단이 할거하게 되었다.

天寶 4년(925) 야율아보기의 급사로 인하여 대권이 차남 德光에게로 넘어가니 그가 곧 태종이다. 태종은 즉위 초부터 동단국왕 배와의 미묘한 관계에서 동단국의 운영에 신경을 써오다가 드디어 천보 3년에는 동단국의 본거지를 忽汗城(옛 발해 상경)으로부터 감시가 편리한 遼陽(遼 東平府)으로 옮기게 하였다.[4] 동단국의 요양으로의 서천은 발해 점령지역에서의 후퇴를 뜻하는 것으로 송화강 유역에서 두만강 유역에 이르는 동북만주에 대한 실질적 통치를 포기한 것이라 하겠다.

한편 동단국의 서천은 국초부터 북진을 추구하던 고려의 입장에서 보면 힘의 공백기로 남아 있는 동북만주를 확보할 수 있는 절호의 기회가 되었다. 하지

1) 《遼史》 권 2, 本紀 2, 太祖 下, 天顯 원년 2월 병오.
2) 《滿洲源流考》 권 6, 部族.
3) 《遼史》 권 2, 本紀 2, 太祖 下, 天顯 원년 3월 기사.
4) 《遼史》 권 38, 志 8, 地理志 2, 東京道.

만 당시 고려는 남쪽의 후백제와의 전쟁에 모든 군사력을 집중시켜야 했다. 태조 11년(928) 7월의 三年山城에서의 패전에 이어 9월에는 烏於谷城이 후백제에 함락되어 城兵 천여 명이 전사했다. 이어서 다음해 7월 견훤군의 義城府 공격으로 성주장군 洪術이 전사하였다. 연이은 패전에 홍술까지 잃은 태조는 "내 左右의 팔을 잃었다"[5]라고 통분하기까지 하였다. 특히 13년 정월의 古昌郡 결전은 고려나 후백제 양국 모두에게 永安(安東)·河曲·直明·松生(靑松) 등의 慶北 일대지역을 건 대결전이었다. 다행히 고려는 이 싸움에서 승리하여 영안·송생 등 30여 군현을 차지할 수가 있었다.

이렇듯 긴박한 상황이 전개되던 시기에 군사력을 양분하여 남북으로 적을 갖는다는 것은 고려로서는 승산 없는 전략이었을 것이다. 따라서 고려는 후백제와의 전쟁을 위해서는 고구려 고토 회복의 절호의 기회를 일시 포기해야만 했을 것이다.

그런데 고려가 건국하기 전인 신라 하대에 이미 발해와 말갈족(후대 女眞)의 남침에 대비한 전략의 일환으로 서북쪽에 浿江鎭을, 동북쪽에 北鎭을 설치한 바 있다. 지금의 황해도 평산지방에 그 본영을 둔 것으로 보여지는 패강진은 대체로 예성강 이북으로부터 대동강 이남에 걸치는 넓은 지역을 대상으로 하여 설치한 것이었다. 그리고 후삼국 초기에 패강진 일대가 궁예에 복속된 것은 이 지방 세력가와의 봉건적 관계를 기초로 하여 편입된 것으로, 패강진 지역이 궁예에 복속되기 이전에 이 지역에는 이미 호족세력이 성립되어 있었기 때문에 궁예는 바로 이들과 지배·복속의 관계를 맺을 수 있었다. 따라서 왕건세력집단은 일차적으로 송악지방에서 형성된 것이었지만 어느 정도 패강진 지역과의 연결 가능성은 크다 하겠다.[6]

그러므로 왕건이 궁예를 대신하여 왕이 됨으로써 자연히 패강진 지역은 고려의 판도에 들게 되고 북진정책의 추진과 함께 이 지역은 북진의 전초기지로서 역할을 하게 되었다. 특히 이 지역 출신의 庾黔弼이나 尹瑄 등은 대여진 정책에 중요한 역할을 한 인물들이다. 이 지역에서 일찌부터 독자적으로 여진과의 교섭을 통해 여진에 대한 이해와 기미방법을 터득하고 있었던 이들의 협력

5) 《高麗史》 권 1, 世家 1, 태조 5년 11월.
6) 李基東, 〈新羅下代의 浿江鎭〉(《韓國學報》 4, 1976).

과 조언은 태조의 정책결정에 큰 힘이 되었을 것으로 보인다.

실제로 건국 당시 이 지역이 이미 고려의 판도로 확정되어 있었기 때문에 이 지역의 인적·물적 자원이 서북계 북방영토 확장의 기반이 되었을 것은 당연하다.

> 왕이 뭇 신하들에게 이르기를 '평양의 옛 도읍이 황폐한지 이미 오래되어 가시나무가 우거지고 蕃人들이 그 사이에서 사냥하고 침략하니 마땅히 백성을 옮겨서 살게 하여 蕃屛을 튼튼하게 하도록 하라'고 하였다. 드디어 黃州·鳳州(鳳山)·海州·白州(白川)·鹽州(延安)의 여러 고을의 人戶를 나누어 평양에 살게하여 大都護를 만들고 堂弟 式廉과 廣評侍郎 列評을 보내어 지키게 하고 參佐 4, 5명을 두게 하였다(《高麗史節要》 권 1, 태조 원년 9월).

위 사료를 통해 태조는 즉위 직후 여진인의 활동지역으로 변한 평양을 개척하여 새로운 북진의 전진기지로 건설했음을 알 수 있다. 이 지역에 대한 徙民관계 기사는 《고려사》의 기록에도 나타나고 있다. 즉 "이 해에 大丞 質榮과 行波 등의 부형 자제 및 여러 군현의 양가 자제들로 서경을 채웠다"[7]라고 한 것인데, 이로써 관리 자제와 양가 자제도 사민의 대상이 되었음을 알 수 있다.

이상으로 西京開拓과 鎭戍의 목적의 하나가 바로 여진족의 진출에 대비하고자 한 것에 있었음을 알 수 있다. 그리고 황주·봉산 등의 민호를 사민할 때, 양가 자제는 물론 고관을 지낸 인물들의 부형 자제들도 함께 사민한 것으로 고려정부의 서경 개척과 진수에 대한 굳은 의지를 엿볼 수 있다.

그러나 태조의 이러한 고구려 고토 회복을 위한 결연한 태도도 남방의 강적인 후백제와의 투쟁으로 말미암아 지속적인 추진을 유보한 상태로 있다가 고려가 삼국간의 쟁패에서 능동적인 지위를 확보하게 된 태조 10년(927) 이후에야 본격적인 북진을 재개할 수 있었다. 태조 11년 2월에는 淸川江岸의 요새지인 지금의 安州 땅에 大相 廉相 등을 보내 성을 쌓고, 元尹 朴權으로 鎭頭를 삼아 開定軍 700명을 거느려 지키게 한 데 뒤이어 通德鎭(현 肅川)을 축설하였다. 다시 같은 해 9월 安水鎭(현 价川)이 설치됨으로써, 마침내 고려의 서북방 경계가 청천강까지 닿을 수 있게 되었다.[8]

---

7) 《高麗史》 권 1, 世家 1, 태조 5년.
8) 《高麗史節要》 권 1, 태조 11년 2월.

고려의 영토가 청천강까지 넓혀진 이후의 서북계 경략의 주요정책은 계속해서 북상을 기도했다기보다는 기왕에 확보한 지역에 대한 개척과 거란 및 여진의 침입에 대한 방어에 주력했던 것으로 볼 수 있다.

한편 태조의 동북지방 경영은 태조 원년 8월에 朔方 鶻巖城帥 윤선이 고려에 來歸함으로써 본격적으로 박차를 가하게 되었다. 윤선은 패강진 세력과 관련있는 염주인으로 궁예 말기에 궁예의 박해를 피하여 염주 일대에서 자기 세력을 키워온 자이다. 그러던 중 골암성 지역으로 옮겨가서 흑수 등 여진인과 통하면서 독자적인 세력을 키워왔다.

처음에 그는 신라나 泰封(뒤에는 고려)에 예속되지 않은 독립된 세력으로 독자노선을 유지하다가 고려의 건국으로 궁예로부터의 위험이 사라지자 태조의 회유에 응하여 고려에 내투한 듯하다.[9] 골암성은 지금의 安邊 부근지역으로 고려에 예속된 후에 유금필이 개정군 3천을 이끌고 나가 진주하여 인근 여진을 위압으로 복속시키기 이전까지는 여진의 침략이 빈번했던 동북방의 최북단 지역이었다.[10] 태조 5년(922) 7월에는 溟州將軍 順式이 내부해오자 태조는 순식의 세력권인 북진지역의 전략적 가치를 높이 평가하여 國姓을 하사하고 大匡을 拜하는 등 그를 우대했다.[11]

北鎭에 관해서《三國史記》新羅本紀에 "왕은 河瑟羅 지역이 靺鞨과 접해있어 사람들이 편안할 수가 없으니 京을 파해 州로 삼고 都督을 두어 지키게 하였다. 또 悉直으로서 北鎭을 삼았다"[12]라고 한 기록으로 그 설치의 일단을 살필 수가 있다. 그 설치시기는 고구려 멸망보다 9년 앞선 659년으로 고구려 말기에 말갈이 서서히 고구려의 기미를 벗어나면서 신라 북변을 침범해 오기 시작하자 신라는 그를 효율적으로 방어하기 위하여 北小京을 파하여 何瑟羅州로 삼고 새로이 북진을 설치했던 사실을 알 수 있다.

한편 하슬라주(江陵)가 말갈의 거주지와 접해 있었다는 것을 보면 신라의 영토가 삼국통일의 결과로 대동강에서 원산만선으로 북상함에 따라 말갈 住地의 상당한 지역이 신라의 영토로 편입된 것을 알 수 있다. 그리고 이 지역에

---

9)《高麗史》권 92, 列傳 5, 王順式 附 尹瑄.
10)《高麗史》권 92, 列傳 5, 庾黔弼.
11)《高麗史》권 92, 列傳 5, 王順式.
12)《三國史記》권 5, 新羅本紀 5, 태종무열왕 5년 3월

살던 말갈족의 행방을 新羅 九誓幢 중 말갈인으로 구성된 黑衿誓幢의 존재와 관련지어 추적해 볼 수도 있다. 따라서 이 지역의 말갈족은 신라에 복속된 뒤 신라에 편입되었거나 혹은 원산만 이북지역으로 쫓겨났을 것이다.

한편 고려 건국 초기에는 신라 하대 이래로 동북면 일대에 존재했던 여러 독립적 지방세력들이 고려에 대항하다가 대세에 따라 고려에 내투해 왔던 것으로 볼 수가 있다. 그 대표적인 세력은 앞에서 언급한 윤선·순식 등의 세력이었는데 그들의 내부는 고려 태조의 북방경영과 대후백제 투쟁에 큰 힘이 되었다.[13] 특히 골암성과 명주 세력의 고려 귀속은 고려와 동여진의 관계개선에 큰 영향을 미쳤을 것이다. 전술한 바와 같이 윤선 같은 인물은 일찍부터 여진 인접지역에서 여진과의 교섭을 통해 세력을 키운 경험이 있어 태조의 대여진정책에 좋은 조언자 구실을 했다고 보여진다. 그러므로 태조 4년 2월에 흑수 추장 高子羅가 그 무리 170여 명을 거느리고 내투한 것이라던가, 같은 해 4월에 黑水人 阿於閒이 그 무리 200여 명을 거느리고 내투한 이면에는 유금필이나 윤선 등의 작용이 있었을 가능성을 생각해 볼 수 있다.[14]

그러나 고려 태조대의 동북면 拓境은 통일신라시대의 경계에서 크게 북상하지 못했다. 왜냐하면 거란과의 대립과 투쟁에 있어 보다 주요한 전략적 지역은 서북면이었고 따라서 국경개척과 이민정책도 서북면 지역에 주력했기 때문이다. 그런데 평양에서 永興을 경계로 그 이남은 고려 건국 당시 이미 확보한 지역이었으므로 각 읍마다 土姓이 있는 반면, 그 이북지역에는 토성이 없는 것으로 보아 여진족이 살고 있던 지역을 고려가 차지하여 그들을 축출하고 남부 주민을 이주시켰던 지역이라는 사실이 확인되고 있다.[15]

태조의 여진에 대한 회유와 기미책은 《고려사》 등에 자세한 기록을 남기지 않았지만 몇몇의 소략한 기사 내용만 보아도 비교적 적극적이었던 것을 알 수 있다. 그 가운데서도 여진의 전투력을 후백제정벌에 이용한 것은 가장 좋은 예가 될 것이다. 즉 태조 19년(936) 후백제와의 최후 일전을 벌인 一利川會戰에서 유금필 등이 黑水·達姑·鐵勒 등 諸蕃의 騎兵 9천 5백을 이끌고 참

13) 《高麗史》 권 92, 列傳 5, 王順式.

14) 《高麗史》 권 1, 世家 1, 태조 4년 2월·4월.

15) 李樹健, 〈高麗時代 北方移民에 대하여〉(《徐廷德敎授華甲記念學術論叢》,1970).

전한 기록이 그것이다.[16] 9천 5백이란 방대한 규모의 여진인 기병을 동원하기란 그리 쉬운 일이 아니었을 것이다. 그 구성원들 모두가 내투한 자들이었는지는 알 수 없으나 이만한 규모의 여진출신 기병을 동원한 것만 가지고도 태조대에 있어서 대여진정책의 성공을 감지할 수 있다.

태조의 북방정책을 규명함에 있어 또 하나의 중요한 문제가 발해유민의 성격과 來附遺民의 처리에 대한 이해이다.《고려사》태조 세가에 발해인의 내부 기사가 산견되는데, 고려가 실제로 무제한이라 할만큼 많은 渤海遺民을 받아들인 것은 어떠한 이유에서였을까. 그것은 먼저 대거란정책의 측면에서 생각해 볼 수 있다. 태조가 〈訓要十條〉에서 거란을 금수의 나라라고 강조한 것과 태조 25년에 거란이 사신을 보내 낙타 50필을 바치고 和好를 청하자 사신을 孤島로 流配시키고 交聘을 끊은 것으로도 충분히 대거란 강경책의 정도를 알 수가 있다.[17] 그러나 그것은 단순히 태조의 거란에 대한 적대감에서 취해진 것만이 아닌 북방정책에 있어서의 원대한 포석의 하나로 취해졌을 가능성도 생각할 수 있다.

그런데 주지하는 바와 같이 발해의 지배층은 高句麗系이었다. 그리고 발해의 지리적 위치가 거란의 연운 16주에로의 진출로 인해 後唐 등 5대 왕조와는 연결이 어렵게 된 반면, 고려와는 남계를 접하거나 근거리에 있었으므로 거란의 침입으로 발해가 멸망하자 그 유민들은 자연히 고려쪽으로 내투를 시도했을 것으로 보인다.

한편 고려의 이민족에 대한 소극적인 來投許容政策은 태조대로부터 1세기 정도 경과한 후에 나타난 기록으로도 어느 정도 짐작할 수 있다. 즉 문종 때 이미 옛 제도에 따라 본국 변방민으로 蕃賊에게 납치되었다가 고국을 생각하여 스스로 돌아온 자와 宋人으로 재예가 있는 자, 이외에 黑水女眞과 같은 자는 모두 입주를 허락하지 않을 정도로[18] 국초부터 이민족 내투를 억제하고 있었다. 반면 발해유민의 경우는 이와 달리 태조 8년의 장군 申德의 내투를 허락한 이래로 고려로 내투해 오는 발해유민 일체를 제한없이 계속적으로 받아들였다. 그 내용을 소개하면, 같은 달에 발해 禮部卿 大和鈞과 均老司政 大元鈞,

16)《高麗史》권 1, 世家 1, 태조 19년 9월.
17)《高麗史》권 2, 世家 2, 태조 25년 10월.
18)《高麗史》권 9, 世家 9, 문종 35년 8월 기미.

工部 卿 大福謨, 左右衛將軍 大審理 등이 民戶를 이끌고 내부해 온 데 이어 동왕10년에도 발해 工部卿 吳興 등 50인과 僧侶 載雄 등 60인이 내투해 왔다.[19] 그 후에도 내투는 계속되어 태조 21년까지 내투의 기록이 전해지고 있다.[20] 그런데 이 내부한 인물들이 장군·예부경·사정·공부경 등 고급관리나 학자·군부 및 사회의 지도급 인물이었던 점이 주목된다.

처음 내투하기 시작한 태조 8년(925)은 발해 멸망 직전으로, 이 때 내투한 사람은 거란과의 전투에서 고립되어 본국으로 돌아갈 수 없게 된 인물들이 내투한 경우이다. 그러나 태조 8년 이후의 내투는 발해국권의 상실과 함께 거란의 지배를 피해서 고려로 온 자들이었다.

그러면 태조 8년부터 21년까지 10여 년 동안 고려에 합류한 발해 유민수는 대략 어느 정도였을까. 그에 관해서는 일찍이 柳得恭의 《渤海考》에서 산출된 숫자로는 10여 만에 달하고 있었다, 이러한 방대한 유민의 합류는 고려인의 상당한 증가를 가져다주었을 것이다. 특히 당시는 후백제와의 대결이 치열했을 때이므로 발해로부터 내투한 고급인력을 대후백제 투쟁에 이용하였을 가능성이 크다.

> 가을 7월에 발해국의 태자 大光顯이 무리 수만 명을 거느리고 내투하거늘 성명을 王繼라 하고 宗籍에 附籍하여 특히 元甫를 제수하고 白州를 지키게 하여 그 祭祀를 받들게 하였다. 僚佐에게는 작위를 주고 軍士에게는 田宅을 차등있게 주었다(《高麗史》 권 2, 世家 2, 태조 17년 7월).

발해국 세자 대광현이 내투한 시기는 태조 17년(934)으로 후백제 멸망에 2년 앞선 해이며, 발해 홀한성이 함락된 지 7년이 경과된 해였다. 이 때에 발해국 세자 대광현이 고려에 내투했다는 것은 무슨 까닭일까. 그것은 앞에서 서술한 바와 같이 발해가 멸망한 뒤에도 사실상 발해 동반부의 諸州들은 그 부흥을 위해서 거란에 계속적인 투쟁을 전개했고 그것이 실패로 돌아가자 고려에 내부하게 된 것으로 보여진다.

고려는 대광현 등의 내투를 상당히 중요시했던 듯하다. 왜냐하면 이 때 내부한 대광현에게 왕계라는 성명을 내려줌과 동시에 고려왕족에 편입시켰을 뿐

---

19) 《高麗史》 권 1, 世家 1, 태조 8년 9월 병신·경자 및 태조 10년 3월 갑인.
20) 《高麗史》 권 2, 世家 2, 태조 21년.

만 아니라 그 막료와 군사에 이르기까지 전택을 하사하는 특전을 내린 뒤에 서북면 전략상 요지인 白州(白川)를 지키게 하는 등 특별히 신경을 쓴 사실을 볼 수 있기 때문이다. 백주는 태조 15년(932) 9월에 후백제의 一吉粲 相貴가 수군을 이끌고 침입하여 전선을 불태우고 軍馬를 약탈한 적이 있던 곳으로 예성강을 끼고 수륙으로 통할 수 있는 서부의 전략상 요충지였다.[21] 그러므로 대광현으로 하여금 그가 이끌고 온 수만의 무리 가운데 상당수를 직접 거느리고 백주를 수비하게 한 것은 발해유민을 우대하고 그들의 능력을 이용한 좋은 사례로 보아야 할 것이다.

그러나 대광현의 예와 같이 수만의 무리가 함께 내투하여 전략상 요충을 담당하여 임무를 수행한 기록은 더 이상 살필 수 없다. 다시 말해 태조 8년으로부터 21년에 이르기까지 《고려사》에 기록된 내투 인원만도 상당한 숫자에 달하는 데도 불구하고 그들이 내투 후의 고려에서 활약한 기록을 자세히 남기지 않고 있어 그 활약상을 알 수가 없다. 하지만 당시에 고려가 처해 있던 제반여건이나 내투한 발해유민들의 성격으로 미루어 볼 때, 고려의 대후백제 투쟁이나 왕건의 세력기반 확충에 상당한 기여를 했던 것은 의심할 여지가 없을 것이다.

결론적으로 태조 왕건은 중국 동북지역의 정세변화와 여진을 포함한 발해유민의 대거란투쟁을 잘 이용하여 청천강의 자연적 경계선까지 영토를 북상시킬 수 있었다. 그뿐만 아니라 여진의 기병과 내투한 고구려계 발해유민의 고급인력을 이용하여 자신의 세력기반을 강화하는 한편 후백제와의 투쟁을 유리하게 이끌고 나가 후삼국을 통일할 수 있었다.

(2) 국초 여진문제의 발생

태조가 표방한 북방정책은 북방민족에 대한 정책과 영토개척에 주안점을 두고 있었다. 그러므로 女眞族과 契丹族 문제는 고려의 대북방정책에 있어 우선해서 풀어야 할 주요한 과제였다.

女眞의 기원과 그들의 住地에 관해서는 그 동안 국내외 학자들에 의해 많은 연구가 진척되었다. 고려시대에 「女眞」이란 명칭이 처음 사용된 것은 정종 3

21) 《高麗史》 권 2, 世家 2, 태조 15년 9월.

년(948)에 "東女眞의 大匡 蘇無盖 등이 와서 馬 700匹과 方物을 바쳤다"[22]라고 한《高麗史》세가의 기록에서 찾아볼 수 있다. 그런데 이것은 중국측 사서에서 여진의 명칭이 처음 등장하는 것보다 45년이 늦은 기록이다. 즉《遼史》본기 唐 天復 3년(903)조를 보면 "명년 봄에 女眞을 정벌하여 격파해서 300호를 얻었다"[23]라고 되어있다.

고려에서 여진이란 이름을 알게 된 것은 거란에서 사용하고 있던 명칭이 後唐의 同光(923~925) 연간에 중국에 전해지고, 이것이 다시 고려에 알려지게 되었을 것이라고 보는 견해도 있다.[24]

그렇다면 문제는 女眞族이 그 이전에 어떠한 이름으로 알려져 있었는가 하는 것이다.《金史》기록을 통해 그 연원을 추정해 보기로 하자.

> 金의 선조는 靺鞨氏에서 나왔다. 말갈은 본래 勿吉이라 불렸다. 물길은 옛 肅愼의 땅이다. 元魏 때에 勿吉7部가 있었는데 粟末部·伯咄部·安車骨部·拂涅部·號室部·黑水部·白山部가 그것이다. 隋는 靺鞨이라 칭했는데 7부는 앞의 것과 같다. 唐初에 黑水靺鞨과 粟末靺鞨이 있었으나 나머지 5부는 들을 수가 없었다(《金史》권 1, 本紀 1, 世紀).

그러면 唐初에 와서 물길 7부 가운데 속말·흑수부 외의 존재는 어떻게 되었을까. 그것은 고구려의 강력한 기미정책에 의해 고구려족에 동화되었고 그들의 거주지도 일반 행정구역으로 편입되어 없어졌기 때문일 것으로 생각된다. 속말부는 그 뒤 발해 국가형성에 중요한 사회성분이 된 반면,[25] 흑수부는 독립적 세력을 유지하며 발해의 건국과 관계없이 반독립적 생활을 영위하던 미개부족으로 존속되었던 것이다.

특히《松漠記聞》이나《三朝北盟會編》에 보이는 흑수말갈의 생활상을 감안

---

22) 《高麗史》권 2, 世家 2, 정종 3년 9월.

23) 《遼史》권 1, 本紀 1, 太祖 上.
한편 女直과 女眞은 동일 명칭으로 前者는 Jurchin의 語尾 'N'이 탈락되어 표기되었다고도 하고, 일설에는 遼興宗의 이름인 宗眞을 피하기 위해서 直으로 쓰여지게 되었다고 한다.

24) 小川裕人, 〈三十部女眞に就いて〉(《東洋學報》23-4, 1936. 8), 561~601쪽.

25) 李龍範은 粟末靺鞨이 고구려에 쫓겨 그 추장 突地稽가 遼西의 朝陽에서 隋陽帝의 보호를 받고 있던 점으로 미루어 속말말갈을 발해의 건국자로 기술하고 있는《新唐書》渤海傳 등의 중국 사서의 기사에 많은 의문점이 있음을 밝히고 있다(李龍範, 〈高句麗의 遼西進出 企圖와 突厥〉,《史學硏究》4, 1959).

해 본다면 흑수말갈부족은 고구려에 정복된 이후에도 7부 가운데 지리적으로 고구려의 중심권에서 가장 멀리 떨어져 있었던 데다가 그 문화수준도 지극히 낮아서 고구려화가 늦게까지 추진되지 않았던 것을 알 수 있다. 그런 까닭에 말갈인 본래의 속성을 가장 많이 지녀 그 혈통적 유대를 오래도록 간직할 수 있었을 것이다.[26] 그러므로 발해 건국초에 다른 말갈부족이 모두 발해에 복속된 뒤에도 흑수말갈은 발해에 통합되지 않고 당의 사주를 받아 발해를 공격했던 것을 보면, 고구려 멸망 이후 당의 기미하에서도 그 부족집단은 독립적 세력을 그대로 유지하고 있었던 듯하다.

한편《삼국사기》나《고려사》와 같은 우리측 자료에는 여진인의 기원에 대한 기록이 없다. 대신 "흑수촌장 高子羅 등 170인이 내투하였다"라던가, "흑수인 阿於閒이 200인을 거느리고 내투해 왔다"라 하여, 흑수인들이 고려에 投降한 사실만이 보일 뿐이다.[27]

이러한 흑수인에 관한 최초의 기록은《삼국사기》신라본기 헌강왕조의 記事이다.

> 北鎭에서 아뢰기를, '狄國人이 진에 들어와 나무 조각을 나무에 걸어놓고 돌아갔다'고 하면서 그 나무를 바쳤는데 거기에는 15字의 글이 있었다. 그 내용은 '寶露國이 黑水國人과 함께 新羅國과 和通하고자 한다'라는 것이었다(《三國史記》권 11, 新羅本紀 11, 헌강왕 12년).

만일 위 기사에 나오는 흑수국인과 고려시대의 흑수말갈이 동일종족이라고 한다면 여진족의 일부인 흑수말갈은 9세기 후반부터 신라와, 그리고 10세기 초기에는 고려와 밀접한 관계에 있었음을 의미하며, 만약 양자가 다른 별개의 종족을 표시한다면 흑수말갈이 우리 나라에 처음 등장하는 시기는 10세기 중엽으로 늦추어진다.

흑수인과 흑수말갈이 동일종족인가는 국내외 학자간에 각각 설을 달리하고 있다. 그런데《삼조북맹회편》권 3에 "女眞은 옛 肅愼國이다. 본명은 朱里眞인데 와전되어 女眞이라 했다"라고 한 기사를 보더라도 여진이란 명칭 자체가

---

26) 徐夢莘,《三朝北盟會編》기사를 종합해 보면 정치적 통일이 없이 部族的 상태에 머물러 있었던 것을 알 수 있다.

27)《高麗史》권 1, 世家 1, 태조 4년 2월·4월.

여진인 스스로 붙인 명칭이 아닌 것을 알 수 있다.

이러한 견해는 당시의 정치적 상황에 의해서 더욱 뒷받침이 된다고 볼 수 있다. 10세기 초에 이르면 발해는 쇠퇴하여 피지배계층을 형성하고 있던 말갈인에 대한 통제가 점차 이완되어 갈 수밖에 없었다. 이러한 틈을 이용하여 흑수말갈은 서서히 독립하는 경향을 보이며 後唐 莊宗 同光 2년(924)부터 明宗 長興 3년(932)까지 8년 동안 8차례에 걸쳐 중국과 통교하였으며 그들 가운데 일부는 신라말에 이미 함남일대까지 진출하여 우리 민족과 교섭을 시작한 부족까지 있었다.

> (尹瑄이) 그의 도당을 이끌고 북변으로 달아나 사람을 끌어 모아 2천여 명이나 되었다. 鶻巖城에 있으면서 黑水蕃衆을 불러들여 오래도록 邊郡의 害惡이 되었다. 태조가 즉위하자 무리를 이끌고 내부해 옴으로써 北邊지역이 편안하게 되었다(《高麗史》 권 92, 列傳 5, 王順式 附 尹瑄).

이 때 윤선이 웅거하던 골암성은 안변 부근으로 비정되고 있는 만큼, 이곳에서 흑수번중을 불러들였다면 이 무렵에는 흑수인들이 안변 부근까지 진출하여 흩어져 살고 있었거나, 아니면 안변 근처지역에서 윤선과 통교했음을 알 수 있다.

한편 흑수말갈의 본거주지가 송화강의 하류지역이었기 때문에 중국과의 통교는 압록강을 거쳐 산동반도로 건너갔다고 볼 때, 그렇다면 한반도에 있던 고려와 왕래가 없었다고 보기는 어렵다는 주장도 있다.[28] 이러한 견해를 받아들인다면 《고려사》에 나타나는 흑수인은 흑수말갈과 동일족이라는 결론에 이르게 된다. 그리고 이 흑수말갈은 얼마 후에는 東女眞 혹은 東蕃의 명칭으로 기록되기 시작했던 것으로 보아야 할 것이다.

동여진은 西女眞, 즉 鴨綠女眞(濱海女眞이라고도 함)에 대칭되는 명칭으로 동번이라고도 하였고, "東女眞黑水酋長 居蔚摩頭蓋가 來朝해 왔다"고 한 기록과 같이, 현종 당시 고려인들은 「東女眞黑水」라고 합칭해 쓰기도 했던 것 같다.[29] 이외에도 「흑수말갈 蘇勿蓋」가 동여진 「奉國大將軍 소물개」로 기록되기도

---

28) 小川裕人, 앞의 글 참조.
29) 《高麗史》 권 4, 世家 4, 현종 12년 7월 계사.

하듯이 흑수말갈과 동여진은 혼용되기도 하였다.[30] 이러한 이유는 여진인 왕래 때 기록을 담당한 관리나 통역관에 의해 종족명이나 인명이 편리한 대로 기록된 결과인 듯하다. 또 인명의 경우에도 발음이 유사한 漢字가 혼용되어 있는 것을 볼 수가 있는데, 尼亏弗이 尼于弗로, 毛逸羅가 毛伊羅로, 沙逸羅가 沙一羅로, 高之問이 高之門으로 기록된 것이 그 좋은 예라 하겠다. 더욱이 여진족의 인명의 경우 여진인 스스로도 정확한 漢字名을 사용하지 않고 있었던 자들이 대부분이었을 것이기 때문에 자연히 기록상에 약간의 혼동은 나타날 수밖에 없었을 것이다.

그렇다면 이들 동·서여진의 정확한 거주지가 어디였기에 고려왕조의 문제거리로 등장했던 것일까. 동여진의 지리적 위치부터 먼저 살펴보자. 동여진의 住地問題를 논할 때 먼저 생각해 보아야 할 것은 고려시대에 동여진이 흔히 「三十姓部落」으로 불렸다는 점이다.[31]) 그 예로 "唐末에 부락이 번성하여 모두 30首領이 있었는데, 각 수령은 각 姓이 있어서 모두 합쳐 30姓이었다"[32]고 하여 12세기의 흑수여진에 30성이 있었던 사실을 기술하고 있다. 따라서 만일 三十姓女眞(또는 長白山三十部女眞)[33]의 위치가 어디였는가를 증명하면 그 본 거주지는 자연히 해결될 수 있을 것이다.

동여진의 위치를 좁은 공간에 한정시켜 함경도의 北靑 부근이나 함흥지방으로 보는 견해가 있다.[34] 또 이에 대해 이의를 제기하고, 30부여진은 각 부가 각기 하나의 성을 가지고 있는 부족인데 이처럼 많은 숫자가 함흥평야와 같은 작은 지역에 거주할 수 없으며, 또 《요사》에는 30부여진의 이름 앞에 長白山이란 지명을 붙인 점 등으로 미루어 보아 30부여진의 거주지는 함흥평야로부터 間島地方이나 綏芬河地方에 걸쳐 살았다고 보는 입장도 있다.[35]

그런데 《文獻通考》와 《금사》에는 그들의 거주지와 풍습에 대하여 다음과

30) 《高麗史》 권 4, 世家 4, 현종 12년 9월 을미·현종 21년 5월 을묘.
31) 《高麗史》 권 4, 世家 4, 현종 3년 2월 갑진.
32) 徐夢莘, 《三朝北盟會編》 권 3.
33) 《遼史》 권 15, 本紀 15, 聖宗 開泰 원년.
34) 津田左右吉, 〈尹瓘征略地域考〉(《滿鮮歷史地理》 2, 1913), 105~113쪽.
池內宏, 〈高麗朝に於ける東女眞の海寇〉(《滿鮮史硏究》 中世篇 2, 吉川弘文館, 1937), 265~348쪽.
35) 小川裕人, 앞의 글 참조.

같이 기술하고 있다.

① 東末江 북쪽으로부터 寧江의 동쪽까지 地方이 천여 리요, 戶數가 십여 만이다. 大君長은 없고 또 國名도 없다. 산곡 간에 흩어져 살며 豪俠을 추대하여 酋渠를 삼으니 적은 경우는 천 호를, 많게는 수천 호를 거느리고 있으니 이들을 일컬어 生女眞이라 했다(《文獻通考》 권 327, 四裔考 4, 女眞).

② 黑水靺鞨은… 그들은 북쪽에 살고 있어 契丹籍을 가지지 않아 生女直이라 불렀다. 그들의 위치는 混同江 長白山에 있었다. 혼동강은 黑龍江이라고 불렀는데 소위 白山黑水가 이것이다(《金史》 권 1, 本紀 1, 世紀).

따라서 이들은 고려 북면의 광범위한 지역에 걸쳐 散居하여 그 멀리는 混同江(松花江)까지에 걸쳐 있었음을 알 수 있다. 그렇다고 보면 30부여진은 함흥지방으로부터 북으로 수분하에 걸쳐 있었다는 견해는 부정하기 어려울 것 같다.

한편 《삼국사기》나 《고려사》에는 여진의 일파로 간주되는 鐵利(鐵勒)로 칭하는 部族과의 관계기사가 자주 보인다.[36] 특히 태조 19년(936) 9월, 고려는 黑水·達姑·鐵勒 등 諸蕃의 勁騎 9,500명의 도움을 받아 一利川戰鬪에서 견훤의 백제군과 싸우기도 하였다.[37] 이 철리는 현종대에 더욱 자주 기록에 보이고 있다. 현종 5년(1014)에 鐵利國主人 那沙가 여진인 萬豆를 통해 方物을 바쳐온 이래, 동왕 10년에는 阿盧太를 보내어 土馬를 바쳤고, 12년에는 사신을 보내어 表文을 올려 전과 같이 歸附를 청하기도 했다.[38] 이외에도 동왕 21년(1030)에는 鐵利國主 那沙가 女眞人 計陁漢 등을 보내어 貂鼠皮 등을 바치며 책력을 청하기까지 하였다.

그런데 이 철리부족은 어떻게 해서 고려와 관계를 맺고 내왕하게 되었을까. 철리는 발해가 강성했을 때에는 그에 복속되어 있어 주변 여러 나라와 접촉이 끊어져 있었으므로 당시 그 정황에 대한 명확한 기록이 없다. 다만 철리가 발해에 예속되기 이전에 독자적으로 당과 통교한 사실이 《唐書》에, 그것도 開元

36) 《三國史記》 권 50, 列傳 10, 甄萱.
池內宏은 고려초에 보이는 鐵勒은 《唐史》에 보이는 鐵利와 다르다고 보고 鐵勒 앞에 僞字를 더하여 「僞鐵勒」이라고 하였다(池內宏, 앞의 글). 하지만 《宋會要》의 鐵勒, 《遼史》의 鐵驪와 마찬가지로 《唐史》의 鐵利는 모두 동일한 종족에 대한 異稱으로 봐야 할 것이다.

37) 《高麗史》 권 2, 世家 2, 태조 19년 9월.

38) 《高麗史節要》 권 3, 현종 12년 3월.

년간(713~741)에만도 6회나 조공한 사실이 기록되어 있다.[39] 그러나 중국과의 통교는 개원 28년(740)을 마지막으로 그 후 200여 년간이나 중국에 조공한 사실이 없다가 송 태조 開寶 5년(972)에 다시 중국과 접촉이 시작되었다.[40]

중국과의 통교가 중단된 200여 년 가량의 시기에 관한 사정은 《요사》의 기록을 통해서 엿볼 수 있다. 이에 의하면 拂涅이나 越喜 같은 부족은 언제부터인가 역사상에서 자취를 감추었지만, 철리는 발해의 서울 忽汗城이 함락될 때(926)에 바로 야율아보기에 복속되고 그 후에도 매년 거란에 歲貢을 보냈다. 그러면서도 한편으로는 고려와 송에게도 때로 朝貢을 바친다. 이것을 보면, 철리도 흑수와 마찬가지로 동단국을 서쪽으로 옮긴 이후 그 활동이 자유로웠던 것을 알 수 있다. 그렇다면 전술한 《고려사》에 철리에 대한 기사가 있게 된 것은 이러한 사정을 설명해 주는 것으로 볼 수가 있다.

한편 철리의 거주지에 대하여 그 동안 많은 연구가 있었으나 공통된 학설은 없고, 전반적으로 발해시대에 그들의 위치가 어디였는가에 관심을 갖기보다는 다만 고려와의 접촉과정에 있어서의 위치에 더욱 초점이 모아지고 있다. 그 예로 발해 武王 말년 경 피정복민이었던 흑수·철리·달고 등의 말갈제부족들이 발해의 남경(咸興) 부근에 강제 이치된 이후 신라가 하대에 국력이 약화되자 차차 남진하여 안변 등지에까지 내왕하였으리라고 본 견해가 있다.[41] 그러나 그들은 동·서 여진과는 달리 고려에 내공할 때는 여진 혹은 흑수인을 이용한 점으로 미루어 볼 때, 이들의 본거지가 고려와 직접 접해 있던 지역은 아니었을 것으로 생각된다.

고려의 북진정책의 추진은 거란과의 대결을 불가피하게 하였지만, 북진대상지역에 살고 있는 여진족문제는 거란보다 앞서 해결해야 할 과제였다. 《고려사》에 보이는 태조의 조서 가운데에도 그들에 대한 정책이 들어있다.

'北藩의 사람들은 사람의 탈을 쓰고 짐승 같은 마음을 가져 굶주리면 왔다가 배부르면 간다. 이로운 것을 보면 수치도 잊으며 이제 비록 복종하여 받든다고 하여도 향배가 일정하지 않으니 마땅히 令을 내려 그들이 지나가는 州鎭은 城 밖에 접

39) 《新唐書》 권 219, 列傳 144, 北狄, 黑水靺鞨 참조.
40) 《文獻通考》 권 327, 四裔考 4, 女眞.
41) 三上次男, 〈新羅東北境外に於ける黑水・鐵勒・達姑等の諸族に就いて〉(《史學雜誌》 50-7, 1939. 6).

대소를 지어 대접하도록 하라'고 했다(《高麗史》 권 2, 世家 2, 태조 14년).

이와 같은 對女眞觀은 태조만 가졌던 것이 아닌, 고려인들의 공통된 견해이기도 하였다. 이는 문화적 발전단계가 고려보다 후진인 데다가 거란의 침략과 약탈로 말미암아 경제적으로도 궁핍하였던 여진인에 대한 우월감에서 비롯된 여진관이기도 하였다. 더욱이 고려와 거란 사이에 위치한 여진의 처신이 고려로 하여금 불신을 낳게 하는 원인이 되었을 것이다. 고려와 거란의 중간에 개재하여 양속적인 위치에 있던 여진은 양국에 이용도 되고 때에 따라서는 토벌의 대상도 되었다. 고려와 거란의 관계가 전개되는 과정에서 여진인의 향배는 무상하였으므로, 그에 대한 기미책은 여러 각도에서 시도되었을 것이다.

《고려사》에 여진인의 내왕기사가 보이기 시작한 것은 정종 3년(948) 9월조의 기록에서 비롯된다.

東女眞의 大匡 蘇無盖 등이 와서 말 700필과 方物을 바쳤다. 왕이 친히 天德殿에 나가 말을 열람하고 3등으로 나누어 그 값을 정하였다(《高麗史》 권 2, 世家 2, 정종 3년 9월).

이 기사 속에서 '東女眞'이란 명칭이 처음 보이는 데도 불구하고 그 여진인의 성명 앞에 대광이라는 泰封 계통에서 유래한 정 2품 官階를 사용하고 있다. 이것으로 미루어 소무개는 이미 정종조 이전에 여러 차례 고려에 내왕한 인물임에 틀림없을 것으로 생각된다. 또한 말 700필이나 그것도 土馬가 아닌 良馬에 속하는 말을 교통로도 불편한 당시에 개경까지 끌고 온다는 것은 아무리 관계기관의 협조가 있었다 하더라도 쉬운 일은 아니었을 것이다. 또한 여진의 호송 인원만 해도 적지 않았을 것이므로 來貢의 규모가 상당했던 것으로 볼 수 있는데, 이렇듯 대규모의 내공인이 고려조정에 등장하기까지에는 이에 앞서 상당히 많은 여진인의 내공사신이 있었을 것으로 생각된다. 그리고 국왕이 친히 천덕전에 나가서 말 값을 정한 것만 보아도 동여진에 대한 특별 배려와 우대가 있었던 것을 짐작할 수 있다. 특히 정종 때 거란의 침입에 대한 대비책으로 光軍司를 설치한 사실에서 알 수 있듯이, 당시의 정세가 거란의 침입이 우려만이 아닌 현실로 나타날 가능성도 컸었던 때이므로 그에 대한 대비책으로 양질의 말을 다수 수입한 것으로 볼 수 있다.

그러나 이 소무개의 내공기록 이후 현종 원년(1010) 5월까지의 기간에 여진인 내공·내조의 기사를 사서에서 찾아볼 수가 없다. 62년 동안 단 한 건의 관계기사도 살필 수 없는 것은 어떠한 이유에서일까. 물론 그 이유 중 가장 큰 것의 하나가 《고려사》를 비롯한 당시의 형편을 기록한 사서의 관계기사가 소루한 때문이라 하겠다.

이 무렵의 사실을 알려주는 중국측 사서가 주변 이민족에 대해 간략하게 기술하고 있는데,[42] 비하여 《고려사》를 비롯한 우리측 기록은 북방민족들의 내왕 관계기사를 비교적 자세히 전하고 있는 점이 특징이다. 그럼에도 불구하고 내왕사실이 이 기간 중에는 거의 나타나지 않게 된 데에는 다른 이유가 있을 것이다. 즉 이 시기에 고려가 취한 북방정책의 방향과 고려가 안고 있던 대내적인 문제 및 고려를 둘러싼 거란·송·여진 등의 국제관계 변화에 따른 정책 전환의 결과라고 볼 수가 있다. 다시 말해 고려와 거란 양국에 대한 기미책의 변수와 상대적인 여진의 고려·거란에 대한 저항태도 및 그 사이에서의 송의 작용 등과 같은 여러 가지 복잡한 요인에 의해 62년간의 여진왕래의 공백이 생기게 되었을 것으로 생각된다.

그러므로 《고려사》를 비롯해서 《요사》·《송사》 등 당시의 대여진 관계기사를 남기고 있는 제한된 사서들의 단편적 기사내용을 가지고는 원인들을 명백히 밝혀내기가 어렵다. 그러나 다음과 같은 몇 가지 측면에서의 고찰로 약간의 단서를 찾아볼 수 있을 것이다.

女眞이란 명칭이 역사상 처음 등장하는 것은 발해 멸망 이후의 일이고, 거란이 발해유민에 대한 徙民政策을 추진한 것은 동단국의 서천이 있기 이전부터였다.[43] 그 추진 결과로 태종초에 와서는 발해의 수도였던 홀한성(上京) 일대로부터 두만강 양안에 걸치는 발해유민 세력은 거의 유린되고 말았다. 그 이후 발해고지에는 이동이 빈번했던 여진족(옛 명칭 말갈)을 비롯한 발해유민집단들이 강제이주를 모면하고 통일된 세력을 형성하지 못한 채 광범위한 지역에

42) "夷狄君臣의 성명과 관작은 혹 書하기도 하고 혹 否하기도 하니 반드시 갖출 필요는 없다"(《五代史》 권 1, 梁 本紀 1, 太宗 開平 원년 5월).

43) 《遼史》 권 2, 本紀 2, 太祖 下, 神冊 4년 2월조에 "修遼陽故城 以漢民渤海戶實之 改爲東平郡"이라 한 기사가 보인다. 신책 4년은 919년으로 忽汗城 함락 7년 전의 일이다.

산거하게 되었다. 이들 유민집단들은 초기의 강력했던 거란의 통제와 간섭의 시기가 지난 뒤에, 정치적 간섭이 약화됨을 계기로 마침내는 발해부흥을 표방하고 거란과의 투쟁을 전개하기에 이르렀다. 이들 여러 집단세력 가운데 대표적인 것이 定安國·扶餘府勢力·兀惹 및 빈해여진(압록여진) 등이다.

정안국은 지금의 臨江 부근인 발해시대의 서경 압록부지역에서 건국하여 송과 수 차례 통하면서 거란정벌을 위한 동맹까지 시도했었다. 그리고 거란 경종 保寧 7년(975)에 발해유민 출신의 衛長 燕頗가 黃龍府(지금의 農安·長春 일대로 渤海의 扶餘府)에서 반란을 일으키자 정안국은 그 세력과 공동작전을 전개했던 듯하다.[44] 이러한 노력과 활약으로 인해 정안국은 발해고토에서 부흥운동을 전개했던 유민들에게 있어서 부흥운동의 실질적인 지도세력은 아닐지라도 한때는 정신적인 구심점이 되었을 것으로 생각할 수 있다.

여진족을 포함한 발해유민들의 부흥운동에서 항상 그 지도세력은 구발해시대의 지배계층에 속한 고구려계의 유민이거나 아니면 그들과 연결된 말갈인들이 대부분이었다. 따라서 그들에게는 고려에 귀순했던 대광현 등의 예와 같이 고려에 대한 호의적인 인식도 찾아볼 수 있겠으나, 그 아래의 일반 여진인들은 오히려 고려의 북진으로 인해 자신들의 생활터전을 잃게 되는 것에 대한 불안과 의구심을 갖게 되었을 것이다.

그러나 태조가 개척한 서북지역은 바로 羅末 이래 호족세력이나 군진세력들의 기반이 되었던 곳들이 대부분이었고, 평양 이북 청천강 이남의 지역도 韓族과 여진인의 잡거지역 내지는 인적이 드문 소수 여진인의 이동 住地였을 가능성이 크다. 따라서 이 서북지역은 압록여진이나 정안국의 중심부에서 비교적 벗어난 지역이었으므로 고려가 청천강까지 북진을 하는 동안 거란이나 여진과의 심각한 충돌은 없었을 것으로 보인다.

그뿐만 아니라 태조의 거란에 대한 강경책으로 단교까지 단행하자 발해유민들의 고려에 대한 감정은 우호적인 차원을 넘어, 고려에 의지하고 그 보호권안으로 들어오려는 경향까지 있었다. 그 결과 앞에서 언급한 바와 같이 흑수인의 내투나 발해인의 내투경향이 나타나게 되었다.

---

44) 《宋史》 권 491, 列傳 250, 外國 7, 定安國條에서 扶餘府가 契丹을 배반하고 定安國과 힘을 합친 사실을 확인할 수 있다.

그러나 후삼국통일과 왕권의 안정·강화를 위한 대내적인 선결문제가 해결된 뒤인 定宗代 이후에는 여진과의 관계에 커다란 변화를 보여주었다. 즉 남방에 적이 없어진 고려로서는 한동안 주춤했던 북방정책에 적극성을 보이기 시작했다. 정종 이후 계속된 북진정책은 거란의 별다른 간섭 없이 여진이 살고 있던 청천강 이북으로까지 영토를 확장시킨 결과 성종 원년(982)에는 大寧江 이동, 오늘날의 平北地方까지 영유하게 된다. 반면 이 지역에서 축출된 여진인들은 고려에 대한 적개감이 상당했을 것이므로 이후 계속되는 발해부흥운동에 고려와의 협조·협력보다는 송에 의지하려는 경향을 보였으며 오히려 고려에 대해서는 의혹과 질시의 태도까지 보인 듯하다.

거란의 고려침략에 앞서 행해진 두 차례 여진정벌 가운데 제1차 정벌과 관련 있는 기사로 여진의 고려·송에 대한 태도와 고려의 대여진정책의 일면을 알려 주는 기록이 있다. 즉 그것은 성종이 송 사신 韓國華에게 여진문제를 해명한 기사이다.45) 이것은 성종 2년에 일어났던 사건으로 그 내용을 종합해 보면, 거란이 女眞(鴨綠女眞) 討伐과정에서 德昌(博川 부근)·威化(雲山)·光化(泰川) 등지까지 추격해 와서 월경하여 여진인을 잡아간 듯한데 이때에 고려는 거란의 작전에 대해 방관 내지는 묵인한 듯한 태도를 보였다. 이 사건을 계기로 여진인들의 고려에 대한 태도는 더욱 경색되고 적대감정이 고조되었다. 그래서 이 사건 뒤에 刑官御事 李謙宜가 압록강에 관성을 쌓으려다 여진의 침해를 받아 이겸의는 사로잡히고 돌아온 군사는 3분의 1도 안되었던 사건이 발생했다.46)

더욱이 여진인들은 고려에 대한 우호적 태도를 보여 두 차례나 거란의 침입 사실을 고하며 구원군을 요청했는데도 불구하고 고려가 오히려 허위사실로 의심하여 구원하지 않았기 때문에 피해가 크게 된 것에 대해 분노하였다. 고려가 여진의 보고를 믿지 않은 이유는 '욕심스럽고 거짓이 많은' 그들의 성격 때문이라고 하나 전후 내용으로 볼 때 고려가 거란과의 충돌을 피해 중립을 지키려 한 태도에 기인했던 것으로 볼 수 있다. 그러나 거란과의 전쟁이 예상되는 상황에서 고려가 이렇듯 미온적인 태도를 보였던 것은 거란 방어에 여진

45) 《高麗史》 권 3, 世家 3, 성종 4년 5월.
46) 《高麗史節要》 권 2, 성종 2년조 참조.

의 위치가 얼마나 중요한 것인지를 미처 깨닫지 못했던 고려조정의 대여진 정책의 미숙성에도 연유했다고도 볼 수 있다.

한편 이 사건의 결과로 이 지역 여진인들은 고려와 소원했던 것과는 달리 송과의 친숙한 관계를 유지하려고 노력하였다. 당시 송에 조공한 여진은 압록여진(빈해여진)으로 압록강 하류유역에서 흥기한 독립세력이었다. 이들이 발해를 건너 송과 통교하며 거란에 적대했기 때문에 마침내 거란의 토벌대상이 되었다. 그리고 고려의 북진과정에서 축출된 여진인도 이 세력에 속하는 자들이 많았기 때문에 일반적으로 고려와의 사이는 원만할 수가 없었다. 따라서 고려와 압록여진은 송의 중재노력에도 불구하고 원만한 사이가 되기 어려웠다.

거란의 제1차 여진정벌이 있은 지 2년 뒤, 거란의 성종은 제2차 여진정벌을 단행하고 통화 4년(986) 정월에는 마침내 정안국을 멸망시키고 10여 만의 여진인 포로와 20여 만 필의 말을 노획하였다.[47] 이로부터 압록여진지역과 정안국 지배하에 있었던 전지역이 다시 거란의 기미하에 들어가게 되고 교통로를 잃은 고려와 송과의 관계는 더욱 요원해졌다. 압록여진은 성종 11년(992)에 다시 거란에 보복하기 위해 송에 거란정벌을 청하는 表文을 올리고 대거란 반항을 시도하기도 하였다. 그러나 송 태종의 미온적 태도로 뜻을 이루지 못하자 마침내는 송과 단교하고 거란에 내공하며 완전히 그 예속하에 들어가 버리고 말았다.[48]

이리하여 고려 성종 10년(991 ; 거란 聖宗 統和 9) 무렵에는 압록강유역 일대에 걸친 전 여진부족은 모두 송과의 관계를 끊고 거란에 복속하게 되자 거란 성종은 압록강안 威寇·振化·來遠의 3성 등에 고려정벌을 위한 전진기지를 만들고 침입준비를 완료하였다.[49]

성종 12년에는 거란의 제1차 고려침입이 단행되었으나 고려로부터 송과의 단교와 조공약속만 얻어냈을 뿐 거란은 지난 통화 2년(984) 2월의 제1차 여진정벌에서 확보한 강동 280리의 여진 거주지를 고려에 양도하고 회군하였다. 이를 계기로 고려는 압록강 이동의 고토회복을 서둘러, 마침내 여진족을

---

47) 和田清, 〈定安國に就いて〉(《東亞史硏究》, 東洋文庫, 1955), 161~189쪽 참조.
48) 《宋史》 권 5, 本紀 5, 太宗 淳化 3년.
49) 《遼史》 권 13, 本紀 13, 聖宗 統和 9년 2월.
《續資治通鑑長編》 권 32, 太宗 淳化 2년.

축출하고 이른바 강동 6주를 차지할 수 있게 되었다. 그리고 생활근거지를 빼앗기고 유랑하게 된 여진족에 대해 고려는 강경과 회유의 양면적인 정책을 실시하였던 듯하다.

그러나 《고려사》 등의 사서에는 이 시기에 있어서 회유책을 실시한 내용을 살필 수 있는 자료를 거의 남기고 있지 않다. 그런데 축출된 여진의 입장에서는 고려와 투쟁하여 생활근거지를 되찾거나 아니면 고려에 투항하여 새로운 생활터전을 마련하거나 하는 두 가지 중 한 길을 선택해야 했을 것이다. 그러나 고려의 강동 6주의 수복은 거란의 양해 아래 행해졌던 것이기 때문에 이 지역 대부분의 여진인은 처음에는 거란 지배지로의 이주를 원하지 않았을 것이고 오히려 압록강 서쪽의 반독립적 여진자치지역이나 고려 동북쪽의 비교적 거란의 간섭이 적은 여진지역으로 옮겨가기를 선택했을 가능성도 짐작해 볼 수 있다.

그런데 이주해 간 여진부족의 세력은 초기부터 어느 시기까지는 저항력이 약화되어 고려의 관심 밖으로 밀려났을 것이나, 강제로 쫓겨나 이주해 간 부족들의 수가 늘어나면 늘어날수록 그들에 의해 고양된 고려에 대한 적개심이 여진족 사이에 널리 파급되었을 것으로 생각된다. 따라서 강동 6주 수복 이후 거란의 제1차 고려침입이 경과할 때까지의 시기에 있어서 고려의 대여진정책은 여진의 침입을 예상하며 방어와 침략예방에 주력하는 강경책이 실시되었을 가능성이 크다 하겠다.

그 결과 고려 성종 13년(994) 이후 현종 초까지의 20여 년의 기간에 《요사》에 여진·철리의 來貢기록이 빈번히 나타났던 것과는 달리, 《고려사》에는 어떤 기사도 찾아볼 수 없게 되었다고 보여진다. 그뿐만 아니라, 《요사》에 여진이 거란에 良馬 만 필을 진상하고 고려원정에 참여할 것을 청한 기록[50]까지 있는 것을 보면 고려와 여진의 관계가 어느 정도 악화되고 경색되어 있었는지를 알 수가 있다.

그런데 현종 즉위 이전의 소원했던 고려와 여진의 관계는 이러한 대외적 원인 이외에 고려가 자체적으로 안고 있던 대내적 원인으로 말미암아 빚어진 결과로도 볼 수 있다. 즉 현종으로부터 경종에 이르기까지 고려정부의 심

50) 《遼史》 권 15, 本紀 15, 聖宗 統和 28년 10월.

한 내부 분열과 투쟁으로 인해 적극적인 북진정책과 효율적인 대여진정책이 추진될 수 없었던 것이 아닐까 하는 점이다. 더욱이 성종대에 와서도 崔承老의 건의에 따라 가장 시급한 현실문제인 국가체제의 정비 등 내실에 힘쓰게 되면서 대외문제보다 대내정책에 보다 더 중점을 두었기 때문에 북진과 여진기미정책은 미온적일 수밖에 없었다. 하지만 고려 태조 즉위초부터 추진된 북진정책은 대체로 그 뒤 역대 왕들에게도 계승되어 성종 초에는 고려의 영역이 청천강을 넘어 평북의 박천·영변·운산 등을 거쳐 압록강 하류의 일부지역에 이르게 되었다.

〈崔圭成〉

2. 5대 및 송과의 관계

1) 5대와의 관계

우리 나라는 중국대륙과 일본열도와의 중간에 위치하여 이들과의 관계 속에서 정치·경제·문화 등 여러 방면에 영향을 끼치기도 하고, 받기도 하였다. 특히 중국과의 관계는 복잡하고, 때에 따라서는 북방 유목민족과의 삼각관계에서 펼쳐지기도 하였다. 그러므로 고려시대의 중국과의 관계도 이러한 역학관계 속에서 살펴볼 필요가 있다.

고려가 건국(918)될 무렵 한반도에서는 후삼국이 정립하고 있었으며, 중국대륙에서는 唐이 멸망하고 五代(907~960)의 혼란기가 시작되었다. 5대의 처음 왕조로 後梁이 섰으나 얼마 되지 않아 망하고(923) 뒤이어서 後唐·後晋·後漢·後周의 여러 왕조들이 차례로 교체되었다. 한편 북방에서는 새로이 契丹이 홍기하므로 당시 고려는 북방의 거란과 중국대륙의 5대와 함께 정립하며 매우 미묘하고 복잡한 외교관계를 갖게 되었다. 더구나 건국한지 얼마 되지 않은 고려로서는 정치제도를 비롯한 각종 제도의 정비가 요구되었던 때였으므로 어떤 형식이든 중국과 밀접한 관련을 맺을 필요가 있었다.

(1) 태조대의 대중국관계

태조 왕건으로서는 대내적으로 강력한 왕권의 확립 못지 않게 국제적으로 새로 건국한 국가의 위상을 인정받는 것도 중요한 과제였다. 그래서 태조 재위 26년 동안 12회에 걸쳐 사절을 중국에 파견하였다.[1)]

태조 왕건의 중국에 대한 외교기록은 중국측의 것이 우리측 기록보다 조금 앞선다고 볼 수 있다. 중국측 기록인《資治通監》권 270, 後梁紀 均王 貞明 5년(919) 7월조에는 "이 때 佐良尉 金立奇를 吳越에 보내 入貢케 하였다"고 하여 중국과의 통교사실을 언급하고 있다. 바로 이 때는 왕건이 고려를 건국한 그 이듬해이다. 이처럼 태조는 건국하자 대중국 통교의 상대로 당의 계승 국가임을 자처하는 후량보다 오히려 오월과의 관계에 중점을 두었다. 그 이유는 왕건이 고려를 건국할 당시는 아직 후삼국이 다투고 있었고 특히 고려와 적대관계에 있던 후백제와 오월과의 관계가 매우 긴밀하였기 때문에 외교대상국의 우선 순위를 오월에 둘 수밖에 없었던 것이다.[2)]

그런데 바로 태조 2년(919)의《高麗史》기사에도 오월과 교섭이 있었다고 볼 수 있는 기록이 있다. 즉《고려사》世家 태조 2년 9월조에 "오월국의 문사 酋彦規가 귀순하였다"는 것인데, 이로써 태조는 건국 직후부터 중국과의 통교에 역점을 두었다고 할 수 있다.

태조 6년 6월에 福府卿 尹質이 5대의 첫 왕조인 후량(907~923)에 사절로 갔다가 五百羅漢像을 가지고 왔는데[3)] 바로 같은 해 같은 달에 오월국의 문사 朴巖이 귀순하여 왔다는 기록도 있다. 따라서 당시 고려로서는 국내의 사정도 후삼국의 혼란기이며 중국 역시 그런 상황이었기 때문에 오월과 후량에 대한 동시외교를 갖게 되었다고 보여진다.

한편 후량의 뒤를 이어 후당(923~936)이 건국되었다. 후당과의 관계는 고려에 앞서 신라가 국교를 통하고 있었다. 중국측이나 우리측 기록 모두 후당이

---

1) 사절의 파견 횟수는 약간의 차이를 보일 수도 있는데 여기서는 李基白, 〈高麗初期에 있어서의 五代와의 관계〉(《韓國文化院論叢》1, 梨花女大, 1959), 76쪽을 참조하였다.

2) 金在滿, 〈五代와 後三國·高麗初期의 關係史〉(《大東文化硏究》17, 成均館大, 1983), 174~175쪽 참조.

3)《高麗史》권 1, 世家 1, 태조 6년 6월.

건국된 923년에 신라의 사신이 후당에 파견된 사실을 전하고 있다.[4)]

이렇게 신라가 빠르게 후당과 통교를 행하자 고려도 후당과의 통교를 서둘렀다. 태조 왕건은 신라가 통교를 시작한 3년 뒤인 태조 9년에 張彬을 후당에 사절로 파견하였으며[5)] 이듬해인 태조 10년에도 林彦을 후당에 보냈다. 그런데 이 두 사실이 중국측 기록에는 보이지 않으며, 오히려 보다 앞선 925년의 기록이 보인다.[6)]

여하튼 후당이 건국된 지 얼마 되지 않아 고려의 사신이 도착하자 후당 조정에서는 고려사신에 대한 예우와 외교격식 등에 관하여 결정을 내리지 못하고 있다가 5년이 지난 고려 태조 11년(928 ; 후당 明宗 天成 3)에 비로소 종래 신라와 발해에 대한 예에 의거하여 고려에 보내는 외교문에 書體詔樣을 쓰기로 했다.[7)] 이를 계기로 하여 후당과 고려 사이에는 새로운 차원에서 정식국교가 전개되기 시작하였다.[8)] 태조 11년에 신라의 승려인 洪慶이 후당의 閩府로부터 대장경 1부를 배에 싣고 예성강으로 들어오니, 왕은 친히 그를 영접하고 대장경을 帝釋院에 보관케 하였다.

이로써 태조 8년 이래로 고려의 일방적인 사신파견에 별 호응을 보이지 않던 후당이 태조 11년에 이르러 새로운 태도로 고려를 대한 것을 알 수 있다. 아마도 그 동안 후당에 대하여 신라가 적극적으로 외교적 노력을 기울여 여러 차례 사신을 파견하며 조공을 하였기 때문에 후당에서는 한반도의 정세를 그 때까지 신라 중심으로 보아왔으나 이제 한반도의 정세가 고려 중심으로 변하고 있음을 알게되자 후당의 외교정책이 바뀌게 된 것으로 보인다. 이러한 후당의 변화에 고려에서도 후당과의 외교에 더욱 관심을 보여 이듬해인 태조 12년

---

4) 《冊府元龜》 권 972, 外臣部 17, 朝貢 5.
《三國史記》 권 12, 新羅本紀 12, 경명왕 7년 7월.

5) 《高麗史》 권 1, 世家 1, 태조 9년.

6) 《舊五代史》나 《新五代史》에는 後唐 同光 3년(925) 11월에 고려에서 사신을 파견한 기록이 간단하게 보이며 《冊府元龜》 권 972, 外臣部 17, 朝貢 5, 同光 3년 10월조에 "高麗國에서 韋仲을 보내 方物을 바쳤다"라고 하였다. 한편 《五代會要》 高麗傳에는 같은 해인 同光 3년 11월 고려에서 正使 韓申一과 副使 朴巖을 후당에 사신으로 파견한 기록이 보인다. 여기에 나오는 韋仲과 韓申一이 동일 인물인지 아닌 지에 대하여는 정확히 알 수 없으나, 우리측 기록보다 중국의 기록들은 공통적으로 1년 앞서 통교가 시작된 것을 전하고 있다.

7) 《五代會要》 권 13, 翰林院, 後唐 天成 3년 12월 2일.

8) 金在滿, 앞의 글, 183쪽.

8월에는 대규모의 國信使를 파견하였다.[9] 이러한 양국 외교정책의 변화는 중국과 한반도의 전통적 외교관계를 고려가 계승하였음을 의미한다고 할 수 있다.

당시 중국을 대표할 수 있는 후당과의 국교가 정상궤도에 오르자 고려 태조는 관리들에게 조서를 내려 北蕃사람들은 사람의 탈을 쓰고 짐승의 마음을 가진 자들로 복종과 배반을 기준없이 하므로 그들을 접대할 때는 각 州나 鎭의 성 밖에 여관을 따로 지어 대접하도록 하였다. 여기에서 말하는 북번은 거란족으로 볼 수도 있다. 고려가 후당과 원만한 국교를 위해서 후당에 위협을 가하고 있는 거란에 대한 이러한 태도는 외교기술적인 측면에서는 필요했을지 모르지만 당시 동북아시아에서 승승장구하던 거란에 정면으로 맞선 것이 되어 이후 거란으로부터 어려움을 당하는 입장에 놓이게 되었다.[10]

하지만 후당에 대한 고려의 확실한 태도 표명은 양국관계를 더욱 밀착시켜 북방민족을 대하는 조서를 내린 이듬해인 태조 15년에는 왕건이 후당으로부터 책봉을 받기에 이른다.[11] 이 때 책봉은 그 해 7월에 이루어졌는데, 이에 관한 고려측의 기록은 보이지 않는다. 그러나 《舊五代史》 長興 3년(932) 3월 조에 "高麗國 遣使朝貢"이라 하였으며, 《고려사》 세가 태조 15년조 끝부분에 "이 해에 大相 王仲儒를 당에 보내었다"는 기록이 있으니 《구오대사》에서의 사신은 곧 왕중유를 가리키는 것이며 이후에 바로 책봉의 조서가 내렸다고 볼 수 있지 않을까 한다. 이 때 당에서 王瓊과 楊昭業을 보내어 책봉하였으며[12] 책봉을 하게 된 이유는 고려왕이 군사상 주도권을 잡았으며 본토를 장악하여 혼란한 정국을 안정시켰으므로 전례에 따라 특권을 준다[13]는 것이었다.

이 이후로 우리측에 보이는 후당과의 관계기사는 후당이 멸망하기 직전인

---

9) 이 때의 國信使 파견에 대한 고려측 기록은 전해지지 않으나 중국측 기록에 고려로부터 52명의 사절일행과 여러 종류의 많은 朝貢品이 보내진 것이 보인다(《五代會要》 권 30, 高麗, 後唐 天成 4년 8월).

10) 金在滿, 앞의 글, 184쪽.

11) 《舊五代史》 권 43, 唐書 明宗紀 9, 長興 3년 7월조에 "… 正衛命使冊高麗國王王建"이라 하여 왕건을 고려국왕으로 책봉한 사실이 보인다.

12) 중국측 기록과 1년의 차이가 나지만 동일한 사건을 말한 것임에는 틀림없다고 보여진다.

13) 《高麗史》 권 2, 世家 2, 태조 16년 3월.

태조 18년에 禮賓卿 邢順을 파견한 기록이 보인다.[14] 그러나 중국측 기록에는 책봉관계 이후 매년 사절이 가고 있음을 보여주고 있다.[15] 후당과 고려의 마지막 외교관계는 후당이 멸망하는 淸泰 3년(936) 정월에 이미 입국해 있던 고려사신 王規 등 30여 인을 전례에 따라 성대하게 예우한 경우이다.

후당이 멸망하고 그 뒤를 이어 後晋이 건국되었다(936). 이에 고려에서는 태조 20년(937 ; 후진 天福 2), 후당에 다녀온 경험이 있는 왕규와 형순을 후진에 보내어 高祖 石敬瑭의 등극을 축하하였다.[16] 이러한 고려使行의 사실이 중국측 사서에서는 보이지 않고 있으나 이 때의 사행이 있은 다음해인 태조 21년 7월부터 고려에서는 후진의 연호를 사용하기 시작하였다.[17] 이어서 태조 22년에는 후진에서 國子博士 謝攀을 보내어 왕을 開府儀同三司·檢校太師로 책봉하고 기타 관작은 전과 같이 한다고 알려왔으며, 이듬해 12월에는 후진에서 고려의 인질 王仁翟을 돌려보냈다.[18] 다음해에는 고려에서 大相 王申一을 토산물과 함께 후진에 보냈다.[19]

태조년간의 중국과의 사행교류에 관한 기록은 우리측 문헌과 중국측 문헌 사이에 횟수에 있어서 약간의 차이를 보이고 있으나, 그것과 관계없이 몇 가지 사실을 찾을 수 있다. 우선 태조대에 고려에서 중국으로 파견한 횟수를 보면 대략 12회에 걸쳐서 사절이 파견되었음을 알 수 있다. 이에 대해서 중국으로부터 사신이 온 것은 2회이고 개인으로는 文士가 2회, 승려가 2회로 총 4회였다. 또한 고려초 독자적으로 쓰던 연호 天援는 태조 16년(933) 후당에서 왕경과 양소업이 와서 왕을 책봉함과 동시에 후당의 연호로 대체되었고, 후당이 망하고 후진이 들어선 이후로는 후진의 연호를 사용하게 되었다.

이러한 사실들을 통하여 알 수 있는 것은 고려의 사절이 중국에 보내진 것

---

14) 《高麗史》 권 2, 世家 2, 태조 18년 말미.

15) 《冊府元龜》 권 972, 外臣部 17, 朝貢 5, 廢帝 淸泰 원년 8월·2년 10월·12월.

16) 《高麗史》 권 2, 世家 2, 태조 20년 5월.

17) 《高麗史》 권 2, 世家 2, 태조 21년 7월.

18) 《高麗史》 권 2, 世家 2, 태조 23년 12월.
그런데 이 사실에 대해 《五代會要》 권 30, 高麗傳에 보면 質子 王仁翟이 고려로 돌아가는 것을 허락한 것은 후진 天福 3년(938 ; 고려 태조 21) 8월로 되어 있다. 그렇다면 후진으로부터 인질의 귀국이 허락되고 나서 실제로 귀환하기까지는 2년이 걸린 셈이다.

19) 《高麗史》 권 2, 世家 2, 태조 24년.

은 빈번한데 중국으로부터는 겨우 2회의 사절만이 왔다는 것이다. 그것도 후당과 후진이 고려왕의 책봉을 위해 최소한도의 필요에 응한 것뿐이다. 그러므로 양국간의 통교에 있어서 그 요구가 간절했던 것은 고려측이었다는 것을 알 수 있다.[20]

이 시대에 고려가 적극적으로 후당이나 후진에 사절을 파견하고 가까이 하려고 한 이유는 국내적으로 볼 때 후삼국의 정립상태에서 모든 정세가 고려에 유리하게 되어 갔다 할지라도 삼국 모두가 중국으로부터 책봉을 받음으로써 정통성을 인정받으려 했고, 자기 세력권 안에서의 우위를 유지하고 삼국간의 갈등 속에서 적어도 중국 등 외부로부터의 압력을 받지 않으려는 데 있다고도 볼 수 있다.

실제로 후백제의 경우 후당 淸泰 3년(936) 정월에 사신을 보내 토산물을 바쳤는데[21] 이 해는 후백제가 멸망한 해로 여러 가지 사정이 최악의 상태인데도 사절을 파견했다. 이것은 아마도 후당이 고려왕을 책봉하고 또한 고려국왕 책명에 보낸 조서에 "…군사를 정예하게 하여 견훤의 세력을 무찔렀고…"라는 구절이 있듯이 후당의 후백제에 대한 태도를 의식한 까닭이었는지도 모른다.[22] 이러한 것은 당시의 국제정세로 보아 실효를 거두기는 어려운 외교였으나 삼국정립의 숨가쁜 소용돌이 속에서 후백제의 위기감의 일면을 보여주는 것이다.

국제적으로 볼 때 고려는 당시 동아의 정세가 전부터 그래왔듯이 중국을 축으로 형성되어 가는 것으로만 알고 있었던 것 같다. 그래서 북방의 거란족이 강해지고 있고, 또한 그 세력의 위협을 당할 것에는 크게 염두에 두지 않았다. 오히려 중국과의 관계를 돈독히 함으로써 북방으로부터의 위협을 제거할 수도 있다고 생각했었던 것 같다. 오히려 다음 기록은 고려의 대거란 강경 정책을 여실히 보여준다.

> 거란에서 사신과 낙타 50필을 보내왔다. 왕은 거란이 일찍이 발해와 동맹을 맺고 있다가 갑자기 의심을 품어 맹약을 어기고 그 나라를 멸망시켰으니 이는 심히 무도

---

20) 李基白, 앞의 글, 76쪽.

21) 《舊五代史》 권 48, 後唐 淸泰 3년 춘 정월.

22) 金在滿, 앞의 글, 188쪽.

한 나라로서 친선관계를 맺을 수가 없다고 하여 드디어 국교를 단절하고 사신 30명은 섬으로 귀양을 보냈으며 낙타는 만부교 아래 매어 두었더니 다 굶어죽었다(《高麗史》 권 2, 世家 2, 태조 25년 10월).

이러한 사실의 표면적인 이유는 거란이 발해와 맺은 국제적 의리를 배반한 것으로 되어 있지만, 달리 생각해 보면 바로 그 전 해인 태조 24년에 후진으로부터 고려국왕에 책봉된 태조는 후진과 거란과의 미묘한 관계를 잘 알고 있었으므로 후진의 입장과 함께 한다는 것을 분명히 행동으로 보여준 것이라 할 수 있다. 그리고 거란사신 30명을 섬으로 귀양보낸 것은 거란에 대한 단호한 국교단절의 표시라고 볼 수 있다.[23] 이러한 사실들로 볼 때 태조 때의 외교정책은 국내문제나 국제문제에 있어 친중국정책으로 대응하려고 했다는 것을 알 수 있다.

이러한 친중국적인 외교정책을 좀더 정확히 파악할 수 있는 것은 태조 18년을 전후하여 수년간 해마다 사신을 파견하였다는 사실이다. 이것은 「數年一遣」의 원칙에 위배되는 것으로 훗날 崔承老의 비난까지 받았다. 그런데 이같이 사행이 빈번하던 시기가 바로 통일전후였다는 점이다. 이것으로써 당시의 국가적인 대중국 통교는 외교적인 성격을 농후하게 지닌 것이라 할 수 있다. 그리고 여기에서 외교적이라고 하는 것은 군사적인 동맹 같은 것을 의미하는 것이 아니라 대외적으로 정치적 지원을 얻자는 것이었다고 생각된다.[24]

외교정책에 따른 사신의 파견과 함께 주목할 만한 것은 사절의 교환에 따른 경제적인 욕구도 적지 않았다는 것이다. 당시의 조공은 일종의 공무역을 의미했으며 이러한 성격은 그 때의 기록에 잘 나타나 있다.[25] 중국측 기록에는 2차에 걸쳐 고려인이 와서 교역한 사실을 기록하고 있다. 이러한 일은 태조 17년 한 해에 국한된 일이 아니었을 것이므로, 일반적으로 고려측의 무역에 대한 욕구가 컸고 따라서 사행의 方物朝貢은 무역의 의도를 내포했다고 할 수 있을 것이다.[26]

23) 金在滿, 위의 글, 191쪽.
24) 李基白, 앞의 글, 77쪽.
25) 《冊府元龜》 권 999, 外臣部 44, 互市.
26) 李基白, 앞의 글, 77쪽.

(2) 혜종·정종대의 대중국관계

태조의 뒤를 이은 혜종은 즉위 원년(944)에 廣評侍郎 韓玄珪와 禮賓卿 金廉을 후진에 보내어 왕위 계승을 통고하고 겸하여 거란을 격파한 데 대하여 축하하였다.[27] 이에 이듬해 후진에서는 范匡政과 張季凝 등을 보내어 왕을 持節玄菟州都督·上柱國·充大義軍使·高麗國王에 책봉하였다. 그리고 官告·勅牒·國信物 등을 전하고 아울러 고려에서 보낸 보배와 수놓은 비단이 중국의 橦布[28]보다 아름답다는 것과 병기와 갑옷 등이 매우 훌륭하여 고려왕의 정성에 깊이 탄복한다는 뜻을 전해왔다.[29]

혜종 재위 2년간에 고려와 후진에서 각기 한 차례씩의 사행이 오고 갔는데 그 내용은 왕위계승을 알리는 것과, 새로운 왕에 대한 책명과 칙서를 내리는 것으로 되어 있다. 이로써 당시 후진과의 관계는 事大外交였으며[30] 조공이라는 이름으로 행하여진 공무역의 관계임을 알 수 있다.

후진과의 외교관계는 혜종 2년(945 ; 후진 開運 2)으로 끝나게 되고, 후진의 뒤를 이은 後漢과의 관계는 定宗 때부터 시작하게 된다. 후한과 고려와의 외교관계에 관한 기록은 단 한 차례 보이고 있다. 즉 정종 3년(948)에 처음으로 후한의 연호를 사용하였다는 기록뿐이다. 그런데 연호를 사용하면서 사절 왕래의 기록이 없는 것은 이상한 일이다. 하지만 후한의 존속기간이 짧았고 (946~950) 이 기간에 해당하는 고려왕 정종 역시 병약하였으며, 당시 고려는 거란과의 관계가 매우 날카로워져서 光軍 30만을 조직하는 등 북방에 대한 관심이 고조되던 때였다.

그러나 더 중요한 이유는 후한의 사정에서 찾을 수 있다 후한 고조 劉知遠은 天福 12년(947) 2월에 皇帝가 되었으나 이듬해 정월에 죽었으며, 그 뒤를 이은 隱帝 역시 乾祐 3년(950) 11월에 반란을 피하여 숨어 있다가 피살되었다. 결국 이러한 어수선한 후한의 사정으로 고려와의 원만한 외교관계는 가질

27) 《高麗史》 권 2, 世家 2, 혜종 원년.
28) 橦布는 중국 남방에서 나는 橦나무 꽃 섬유로 짠 천을 말한다.
29) 《高麗史》 권 2, 世家 2, 혜종 2년.
30) 後晋에서 보내온 칙서 가운데 '荀息의 충성'을 먼저 말하였는데 순식은 춘추시대 진나라 사람으로 충성스러운 신하의 대표적 인물이다. 또한 보내온 물품을 '法物'이라 하였는데, 법물이라는 말은 봉건제하에서 상하관계로 받거나 보내는 공식적인 선물을 일컫는다.

수 없었을 것이다.[31]

(3) 광종대의 대중국관계

고려에서 정종의 뒤를 이어 광종이 즉위한 해에 후한은 곽위에 의해 멸망하고 이듬해(951 ; 廣順 원년) 정월 後周가 건국되었다. 광종대의 중국과의 관계는 전후시기에 비하여 매우 양상을 달리 하였다. 그것은 이 시기가 되면 고려가 점차 정치적으로 안정되고 어느 정도의 왕권강화로 인한 제도의 정비를 필요로 하게 되었으며 이러한 상황 아래 양국의 외교관계가 진행되었기 때문이다.

고려와 후주와의 관계는 광종 2년(951) 12월에 처음으로 후주의 연호를 사용하면서 시작되었다.[32] 이듬해인 광종 3년에는 고려에서 廣評侍郎 徐逢을 후주에 보내어 토산물을 선사하였다.[33] 그런데 이에 대한 중국측 기사를 살펴보면 이 때 고려에서는 97명이란 많은 수의 인원이 갔던 것을 알 수 있다.[34] 하여튼 이렇게 매우 성대한 조공사를 맞아서인지 이듬해인 광종 4년에 후주에서 衛尉卿 王演과 將作少監 呂繼贇을 보내어 왕을 特進檢校大保·使持節玄菟州都督·充大義軍使兼御史大夫·高麗國王에 책봉하였다.[35]

광종 6년에는 大相 王融을 후주에 보내어 토산물을 전하였고, 다시 광평시랑 荀質을 후주에 보내어 世宗의 즉위를 축하하였다. 이에 후주의 세종은 광종을 다시 책봉하였다.[36] 이 후주의 책봉칙서를 고려에서는 이듬해인 광종 7년에 받게 된다. 이 때의 기록을 보면, 후주에서 將作監 薛文遇를 보내어 왕을 開府儀同三司·檢校太師로 책봉하는 동시에 百官의 衣冠을 중국제도와 같이하게 하였다. 그리고 이 때 후주의 前大理評使 雙冀가 설문우를 따라 고려에 왔다.[37] 광종 7년의 후주와의 관계는 이후 고려의 제도개혁에 크게 영향을 끼쳤고 광종이 국내적으로 왕권을 강화하는 데도 기여하였다. 이 때 백

---

31) 金在滿, 앞의 글, 195쪽.
32) 《高麗史》 권 2, 世家 2, 광종 2년 12월.
33) 《高麗史》 권 2, 世家 2, 광종 3년.
34) 《冊府元龜》 권 972, 外臣部 17, 朝貢 5, 後周 太祖 廣順 2년 정월.
35) 《高麗史》 권 2, 世家 2, 광종 4년.
36) 《冊府元龜》 권 965, 外臣部 10, 封冊 3, 後周 世宗 顯德 2년 11월.
37) 《高麗史》 권 2, 世家 2, 광종 7년.

관의 의관을 중국제도와 같이하기 시작한 것이 5년 뒤인 광종 11년에 백관의 관복제도를 제정하는 바탕이 되었음은 두말할 나위 없다. 뿐만 아니라 이때 고려에 온 쌍기의 건의에 의하여 광종 9년에 처음으로 과거제가 실시되었음은 널리 알려진 사실이다.

결국 이러한 사실로 미루어 광종의 개혁 바탕에는 후주의 정치적 영향이 어느 정도 있다고 볼 수 있을 것이며, 또한 개혁을 위해 새로운 제도, 선진제도의 수용은 불가피했고 따라서 중국의 投化人에 대한 우대가 있었다고 보여진다. 《고려사》 열전 雙冀傳에 보면 후주의 侍御 雙哲은 쌍기의 부친으로 쌍기가 고려에서 왕의 총애를 받고 있다는 소식을 듣고 광종 10년 回使王兢을 따라 고려에 와서 佐丞에 임명되었다고 하였다.

이렇게 귀화인에 대한 우대는 역시 《고려사》 열전 徐弼傳에서 더욱 분명하게 나타난다. 광종이 귀화한 중국사람들을 후대하기 위하여 신하들의 주택을 뺏어 중국인에게 배정하니, 서필은 그가 살고 있는 집이 너무 커서 반납하겠다고 하였다. 그 이유는 귀화하여 온 사람들은 관직을 골라서 벼슬하고 집을 택해서 거처하는 반면에 世臣故家들은 도리어 거주한 곳을 잃은 사람이 많다는 것이었다. 물론 귀화중국인에 대한 이러한 우대는 광종이 개혁을 단행하기 위해 배경이 없는 신인을 과거를 통해 등용시킨 것과 같은 맥락으로 볼 수도 있겠으나, 그보다는 광종이 새로운 제도와 개혁에 얼마나 많은 관심을 갖고 있었는가를 반영하는 것이라고 할 수 있다. 광종의 이러한 적극적인 자세는 이후 후주와 매우 밀접한 외교관계를 갖게 하였다.

광종 9년(958)에는 후주에서 尙書水部員外郞 韓彦卿과 尙輦奉御 金彦英을 보내어 비단 수천 필로써 銅을 무역해 갔다.[38] 그 이듬해 봄에 고려에서는 佐丞 왕긍과 佐尹 皇甫魏光을 후주에 보내어 좋은 말과 의복・활・칼 등을 보냈으며, 그해 가을에도 사신을 통해 《別序孝經》 1권, 《越王孝經新義》 8권, 《皇靈孝經》 1권, 《孝經雌雄圖》 3권을 보냈다. 또 겨울에 사신을 후주에 보내어 구리 5만 근과 자색수정과 흰수정 각 2천 개를 전하였다. 이 해 후주에서는 左驍衛大將軍 戴交를 보내왔다.[39]

38) 《高麗史》 권 2, 世家 2, 광종 9년.
39) 《高麗史》 권 2, 世家 2, 광종 10년.

광종 9년과 10년에 고려와 후주가 서로 國信物을 주고받는 형식으로 공무역을 크게 행했던 것으로 보아 당시의 양국 관계가 단순히 정치, 외교적인 단계를 넘어 경제적인 면으로까지 확대되었음을 알 수 있다. 이러한 경제적 교류 역시 양국의 국내상황과 밀접한 관계가 있다. 광종 9년에 후주에서 동을 무역하러 비단 수천 필을 가지고 왔을 때는 후주의 세종이 중국을 통일하려고 대규모의 전쟁을 수행할 무렵으로 帳籍에 오르지 않은 無額의 사찰을 철폐하고 銅佛·梵鐘을 부수어 錢과 무기를 주조하던 때였다. 그리고 광종 10년에 고려에서 《별서효경》 등을 비롯한 전적을 보낸 것은 당시 중국이 당말·5대에 걸친 오랜 전란으로 많은 책들이 없어졌으므로 후주 조정에서 청구하였기 때문에 보내진 것으로 보인다.[40)]

이상에서 살펴본 바와 같이 고려와 5대와의 관계는 시종일관 평화적인 우호관계를 유지했다고 볼 수 있다. 사대적인 책봉관계가 유지되었다고 하더라도 그것은 형식적인 것에 불과하고 양국은 비교적 자주적인 외교관계를 유지했다고 할 수 있다. 북방의 거란세력이 커감에 따른 위협이 양국을 하나의 동맹체로 묶을 수 있었으며, 두 나라의 국내사정도 우호관계를 갖도록 한 원인이 되었다. 고려의 입장에서는 후삼국의 통일과 왕권의 강화라는 점이고, 중국의 입장에서는 계속되는 전란으로 고려와의 우호관계가 거란에 대한 견제책으로나 국제질서 유지에도 도움이 되었기 때문이었다.

2) 송과의 관계

10세기 당이 멸망하고 난 후 중국은 분열상태에 빠지게 되고 이에 따라 북방 여러 민족의 활동이 활발해져 동아시아의 국제사회는 현저한 변화를 가져오게 되었다. 중국은 앞에서 언급한 5대 10국이라고 하는 불안정한 정세가 한동안 계속되다가 송에 의해 다시 통일되었다. 송왕조는 통일정권을 수립하고 실지회복을 시도하였지만 도리어 遼(거란)와 金(여진)에게 영토를 빼앗기고 압력을 받게 되었다. 그 결과 송 眞宗 景德 원년(1004)에는 요나라와 형제의 맹

---

40) 김상기, 〈고려 광종의 치세〉(《국사상의 제문제》 2, 국사편찬위원회, 1959), 90쪽 참조.

약을 맺게 되고, 남송 高宗 紹興 11년(1141)에는 금에 대하여 신하의 예를 취하게 되었다. 당시 동아시아의 국제질서는 중국왕조의 규제에 의해 수립되는 것이었으나, 송은 이러한 규제력을 발휘하지 못하였기 때문에 동아시아의 국제관계는 복잡다단하게 전개되었다.

당시의 상황을 고려의 입장에서 살펴보면 고려는 건국초부터 북방민족과 대립상태에 놓여 있었으며, 한편으로는 5대 혼란기의 여러 왕조와도 관계를 맺고 있었다. 그러다가 5대의 혼란이 송에 의해 통일되자 고려는 송과 전통적인 한중관계를 계속하게 되었다.

이러한 상황 속에서 고려는 대외정책에서 두 가지 고민을 갖게 되었다. 하나는 실질적으로 강성해진 북방민족의 요와 금을 어떻게 대할 것인가 하는 문제와 전통적인 한중관계 속에서의 송과의 관계였다.

고려의 북방민족과의 관계는 고려의 북진정책에 대한 거란의 출현으로 항상 대립·항쟁의 계속이었다. 뿐만 아니라 북방민족에 대한 고려의 태도는 문화적 후진에 대한 민족적 자존심도 강하여 그들과 선린우호 관계를 맺기는 어려웠다. 한편 고려와 송은 문화적 선진국으로서의 전통적인 관계가 그대로 유지되었다. 그러나 전통적인 관계라고 하지마는 송왕조의 전후시대에 비하여 순조로운 관계였다고는 볼 수 없다. 전통적인 관계는 대개 조공관계로 나타나게 되는데 당시로서는 송 자체가 대륙에서의 규제력이 미약했기 때문에 고려와 송은 통상적인 조공관계에서 많이 벗어난 고려의 위상이 상당히 세워진 일반적인 관계도 많이 작용하였다.

(1) 정치적 관계

고려와 송과의 통교는 광종 13년(962) 11월에 열리기 시작하여[41] 양국은 명종 3년(1174 ; 송 孝宗 乾道 9)까지 비교적 친선관계를 유지하였다.[42] 이처럼 약 200여년 동안 양국이 친선관계를 맺을 수 있었던 이면에는 양국이 서로 상대

41) 《高麗史》 권 2, 世家 2, 광종 13년
《宋史》 권 1, 本紀 1, 太祖 建隆 3년 11월 병자.

42) 중앙집권적 전제정치하에서는 중농정책이 준수되는 것이 원칙이나 당시 송은 전쟁비용과 비상지출 목적으로 중상주의를 채택하고 이에 따라 상인의 상업활동을 보호·장려하였다. 그 대가로 상인에게 세금을 부과하는 商稅의 규례가 태조 때부터 정해지고 역대 왕들은 이를 지켰다(《文獻通考》 권 14, 征榷考).

방을 이용하려는 의도가 있었기 때문이었다.

양국은 모두 요·금같이 새로이 강성해지고 있는 북방 침략세력의 압력 아래 놓여 있었으며, 서로 직접적으로 경계를 맞대고 있지 않았기 때문에 직접적인 무력충돌이 없었다. 뿐만 아니라 양국은 친선관계를 맺음으로써 양국 사이에 있는 거란과 여진을 억제하려는 정치적 의도를 짙게 가지고 있었다. 실제로 송은 국초 이래로 문치주의를 채택한 결과 국방력이 극히 약화되어 있는 상황이었다. 고려는 이러한 송의 정치적·군사적인 욕구보다 경제·문화적 욕구에 더 관심을 가지고 송에 접근하였다. 이처럼 양국은 외교적 접근 속셈이 달랐기 때문에 가능한 한 당시의 북방민족 등이 개재된 복잡한 분쟁에 휘말려들지 않으려는 조심스런 태도를 취하였다.

이러한 사실들은 양국의 통교초부터 찾아볼 수 있다. 일찍이 後晋이 나라를 세울 때에 거란의 도움을 받은 대가로 북부중국의 燕雲 16州를 떼어준 일이 있었는데 송은 건국초부터 그 잃어버린 땅을 회복하기 위하여 노력하였다. 송 태종은 이 땅을 회복하기 위하여 太平興國 4년(979 ; 고려 경종 4) 거란을 습격하다가 크게 패하기도 하였다. 그 뒤로 계속해서 실지회복을 위해 기회를 엿보던 송은 거란에 나이어린 聖宗이 즉위하는 것을 계기로 다시 군사를 일으켰다. 그런데 바로 1년 전인 985년에 송은 고려에 사신 韓國華를 보내어 원병을 청하였던 바,[43] 고려는 이 청을 마지못해 응하는 척하였으나 실제로 활동은 하지 않았다.

그 뒤로 거란이 진출함에 따라 고려와 송과의 관계는 멀어지게 되었다. 즉 성종 12년(993) 고려에 대한 거란의 1차 침입이 있자 이듬해 고려는 元郁을 송에 보내어 거란의 침입을 알리는 동시에 원병을 요청하였다. 그러나 송은 이제 북방국경이 겨우 편안하여졌으니 경솔하게 군대를 동원할 수 없다 하고 다만 우리 사신을 후대하여 돌려보냈으며 이 때부터 송과의 관계가 끊어졌다.[44]

북방 거란의 압박으로 일시 중단되었던 송과의 국교는 문종 때에 와서 재개되었다. 그렇다고 해서 그 사이에 양국간의 교류가 전혀 없었던 것은 아니었다. 목종년간에는 여러 차례 송에 사신을 파견한 일이 있었으며, 특히 목종

---

43) 《高麗史》 권 3, 世家 3, 성종 4년 5월.
44) 《高麗史》 권 3, 世家 3, 성종 13년 6월.

6년(1003)에는 호부낭중 李宣古를 보내어 송으로 하여금 송의 국경에 군대를 주둔시켜 거란의 침구를 배후에서 억제해 달라고 요청하기도 하였다.[45] 그리고 현종 때부터는 민간교역이 시작되어 문종 22년까지 56년간 동안 50회에 걸친 宋商의 來航이 있었다.[46] 이러한 사실은, 고려와 송 양국이 거란 때문에 정치적으로 정식 국교는 중단되었을지라도 양국간의 통교의 필요성은 같이 느끼고 있었다고 볼 수 있다. 그러나 이처럼 통교의 필요성을 느꼈지만 정치적 접촉은 없고 민간교역만이 행하여졌던 이유는 당시 동아시아의 미묘한 국제관계에서 송이 정치적으로 麗·遼의 문제에 개입을 극력 회피하고 있었기 때문이다. 이는 마치 뒷날 송이 금의 신흥세력을 끌어들여 요를 협격하려고 할 때에 고려 또한 개입을 회피하고 중립을 지킨 것과 마찬가지라 하겠다.[47]

문종은 즉위하면서 친송책을 쓰고 송과 통교를 하고자 하였다. 왕은 탐라와 영암에서 나무를 베어 큰 배를 만들어 송나라와 관계를 갖고자 하였다. 이에 內史門下省에서는 다음과 같은 이유를 들어 송과의 통교를 반대하였다.

> 이미 北朝(거란)와 우호관계를 맺어 변방에 위급한 일이 없게 되어 백성들이 생업에 안정되어 있으니 이런 방법으로 나라를 보전하는 것이 상책입니다. 지난 경술년에 보내왔던 거란의 問罪書에 말하기를 '동으로 여진과 결탁하고 서로는 송나라에 왕래하니 이것이 무슨 꾀를 쓰고자 함인가'라고 하였으며, 또한 尙書 柳參이 거란에 사신으로 갔을 때에도 東京留守가 南朝(송)에 사신을 보낸 일을 물을 만큼 시기하는 듯하오니 만약 이런 인이 누설되면 반드시 틈이 생길 것이요…더구나 우리나라는 文物禮樂이 흥왕한 지가 이미 오래며 商船이 끊임없이 출입하여 날마다 귀중한 보배가 들어오고 있사오니 중국에서는 실로 도움을 받을 것이 없습니다. 만일 거란과 국교를 영원히 끊지 않으려면 송나라와 사절을 교환해서는 안됩니다(《高麗史》 권 8, 世家 8, 문종 12년 8월).

이 기사에서 볼 때 당시 내사문하성에서 송에 사신을 파견하는 것을 반대하는 이유는 송과 통교관계를 맺음으로써 거란을 자극하기 때문이라고 한다. 그러나 그 이면에는 송과 정식적인 통교관계에 있지 않더라도 민간무역이 성행하여 아쉬울 것이 없다는 뜻임을 알 수 있다. 그러나 당시 문종은 대신들의 반대로 통교를 보류하였지만 송과의 국교재개 자체를 포기한 것은 아니었다.

---

45) 《宋史》 권 487, 列傳 246, 外國 3, 高麗.

46) 金庠基, 《高麗時代業史》(東國文化社, 1961), 189~190쪽 宋商人來航表 참조.

47) 李丙燾, 《韓國史》 中世篇(震檀學會, 1961), 378쪽.

왜냐하면 문종은 교역보다는 송의 선진문화에 더 큰 관심이 있었기 때문이다.

이런 상황 속에 송에서는 신종이 즉위하면서 고려와 서로 국교를 맺어 북방의 요를 견제하고자 하는 聯麗對遼策이 다시 대두되어 상인 黃愼을 두 번이나 고려에 보내어 양국간의 통교를 요구하여 왔다.48) 이러한 송의 요구에 따라 고려에서는 문종 25년(1071) 民官侍郎 金悌를 송에 파견함으로써 양국의 국교는 다시 열리게 되었다.49)

문종 이후에도 양국관계는 매우 긴밀하게 유지되었으며 예종 때에 이르러서는 고려에 대한 송의 친선태도가 더욱 깊어졌다. 특히 송 휘종은 고려의 사신의 격을 國信使로 높이고 사신접대에 있어서도 西夏 위에 두고 요 사신과 마찬가지로 樞密院에서 맡아 접대하게 하였으며, 고려사신을 접대하는 관리의 명칭도 引拌官·押作官에서 接館伴·送館伴으로 고치는 등 예우를 각별히 하였다.50)

하지만 한동안 계속되던 송과의 친선관계는 북방의 정세변동에 따라 변화되지 않을 수 없었다. 북방의 주인공이 요에서 금으로 바뀌고, 새로 강성해진 금은 송을 요보다 더욱 강하게 압박하였다. 송은 여진족이 일어나 큰 세력을 형성하자 금과 손을 잡고 눈앞의 숙적인 요를 공격하려는 계획을 세우고 고려에 그 중재를 맡아주도록 요청하였다. 이에 대하여 고려에서는 여진(금)은 이리나 범과 같아 사귈 만하지 못하다고 만류하였다.

고려에서 이처럼 송에 대하여 금과 맺지 못하도록 권고한 데는 두 가지 이유가 있었다. 하나는 이웃한 금이 요까지 합하게 되면 너무 커져서 동방의 세력균형이 깨질 우려가 있으며 그렇게 될 때 고려의 존립에 불안을 느낄 수 있다는 것이다. 다른 하나는 고려는 여진족과 오랫동안 접촉하고 있어서 여진족의 야만성을 잘 알고 있기 때문에 송이 여진의 금과 맺어서 요를 멸한다는 것이 결국 금의 세력만을 키워서 송은 앞문의 이리를 쫓기 위하여 뒷문으로 호랑이를 끌어들이는 격이 된다는 것이다.51) 이 말을 증명하듯 금은 요를 격파

48) 《高麗史》 권 8, 世家 8, 문종 22년 7월·24년 8월.
《宋史》 권 487, 列傳 246, 外國 3, 高麗.

49) 《高麗史》 권 8, 世家 8, 문종 25년 3월.

50) 《宋史》 권 487, 列傳 246, 外國 3, 高麗.

51) 김상기, 〈고려와 금(金)·송(宋)과의 관계〉(《국사상의 제문제》 5, 국사편찬위원회, 1959), 45~47쪽.

한 여세를 몰아서 송의 수도 汴京까지 쳐내려가게 되었다. 이에 송은 고려와 연합하여 금을 협공하고자 고려 인종 4년(1126 ; 송 欽宗 靖康 원년) 7월에 사신 侯章 등 60여 인을 고려에 보내어 송에서 흠종이 양위를 받은 사실과 금나라 군사가 수도에까지 쳐들어온 것을 알리고 송과 고려가 합하여 공동전선을 펼 것을 요구하였다. 그러나 당시 고려는 이미 금에 대한 외교를 결정한 이후였으므로 국내의 여러 가지 어려운 사정을 들며 송의 요구를 완곡하게 거절하였다.

이러한 사이 금은 송의 수도를 함락하고 송의 휘종과 흠종을 비롯해 많은 사람을 포로로 데려가는 이른바「靖康의 變」(1127)을 일으키니 北宋은 망하고 남은 일족은 강남으로 피신하였다. 이처럼 미묘하고 복잡해진 당시의 동아시아정세 속에서 麗·宋관계를 더욱 복잡하게 만든 것은 송이 고려에 요구해 온 假道問題였다.

강남으로 피신한 자들 가운데 휘종의 아홉째 아들 構가 송을 다시 일으키니 이가 곧 南宋의 高宗이다. 그는 제위에 오르게 되자「정강의 변」때 잡혀간 휘종과 흠종을 비롯한 많은 사람들을 데려올 계획을 세우게 되었다. 이런 상황아래 고려 인종 6년(1128) 3월에 송 상인 蔡世章이 고종 즉위의 국서를 가지고 옴으로써 고려와 남송과의 교섭의 실마리를 찾게 되었다. 하지만 그해 6월에 송 국신사 楊應誠의 파견은 다시 양국관계를 미묘하게 만들었다. 당시 양응성이 가지고 온 국서의 내용이나 또 양응성 자신이 고려조정에 올린 글의 내용은 금에 잡혀간 휘종과 흠종을 구출하기 위하여 금에 가서 교섭할 수 있도록 고려측이 길을 빌려주고 또한 금의 국경까지 안내해 주기를 바라는 것이었다.

그러나 고려는 송의 가도문제에 대하여도 완곡히 거절하였다. 그 이유로 여진족들은 싸움을 좋아하여 전부터 고려가 송과 가까운 것을 미워하였으며 지금에 와서는 국경지역에 城壘를 수리하고 군사를 집결시켜 고려를 넘보고 있는데 송에 길을 빌려주어 사절이 그 땅에 들어간 것을 알면 반드시 전쟁을 일으킬 것이라는 점을 지적하였다. 다른 한편으로는 금에서 송에 報聘한다는 명목으로 우리 나라의 길을 빌리자고 하면 무슨 말로 거절할 것이며, 또한 그들이 만일 바닷길이 편리한 줄 알게 된다면 우리 나라의 안전을 보장하기 어려울 것이며 송의 淮南·兩浙의 연해지방까지 노리게 될 지도 모르는 일이라며 그들의 요구를 거절하였다.[52] 결국 고려의 입장에서는 당시 국제정세로 보아 이미 쇠약해 가는 남송과 합작함으로써 새롭게 강성해지는 금의 미움을 살 필요가 없다고 생각하였던 것이다.

이러한 고려의 중립적 태도로 인하여 여송관계는 점차 멀어지게 되었으며, 송에서도 금과의 잦은 싸움으로 국내사정이 어수선하니 당분간은 사절을 보내지 않는 것이 좋겠다는 통보를 해왔다.[53]

결국 가도문제는 고려와 송 양국간의 사이를 매우 서먹하게 만든 결과를 초래했으며, 송은 고려에 대하여 금과 밀착되었다고 생각하여 고려의 사절조차도 금의 간첩으로 오해하기까지 하였다.[54] 하여튼 양국의 공적 관계는 매우 소원해져 그 뒤로 공적인 통교로서 고려에서 송에 보낸 마지막 사신은 의종 18년(1164)의 일이며,[55] 송에서 파견된 마지막 사신은 명종 3년(1173)을 끝으로 보이지 않고 있다.[56]

(2) 문화적 관계

고려가 송과 통교를 행한 데에는 정치적·경제적 목적 이외에 선진문물을 수입하려는 목적도 있었다. 앞서 언급한 대로 문종이 송과 통교하려 할 때 내사문하성에서 나라의 문물예악이 흥왕한 지 이미 오래되었으므로 중국으로부터 별 도움을 받을 것이 없다고 하며 송과의 정치적 교류를 반대한 것에서도 통교목적이 단순한 문물수입에 있을 뿐임을 알 수 있다. 또한 송 말기의 사람인 馬端臨도 고려가 중국과 관계를 맺는 것은 華風을 흠모하고 歲賜의 이득을 얻고자 하는 데 있다고[57] 비난한 사실에서도 양국관계에 있어서 고려의 입장은 문화적 욕구충족을 위한 문물교류가 컸다고 볼 수 있다.

---

52) 《高麗史》 권 15, 世家 15, 인종 6년 6월
53) 《高麗史》 권 15, 世家 15, 인종 8년 4월
54) 《宋史》 권 487, 列傳 246, 外國 3, 高麗.
55) 《高麗史》 권 18, 世家 18, 의종 18년 2월 임인.
의종 18년에 고려에서 송에 사신을 보냈다고 하지마는 실제로는 인종 14년(1136)에 끊어졌다고 보아야 할 것이다. 송측 자료에도 인종 14년 고려의 金稚規 등이 다녀간 뒤 使命이 끊어졌다고 하였다(《宋史》 권 487, 列傳 246, 外國 3, 高麗).
56) 《高麗史》 권 19, 世家 19, 명종 3년 6월.
57) 《文獻通考》 권 325, 四裔考 2, 高句麗.

양국의 문화적 관계는 그 성격상 세 가지로 나누어 살펴볼 수 있는데, 첫째는 고려에서 송의 國子監에 유학생을 파견한 것과, 송의 귀화인 가운데 고려에서 관리로 임용한 사실을 들 수 있다. 먼저《고려사》에 나타난 유학생 파견에 대한 기사를 정리해 보면 다음과 같다.

① 경종 원년(976) 이 해에 金行成을 宋에 보내 國子監에 입학케 하였다(《高麗史》 권 2, 世家 2, 경종 원년).

② 경종 5년(980) 崔罕·王琳을 宋에 보내 입학케 하였다. 동왕 11년에 罕과 琳등이 賓貢科에 합격하여 秘書郎에 제수되었다(《高麗史》 권 74, 志 28, 選擧 2, 科目 2).

③ 목종 원년(998) 金成積이 宋에 가 登第하였다(위와 같음).

④ 숙종 4년(1099) 宋에서 詔하여 (고려인의) 賓貢科 응시를 허락하였다(위와 같음).

⑤ 예종 10년(1115) 7월에 金端·甄惟底·趙奭·康就正·權適등이 宋의 大學에 들어갔다가 (동왕) 12년 迪·奭·端은 上舍[58] 及第하였다(위와 같음).

이상에서 살펴볼 때 고려에서 송에 유학한 자들은 상당한 수준의 유학생들이었음을 알 수 있다. 송에서는 당시 양국의 정치적 관계를 생각하여 그들을 매우 정중히 접대했으며,《補閑集》에는 學士 권적이 송에 유학할 당시의 상황이 다음과 같이 잘 나타나 있다.

명주 定州縣에 도착했을 때에는 황제가 사신을 보내어 여행길의 수고로움을 묻고 州府의 秀才를 가려 동행하게 했다. 대궐에 들어서니 전에 없는 은총을 내리어 詔書로서 辟廱(天子의 大學)에 들어가 공부하도록 했다. 7년 동안 공부하면서 여러 번 考藝科에 수석을 차지하였으며 황제가 임석하여 策試할 때도 甲科 제1등에 뽑히었다(崔滋,《補閑集》 권 상, 權學士適奉國表).

권적과 같은 고려 유학생들의 지적 수준에서 알 수 있듯이 고려의 높은 漢學 수준을 송에서도 알고 고려에 보내는 國書를 작성할 때에는 詞臣을 선택하여 문장을 짓도록 하여 잘된 문장을 가려서 보냈다고 한다.[59]

한편 송나라 사람으로 고려에 와서 과거에 합격하거나 관직을 가졌던 예는 문물을 크게 일으켰던 문종 때에 많이 보이고 있다. 문종 6년(1052) 6월에 송

58) 上舍는 宋代 官吏시험의 3學舍(外舍·內舍·上舍)의 하나로 제일 어려운 시험이었다.

59)《宋史》 권 487, 列傳 246, 外國 3, 高麗.

의 進士 張廷이 고려에 오니 왕은 秘書省校書郎의 관직을 수여하고, 敎書 1통과 의복·비단·白銀 등의 물품을 하사하였다.[60] 문종 11년 7월에는 송의 귀화인 張琬에게 그가 공부한 遁甲三奇法과 六手占法을 시험하고 太史監候의 벼슬을 내렸다.[61] 또 문종 14년 9월에는 송 진사 盧寅有가 문필에 재능이 있다고 하여 비서성교서랑으로 임명하고, 이듬해 6월에도 송의 진사 陳渭를 비서성교서랑으로, 蕭鼎·蕭遷을 閤門承旨로, 葉盛을 殿前承旨로 각각 임명하였는데, 이는 진위는 문예에 재능이 있고, 소절 등 세 사람은 音律에 밝았기 때문이다.[62] 이후에도 예종대에 송 진사 林完이, 명종대에 송 진사 王逢辰이 각각 그들의 능력으로 특별히 乙科에 及第하였다.[63]

이상의 사례에서 알 수 있는 것은 송의 진사로서 來投한 자는 임용하였고, 또한 보통사람으로 投化한 자 가운데는 所業에 따라 시험을 치러서 임용하였으며 특기자도 임용했다는 사실이다. 고려에서는 유학이 발달했고 과거에 응시하기 위한 준비과정으로 私學의 발달이 유학을 더욱 발전시킨 것은 이미 잘 알려진 사실이다. 당시의 이런 상황이 유학생으로 송에 건너가게도 했고, 또 송나라 사람으로 고려에 내투한 자 가운데 임용도 하게 했으리라고 본다.

문화적 관계의 둘째 내용으로는 의술 및 약재의 교류를 들 수 있다. 우리나라에 의학 전문기관이 생긴 것은 신라 효소왕 때부터라고 볼 수 있다.[64] 고려시대에는 이 분야가 더욱 발전하여 太醫監(후에 典醫寺)이라는 전문기관에서 의약과 치료의 일을 관장하였다.

특히 문종은 일찍부터 의학에 깊은 관심을 갖고, 의학에 관한 책을 수집하기도 하였는데, 동왕 12년(1058) 9월에는 忠州牧에서 새로 인각한 〈黃帝八十一難經〉·〈川玉集〉·〈傷寒論〉·〈本草括要〉·〈小兒巢氏病源〉 등 99판을 바치니 왕이 조서를 내려 이것을 秘書閣에 보관하게 하였다.[65] 또한 문종은 風痺症(中風)을 앓고 있어서 여러 나라에 양의와 양약을 널리 구하였는데 특히 송나라와

---

60) 《高麗史》 권 7, 世家 7, 문종 6년 6월 무인.
61) 《高麗史》 권 8, 世家 8, 문종 11년 7월 임진.
62) 《高麗史》 권 8, 世家 8, 문종 14년 9월 계묘 및 15년 6월 정사.
63) 《高麗史》 권 73, 志 27, 選擧 1, 예종 9년 4월·명종 14년 9월.
64) 《三國史記》 권 39, 志 8, 職官 中.
65) 《高麗史》 권 8, 世家 8, 문종 12년 9월 기사.

의 의술교류는 매우 활발하였다. 《高麗圖經》에서도 문종의 적극적인 의술 도입에 대한 사실을 적고 있듯이[66] 문종 때부터 양국의 의술교류는 활발해지기 시작하였다.[67] 특히 풍질을 앓고 있던 문종의 질병 치료를 위해 송 神宗은 문종 33년 7월에 閤門通事舍人 王舜封, 醫官 邢慥 · 朱道能 · 沈紳 · 邵化及 등 88명과 瓊州의 沈香과 廣州의 木香 등 약품 100종을 보내오기도 하였다.[68]

문종 이후에는 고려에서 송의 의술에 대한 관심이 더욱 고조되어 의학서적을 가져오고 의관을 연수시키기 위하여 송에 파견하기도 하였다. 숙종 5년(1100)에는 송의 哲宗이 죽자 吊慰使로 갔던 任懿가 《神醫補救方》을 가져왔으며, 동왕 8년 6월에는 고려의 요청으로 송에서 의관 牟介 · 呂昞 · 陳爾猷 · 范之才 등 4명을 보내기도 하였다.[69]

세번째는 서적의 교류를 들 수 있다. 송에서 들어오는 물품 가운데는 고려의 문인들이 갈망하는 서적이 많이 있었다. 특히 《宋朝大藏經》을 비롯하여 《文苑英華集》 · 《冊府元龜》 · 《資治通鑑》 · 《太平御覽》 · 《신의보구방》 등 송대에 이루어진 방대한 출판물을 포함하여 경서 · 제자서 · 사서 · 의서 · 역서 · 불서 · 음양서 · 형법서 등 다양하였다.

구체적으로 몇 가지 예를 《고려사》 세가에서 찾아보면, 성종 2년 5월에 박사 任老成이 송으로부터 돌아와 《大廟堂圖》 1폭, 《大廟堂記》 1권, 《社稷堂圖》 1폭, 《社稷堂記》 1권, 《文宣王廟圖》 1폭, 《祭器圖》 1권, 《七十二賢贊記》 1권을 바쳤고, 현종(1027) 18년 8월에는 송 江南 사람 李文通 등이 와서 597권의 서책을 바쳤다. 선종 7년(1090) 12월에는 송에서 《문원영화집》을 보내왔으며, 숙종 3년(1098) 12월에는 禮部에 송의 《開寶正禮》 1부를 내린 일이 있다.

서적 가운데 특히 불경의 교류가 매우 활발하였다. 고려는 불교가 국교였고

---

66) 徐兢, 《高麗圖經》 권 16, 官府 藥局.
67) 《高麗史》 기록 가운데 문종 때 송에서 파견한 醫官을 찾아보면 江朝東(문종 13년 8월), 王愉 · 徐先 등 2명(문종 26년 6월), 邢慥 · 朱道能 · 沈紳 · 邵化及 등 88명(문종 33년 7월)이다.
68) 《高麗史》 권 9, 世家 9, 문종 33년 7월 신미.
69) 《高麗史》 권 12, 世家 12, 숙종 8년 6월.

따라서 불서의 수입이 어떤 전적의 수입보다 당연히 많을 수밖에 없었다. 문종 37년(1083) 3월에 왕이 태자에게 명령하여 송의 대장경을 맞이하여 開國寺에 보관하도록 하고 도량을 베푼 일이 있다.[70] 또한 선종 3년 5월에는 대각국사 의천이 송에서 귀국하면서 《華嚴大不思議論等諸宗敎藏》 3,000여 권을 가지고 왔으며, 이듬해에는 송의 상인 徐戩 등 20명이 와서 왕에게 《新註華嚴經板》을 바쳤다. 송으로부터 수입한 불경 가운데 특히 중요한 것은 현종 10년에 崔元信이 가져온 金字藏經 등과 더불어 《開寶勅板》(송 태종 太平興國 8 ; 983)을 들 수 있다. 이 개보판은 480질 5,048권에 달하는 것으로 현종 때부터 문종년간에 완성된 《古板高麗大藏經》의 주축이 되었던 것으로 추측된다.[71]

한편 송에서도 고려에 있는 서적은 좋은 판본이 많다는 말을 듣고 사신접대담당 관원인 館伴에게 지시하여 필요한 서적 목록을 써주면서 비록 권수가 부족되는 것이 있더라도 꼭 베껴서 보내라는 말을 전할 정도였다. 그 때 요구한 목록은 그 종류가 113종 5,006권에 이르고 있다.[72] 그 밖에 의천이 고려에서 智儼이 저술한 〈孔目章〉·〈華嚴搜玄記〉·〈起信論義記〉등과 賢首의 〈華嚴探玄記疏〉·〈法界無差別論疏〉·〈十二門論疏〉 등과 淸凉의 〈貞元新譯華嚴經疏〉 등을 가지고 가서 그것으로써 논의하였던 까닭에 송에서 많은 학자가 모여 들었는데 이로써 귀중한 章疏가 송에 전해진 것을 알 수 있다. 서적 교류 가운데 한 가지 특이한 점은 송은 거란에 대하여 좀처럼 나누어주기를 꺼린 서적을 당시 거란과 외교관계를 갖고 있던 고려에 대해서는 고려가 요청한 목록대로 나누어주었다는 사실이다.[73]

(8) 여·송 교통로

중국과의 교통로는 송 이전부터 육로와 해로의 두 길이 있었다. 그러나 麗宋間의 교통로는 육로보다 주로 해로가 이용되었는데, 해로에는 南路와 北路가 있었다.

---

70) 《高麗史》 권 9, 世家 9, 문종 37년 3월 기축.
71) 李丙燾, 앞의 책, 395쪽.
72) 《高麗史》 권 10, 世家 10, 선종 8년 6월 병오.
73) 徐炳國, 〈高麗·宋·遼의 三角貿易攷〉(《白山學報》 15, 1973), 89쪽.

가. 북 로

北線航路는 대개 山東의 登州 방면으로부터 거의 직선코스를 택하여 대동강어구의 椒島(豊川)·甕津口·禮成港에 이르는 것이 보통이다. 이 길은 상고시대부터 시작되어 고려시대 문종 28년(1074)까지도 양국 교통의 중요한 항로였다. 최초 기사로는 《책부원구》에 태조 17년(934 ; 後唐 淸泰 원년)에 고려의 배 한 척이 등주에 이르렀다는 것이 보인다.[74] 이후의 것으로는 광종 14년(962) 송의 冊命使 일행이 해상에서 풍파를 만나 많은 사람들이 빠져 죽었다는 기록이 있다. 이 때의 항로는 황해 횡단로를 이용하였을 것으로 보인다. 성종 11년(992) 陳靖 역시 이 항로를 이용하였으며, 목종 3년(1000) 고려사신 朱仁紹가 이 항로를 이용하여 등주에 도착하였다. 또한 현종 21년에는 元穎 등이 이 항로를 이용하였고 정종 2년(1033) 7월에는 進奉兼告奏使 상서우승 金元冲이 송에 가다가 옹진에 이르러 파선되어 돌아왔다.[75]

북로를 이용한 자세한 기록은《宋史》고려전에 보이는데 여기에는 등주를 출발하여 바다를 건너 황해도 옹진에 상륙하기까지의 과정을 담고 있다.[76] 북로의 고려측 중요항은 옹진이었으며 그 밖에 貞州·豊川 등을 들 수 있다.[77]

송의 등주지방의 중요 津으로는 板橋를 들 수 있다. 《고려도경》에서도 서해바다(黃水洋)가 얕기 때문에 배 운항에 어려움이 있지만 등주의 판교진에서 출발하면 고려에 도달할 수 있다[78]고 할 정도로 판교진은 북로의 중요한 항구였다.

나. 남 로

문종 28년 경부터는 양국 교통로가 남로로 바뀌게 된다. 문종 28년 왕은 金良鑑을 송에 보내어 고려배의 정박지를 明州로 변경하는 데 합의하였다. 이렇게 남로로 항로가 바뀌게 된 까닭은 거란이 강성해짐에 따라 북로가 위협을 받게 된 것과 남중국 연안 각 항구에서의 국제무역이 활발해진 데 있다.

이 남로(명주항로)는 대개 예성강에서 출항하여 紫燕島(仁川)→馬島(忠南 海

74)《冊府元龜》권 999, 外臣部 44, 請求.
75)《高麗史》권 6, 世家 6, 정종 2년 7월.
76)《宋史》권 487, 列傳 246, 外國 3, 高麗.
77)《文獻備考》권 35, 輿地考 23, 關防 4, 海路.
78) 徐兢,《高麗圖經》권 34, 海道 1.

美 西) → 群山島 → 竹島(全北 興德 西) → 黑山島를 거쳐 서남으로 나아가 명주에 도달하는 항로였다.[79] 이 항로는 다른 기사에는 명주·定海에서 순풍을 만나면 3일만에 바다 가운데로 들어갈 수 있고, 또 5일이면 흑산도에 도달하여 고려 국경에 들어갈 수 있었다고 한다.

이처럼 문종 이후 양국의 사절과 상인들도 거의 이 항로를 이용하였다고 볼 수 있다. 《고려도경》에 보면 元豊 원년(1078 ; 고려 문종 32)에 명주에서 배 두 척을 건조하여 고려에 사신을 보낸 기록이 있으며 또한 《고려도경》의 저자인 서긍이 인종 원년(1123)에 고려에 다녀간 길도 바로 이 항로였다. 뿐만 아니라 이듬해 송의 상인 柳誠 등 49명이 고려에 체류중인 명주 사람 杜道濟·祝延祚 등의 귀국을 독촉하려고 입국한 경로도 이 항로였다.[80]

(4) 경제적 관계

고려와 송과의 관계는 정치적·경제적·문화적으로 나누어 볼 수 있는데 처음에는 정치적 관계를 맺다가 뒤에는 북방민족의 흥기의 영향으로 경제적 관계가 주종을 이루게 된다. 중국을 중심으로 한 동아시아의 통상권은 이미 唐代부터 형성되어 있었다. 당이 멸망하자 華夷의 세계는 큰 변화를 맞게 되는데 경제적 변화도 상당히 큰 것이었다. 이 가운데 하나는 중국 연해지방을 중심으로 하는 해상의 활동이 활발하여져서 국제시장이 형성되고 이에 따라 과거 어느 시대보다 민간무역이 성행하게 되었다.

송은 당의 정책을 계승하여 通商管理의 기구를 정비하여 무역의 진흥을 도모하였다. 그러면 송이 개국초부터 중앙집권적 전제정치 아래의 경제구조와는 근본적으로 배치되는 중상정책을 채택한 까닭은 무엇일까. 중앙집권적 전제정치 아래서는 중농정책이 제일차적인 것이다. 그러나 송은 개국초부터 잃어버린 땅을 회복하기 위한 출정에 소요되는 전쟁비용 등 비상지출비를 조달할 목적에서 중상주의를 채택하지 않을 수 없었다. 과거의 중농정책에 입각하여 농민만을 대상으로 징수하는 세입에만 의존한다면 비상지출을 도저히 감당할 수 없었기 때문이다.

---

79) 徐兢, 《高麗圖經》 권 39, 海道 6.
80) 徐兢, 《高麗圖經》 권 34, 海道 1.

이러한 재정난을 극복하기 위해 송은 국가에서 상인들의 상업활동을 보호내지 장려해 주는 대가로 세금을 부담케 하여 농민을 대상으로 징수하는 세입의 부족을 보충하고자[81] 송 태조 때부터 商稅의 規例를 정하고 西南諸國과도 교역을 활발히 하였다. 특히 大食國(아라비아)·闍婆(자바) 등은 대표적인 교역국이었다. 이에 따라 廣州·明州·杭州 등의 남중국 연해항들을 무역항으로 지정하여 市舶司를 설치하고 관세의 징수와 香藥 등 귀중품의 전매를 담당하게 하여 국가재정을 보충하도록 하였다.

송의 무역에 대한 관심은 매우 높아서 11세기에는 재정정책상 적극적으로 무역진흥을 도모하여 후반기에는 때때로 商船에 의탁하여 고려에 서신을 보내어 통교를 요청할 정도였다.[82] 11세기 후반, 송의 神宗은 王安石을 등용하여 青苗法·均輸法·市易法·茶法 등의 새로운 세법을 만들어 국고를 충실히 하고 국내산업을 발달시켜 大商人들의 판로를 국내에서 해외로까지 확장시키는데 주력하였다. 12세기 중엽인 남송시대에 들어와서는 특히 국가재정의 기대를 크게 가지고 무역을 장려하여 항주·泉州 등은 활발한 교역량으로 세계 굴지의 대도시로 성장하였다. 이러한 상황 아래 송과 고려와의 무역은 활발해졌는데, 고려와 송과의 무역은 크게 조공무역과 민간무역으로 나누어 볼 수 있다.

가. 조공무역

고려와 송과의 조공관계는 대체로 초기에는 전시대의 조공관계의 연장이라 할 수 있다. 즉 이전의 당과 통일신라의 조공관계와 같은 성격의 것이었다. 그러나 북송 후기에 와서는 형식적이고 의례적인 것으로 바뀌어서 다소의 정치적 구속력도 행사할 수 없게 되었다. 이 시대에는 요·금 등의 세력이 강성해져 그 세력이 송을 위압함으로써 송과의 조공관계는 요·금 관계에 비해 조공제도 자체로서의 비중이 적었던 것이다.[83] 이와 같이 구속력이 없는 조공관계였기 때문에 북송 후기의 양국관계는 우호적이었으며, 또 형식적인 관계였기 때문에 朝貢品과 賜與品의 형식으로 교역이 이루어졌다.[84]

81) 徐炳國, 앞의 글, 68~69쪽.
82) 《高麗史》 권 15, 世家 15, 인종 9년 3월·16년 3월.
83) 全海宗, 《韓中關係史研究》(一潮閣, 1981), 45쪽.
84) 全海宗, 〈對宋外交의 性格〉(《한국사》 4, 국사편찬위원회, 1974), 342쪽.

조공무역으로 양국간에 교역되었던 國信物은 문종 32년(1078)에 송의 安燾가 내조하였을 때 100가지가 넘는 종류에 그 수량은 6천 건에 이를 정도였다.[85] 고려에서 보내는 국신물은 그 품목이 30가지를 훨씬 넘으며 그 가운데는 生中布 2천 필·蔘 천 근·松子 2천 2백 근 등 물량 면에서도 막대한 것이었다.[86] 이를 통해 볼 때 이러한 품종들은 단순한 증여품이 아닌 공무역의 품목이었던 것을 알 수 있다. 실제로 송의 조정에서 고려의 貢物을 상품과 같이 취급하였던 예도 찾아 볼 수 있다.[87]

나. 민간무역

사적인 민간무역은 공적인 조공무역에 비하여 훨씬 활발하게 이루어졌다. 이러한 사실은 양국 사절의 내왕한 횟수와 송 상인의 내항 횟수를 비교하여 보면 알 수 있다. 사절의 내왕은 고려 광종 13년(962)부터 명종 3년(1173) 사이에 고려의 사신이 송에 간 것이 약 60회이며, 송의 사신이 고려에 온 것이 약 30회이다. 한편 송 상인의 내항 횟수는 고려 현종 3년(1012)부터 충렬왕 4년(1278)까지 약 120여 회에 달하였고, 내항한 송 상인의 총인원도 약 5천명에 달하였다.[88]

송과의 민간무역은 현종 때부터 인종 때까지 빈번하였는데, 특히 문종 때 가장 활발하였다. 문종 때는 고려 전 시기를 통하여 정치가 안정되고 문물제도가 크게 갖추어졌으며 국력이 또한 강성하여 태평스런 시기가 오래 지속되었기 때문이다. 한편 송은 이 시대가 신종 때에 해당되며 앞에서 지적한 대로 송에서는 산업이 크게 발달하던 때였다. 신종 때는 주조된 銅·鐵錢이 매년 600여 만 관에 이를 정도였고, 이 동전은 동아시아 여러 나라는 물론 南洋·印度洋, 멀리는 아프리카 동해안의 여러 나라에서 사용할 정도였다.[89] 송상의

85) 《高麗史》 권 9, 世家 9, 문종 32년 6월 정묘.
86) 《高麗史》 권 9, 世家 9, 문종 34년 7월.
87) 宋 神宗 元豊 2년(1079)까지는 貢物에 가격을 매겨서 대개 萬縑을 代償으로 보내었으나 이후에는 일일이 값을 매기지 않고 총괄해서 萬縑으로써 그 액수를 정하였는데 (《宋史》 권 487, 列傳 246, 外國 3, 高麗), 이것은 전형적인 조공관계가 아닌 국제무역이라 할 수 있을 것이다.
88) 김상기, 〈해상의 활동과 문물의 교류〉(《국사상의 제문제》 4, 국사편찬위원회, 1959), 35쪽.
89) 田中健夫, 〈東アジア通交關係の形成〉(《世界歷史》 9, 岩波書店, 1970), 547쪽.

고려 출입이 잦아짐에 따라 송상 가운데는 고려에 귀화하여 여송무역에 활약하는 자도 나타나게 되었다.[90]

이처럼 활발하던 양국의 민간무역은 남송에 이르면서 점차 쇠퇴하게 되었다. 그 이유는 송이 금에 대한 대책으로 고려와 함께 금에 대항하려는 聯麗制金策을 적극적으로 밀고 나왔으나 고려는 중립적인 태도로 적극성을 갖지 않았기 때문이다. 이에 따라 고려에 대한 송의 감정은 점차 악화되어 남송 고종 때에는 고려의 태도를 의심하여 고려와 통교를 꺼렸으며 때로는 고려 사신이 간첩행위를 하지 않나 의심할 정도였다.

이러한 영향은 다시 민간무역에도 나타나게 되어, 송 조정에서는 상인들이 동전을 가지고 고려에 가는 것을 금지하며 고려와의 관계를 끊으려 하였다.[91] 이러한 국가 차원의 제재조치와 남송의 국제적 위상이 약해짐에 따라 상인들의 활동도 위축되었다. 그 결과 고려 명종 재위 27년 동안에 송과의 무역은 3회에 불과하였으며, 신종 7년간에는 전혀 보이지 않고, 희종 7년간에는 1회, 고종 46년간에는 2회, 원종과 충렬왕 때에는 각각 1회씩 보일 뿐이다.

한편 고려에서도 이즈음에는 송 상인에 대하여 별로 달갑게 여기지 않고 억제하고 있는 것을 볼 수 있다. 《고려사》에는 원종 때 濟州는 해외의 巨鎭이기 때문에 송상과 島倭가 아무 때나 내왕하니 마땅히 防護別監을 보내어 비상사태에 대비할 것을 조정에서 의논하고 있는 것이 보인다.[92] 또 송상 陳文廣등이 大府寺와 內侍院의 횡포에 의해 그들이 가져온 명주실·비단 등 6천여 필의 물품을 빼앗기고 당시의 실력자 金仁俊에게 호소하였으나, 김인준 역시 태부시와 내시원의 행동을 막지 못했다는 기사도 보인다.[93] 이로써 당시 송상의 규모가 얼마나 컸는지, 또 무역의 성쇠 역시 國運에 비례한다는 것을 알 수 있다.

한편 고려 상인에 의한 민간무역이 일찍부터 행하여져, 서북으로는 요·금과 互市를 행하고, 동남해로로는 日本과 통하였다. 특히 중국과는 태조 때

90) 森克己, 〈日・宋と高麗との私獻貿易〉(《朝鮮學報》 14, 1959), 554쪽.
91) 《宋史》 권 487, 列傳 246, 外國 3, 高麗.
92) 《高麗史》 권 25, 世家 25, 원종 원년 2월.
93) 《高麗史》 권 25, 世家 25, 원종 원년 10월.

부터 활기를 띠어 고려상선이 後唐 등주(山東)에서 市易을 행하기도 하였다. 그러나 송대에 이르러서는 고려 상인의 활동은 문헌상에 별로 나타나지 않고 있다. 다만《송사》에 보이는 고려의 海船이 자주 명주·등주에 표착하였다는 기사를 통하여 고려인에 의한 민간무역이 행하여졌다는 것을 짐작할 수 있을 뿐이다.

이와 같이 고려 상인의 송과의 민간무역이 활발하지 못하였던 까닭은 고려가 개국초부터 강력한 중앙집권국가를 수립하기 위하여 富를 중앙에 집중시키도록 통제하였으며, 뿐만 아니라 중앙의 왕실과 귀족들은 해외에서 들어오는 물건으로도 그들의 욕구를 충분히 충족시킬 수 있었기 때문이었다.

당시 양국 무역품의 종목은 민간무역품도 관영무역품의 범주를 크게 벗어나지는 않았다. 왜냐하면 고려에서 송의 수입품을 사용할 수 있는 계층은 왕실과 귀족뿐이었으며, 형식적인 조공관계를 통한 공무역이나 사무역은 이러한 특수계층의 욕구를 충족시키기 위한 것에 지나지 않았다.

당시의 대송 수출품과 수입품은 대개 다음과 같다. 먼저 고려에서 송에 수출한 것은 金·銀·金銀器具·花文綾羅·細苧·生布·人蔘·文皮(豺皮·海豺皮·貂皮 등)·白紙·香由·松子·花文席·螺鈿·長刀·紙·筆·墨·扇 등을 들 수 있다.

송으로부터의 수입품은 衣帶·鞍褥·彩緞·漆匣·玉·犀·金銀器·金箔·茶·香料·藥材·瓷器·書籍·書畵·樂品·貨幣 등이었다. 수입품 가운데 특이한 것은 그 물품이 모두가 중국산은 아니라는 것이다. 그 가운데는 서남아시아의 물산도 있었다. 이것들이 송상에 의하여 고려로 중계무역이 이루어졌던 것이기 때문이다. 송상이 고려조정에 바친 물품 가운데 향약·침향·미각·상아·공작 같은 것들이 있는데, 이러한 것들은 서남아시아의 물품으로 당시 아라비아·자바·三佛齊(팔렘방) 등 여러 나라 상인에 의하여 광주·천주·명주·항주 등지에 들어온 것을 송상이 다시 고려에 싣고 와서 물역을 청하였던 것이다.

〈羅鍾宇〉

3. 북방민족과의 관계

1) 거란 및 여진과의 전쟁

(1) 거란의 침입과 그 항쟁

가. 제1차 침입

936년 후삼국의 혼란기를 수습하고 한민족의 재통합을 이룩한 고려 태조는 이어 고구려 고토회복을 위한 북진정책을 추진하였다. 그런데 이러한 북진정책은 곧 발해유민에 대한 포용정책을 표함으로써 발해를 멸망시킨 거란(요)과의 마찰을 불가피하게 하였다. 즉 거란은 고려와의 通交를 통해 국제사회의 고립에서 벗어나고자 하였으나, 동족국가로 인식하고 있던 발해를 멸망시킨 거란에 대한 고려의 입장은 강경하였으므로 두 나라는 오랫동안 정치적인 교류가 단절되었다.

그 사이 고려는 꾸준한 북진정책의 결과 성종대에 고려의 영토는 청천강을 넘어 博川·寧邊·雲山·泰川 등지와 압록강 하류 일부 지역에까지 이르게 되었다. 하지만 11세기 초 자체내의 왕위계승분쟁을 수습한 거란은 본격적으로 대외 팽창정책을 실행에 옮길 수 있게 되고, 마침내 고려에 침입해 옴으로써 두 나라 사이에는 오랜 전쟁이 시작되었다. 거란은 팽창정책의 일환으로 여러 차례에 걸쳐 濱海女眞과 定安國을 치고 마침내는 압록강변의 요지에 3柵(威寇·振化·來遠)을 세워 여진과 송의 통교를 완전히 봉쇄함으로써 여진문제 해결에 일단락을 지을 수 있게 되었다. 게다가 聖宗 統和 9년(991)경 송이 감행했던 對遼전쟁에서 송을 대패시켰다. 이로써 송·여진 모두로부터 後顧의 염려가 없게 된 거란은 마침내 고려문제에 전념할 기회를 가질 수 있게 되었다.

거란 성종은 먼저 고려에 대한 탐색작전의 일환으로 厥烈을 고려에 보내어 화의를 요청하였다. 하지만 이에 대해 고려의 반응이 없자 고려원정을 단행하는 쪽으로 정책을 결정하였다. 그러자 성종 12년(993 ; 성종 통화 11) 5월에 고려와 통하고 있던 서북계의 여진은 이러한 거란의 침략계획을 미리 탐지하고 고려조정에 이 사실을 통보하여 왔다.

하지만 고려조정은 여진의 보고를 듣고도 의심하여 방어책을 세우지 않다가 8월에 거란병의 진격사실을 알려온 여진의 보고를 재차 받고서야 사태가 심각한 것을 깨닫고 시급히 대비책을 세우게 되었다. 이에 성종은 각 지방에 兵馬齊正使를 보내어 군사를 징집하게 한 다음, 10월 侍中 朴良柔를 上軍使로, 內史侍郞 徐熙를 中軍使로, 門下侍郞 崔亮을 下軍使로 임명하여 北界로 나가 거란을 막도록 하고 성종 자신도 서경으로 나갔다가 다시 安北府로 옮겨 정세를 관망하였다.

한편 거란 성종은 10월에 東京(遼陽)留守 蕭遜寧(이름은 恒德)을 총지휘관으로 삼아 호칭 80만 대군을 동원하여 고려 침략을 단행하였다. 소손녕이 이끄는 거란군은 蓬山郡을 쳐 고려의 선봉군인 尹庶顔을 사로잡은 뒤에 사신을 통해 글을 보내어 고려 군신의 항복을 요구하였다.[1)]

이 때 거란이 고려를 침범한 이유는 두 가지였다. 첫째는 송과 중국내륙을 놓고 결전을 함에 앞서 고려와 송과의 동맹관계를 단절하고, 한걸음 나아가 고려를 거란에 복속시킴으로써 송 정벌에 전념할 수 있는 전기를 맞이하기 위함이었으며, 둘째는 고구려의 계승권을 가진 거란이 고구려의 옛 땅을 모두 장악해야 한다는 명분하에 고려가 개척해 차지하고 있던 압록강 하류 동쪽지역인 평안도 일대의 땅을 장악해서 고려의 도전을 사전에 봉쇄하겠다는 이유에서였다.

그러나 압록강을 건너온 거란군은 安戎鎭전투에서 고려군의 강력한 반격을 받게 되자,[2)] 전략을 바꾸어 싸우지 아니하고 항복을 받는 방법을 택하였다. 이에 앞서 거란의 침입에 대비하여 고려조정은 강·온 양론으로 나뉘어졌다. 처음에는 거란의 항복요구에 응하여 서경이북의 땅을 할양하고 절령(岊嶺)으로 경계를 삼자는 割地降服論이 강했으나, 중군사 서희와 前民官御事 李知白의

1) 《高麗史節要》 권 2, 성종 12년 10월.

2) 성종 12년 10월 蕭遜寧은 安戎鎭을 공격하였으나 오히려 中郞將 大道秀·郞將 庾方 등에 의해 패하였다(위와 같음).

강력한 반대로 할지론은 봉쇄되었다.

그 사이 고려측의 답변을 기다리던 거란이 재차 남하하여 안융진을 공격하였으나 中郎將 大道秀의 요격으로 실패하여 남진을 멈추었다. 이에 중군사 서희는 소손녕이 적극적인 군사행동을 취하지 않고 거듭 항복요구만 해오는 태도에서 화해의 가능성을 탐지하고, 안융진 승리를 계기로 和解使로 나아가 소손녕과 담판하겠다고 성종에게 자원하였다. 그리고 그가 협상을 성공리에 마치자 양국은 협정을 맺고 사태는 수습되었다.

이 협정의 결과 고려는 ①거란의 正朔을 받들며 ②고려의 고구려계승권을 거란으로부터 승인받고 ③강동 6주, 즉 압록강 동쪽 280리에 있는 興化鎭(義州)·龍州(龍川)·鐵州(鐵山)·通州(宣川)·郭州(郭山)·龜州(龜城) 등을 영유하게 되었다.

한편 거란은 ①형식적이나마 고려를 복속시켰으며 ②고려와 송과의 외교단절에 성공하고 ③거란과 송이 결전을 할 경우 배후에서 고려가 기습할 걱정을 덜게 되었다. 따라서 거란은 제1차 침략의 목적 중에서 첫째 목적인 고려의 事大 및 麗·宋同盟의 파괴라는 것에는 성공하였으나, 둘째 목적인 고구려계승의 명분을 빙자한 고구려 옛 영토의 점유에는 실패하였다고 볼 수 있다. 즉 여·요전쟁의 결과로 고려는 실리를 얻었고 거란은 명분을 얻게 되었던 것이다.

徐·蕭협정 후 고려는 성종 13년(994) 4월에 박양유를 奉表使로 삼아서 거란에 파견하여 거란 연호를 사용한 사실을 알리는 동시에 거란에 끌려간 고려인 포로를 석방해 주기를 요청하였다.[3]

그리고 역대의 숙원이었던 압록강 이동의 고구려 옛땅을 회복할 수 있게 되자, 성종은 서희에게 명하여 군사를 거느리고 강동 6주지방의 여진족을 몰아내고 長興(泰川 동쪽) 및 歸化의 두 진과 곽주와 귀주에 성을 쌓게 하였다. 이후에도 다시 서희로 하여금 여진을 공격하게 해서 安義鎭(安州)·興化鎭(義州 동쪽)과 通州(宣川 동북쪽)·孟州(孟山의 동쪽) 등지에 성을 쌓았다.[4] 이렇게 압록강변의 요지에 각각 성을 쌓은 다음 鴨江渡勾當使를 두어 거란의 來遠

3) 《高麗史》 권 3, 世家 3, 성종 13년 4월.

4) 《高麗史》 권 82, 志 36, 兵 2, 城堡 및 권 58, 志 12, 地理 3.

城과 마주보며 渡江업무를 담당하게 하였다. 이처럼 거란에 대한 서희의 외교적 성공과 민활한 영토개척 노력의 결과로 고려는 중국대륙에 대한 군사·교통의 요지인 압록강 하류유역을 회복하는 데 성공하였다.

거란의 제1차 침략을 받아 군략상 또는 외교상 자주국가로서 떳떳하게 대항함으로써 강동 6주를 얻게 된 고려는 송을 버리고 거란과 친밀한 외교(사대의 예)관계를 맺게 되었다. 그러나 태조 이래로 야만족으로 낮추어 보아 왔던 거란과의 외교관계를 진정으로 바랐던 것은 아니었으므로 성종은 거란에 봉표사를 보낸 두 달 뒤인 6월에 元郁을 송에 밀파하여 전년의 거란의 침범사실을 알리는 동시에 구원병을 청하여 여·송이 단합해서 거란을 공격해 들어갈 것을 제안하였다.

그러나 송 태종은 송의 대거란전쟁이 소강상태에 있는 데다가 여·요투쟁에 개입하여 군사를 일으키는 것이 이롭지 않다고 생각하여 이를 거절하였다. 이것은 지난 성종 4년(985 ; 송 태종 雍熙 2) 5월에 송 태종이 장차 거란에 빼앗긴 燕雲 16州를 회수하기 위한 전쟁을 계획하고 韓國華를 고려에 밀파하여 출병할 때 협공을 청했다가 고려의 회피로 무산되었던 것에 대한 부정적 반응이기도 하였다. 이렇게 되자 성종은 송과의 외교관계를 단절하는 한편 거란과의 외교관계를 강화해 나갔다.[5)]

송의 원병거부 회신을 받은 고려 성종은 李周楨과 이지백을 거란에 파견하여 특산물을 바쳐 양국관계를 돈독하게 하고 소년 10명을 선발하여 거란에 유학시켜 거란의 말과 글을 배우게 하였다. 이 유학은 양국간의 관계를 더욱 강화하기 위한 수단인 것은 말할 것도 없으며 거란에 대한 효율적인 대비수단의 하나이기도 하였다. 성종은 또 趙之遴을 거란에 파견하여 혼인을 통한 유대강화를 제안하니, 거란은 이를 받아들여 당시 거란의 부마이며 동경유수로 있던 蕭恒德의 딸을 고려에 출가시켰다.[6)]

성종에 이어 즉위한 목종은 곧 閤門使 王同穎을 거란에 파견하여 즉위사실을 알리었고, 한편 거란도 千牛衛大將軍 耶律迪烈을 고려에 파견하여 전왕인 성종의 생일(千秋節)을 축하하였다. 또 그 이듬해 10월에 거란은 우상시 劉績

5) 《高麗史》 권 3, 世家 3, 성종 13년 6월.
6) 《高麗史》 권 3, 世家 3, 성종 14년.

을 고려에 파견하여 목종에게 상서령을 더하여 책봉하기도 하였다.[7] 이후 목종 재위 12년간도 고려와 거란은 활발한 교류는 아니었지만 대체로 평화적인 관계를 유지하였다고 보여진다.

徐·蕭협정의 결과, 고려가 비록 거란에 대해 정삭과 예를 취하고 적대적 태도를 삼가했지만, 이것은 북진정책을 포기한 것이 아니라 실리추구를 위한 전략 변화에 불과했다고 볼 수 있다. 그 결과로 고려측은 압록강 동쪽의 280리 고토를 회복하게 되어 영토확장과 서여진 진압 및 고려와 거란 사이의 완충지대를 갖는 실익을 거두게 되었다.

사실 이 때 고려가 대륙국가에 대해 사대의 예를 취한 것은. 동아시아 전역에서 행해졌던 일반적인 외교방식의 하나로 약소국가가 강대 국가에 대하여 적의 없는 존경의 표시로 행하던 하나의 외교적 방편에 불과한 것이었다. 그리고 국가의 이익을 위해서는 때로 상대국을 바꾸어 사대의 대상을 삼는 것이 보통이었기 때문에, 고려가 그때까지 오랑캐의 나라로서 대해 오던 거란인에 대해 사대의 예를 취하게 된 것도 그리 큰 문제가 되는 것은 아니었다.[8]

반면 고려가 강동 6주를 차지하게 된 것은 거란과의 투쟁에 있어서 대단히 큰 수확을 거둔 것으로 볼 수 있다. 다시 말해서 고려가 강동 6주에 군사적 거점을 구축하여 서북면의 여진을 기미할 수 있게 된 것은 물론, 여진과 거란의 통로를 차단함으로써 대여진 회유와 기미에 유리했을 뿐만 아니라 대거란 방어와 외교를 유리하게 이끌어 나갈 수 있게 되었다.

이 당시 특기할 만한 사건은 고려와 거란의 保州(義州) 榷場의 개설인데, 각장은 互市 일종으로서 상호 특산물을 교환·구매하는 장소였다. 고려와 거란간에는 조공무역이 이루어져 朝貢品과 賜與品 형식으로 거래가 된 것은 물론이고 사신의 공적 행위 이외에 사적인 행위와 사신 수행원들의 부대무역이 행해졌다.

이 각장은 여·요간에 밀월외교가 이루어지고 있던 목종 8년(1005)부터 거란이 고려를 재차 침범하던 현종 즉위년까지 시속되었다. 이 각장은 보주 이

---

7) 《高麗史》 권 3, 世家 3, 목종 즉위년 11월·12월 임인 및 2년 10월.
《高麗史節要》 권 2, 성종 16년 11월·12월 및 목종 2년 10월.

8) 김상기, 〈단구와의 항쟁〉(《국사상의 제문제》 2, 국사편찬위원회, 1959), 128쪽.

외에도 振武軍에 설치되었으며 또한 이들 지역은 고려·거란·여진의 세력이 교차되는 곳이기도 하여 매우 번성하였다.[9]

나. 제2차 침입

제1차 여·요전쟁 이후 비교적 평화 분위기가 지속되어 오다가 여·요 양국의 정세변화로 인해 갑자기 난기류가 나타나기 시작하였다. 고려에서는 목종 12년(1009) 2월에 康兆의 정변으로 당시 실권자 金致陽 일파가 제거되었을 뿐만 아니라 목종이 폐위·시해되고 현종이 즉위하는 유혈정변이 일어났다. 거란에서도 나이어린 聖宗 즉위 이래 27년간이나 섭정하였던 蕭太后가죽고 실권자였던 承相 耶律隆運이 물러남으로써 비로소 성종의 친정이 시작되었다.

이 때는 바로 요의 극성시대로 영토는 서쪽으로 天山에서 시작하여 동으로 滿洲地域을 거의 아울렀으며, 북으로는 몽고 전지역, 남으로는 중국 남부지역을 차지하였다. 따라서 성종은 집권 후 청년왕 답게 소태후섭정 시대보다 더욱 강력한 대외정복 사업을 추진함으로써 자신의 능력을 과시하려 하였다. 그뿐 아니라 송과의 유대를 끊게 하기 위해 강동 6주를 고려의 영역으로 인정하여주었음에도 불구하고, 여전히 비밀리에 송과 통하며 연합해서 요를 협공하려는 고려의 태도에 불안감과 의구심을 갖게 됨으로써 더욱 적극적으로 고려침략을 추진하였다. 거란의 성종은 마침 고려가 정변의 여파로 현종이 즉위한지 1년이 지났지만 정치적 혼란과 국방력 약화를 극복하지 못한 것을 기화로 전격적인 침략을 단행하였다.

한편 고려는 현종이 즉위하던 해 2월에 거란과의 평화관계를 지속하기 위해 司農卿 王日卿을 거란에 파견하여 목종의 서거와 현종의 즉위사실을 알리었으며, 이어 4월에도 工部侍郎 李有恒을 파견하여 당시 실권자였던 소태후의 생일을 축하하기도 하였다.[10]

그럼에도 불구하고 거란 성종은 그 해 5월에 갑자기 강조의 목종 시해사건

---

9) 李龍範, 《韓滿交流史硏究》(同和出版公社, 1989), 241~243쪽 참조.
《遼史》 권 14, 本紀 14, 聖宗 統和 23년 2월 병술.
方東仁, 《高麗時代의 北界劃政에 관한 硏究》(慶熙大 博士學位論文, 1983), 43쪽.

10) 《高麗史》 권 4, 世家 4, 현종 즉위년 4월 병술.

을 들고 나와 강조의 죄를 묻는다는 명분을 내세워 직접 대군을 지휘하여 고려를 침략해 왔다.

이에 고려에서는 두 차례나 사신을 보내어[11] 평화관계를 지속시키고자 노력하는 한편, 한편으로로는 參知政事 康兆를 行營都統使에, 檢校尙書右僕射上將軍 安紹光을 行營都兵馬使로, 少府監 崔賢敏을 左軍兵馬使로, 刑部侍郎 李昉을 右軍兵馬使로, 禮賓卿 朴忠淑을 中軍兵馬使로, 刑部尙書 崔士威를 統軍使로 삼아 병사 30만 군을 거느리고 通州(宣川)에 나아가 거란의 침입에 대비하게 하였다.[12]

거란에서 高正을 보내어 출병을 통고해 오자 고려에서는 참지정사 李禮均을 거란에 보내 화의를 요청하고, 이어서 冬至使를 보내는 등 성의를 보였으나, 거란 성종은 계획대로 11월 보병과 기병 40만을 이끌고 압록강을 건너 흥화진(義州)을 공격해 왔다. 이것이 곧 거란의 제2차 침입이다.[13]

그러나 흥화진을 지키던 巡檢使 楊規와 鎭使 鄭成, 副使 李守和 등이 병사를 격려하며 굳게 지키니 거란의 40만 대군도 이를 함락하지 못하였다.[14] 그러자 거란의 성종은 포위를 풀고 군대를 양분하여 20만은 麟州(지금 신의주 남쪽)에 주둔시키고, 나머지 20만은 자신이 직접 지휘하여 통주로 남진하여 강조가 지휘하는 30만 대군과 격전을 벌였다.

강조는 통주성 남쪽으로 나와, 군사를 세 부대로 나누어 배수진을 치고 미리 준비하였던 劍車를 동원하여 거란군 20만을 무력하게 만들었다. 그러나 강조가 그 후에 자만에 빠져 적을 업신여기고 대비를 소홀히 하다가 패함으로써, 강조와 李鉉雲 등 최고지휘관들이 포로의 몸이 되었다.[15] 뿐만 아니라 盧頙·徐崧 및 楊景·盧戩 등 많은 참전 고관들이 전사하거나 포로가 되었다. 지휘자를 일시에 잃은 고려군은 무력하게 퇴각할 수밖에 없었고 거란군의 맹렬한 추격으로 인해 이 때 죽은 우리 군사는 3만여 명이나 되었다. 강조는 포로의 몸이 되었으나 거란 성종의 신하가 되기를 거절하다가 장렬한 최후를 마

11) 《高麗史》 권 4, 世家 4, 현종 원년 8월·9월.
12) 《高麗史》 권 4, 世家 4, 현종 원년 10월 병오.
13) 《高麗史》 권 4, 世家 4, 현종 원년 11월 신묘.
14) 《高麗史節要》 권 3, 현종 원년 11월 신묘.
15) 《高麗史》 권 127, 列傳 40, 叛逆 1, 康兆 및 권 94, 列傳 7, 楊規.

쳤다.[16]

고려군의 주력부대인 강조군을 격파한 거란군은 그들의 후방에 건재한 興化鎭의 楊規軍이 마음에 걸리어, 죽은 강조의 이름으로 항복을 권하는 거짓 문서를 만들어 홍화진에 보내어 항복하기를 권하였다. 하지만 양규는 왕명을 받고 싸우는 것이지 강조의 명을 받는 것이 아니라며 이들의 요구를 물리쳐 버렸다.[17]

거란은 다시 앞서 사로잡아 간 노전과 馬壽 등에게 격문을 주어 통주로 보내어 통주에 있는 고려군의 항복을 권유시켰다. 그러나 오히려 중랑장 崔質과 洪淑 등은 노전과 마수를 사로잡아 포박한 다음 방어사 李元龜 등 여러 장수와 함께 성문을 굳게 잠그고 분전하였다. 이로써 성중의 백성들이 안정을 되찾고 다시 일치 단결하게 되었다.

이렇게 되자 거란군은 방향을 돌리어 12월 곽주를 점령한 다음 남하하여 청천강 유역을 유린하고 安北都護府를 빼앗은 기세로 西京(평양)에 침입하여 中興寺의 탑을 불살랐고, 이어 肅州(肅川)도 함락시켰다. 이어서 거란 성종은 친히 서경을 공격하여 함락시키려 하였으나 고려군의 완강한 저항에 뜻을 이루지 못하였다.[18]

한편 거란군의 후방에서도 양규가 홍화진으로부터 군사를 이끌고 곽주로 쳐들어가 그곳에 주둔하고 있던 거란군을 무찌르고 성 안의 남녀 7천여 명을 구호하여 통주로 이주시키는 데 성공하였다.[19] 이와 함께 거란군의 후방 도처에서 고려군이 활발히 공격하고 있었고, 서경도 쉽게 함락되지 않자 거란 성종은 개경을 직접 공격하여 불리한 전국을 수습하려고 하였다.

이에 앞서 거란군이 대대적인 반격을 가해 서경 서쪽을 공격해오자, 卓思政은 이를 두려워하여 후퇴하고 장군 大道秀는 굳게 항전하였으나 형세가 불리하여 항복하고 말았다. 그러나 監守鎭將 姜民瞻은 統軍錄事 趙元을 병마사로 추대하고 흩어진 군사를 다시 모아 성문을 닫고 서경을 고수하였다.[20]

---

16) 위와 같음.
17) 《高麗史》 권 94, 列傳 7, 楊規.
18) 《高麗史》 권 4, 世家 4, 현종 원년 12월 경술·임자·계축·갑인·신유.
19) 《高麗史節要》 권 3, 현종 원년 12월 경신.
20) 《高麗史節要》 권 3, 현종 원년 12월 기미.

후퇴한 탁사정이 개경에 돌아와서 현종에게 서경의 참패상을 보고하자, 대부분의 신하들이 항복하기를 건의하였다. 그러나 예부시랑 姜邯贊만이 홀로 오늘의 사태는 강조 개인에게 있는 것이므로 왕이 걱정할 필요는 없으나 당장 적의 공격이 맹렬하니 우선 피하는 것이 급선무인 것을 아뢰고 끝까지 싸울 것을 주장하면서, 왕의 피신을 권하였다.[21] 이에 현종은 그날 밤 智蔡文을 호위로 삼아 왕비와 이부시랑 蔡忠順 등과 禁軍 50여 명을 거느리고 피난길을 떠났다.

현종이 楊州에 이르렀을 때 河拱辰과 柳宗, 中軍判官 高英起 등이 달려와 현종을 뵙고, 거란이 침입하게 된 이유가 강조를 토벌하는 데 있었으나 이제 강조가 잡혀있는 만큼 사신을 보내어 청화하면 거란군이 회군할 수도 있을 것이라며 청화사신의 파견을 건의하였다. 이에 현종은 하공진과 고영기를 거란군 진영에 보내어 강화를 청했다.[22]

거란의 성종은 현종이 보낸 講和使 하공진과 고영기와의 강화협상 끝에 현종의 親朝를 조건으로 철군하기로 결정하여 개경을 점령한 지 10일 만인 정월 11일에 철수하기 시작하였다.[23] 거란의 철군이 고려의 강화요청에 의했던 것은 사실이다. 그러나 당시 거란군은 고려의 수도 개경까지 점령했음에도 불구하고 나주로 피한 현종을 추격할 준비가 없었을 뿐만 아니라, 홍화진·귀주·통주 및 서경도 뺏지 못하고 급히 개경으로 진출하였으므로 거란군 배후에 있던 양규 등 사기가 높은 고려군에 의해 그들의 퇴로가 차단될 우려가 있었기 때문에 서둘러 철군을 결정했던 것으로 볼 수 있다.

그래서 거란의 성종은 퇴로의 안전을 위하여 먼저 서경에 군사를 보내어 고려군에게 항복을 권유했으나, 탁사정은 이를 거절하고 100여 명의 적을 죽이고 이어서 철수해 오는 1천여 명의 기병도 격파하였다. 뿐만 아니라 거란 성종의 우려대로 귀주·통주·곽주 등지에서 교란작전을 계속했던 양규와 金淑興 등은 적군이 철수하여 갈 때도 치명적 타격을 가하였다.

즉 귀주별장 김숙흥은 중랑장 保良과 더불어 거란군을 공격하여 1만여 명을

21) 《高麗史》 권 94, 列傳 7, 姜邯贊.
22) 《高麗史》 권 94, 列傳 7, 河拱辰.
23) 김상기, 앞의 글, 146쪽 참조.

죽였고 양규는 無老代에서 기습을 가하여 적군 2천여 명을 죽이고 잡혀가던 고려인 3천여 명을 되찾았다. 계속하여 양규는 19일에 梨樹(義州지방)에서 접전하여 石嶺(義州지방)까지 추격해서 적군 2,500여 명을 죽이고 포로로 잡혀가던 고려인 1천여 명을 탈환하였다. 22일에도 양규는 余里站(義州지방)에서 적군과 싸워 1천여 명을 죽이고 잡혀가던 고려인 1천여 명을 구해내었다. 특히 이 날 양규는 세 번 싸워 세 번 다 이겼고 다시 퇴각해 오던 거란선봉과 艾田에서 접전하여 1천여 명을 죽였다.

그러나 마침내 거란 성종이 직접 지휘하는 대군의 갑작스런 습격을 받아 양규는 김숙흥과 더불어 종일토록 역전 분투하다가 군사가 다하고 화살이 떨어져서 함께 진중에서 전사하였다. 이렇듯 양규가 적의 후방에서 외로이 버티며 일곱 차례의 전투를 감행하여 적군 수천 명을 죽이고 포로로 잡혀가던 고려인 1만여 명을 살려내고, 이외에도 軍馬와 무기를 포획한 것은 헤아릴 수 없을 정도로 큰 공훈을 세움으로써 거란군 퇴치에 결정적 역할을 하였다고 볼 수 있다.[24]

양규군의 공격을 받아 궤멸 직전에 있던 적군의 주력부대는 계속된 고려군의 공격을 받아 수효가 더욱 줄어든 데다가 때마침 내린 폭우로 인하여 군마가 피폐하게 되어 무기를 유실한 채 압록강을 건너 퇴각하였는데, 이들 역시 장군 鄭成의 추격을 받아 익사한 자가 심히 많았다. 전황이 이와 같이 전개되자 항복하였던 여러 城이 모두 회복되었다.

2월 29일 퇴각로에서 대참패를 당한 거란 성종은 압록강을 건너 來遠城으로 돌아가 여기서 황후와 동생의 영접을 받아 간신히 귀환하였다. 이 때 특기한 사항은 강동 6주를 비롯하여 압록강 이동의 여진인이 고려와 하나가 되어 거란군을 격퇴시킨 사실이다.[25]

고려는 거란의 대군을 격퇴한 뒤에 전후 복구에 힘쓰는 한편, 지난번의 실패를 교훈삼아 거란의 재침에 대비하기 위한 방비책 수립에 철저를 기했다. 그

---

24) 《高麗史》 권 94, 列傳 7, 楊規.
《遼史》 권 15, 本紀 15, 聖宗 統和 29년 정월조에도 달아나던 遼軍의 모습을 적나라하게 전하고 있다.

25) 《文獻通考》 권 487, 四裔考 4, 女眞.
《宋史》 권 487, 列傳 246, 外國 3, 高麗.

가운데 외교적 수습을 통하여 여·요 양국간의 불편한 관계를 해소하려 하였다. 현종 2년(1011) 4월 고려는 공부낭중 王瞻을 거란에 파견하여 군대를 철수시킨 데 대하여 사의를 표하였다. 또한 8월에는 호부시랑 崔元信을 거란에 파견하였고, 이어 10월과 11월에는 도관낭중 金崇義와 형부시랑 金殷傅를 거란에 파견하여 동지를 하례하고 성종의 생일을 축하하였다.[26]

거란의 성종은 고려원정에서 아무런 소득을 보지 못하고 도리어 철군할 때 기습을 받아 병사와 군마 그리고 병기에 걸쳐 막대한 손실을 보았고, 얻은 것이라고 해야 실현 불가능한 현종의 친조약속과 하공진·고영기 등의 인질밖에 없었기 때문에 재침의 기회만 노리게 되었다.

다. 제3차 침입

거란의 제2차 침입을 수습하는 과정에서 새로운 현안문제로 등장한 것이 고려왕의 친조와 강동 6주의 반환요구였다. 하지만 이 두 가지 요구는 실제로 실현하기 어려운 그들의 일방적인 요구였으므로 결국 제3차 침구의 구실이 되었다.

고려왕의 입조 요구가 고려측의 거부로 실현되지 않자 요의 성종은 강동 6주의 반환을 강력히 요구하며 재침 준비를 서둘렀다. 고려에서는 수차례 사신을 파견하여 평화 유지에 힘쓰는 한편,[27] 요의 재침에 대비하여 현종 2년 8월에는 개경의 松嶽城을 증수하고 서경의 皇城도 새로이 쌓았다. 이어서 10월에는 병부상서 庾方을 승진시켜 참지정사 서경유수 겸 서북면행영도병마사로 삼아 서북면 방어의 총책임을 맡겼다. 또 일찍이 정종이 거란의 침입에 대비하여 30만의 군사를 뽑아 설치했다가 뒤에 축소·개편되었던 光軍都監을 다시 강화시켜 光軍司로 개편하는 등 제도적 보완작업도 병행하였다.[28]

그러나 현종 3년 6월에 고려에서 파견한 병부시랑 田拱之가 왕이 병으로 인해 친정할 수 없다는 최종 통고를 하자, 요의 성종은 강동 6주를 무력으로 빼앗겠다는 공식성명을 내고 군사행동에 들어갔다. 현종 5년 9월에 요의 성

26) 《高麗史》 권 4, 世家 4, 현종 2년 4월 을축·8월 을축·10월 을축·11월 임오.

27) 《高麗史》 권 4, 世家 4, 현종 2년 10월 을축·11월 임오.

28) 《高麗史》 권 77, 志 31, 百官 2, 諸司都監各色 光軍司.

종은 먼저 李松茂를 파견하여 강동 6주의 반환을 요구한 다음, 10월에 國舅詳穩 蕭敵烈을 보내어 통주와 흥화진을 공격하였다. 이 때 흥화진 장군 鄭神勇과 별장 周演이 이를 맞아 패퇴시켰는데, 죽인 적들만 100여 명이고 물에 빠져 죽은 수효는 더욱 많았다.

요의 성종은 소적렬 군대의 참패를 계기로 더욱 적극적인 군사작전을 꾀하였다. 현종 6년 정월 거란은 고려 침공을 원활히 하기 위하여 내원성을 중심으로 하여 압록강에 다리를 놓는 동시에 그 다리를 끼고 동서로 성책을 쌓아 거란군의 도강을 준비하였다.29)

이 작전을 분쇄하기 위하여 고려는 군대를 파견해 파괴하려 하였으나 실패했고 요는 이 군사적 통로를 더욱 강화하기 위해 압록강 동쪽 강안에 偉州城을 쌓는 한편 宣化鎭과 定遠鎭 등 의주 근처의 두 진을 빼앗은 후 성을 쌓아 요새화하였다. 그리고 압록강 서쪽에는 지금의 鳳凰城 지방에 해당되는 開州에 開封府를 설치하고 開遠軍節度를 두었다.30)

현종 6년 정월에 이 다리를 건너 거란군이 다시 침입하여 興化鎭을 포위하자 將軍 高積餘와 趙弋 등이 격퇴하였고, 이어서 같은 달에 거란군이 다시 통주를 공격해 왔으며, 또 3월에는 龍州를 침범하였으나 별 이득을 얻지 못하고 철군하고 말았다. 이 소적렬의 침입을 제3차 거란침입의 제1회전이라 볼 수 있다.

같은 해 4월에 거란에서 耶律行平이 또 다시 고려로 들어와 강동 6주의 반환을 요구하자 고려조정은 결국 그를 붙들어 두고 보내지 않았다. 거란 사신의 억류조처는 고려의 대요강경책과 강력한 투쟁의 의지를 살필 수 있는 사건으로 이후 麗·遼 양국은 전투를 재개하며 서로 상대국 사신을 억류하는 사태로 돌입하였다.31) 그러므로 요가 강동 6주의 필요성을 미처 인식하지 못하고 이것을 쉽게 고려에 양여한 것은 크나큰 실수였다고 하겠다.32)

---

29) 이 다리는 지금의 중국 九連城으로부터 黔同島를 거쳐 義州에 걸쳤던 것으로 보인다(김상기, 앞의 글, 15쪽 참조).

30) 《遼史》 권 38, 志 8, 地理志 2, 東京道.

31) 당시 거란에 억류된 고려사신으로는 陳頔·李禮均·王同穎·尹餘·王佐暹 등이 있다(《高麗史》 권 4, 世家 4, 현종 5년 6월).

32) 李丙燾, 《韓國史》 中世篇(震檀學會, 1961), 190~191쪽.

요의 성종은 소적렬군이 소득 없이 돌아오자 耶律世良·蕭屈烈 등에게 고려침공을 명하였다. 그리하여 현종 6년 9월에 거란은 먼저 이송무를 보내어 강동 6주의 반환을 요구하는 한편 통주를 공격해 왔다. 고려에서는 홍화진의 대장군 정신용과 별장 주연 등이 군사를 이끌고 거란군의 배후로 나아가 적군을 크게 깨뜨리고 700여 명을 죽였으나 정신용 등 고려장군 6명도 전사하였다.

거란군이 다시 동으로 향하여 寧州(安州)를 공격했으나 이기지 못하고 물러가자 대장군 고적여, 장군 蘇忠玄·高延迪 등이 거란군을 추적하여 통주 부근에서 적을 크게 무찔렀으나 이 때 고적여 등 고려의 장수들도 함께 전사하였다. 그러나 이듬해 정월의 곽주전투에서는 고려군이 크게 패해 수많은 사상자를 내기도 했으나 결국에는 별 소득 없이 거란군은 철병하고 말았다. 이 침입은 제3차 거란 침구의 제2회전에 해당한다 하겠다.

거란 성종은 철병을 한 뒤에도 계속하여 고려를 침략하는 병력을 동원하는데 광분하였다. 《遼史》 本紀에 의하면 거란 성종은 開泰 4년(1015) 11월에 上京(臨潢府)과 中京(大定府) 및 여러 궁위에 명하여 정병 5만 5천 명을 뽑아 고려 정벌에 대비하게 하고, 2년 후 다시 國舅帳詳穩 蕭隗洼에게 명하여 그의 부병을 이끌고 고려를 침입하도록 지시하기도 하였으나[33] 실행에 옮기지는 못하였다.

그러다가 현종 8년(1017) 5월에 거란 성종은 蕭合卓을 都統으로 임명하여 고려를 침공하게 하였다. 마침내 8월에 소합탁의 거란군이 압록강을 건너 다시 홍화진을 포위하고 9일간이나 공격을 가하였으나 함락시키지 못하였고 도리어 성을 지키던 고려의 장군 堅一·洪光·高義의 공격을 받아 격파되었다. 이렇듯 소합탁군의 침입 역시 참패만 당하고 쫓겨갔는데, 이것이 제3차 거란침구의 제3회전이다.

해를 거듭하여 고려에 침입하였으나 번번이 소득없이 철병해야 했던 거란 성종은 소합탁군대가 물러난 지 1년을 넘긴 현종 9년 10월에 또 다시 대규모의 병력을 동원하여 고려침략을 단행하였다. 당시 거란군의 조직은 東平郡王 蕭排押을 도통으로, 殿前都點檢 蕭屈烈을 副統으로, 東京留守 耶律八哥를

---

33) 《遼史》 권 15, 本紀 15, 聖宗 開泰 4년 11월 경신·6년 2월 정축.

都監으로 한 10만의 군대였다.

고려 역시 거란군의 대병력이 침입해 올 것에 대비하여 현종 9년 초부터 국방에 만전을 기하였다. 먼저 정월에는 흥화진이 여러 차례 거란의 침입을 당하고도 성의 백성들이 일치 단결하여 번번이 적을 물리친 공로에 보답하고 사기를 진작시키기 위해 면포와 소금과 장을 백성들에게 지급하였다.34)

고려조정은 거란의 제2차 침구를 교훈 삼아 여진족에 대한 적극적인 회유책을 실시하였던 바, 현종 8년 8월에는 동여진의 盖多弗 등이 고려에 내투하여 변경에서 공을 세울 것을 자원하였고, 서여진의 措信이 거란 동경의 승려 道尊을 사로잡아 바치기까지 하였다.35)

그런데 고려와 거란 사이에서 미묘한 입장에 있었던 여진족은 거란의 제2차 침입으로 개경이 함락 당할 정도로 참패당한 것을 알게 되었을 때 거란의 비위를 거슬리면서까지 고려에 대해 화호를 뜻하는 來貢을 시도하려고 하지는 않았다. 하지만 현종 5년 이후 7년까지 고려가 번번이 거란군을 격퇴시키자 여진족들은 고려의 국력에 대한 신뢰를 갖게 되었고, 또 수차의 내공을 통해 큰 실리를 얻게 되자 현종 8년 이후부터는 자주 왕래하기 시작하였다.

여진인의 내공뿐만 아니라 來投者도 속출하였다. 현종 9년 4월에 서여진족의 木史·木開 등의 일족 200여 호가 집단으로 내투하였는데, 이들은 뒷날 귀주싸움에서 고려를 도와 거란군을 격파하였으므로 그 공로로 비단 500여 필을 상으로 받기까지 하였다.36)

특히 현종 9년은 고려의 대요 강경책으로 조만간 거란의 대대적인 내침이 예견되어 전쟁준비로 긴장감이 고조되었던 해였다. 현종 자신부터도 근신하며 국사에 전념했으며, 5월에는 을묘년(현종 6년 ; 1015) 거란전역 때의 모든 전공자를 진급시키고 전몰자 가족에게는 賻儀를 후하게 내리는 등으로 장병들의 사기를 진작시켰다. 이어서 9월에는 사형에 처할 죄인이라도 멀리 유배하는 것으로 그치게 하고 그 이하의 죄는 모두 용서하는 대사면을 단행하여 온 국민의 화합을 꾀하는 등의 사기진작의 시책들을 베풀었다.37)

34) 《高麗史節要》 권 3, 현종 9년 정월.
35) 《高麗史》 권 4, 世家 4, 현종 8년 8월 을유·임진.
36) 《高麗史》 권 4, 世家 4, 현종 9년 10월 정미.
37) 《高麗史》 권 4, 世家 4, 현종 9년 5월·9월.

이러한 상황에서 동서의 여진족들은 다투어 고려에 내공하여 고려가 필요로 하는 마필과 군수물자를 공급하고, 대신에 그들이 필요로 하는 물자나 고려의 관작을 얻어 갔다. 현종 재위 22년 동안 52회의 여진인 내공사례를 포함하여 총 82건의 내왕사례가 보이는데, 현종 9년 한 해 동안 20여 회의 여진인 내왕이 있는 것을 보면 고려가 얼마나 여진의 내공을 필요로 하였고 또 여진인의 내왕이 전쟁대비에 도움을 주었는지를 짐작할 수 있다.

현종 9년의 내공사례 가운데 進獻 내용이 알려진 것이 東女眞 총 9회, 西女眞 총 8회로 비슷한 횟수인데, 이 때 여진의 특산물을 바친 2회를 제외한 15회 모두가 군수품과 관련있는 갑옷·병기·기치·말 등의 품목이었다. 이에 대해 고려측에서는 衣帶·貨物·匹物 등 여진인들이 원하는 물품 이외에 賜爵과 贈職이 행하여졌다. 그런데 이 해에 고려가 행한 사작과 증직은 모두 4회에 불과하고, 그 때에도 하사품이 항상 병행되었던 것을 보면 당시 여진족들은 관작의 명예나 권위보다는 현물을 원하는 경제적 욕구가 지배적이었던 듯하다.

한편 고려에서는 소배압의 거란군 침입에 대비해 평장사 강감찬을 상원수로, 대장군 강민첨을 부원수로 삼아 군사 20만 8천 명을 동원하여 寧州(安州)에 나가 방어하게 하였다. 강감찬 등은 흥화진으로 나가 精騎 1만 2천을 뽑아 산곡 사이에 매복시키고 큰 줄로써 소가죽을 꿰어 흥화진 동쪽의 큰 내를 막은 후 거란군이 마음 놓고 건너가기를 기다렸다가 물을 터뜨리며 복병을 내어 앞뒤로 공격하여 거란군을 크게 격파하였다.

소배압은 이 전투에서 패하여 많은 사상자를 내고서도 개경을 공격하러 곧장 동쪽으로 진격해 나오다가 부원수 강민첨의 추격을 받아 慈州(慈山)의 來口山에서 또 한 차례 참패를 당하였다. 이어서 시랑 趙元이 이끄는 고려군은 남하해 온 거란군을 또 다시 馬灘(오늘날 대동강의 美林津)에서 크게 격파하여 1만여 명을 죽였다.38)

계속되는 참패에도 불구하고 거란병이 줄곧 개경으로 진격해오자 태조의 梓宮(관)을 負兒山의 香林寺로 옮기고 개경을 계엄하였다.39) 현종 10년 정월

38) 《高麗史節要》 권 3, 현종 9년 12월 무술.
39) 위와 같음.

에 강감찬은 거란의 군사가 개경에 가까이 이르자 병마판관 金宗鉉을 보내어 군사 1만을 거느리고 개경으로 들어가 방위토록 하였다. 또 동북면병마사도 군사 3천여 명을 이끌고 개경으로 들어와 방어를 도왔다.

마침내 정월 3일에 소배압이 거느린 거란군이 개경에서 100여 리 떨어진 新恩縣(황해도 新溪)에 이르자, 현종은 淸野戰術을 써서 성밖의 민호를 전부 성안으로 들어오도록 하고 들판의 작물과 가옥을 전부 철거토록 한 후 도성의 방비를 엄하게 하였다.

이렇듯 수도 일원의 경비가 굳건한 데다가 거듭되는 패전으로 군사들의 사기마저 떨어지니, 소배압은 더 이상 개경을 공격할 자신이 없어 개경 진격을 단념하고 철군할 계책을 세워야 했다. 소배압의 거란군이 회군하여 連州(价川)와 渭州(寧邊)에 이르자 강감찬은 이를 습격하여 500여 명을 죽였다. 2월 초하루에도 강감찬은 황급히 회군하던 거란군을 귀주의 동쪽 들에서 요격하였다.

양편의 군사가 서로 버티어 승패가 결정되지 않았을 때에 김종현이 군사를 이끌고 고려군에 가세하고, 또 때마침 비바람이 갑자기 남으로부터 휘몰아와서 깃발이 모두 북쪽으로 향하자 고려군사들이 이러한 형세에 용기백배하여 분발하여 치니 거란군사는 크게 패하여 북으로 달아나기에 바빴다. 고려군사가 퇴주하는 적을 뒤쫓아 쳐서 石川을 건너 盤嶺에 이르니, 엎어져 죽은 시체가 들판을 덮고 사로잡은 군사와 말·낙타·갑옷·투구·병기는 이루다 헤아릴 수도 없었으며 살아서 돌아간 자가 겨우 수천 명뿐이었다.

요의 성종은 이러한 참패의 보고를 듣고는 크게 노하여 사자를 소배압에게 보내어 꾸짖기를, "네가 적을 가벼이 여기고 깊이 들어가 이 지경에 이르렀으니 무슨 면목으로 나를 대하려 하느냐. 나는 너의 낯가죽을 벗긴 다음에 죽일 것이다"라고 하며 크게 분노했다.[40]

이 소배압의 침입은 제3차 거란 침구의 제4회전이라 하겠는데, 고려군의 귀주에서의 대승은 고려인들에게 환희와 감격을 안겨 주었을 뿐만 아니라 향후 여·요관계에 있어 평화 정착의 실마리를 제공해 준 결과가 되었다.

---

40) 《高麗史節要》 권 3, 현종 10년 3월.

(2) 여진정벌과 9성

가. 고려의 대여진 기미정책의 성공

고려의 대여진관계는 항상 북진정책과 직결되었다. 그런데 고려가 건국한 이래 북진정책을 수행하기에 용이했던 지역은 서북방면보다는 동북방면이었다. 서북방면의 경우, 고려가 멸망할 때까지 압록강 하류유역까지밖에 진척이 없었는데 그 이유는 이 지역이 遼·金·元 등의 북방 강대 세력이 부상되면 곧바로 맞부딪치는 곳이었으므로 이러한 세력들과 충돌을 피하기 위해서는 더 이상의 적극적인 진출을 삼가할 수밖에 없었기 때문이었다.

반면에 동북지역은 비교적 거란의 중심부로부터 거리가 멀리 떨어져 있었으므로 그들의 간섭이 약했고, 더불어 충돌의 위험도 적었기 때문에 요와의 전쟁이 종식되면서 고려는 이 방면에 대한 진출과 개척을 적극적으로 추진하게 되었다. 그리고 고려의 동북방면에 거주하던 여진, 즉 동번으로 지칭되던 부족들은 거란의 호적에 들지 않은 生女眞계통이 대부분이었기 때문에 고려와 여진족문제 해결이 더욱 용이하였다.[41]

그런데 이들 생여진의 거주지는 함경도 일원은 물론 두만강유역이나 그 이북의 綏芬河·黑龍江·松花江 유역까지도 미치는 광대한 지역에 걸쳐있었다. 따라서 고려가 이들 지역에 대한 척경을 함경도지역에 국한시킨 것이 아니라 두만강유역이나 그 이북지역까지도 관심을 갖고 추진했던 것으로 볼 수 있다.

그런데 고려가 거란의 침입을 경험하는 동안 가장 절실하게 느끼게 되었던 것은 북방의 변경지역 전체를 효과적으로 방위하기 위한 長城의 축조였다. 고려 초기부터 거란과 여진족의 침입에 대비하여 북쪽의 군사적 요충지에 여러 차례 城塞를 구축해 나오다가 거란과의 투쟁을 겪고 나서는 이들 주요 성채들을 연결하는 장성의 축조를 계획하게 되었다.

그러나 장성축조 계획이 본격적으로 추진된 것은 덕종대의 일이었다. 현종대에 서북지역의 축성을 맡은 경험이 있었던 평장사 柳韶를 시켜서 천여 리에 달하는 北邊長城 축조를 감독케 하였다. 이 장성은 정종 10년(1088)에 이르기까지 12년이 걸린 대역사였다. 이 때 완공된 것이 威遠·興化·靜州·寧海·

41) 《金史》 권 1, 本紀 1, 世紀.

寧德·寧朔·雲州·安水·淸塞·平虜·寧遠·定戎·孟州·朔州 등 14성을 거쳐 和州에 연결되는 것으로 높이와 폭이 각 25척인 석성이었다.

그러나 정종은 이에 만족하지 않고 같은 해에 東北路兵馬使 金令器에게 명하여 長州와 定州 및 元興鎭에도 축성케 했다. 정주와 장주는 오늘날의 定平일대이고 원흥진은 金津口이고 보면 동북면의 장성은 金津川을 거쳐 정평까지 연결되었던 것을 알 수 있다. 뒤에 동북여진과의 관계가 복잡하게 되자 문종 9년(1055)에는 宣德鎭에 축성함으로써 이 장성이 마침내 오늘날의 廣浦인 都連浦까지 연장되어 장성축조는 일단락을 짓게 되었다.[42]

그런데 화주는 고려가 현종 이래 동번의 여진족들과 교섭을 벌였던 최일선 거점이었다. 현종 원년(1010) 5월에 있었던 和州館 사건[43]이나, 현종 3년 윤 10월에 여진의 毛逸羅·鉏乙頭 등이 三山村(北靑)지방에 거주하는 30성 주민들을 이끌고 화주에 나와서 맹약하기를 청한 사건[44] 등을 종합해 보면 동북여진들이 일차적으로 고려 관헌과 교섭하기 위해 들어왔던 지점이 화주였던 사실을 확인할 수가 있다.

그러나 정종 10년에 와서는 고려의 영토가 북상함에 따라서 화주로부터 더욱 북상한 지점인 정주가 대여진교섭의 창구로 바뀌게 되었다.[45] 정주지방이 동번지역 여진족과 교섭하는 전방기지의 역할을 했던 것을 다음의 기사로도 알 수 있다.

> 동여진 正甫 馬波 등이 남녀 48명을 이끌고 정주 관외에 들어와 編戶되기를 청하므로 전택을 내려주고 내지에 살게 하였다(《高麗史》 권 9, 世家 9, 문종 6년 정월).

이로써 문종 6년경에는 여진인들이 정주관에 이르러서 고려의 관리와 교섭을 벌였던 사실을 알 수 있다. 그리고 동북여진이 집단적으로 고려에 투화해 와서 편호로 삼아 주기를 자청하자 고려정부는 그것을 허락해 주고 그들

---

42) 《高麗史》 82, 志 36, 兵 2, 城堡.

43) 和州館事件은 女眞人 95명이 고려에 來朝하려고 화주관내에 이르렀는데, 화주 방어낭중 柳宗이 이들을 모두 죽여 버림으로써 고려와 여진의 관계가 크게 악화된 사건을 말한다(《高麗史節要》 권 3, 현종 원년 5월),

44) 《高麗史》 권 4, 世家 4, 현종 3년 윤 10월.

45) 《高麗史》 권 82, 志 36, 兵 2, 城堡 정종 10년.

을 내지로 사민하여 정착시켰던 것을 알 수 있다. 그뿐 아니라 고려가 그 동안 지속적으로 추진해 온 영토확장과 함께 여진족에 대한 기미정책이 성공했음도 알 수 있다.

그런데 문종대에 이르면, 위에 소개한 사례와 같이 동번여진의 일부가 고지를 떠나 집단으로 고려에 이주하여 고려의 백성으로 편입되는 경우와 함께 장성 밖의 원근지역에 거주하는 여진촌락들이 자진하여 고려에 稱臣하고 고려의 州郡으로 편입해 줄 것을 요청하는 사례가 빈번히 나타났다. 이에 고려정부는 지속적인 축성사업과 함께 귀부해 오는 여진의 거주지에 高麗式 州郡을 설치하는 「羈縻州」 확대정책을 시행하게 되었다.

기미주란 고려에 귀순한 여진촌락을 구분하여 각기 州名을 내려주고 여진 추장을 都領에 임명하여 도맡아 다스리게 하는 귀순 여진인의 자치주라 할 수 있다. 그런데 고려정부가 문종대로부터 예종대에 이르기까지 행했던 千里長城 너머로의 영토확장은 이 기미주의 바탕 위에서 온건적이고 점진적으로 추구되었다고 하겠다. 그리고 고려에 복속하여 귀화한 여진의 땅을 「化內」라고 하는데 화내의 지역에서는 거주를 인정하고 그 생존권을 보장하였을 뿐만 아니라 여진인의 자치를 허용하였다. 당시 고려가 化內羈縻州女眞을 지배한 상황을 보면 다음과 같다.[46)]

> 첫째, 화내 여러 지역에 州號를 설정하고 朱記(告身狀)를 하사하여 화내의 여진을 지배하기 위한 통치체제를 갖추었다.
>
> 둘째, 화내의 질서를 유지하기 위하여 여진 여러 부족간의 투쟁이나 약탈을 금지하였다. 그래서 화내의 여진은 고려의 허락이나 묵인을 얻어야만 부족간의 싸움이 가능하였다.
>
> 셋째, 화내의 땅에 고려의 關防이나 성을 구축하였다. 고려에서는 封疆을 정하면 반드시 관방을 여러 지역에 설치하였고 또 군사상 필요한 곳에는 산성이나 장성을 쌓았다. 이리하여 기미주 내의 公嶮城이 축조되었으며 여진 거주지 해변 700리에 장성을 구축하였다.
>
> 넷째, 고려의 화내 지역에 대한 지배력은 비교적 강력하여 기미주 안에 거주하던 여진족들은 거란과도 통교할 수가 없었다.

다음으로 이 기미주 안에 살고있던 여진족들의 종류와 그들과 고려조정과의

46) 金九鎭, 〈公嶮鎭과 先春嶺碑〉(《白山學報》 21, 1976. 12), 65~67쪽 참조.

관계를 살펴보기로 하자. 《고려사》 세가에 "東蕃黑水人은 그 종족이 30종이나 되어 '三十徒' 라고도 불린다"고 하였듯이 동번흑수인의 종족은 30종이나 되었다.[47]

당시 대다수의 여진족들은 유목생활을 영위하고 있었으나 고려에 향화한 화내의 부족들은 농업과 어업에 종사하던 자들이 대부분이었다. 농업에 종사하던 부족들이 살던 지역은 대체로 함경도 해안지역과 두만강유역 일대로서 이들 지역은 이미 발해시대부터 농경생활에 들어갔던 경험이 있었다. 그리고 이들 지역에 살던 여진족들은 뒷날 오랑캐(Orangkai)라고 부르는 종족으로서 동번의 30성은 대개 이에 포함되었을 것으로 볼 수 있다.[48]

그리고 동번의 여진족 중에서 어로생활에 비중을 두고 생활하던 부족이 주로 살던 지역은 두만강 하류를 중심으로 연해주 일대에 걸친 지역이었으나, 그 세력권은 북쪽으로 흑룡강(黑水)까지, 남쪽으로 吉州까지 연결되는 광범위한 지역이었다. 이 여진을 '骨看(Korgan)' 이라 하는데. 물가에서 주로 생활하기 때문에 일명 '水우디케 (Udike)' 라고도 하였다. 《고려사》의 기록에서는 이 종족을 우디케의 일종으로 보아 北蕃으로 쓰기도 하고, 또 30성의 일부로 보아 동번으로 쓰기도 하였다. 이 종족은 특히 해상생활을 활발히 전개하여 고려의 해안을 약탈하는가 하면, 멀리 일본의 북구주지역까지 침구하였는데, 당시 일본에서는 이들을 '刀伊(되)' 의 賊이라고 불렀다 고려에서도 이 여진의 해구를 막기 위하여 수군을 강화하고 戰艦을 만들었는데, 예종 때 공험진 일대의 정벌에 투입된 군대는 이 배를 이용하여 북상한 것으로 볼 수 있다.

한편 고려는 滿洲 內地에서 유목생활을 하던 여진을 北蕃이라고 불렀는데, 숲(Weji)에서 생활하므로 이를 'Udike(兀狄哈, 兀惹)' 라고도 불렀다. 이들은 유목과 수렵생활을 하므로 한군데 정착하지 않고 부단히 이동하였다. 그러므로 이들은 고려의 보호하에 정착할 필요가 없었기 때문에 고려나 요에 귀속하지 않고 부족단위로 수초를 따라 이주하며 생활하였다. 이들 가운데 고려와 관계를 가졌던 부족들은 흑룡강·송화강 이남의 여러 지역에 산거한 족속들로서, 오늘날 골드(Gold)族으로 추측된다.

---

47) 《高麗史》 권 9, 世家 9, 문종 27년 5월 정미.
48) 金九鎭, 앞의 글, 68쪽.

그런데 위의 여러 지역은 모두 고려의 동북면에 위치하여서 그 개척의 대상이 되었다. 그리고 이 지역에는 일찍부터 고려의 세력이 미쳤기 때문에 동번흑수인이 입조하게 되었다. 그런데 여기에서의 흑수는 두말할 나위 없이 흑룡강을 가리키는 말이다. 당시 여진인은 만주 내지의 여러 강들이 흑수(Kara ; Hara)에 합류하는 것으로 생각하여 만주 내지의 여러 강에 海蘭(Hairan)河·海浪(Hairan)河 등의 명칭을 붙였다. 그리고 이러한 강유역에 사는 사람을 黑水人이라 하였으며, 哈羅(Haran)라는 지명이나 曷懶(Karran)甸이라는 관부 명칭도 여기에서 나온 것이라 할 수 있다. 《고려사》에서 흑수인과 동번을 혼용한 것도 이러한 연유에서였다. 따라서 흑수인이라는 명칭이 과거 일본인들이 주장한 것처럼 어떤 부족이 다른 부족의 이름을 가칭한 것도 아니며, 또 실제 흑수인들이 고려 접경지역에까지 이주하였던 것도 아니었다고 볼 수 있다.49)

고려가 동북면 여진의 개척에 가장 힘을 기울인 시기는 현종 이후부터 문종대까지로 볼 수 있다. 발해가 멸망한 이후 고려와 요가 대립한 것은 실제로 동북여진지역의 영유권을 둘러싼 싸움에서 비롯된 것이라 할 수 있다. 현종 원년(1010)에 거란이 침구하였을 때 고려군은 여진군과 합병하여 거란군을 대패시킨 적이 있었다. 이렇듯 고려에서는 대여진관계에 있어서 실효를 거두는 융통성있는 정책을 추진하였다.

그러나 고려 숙종·예종시대 이전까지 고려의 대여진정책은 온건론에 입각한 회유와 복속에 주력하였다. 이는 단순한 기미주나 귀순주에 그치지 않았고, 그 목적은 궁극적으로 여진을 동화하여 편호로 만들고 종국에는 그 땅을 州郡으로 편입하는 데 있었다.

고려가 여진을 초무·복속시키기 위한 방법은 제1단계로 여진을 회유하여 將軍·大將軍 등의 관작을 주고, 입조를 하면 경제적 이익을 베풀어주는 방식을 취했다. 그 결과 정종 3년(948)에 이미 鄕職을 가진 동여진인이 나타나게 되었고, 현종년간에는 수직한 동여진이 더욱 많이 나타났다. 그들에게 내린 작위는 懷化將軍·歸德將軍·奉國將軍·柔遠將軍·平遠將軍 등의 武散階와 大相·正朝·元尹·中尹 들의 향직 명칭들이었다. 현종 때 거란의 침입에 여진군이 동원된 것을 보면 이는 단순한 虛職이 아니라 실제 변경 방비에 군사

49) 金九鎭, 위의 글, 70~71쪽.

적 역할을 담당한 자들도 있었던 것으로 볼 수 있다.

한편 동여진은 입조할 때 양마(俊馬)나 毛皮類를 주로 조공하였는데, 고려에서는 이에 대한 回賜를 통하여 경제적 특전을 베풀어주었다. 이러한 조공무역은 여진의 욕구불만을 해소하는 데 크게 기여하였다고 하겠다. 당시 동여진이 가져간 물품은 직물이나 식량 및 철제 농기구 등이 대부분이었는데, 이는 농경지역에 거주하던 여진족들이 농경생활과 문화생활을 지향하는 데 필요한 물건들이었다. 이리하여 태조 때부터 예종 때까지 일시 중단된 시기를 제외하고는 동번·서번·북번이 빈번히 고려에 입조하였고, 입조하는 규모도 수 십 명에서 수백 명에 이르는 큰 것이었다. 태조 때부터 꾸준히 추진한 기미정책은 마침내 문종 때에 가서 그 성과를 나타냈던 것이다.

그리고 문종대를 고비로 하여 고려의 북방경략은 城鎭의 축조정책에서 한 걸음 나아가 徙民實邊을 주축으로 하는 촌락창설정책을 추진하기 시작하였다. 고려측의 민호로 구성된 장성 안의 북방 제성들은 주변에 산재하고 있는 여진촌락들을 군사적으로나 경제적으로 지배통제하는 거점으로서의 역할을 중시하는 정책이 문종대에 정형화되어 갔다.

문종 27년(1073) 2월에는 동북면의 귀순주 도령 古刀化 등 15주 추장들이 무리를 이끌고 와서 종래의 기미주에서 한 걸음 더 나아가 고려의 주군으로 아주 정해줄 것을 요청하였다. 그러나 고려정부는 이들을 고려의 주군으로 정하는 것이 시기상조라고 판단하고 그들에게 다만 성명과 물품을 주어 위로하고 우대하는 데에 그쳤다. 이는 장차 원근 제부락들의 좀더 많은 내부를 기다려 그때 가서 고려의 주군으로 재편할 방침을 세웠기 때문으로 보인다.

마침내 동번 15주 밖의 여진인들 조차 스스로 자신의 땅을 들어 고려의 영토로 편입해 주기를 자원하기까지 했는데[50] 이는 태조 이래로 꾸준히 추진된 동번기미주에 대한 지배정책이 성공했음을 뜻한다.

이들은 대개 고려의 경계에 가까운 지역에 있던 동번인으로 보여지며, 따라서 대체로 이 지역은 두만강 이남의 여러 지역으로 추측할 수 있다. 이 가운데 三山지역 일대가 고려의 주군으로 가장 늦게 편입된 듯한데, 그것은 문종 27년 5월에 서여진추장과 화내 30도추장이 협공하여 由戰村·海邊山頭·

50) 《高麗史》 권 9, 世家 9, 문종 27년 4월 병자.

羅竭村의 三山城을 항복시킨 일이 있기 때문이다. 삼산촌은 산세가 험하고 고려에 향화한 東蕃과 西蕃의 교통을 중간에서 저해하였다고 하므로, 아마 磨天嶺 일대의 지역으로 볼 수 있다.[51]

동여진인 스스로가 자진하여 고려의 군현이 되기를 청원해 왔을 무렵 서여진인들도 점차 고려에 대해 주군을 분치해 줄 것을 요청해 왔다. 특히 서여진의 추장 曼豆弗 등은 고려의 국력신장과 성공적인 여진기미책의 추진에 힘입어, 지금까지 자신이 臣服해 왔던 거란을 버리고 고려에 내투하여 자신들이 사는 지역에 고려의 군을 설치해 주기를 청원하기까지 하였다.[52] 이에 고려에서는 投化女眞村落에 기미주를 설치하여 그들을 포용하였다.

> 翰林院에서 아뢰기를 '東女眞의 大蘭 등 11村의 귀화인들이 그들의 거주지가 濱·利·福·恒·舒·濕·閩·戴·敬·付·宛의 11州에 편입되기를 바라니 청컨대 각기 朱記를 내려 인하여 歸順州에 예속시키소서'하니 이를 聽從하였다(《高麗史》 권 9, 世家 9, 문종 27년 9월 갑진).

이것은 국왕의 재가문서를 작성하는 한림원의 건의에 따라서 새로 투화하여 온 11개의 여진촌락을 11개주로 제정하여 주마다 자격을 인정하는 朱記를 내려주고 이미 투화한 여진촌락인 귀순주의 속주로 삼도록 하였다는 것이다.

고려는 투화 여진촌락에 대하여 왜 州라는 칭호를 베풀어주었을까. 여진인에 대한 회유책으로 이처럼 격이 높은 주라는 칭호를 주었던 이유를 고려가 여진촌락을 지배영역 안에 편입시킴에 있어 어디까지나 촌락단위로 흡수하고자 하였던 것에서 찾아볼 수가 있을 것이다. 즉 하나 하나의 투화촌락에 대하여 주라는 파격적인 칭호를 서슴지 않고 베풀어주었던 이면에는 투화여진촌락을 여러 촌락의 집합체인 지방단위로 맞이하는 대신 촌락단위로 흡수해서 접수하려는 정책적 배려가 깃들여 있었던 것으로 볼 수 있다.[53]

결론적으로 말해서 문종 27년경에 이르러 고려에 투항한 동번은 삼산촌뿐만 아니라 大蘭·支櫛 등 9촌과 그 밖에 번장이 거느린 1,238호가 고려의 민

51) 金九鎭, 앞의 글 참조. 반면 東北面 15州 지역을 咸興平野를 중심으로 하는 지역으로 보는 견해도 있다(金庠基, 《高麗時代史》, 서울大 出版部, 1985).

52) 《高麗史》 권 9, 世家 9, 문종 27년 5월 정미.

53) 高承濟, 〈高麗封建制度의 形成過程과 邊疆地帶의 村落創設政策〉(《白山學報》 20, 1976. 6), 327~329쪽.

적에 편입되었으며,[54] 이어서 東蕃 大齊者·古河舍 등 12촌의 1,970호가 내부해 옴으로써[55] 총 3,208호가 고려에 附籍되었다. 조선시대 세종 때 동북면에 사민한 규모가 2,800호(실제로는 3,200호)였던 사실과 비교한다면 그 지역이 얼마나 넓었던가를 짐작할 수 있다.[56]

고려에서는 이 지역에 해변을 따라 장성을 700리 가량 쌓고[57] 내부한 지역에다 빈주·이주·복주·항주·서주·습주·민주·대주·경주·부주·완주의 11주를 설치하여 귀순주에 예속시켰다. 이리하여 문종대 이후로는 여러 귀순주의 대소 추장을 도령체제로 편제하여, 국경수비에 있어서 고정적인 방어선을 구축하였다.[58]

그러나 문종 때 이러한 여진의 주·군·현 편입은 비록 자원에 의한 것이었지만, 그 결과로 동여진 내의 부족간의 투쟁과 갈등을 일으키게 하였다. 이로부터 불과 30년 뒤에 阿城(白城)에서 完顔部의 세력이 강성해지자, 이 동여진 30성 여진의 내분은 완안부 烏雅束(康宗; 우야소)의 세력을 끌어들이는 결과를 가져왔다. 즉 완안부의 군대가 동번의 고려 기미주를 석권하고 정주 관외에까지 진출하게 되자, 고려에서는 완안부세력을 축출하기 위하여 그 때까지 대여진정책으로 추진하여 왔던 온건정책을 버리고 무력에 의한 강경정책을 취하게 되었다.

나. 완안부의 흥기와 윤관의 북정

문종 27년(1073)을 고비로 고려와 여진의 평화적인 관계가 형성됨으로써 고려 북방에 평온상태가 유지되었으나, 숙종 말기에 이르러 북쪽 국경지대는 다시 소란하게 되었다. 이는 여진의 신흥세력인 완안부의 등장과 그들의 남하로 인한 것이었다.

북만주의 松花江 지류인 아르치카(阿勒楚喀)강 유역에서 일어나 동남쪽으로 세력을 성장시켜 나간 완안부의 시조는 고려인 혹은 신라인으로 전해지고 있

54) 《高麗史》 권 9, 世家 9, 문종 27년 6월 무인.
55) 《高麗史》 권 9, 世家 9, 문종 27년 6월 을미.
56) 金九鎭, 앞의 글, 73쪽 참조.
57) 《高麗史》 권 9, 世家 9, 문종 27년 6월 무인.
58) 江原正昭, 〈高麗の州郡縣に關する一考察〉(《朝鮮學報》 28, 1963).

다.[59] 완안부가 여진족 가운데에서 두각을 나타내게 된 것은 추장 烏古迺(景祖 ; 우구나이) 때부터지만 고려와 직접적인 관계를 갖게 되기는 그의 아들인 盈歌(穆宗) 때부터이다.[60] 영가는 완안부의 기초를 확립시킨 오고내의 뒤를 이어 추장이 되자 주변의 여진부족들을 통일하고 지금의 간도지방의 布爾哈圖河·海蘭河 방면의 지역을 차지하였을 뿐만 아니라 다시 남하하여 曷懶甸〔가란전〕지역까지 세력이 미치게 되었다.

가란전세력은 두만강유역으로부터 고려장성의 동북지역 부근까지 광범위한 지역에 걸쳐 형성되어 있었던 듯한데 이 때 동남하하려는 완안부의 세력과 이를 방어하려는 고려가 가란전을 둘러싸고 격돌할 수밖에 없었다. 그러나 고려와 완안부가 정면으로 충돌하게 된 것은 영가의 조카인 오아속이 石適歡으로 하여금 고려를 침입하게 한 숙종 9년(1104) 정월부터였다.

가란전지역의 여진인들은 본래 고려에 내부하여 고려조정의 지시를 받고 있었는데 완안부가 강성해지면서 가란전지역으로 세력을 뻗쳐오자 그들 중에 점차 완안부와 내통하여 내부하고자 하는 자들이 나타나게 되었다. 고려에서는 그것을 알고 사람을 시켜 완안부와 내통하는 여진족을 막으려 하였는데, 숙종 8년에 고려에 사신으로 왔다가 돌아간 영가의 족제인 斜葛이 그 사실을 미리 알고 영가를 움직여 석적환을 보내어 가란전의 여진인들을 불러들이려 하였으나 영가가 죽자 중지되었다.[61] 그러다가 오아속이 그 뒤를 이어 세력을 잡자 곧 사알이 하고자 했던 대로 실천에 옮겨 석적환에게 군사를 주어 가란전지방의 여진인들 중 고려에 복속했던 7개 촌락, 즉「叛亡7城」을 치게 하니 마침내 완안부 여진이 定平의 장성 부근까지 출몰하게 되었다. 이렇듯 완안부여진이 기습적으로 고려의 기미주 점거를 기도함으로써 고려와의 충돌은 불가피하게 되었고 약 3년간에 걸쳐 전란을 겪어야 했다.

고려는 이러한 완안부의 가란전침략에 대한 대응책으로 석적환의 침입이 있기에 앞서서, 먼저 가란전 여진 가운데 고려를 배반하고 완안부로 쏠린 자들을 견제하기 위해, 상의할 일이 있다는 구실로 고려로 불러들였다. 그 결과 斜

59) 금의 시조에 대하여《金史》에서는 函普가 고려에서 왔다고 했고(《金史)》권 1, 本紀 1, 世紀),《松漠記聞》에서는 시조를 신라인으로 기록하고 있다.

60)《金史》권 1, 本紀 1, 世紀 참조.

61)《金史》권 135, 列傳 73, 外國 下, 高麗傳 참조.

勒冶刺保 등 가란전의 관속을 강제로 억류함으로써 五水유역에 살던 여진인들이 다시 고려에 복속하게 되었다.[62]

숙종 9년(1104) 정월에 석적환의 군대가 가란전 일대를 휩쓸며 고려에 복속했던 여진촌락을 완전히 점령하고 정평의 장성 부근까지 출몰하자 고려는 門下侍郎平章事 林幹으로 하여금 判東北面行營兵馬使를 삼고 直門下省 李瑋로 西北面行營兵馬使를 삼아 나아가 대비케 하였다. 그러나 임간 등은 공을 세우기를 서둘러 미처 훈련도 되지 않은 군사를 동원하여 같은 해 2월 8일 성을 나가 석적환의 군사를 쳤으나 도리어 패하여 죽은 자가 태반이나 되었다. 숙종은 다시 樞密院使 尹瓘으로 東北面行營兵馬都統을 삼아 출동시켰으나 대패를 당하고 겨우 화약을 맺고 돌아왔다. 임간과 윤관의 패전으로 말미암아 정평·장성 외의 여진촌락은 모두 완안부의 치하에 들어가게 되었다.

숙종이 두 번의 패전을 설욕하고자 대책을 묻자 윤관은 왕에게 "적의 騎兵을 우리의 步兵으로 막을 수 없었다"는 패전의 원인을 아뢰고 병마의 양성과 훈련, 특히 기병의 양성과 군량의 비축을 건의했다.[63] 숙종은 그 건의를 받아들여 12월에 정규군 외에 別武班을 편성함으로써 임전태세를 갖추게 되었다. 이 별무반은 神騎(기병)·神步(보병)와 降魔軍(승군)으로 편성되었는데 이 가운데는 양반·승려·이서·상인·노예 등 여러 신분층이 포함된 그야말로 거국적인 특별군대였던 것이다.[64]

그러나 숙종은 여진정벌의 뜻을 이루지 못하고 그 이듬해 10월에 죽고 예종이 뒤를 이어 즉위하자 부왕의 유지에 따라 여진정벌군을 일으켰다. 때마침 변방으로부터 여진의 침략의 보고가 들어오자 예종은 2년(1107) 10월에 윤관을 원수로, 吳延寵을 부원수로 하여 17만 대군을 이끌고 나아가 동여진을 치게 하였다. 고려군은 같은 해 12월 중순에 정평에 이르러서는 그곳부터 수륙양면으로 여진의 주지인 함흥평야 이북지역으로 진격해 나갔다. 이 기습작전에서 고려군은 연전연승하여 135개의 촌락을 무너뜨리고, 5,000명에 가까운 적군을 죽이고, 포로만도 5,000이 넘는 대승을 거두었다.

윤관은 승리를 보고하는 한편으로 여러 장수를 분견하여 정벌한 땅의 한계

---

62) 위와 같음.
63) 《高麗史》 권 96, 列傳 9, 尹瓘.
64) 《高麗史》 권 81, 志 35, 兵 1, 五軍.

를 획정하니, 동은 火串嶺에 이르고, 북은 弓漢伊嶺에 이르렀으며, 서는 蒙羅骨嶺에 이르렀다. 윤관은 이 때 점령한 지역의 여러 험준한 곳에 咸州를 비롯하여 英州·雄州·吉州·福州·公嶮鎭·通泰鎭·崇寧鎭·眞陽鎭 등 9개의 성지를 축설한 다음 남방의 민호를 신축한 9성에 옮기어 살게 하였다.[65] 특히 길주성내에는 護國仁王寺와 鎭國普濟寺의 두 개의 사찰까지 건립한 후 다음해 4월에 개경으로 개선하였다

이 때 신축한 고려의 동북면 9성에 대해서는 역사상 여러 가지 다른 견해들이 제시되고 있다. 그 중에서도 공험진의 위치에 대해서는 더욱 많은 이견들이 있다. 여말선초의 관찬 사료에서는 두만강 북쪽 700여 리 지점에서 두만강유역 일대까지로 본 반면에, 조선 후기의 일부 실학자들과 근세 일본학자들은 길주 이남에서 함흥평야 일대까지로 국한하여 보고 있다.[66]

그런데 이와는 달리 고려의 기미주에 대한 연구를 통하여 9성의 위치를 함흥평야지역에서 한층 북상하여 두만강 이북지역까지를 포함하는 지역에 비정하는 견해가 제시되었다. 즉 고려의 기미주가 설치되었던 지역에 살고 있는 30徒(30姓)여진 가운데 두만강 하류에서 綏芬河 일대까지의 연해주에서 어로생활을 하던 骨看兀狄哈(Korgan Udike)의 거주지에 바로 공험진이 설치되었으며 함흥에서 두만강유역까지의 해안평야를 따라 함주와 영주·복주·웅주·길주 등이 설치되었다고 보는 입장이다.[67]

---

65) 《東文選》 권 44, 表箋, 伐女眞取其地築設城池賓入丁戶訖獻功表.

66) 이 중에서도 池內宏이 9성의 위치를 咸興平野에 한정하여 비정한 이래로 오늘까지 그의 설이 비교적 널리 인식되고 있는 형편이다. 그런데 그는 당시 고려의 국력이 千里長城 이북을 넘지 못하였을 것이라는 선입견을 가지고 함흥평양 일대의 古城址를 실제로 답사하여 9성을 그곳에 일일이 비정하였다. 그러나 그의 이러한 노력에도 불구하고 여말선초의 근본사료에 대해 과학적이고 철저한 고증이 부족하다는 비난을 받고 있다. 그는 특히 두만강 북쪽에 있었다고 알려진 공험진을 조선인이 조작한 僞公嶮鎭이라고 일축하고, 공험진 주위를 흐르던 蘇下江을 '空想의 江'이라고까지 단정하였으며 公嶮鎭의 先春嶺碑를 부정하였다. 이러한 견해의 글로는 다음의 연구가 있다.

池內宏, 〈完顔氏の曷懶甸經略と尹瓘の九城の役〉(《滿鮮地理歷史硏究報告》9, 1923 ; 《滿經史硏究》 中世篇 2, 吉川弘文館, 1937).

津田左右吉, 〈尹瓘征略地域考〉(《朝鮮歷史地理》2, 1913 ; 《津田左右吉全集》 11, 岩波書店, 1964).

稻葉岩吉, 〈高麗尹瓘九城考－特に英雄二州の遺址に就て(上·下)－〉(《史林》16-1·2, 1913).

67) 金九鎭, 앞의 글, 112~113쪽.

그리고 고려군이 북정한 뒤에 파견한 함주 大都督府使와 영주·복주·웅주·길주와 공험진의 방어사는 주현을 다스리는 지방장관이었던 점으로 보아 공험진 역시 일종의 영토를 소유한 행정구획으로 간주되는데, 공험진의 영역은 두만강 하류와 訓春江·沿海州를 중심으로 하여 북으로는 수북하에서 남으로는 두만강 내외까지, 동으로는 동해에서 서로는 목단강 중상류(蘇下江)까지의 광범위한 골간우디케 지역으로 비정할 수 있다고 하였다. 그리고 《東國地圖》의 모사본에 나타나는 공험진은 처음 공험진 권내에 설치되었던 여러 개의 산성중 하나일 것으로 추측하고 목단강 상류 寧古塔 부근에 있었던 것으로 비정하였다. 따라서 여진과 경계를 획정하기 위해 세운 先春嶺碑는 수분하 상류 老松嶺 일대에 있었던 것으로 보았다.[68]

한편 고려에서는 북정 뒤에 9성지역에 무려 6만 9천여 호의 徙民을 실시하였다. 이렇듯 대대적 인원을 사민할 수 있었던 것은 고려의 내적인 힘의 팽창을 뜻할 뿐만 아니라 국내 농토부족을 보충하기 위한 목적에서 변방 여진지역의 농토를 점유하려는 의도가 작용한 결과로 볼 수 있다. 그러나 농업이민이 집중적으로 실시되었던 지역은 함주에서 영주·복주·웅주·길주에 이르는 지역이었으며 공험진지역에는 불과 5호에 지나지 않았다. 그 이유는 공험진지역이 농업에 부적당한 데다가 수로를 통한 사민에도 어려움이 많았기 때문이었다

그런데 이렇게 힘들여 구축한 고려의 9성개척은 오래 유지하지 못하였다. 왜냐하면 농경지를 빼앗긴 토착여진의 끈질긴 저항 때문이었다. 토착여진은 완안부세력을 끌어들여 완강히 저항하였는데 이에 고려에서는 농업이민을 철수하지 않을 수 없었다. 이것이 바로 9성의 환부였다.[69]

가란전의 회복을 목표로 한 완안부의 조직적인 반격전은 윤관의 개선 전후로부터 전개되었다. 그들의 공격이 가장 맹렬하였던 지역은 웅주와 길주성이었으며, 윤관도 재차 왕명을 받들어 정벌군을 이끌고 출정하였으나 1년여나 경

68) 金九鎭, 위의 글. 112~115쪽.

69) 따라서 이 9성환부는 토착여진에게 농경지를 되돌려 준 것에 불과하며, 결코 완안부에 9성의 영토권을 반환한 것이 아니었다. 그리고 공험진의 반환문제에 대하여는 공험진에 있던 *骨看兀狄哈族*은 농경민이 아니었기 때문에 농업이주단을 철수할 필요가 없었으며, 따라서 공험진은 환부된 9성에 포함되지 않았다고 본 견해가 있다(金九鎭, 위의 글 참조).

과하도록 일진일퇴를 거듭할 뿐이었다. 마침내 예종 4년 (1109) 5월에 이르러서는 길주와 공험의 두 성이 함락되기 직전에 이르고 이를 구원하러 갔던 오연총도 중도에서 여진의 습격을 받아 대패하는 등 전세는 점차로 불리하게 되었다.

그러나 이에 앞서 오아속은 반격전을 전개하면서도 한편으로는 외교적인 방법으로 9성환부를 애걸해 왔으며, 길주와 공험성을 함락시키고도 9성환부를 조건으로 하는 화친을 계속 요구하여 왔다. 고려 역시 전세의 악화 외에도 수년간의 전쟁준비와 그 수행으로 인해 막대한 물자와 인명피해가 끊이지 않음으로써 더 이상의 장기전을 감당하기가 어려운 형편이었기 때문에 화친 쪽으로 국론이 기울어졌다. 마침내 예종 4년 7월에 9성의 환부를 결정하고 주둔했던 군사와 백성들을 철수시켰다.

이 전쟁의 결말은 고려가 새로 개척한 땅에 축조한 9성의 환부와 여진의 고려경역에의 불침이라는 선에서 강화가 이루어졌지만, 고려는 모든 기미주를 잃게 되었고, 국가적 위신을 실추시킴으로써 건국 이래 적극적으로 추진해 온 고구려 고토회복이란 과업수행을 통한 북진정책은 끝내 좌절되고 말았다.

반면 완안부여진은 광역의 가란전지역을 확보하게 되었음은 물론 전 여진족을 단합시켜 고려의 위협으로부터 벗어나는 유리한 입장에 서게 됨으로써 여진은 지속적이고 독자적인 발전을 꾀하게 되었다. 나아가 이러한 기반 위에서 여진의 완안부는 지금까지 대국으로 섬겨오던 요에 대한 정벌을 감행할 수 있게 되었다.

〈崔圭成〉

2) 거란 및 금과의 통교

(1) 거란과의 통교

고려시대 대외관계에 대한 관점이 주로 이민족의 침략에 대한 고려의 항쟁사에 주목되다 보니 고려와 거란과의 관계 역시 이러한 접근법을 벗어나지 못하고 있는 실정이다. 따라서 이미 앞 절에서 살펴보았듯이 3차에 걸친 거란의 침입에 대한 전쟁의 경과 및 그 의미에 대하여는 많은 사실이 밝혀져 있다.[1] 그러나 전후 100여 년간 지속된 통교의 내용과 그 역사적 의의에 대하여는 다소 소홀한 면이 없지 않다.

고려와 거란의 정치적 통교는 성종 13년(994 ; 거란 聖宗 統和 12) 4월 시중 朴良柔를 파견한 것에서 시작된다. 이것은 거란의 제1차 고려침입의 결과였다. 이후 고려 성종은 거란의 正朔을 받들고 조공관계를 통한 번국의 예의를 다하고자 하였다.[2] 하지만 고려와 거란과의 관계를 시기별로 初期交涉期(922~986), 和戰時期(923~1020) 및 和平時期(1021~1125)로 대별하고 있듯이[3] 이러한 사신 왕래는 연이은 거란 침입 때문에 본격적으로 추진되지 못하였다.

그러나 전쟁기간 중에도 고려는 거란에 사신을 보내 양국문제를 평화적으로 해결하려고 했으며, 한편으로는 官民이 일치하여 거란의 침략을 물리쳤다. 그 전형적인 예가 바로 현종 10년(1019)의 龜州大捷이다. 하지만 오랜 전쟁으로 고려 관민이 입은 피해가 매우 컸으므로 고려는 사신을 보내 화친을 요구하였다. 마침 당시 蕭遜寧의 거란군은 귀주에서 참패를 당한 후였으므로 승산이 없는 전쟁이었음을 시인한 거란 성종은 바로 고려의 청화 요구를 받아들였다. 이에 고려에서는 현종 11년 李作仁을 보내 "請稱藩納貢"의 뜻을 전하고 포로로 잡아 놓은 거란 인질을 송환해 주었다. 이렇게 해서 다시 시작된 양국간의 평화적인 통교관계는 인종 3년(1125 ; 遼 天祚帝 保大 5) 거란이 멸망할 때까지 계속되었다.

唐代 이래 동아시아의 국제질서가 그러하였듯이 고려의 대중국관계도 중국(중원의 한족)으로부터 책봉을 받고 조공을 바치는 사대관계였다. 그러나 고려전기에 있어서 고려는 송이 아니라 대륙의 강자인 거란에 대하여 정치적 사대관계를 가졌음을 재론할 필요가 없을 것이다. 물론 이후 고려와 송의 정치적 관계는 소원해질 수밖에 없었다. 하지만 고려의 대거란 사대외교는 전쟁을 막기 위한 정치적 의도가 높은 것이었고 송으로부터 선진문물을 받아들이려는 문화적 욕구로 인하여 송과의 관계는 문종 때 다시 회복되었다. 따라서 당시

1) 朴宗基, 〈고려시대의 대외관계〉(《한국사》 권 6, 한길사, 1994), 211~226쪽.
2) 《高麗史》 권 3, 世家 3, 성종 14년.
3) 金渭顯, 《高麗史中中韓關係史料彙編》(食貨出版社, 1983).

고려의 대외정책의 성격은「이중의 등거리외교」였다는 표현이 보다 정확할 것이다. 여기서는 10~11세기 고려와 거란의 통교에 한하여 당시 양국간에 나타난 현안문제와 이를 해결하기 위하여 파견된 사신들의 종류 및 그에 따른 경제·문화적 교류를 중심으로 하여 살펴보기로 한다.

가. 정치현안

가) 압록강 경계문제

수 차례의 전쟁을 치르고 재개된 거란과의 평화적인 관계에 있어서도 가장 중요한 외교현안은 鴨綠江 境界(城橋)문제였다 압록강은 두 나라의 국경이 되는 자연적인 표식이었으며 평화시기에는 사신 왕래의 길목이었지만 비상시에는 적군이 넘어오는 요충이었다. 따라서 두 나라는 이곳에 대한 경계를 게을리 할 수 없었다.

압록강 경계문제에 대한 연원을 보면, 고구려가 망한 뒤 압록강 유역의 대부분은 당나라가 소유한 하류일부를 제외하고는 모두 渤海에 속하였다. 그러나 거란이 발해를 멸망시킨 뒤에는 다시 발해의 유민이 세운 定安國과 거란이 분할 소유하게 되었으며 하류는 여진족이 散居하는 상태가 되었다. 그런데 北進政策을 추구하던 고려의 입장에서는 특히 압록강 주변에 살고 있는 여진족에 대한 초무능력이 바로 이곳의 통치권을 인정받는 방도였으므로 성종 3년 刑官御事 李謙宜를 파견하여 압록강 강안에 關城을 쌓아 여진과 거란의 동태에 적극적으로 대비하였다. 그러나 이 시도는 여진의 반격으로 축성 책임자가 잡혀가고 많은 고려군이 피살됨으로써 중단되었다.[4]

그 후 거란은 성종 통화 4년(986 ; 고려 성종 5) 정안국을 멸망시키고, 강 하류의 여진족까지 경략하여 이곳에 威寇·振化·來遠城을 쌓음으로써 중·하류 지역 모두를 그들의 영역으로 삼았다.[5] 이와 같이 압록강변에 3柵을 세워 여진과 송의 제휴 가능성을 제거한 거란은 고려에 사신 厥烈을 보내 통교 맺기를 청하였다. 하지만 고려는 거란의 이러한 요구에 대꾸도 하지 않은 채 여전히 송과의 교류를 계속하며 거란을 고립시켰다. 그 결과 성종 12년(993 ; 거란

4)《高麗史》권 3, 世家 3, 성종 3년.
5)《遼史》권 38, 志 8, 地理志 2, 東京道 來遠城.

성종 통화 11) 거란 성종은 東京留守 소손녕으로 하여금 80만 대군을 이끌고 고려를 치게 하였다

이 제1차 거란의 고려 침입은 그 침략 의도가 고려영토의 영유보다는 고려와의 통교를 맺고자 하는 데 있었다. 따라서 고려는 송과의 통교를 끊고 대신 거란과 우호관계를 맺음으로써 거란군을 철수케 하였다. 그리고 양국 사신의 왕래를 위하여 "安北府로부터 압록강 동쪽에 이르기까지 280리에 걸쳐 田地될 지역을 답사하고 地理의 원근을 헤아려 성을 쌓아 車馬를 통하게 하여 길이 貢覲의 길을 열게 하였다"[6]고 한다. 이 싸움은 오히려 고려로 하여금 종래 여진인이 웅거하던 압록강 이동 280리에 대한 고려의 영유권을 인정받아 북쪽의 경계가 처음으로 압록강까지 미치는 계기가 되었던 것이다.

거란은 압록강 서쪽 5개소에 성을 구축하고, 고려는 압록강 동쪽 280리의 적당한 성지를 조사하여 축성하였다. 이것이 바로 興化鎭·通州·龍州·鐵州·郭州·龜州 등의 '강동 6주'이다. 이처럼 고려는 거란과 합의하에 압록강 동쪽 280리를 확보하고 의주에 압록강도진을 두어 그 책임자로 勾當使를 파견하여 낮에는 백성들의 농사일을 살피고 성안으로 들어와 국경을 수비하게 하였다.

그러나 고려가 송과의 국교단절을 약속하였으면서도 여전히 송과 통교를 계속하고 있었고 여진족 기미에 절대적으로 필요한 압록강 이동의 교통로를 고려에 빼앗긴 거란은 현종 5년(1014 ; 거란 성종 開泰 원년) 5월 강동 6주의 반환을 요구하며 재침략해 왔다.

그리고 이듬해 정월 거란은 내원성을 중심으로 긴 다리를 만들어 압록강에 걸쳐놓고 동쪽과 서쪽에 성을 쌓아 6주의 탈취를 도모하였다. 고려는 이를 저지하려 하였으나 이기지 못하였다. 저항하던 고려군의 기세를 꺾은 거란군은 내원성으로부터 검도동을 거쳐 의주에 걸친 긴 다리를 완성하고 압록강 동쪽 고려 영토안에 保州城을 쌓았다. 나아가 宣化鎭과 定遠鎭을 공격하여 성을 쌓은 후 정원진은 宣州, 선화진은 懷化軍이라 고쳐 그들의 軍事道로 삼았다. 이것은 거란이 강동 6주를 탈취하기 위한 강력한 조치였다.

이로써 고려는 압록강 연안의 보주와 정주 두 군사거점을 거란에 빼앗긴 채

---

6) 《高麗史節要》 권 2, 성종 13년 2월.

강화를 맺어야 했다. 그러나 강화 후 양국관계가 정상화되었다고 할 지라도 두 나라는 압록강에 대한 경계를 늦추지 않았다. 정종 원년(1035) 고려는 압록강에 石城을 쌓아 거란의 재침에 대비하였으며, 문종 때에는 거란(요)이 압록강 동안에 弓口門을 세우고 郵亭을 설치하자 이의 철폐를 요구하였다. 또 거란이 의주와 선주 남쪽에 買賣院을, 정융성 북쪽에는 정찰소로 보이는 探守庵을 설치하려 하자 고려는 사신을 보내 이를 저지하였다.[7]

이렇게 국경에 대한 고려의 태도가 민감해지자 거란은 국경선 확장을 제의해오기도 하였다. 하지만 이 문제는 양측의 의견일치를 보지 못하였으므로 거란과 고려의 경계선은 문서로 명문화되지 못하였다. 그 후에도 고려는 만일의 사태를 염려하여 중추부사 李顔을 要鎭인 貴州에 보내어 비밀리에 수비하게 하고, 병마사 柳洪의 건의에 따라 兵車를 제조하여 이곳에 장치케 하였다.

이처럼 고려는 거란으로부터 압록강 동쪽지역을 확보한 후에도 한치의 소홀함이 없이 서북 압록강 국경지대를 경계하며 거란의 동향을 주시하였던 것이다. 이러한 압록강에 대한 경계는 자연 거란과의 각장 설치문제와도 연관되었다.

나) 각장문제

거란이 비록 고려에 대한 영토적 야심이 없었다고 할지라도 그들이 강동 280리를 양보한 이면에는 그 지역에 성을 쌓아 고려의 조공로를 닦기 위한 것이었다. 그리고 실제 고려 목종 8년(1005 ; 거란 성종 통화 23)에 국경무역의 장소로 振武軍과 保州에 榷場이 개설됨으로써[8] 양국간의 경제적인 접촉에 획기적인 진전을 보았다.[9]

그러나 강동 6주에 대한 거란의 환부 강요는 고려의 반감을 증폭시켰으며 그것은 곧 고려의 대거란 무역정책에 있어 각장무역의 폐지를 야기시켰다. 하지만 유목생활을 하는 거란족이 국제적 지위의 향상에 따른 응분의 생활을 영위하기 위해서는 송·위구르 등의 물자들이 필요하였듯이, 마찬가지로 고려물자도 필요하였다. 더구나 각장무역이 가져다 주는 이익에 관심이 높은 거란은

---

7) 《高麗史》 권 95, 列傳 8, 朴寅亮.
8) 《遼史》 권 14, 本紀 14, 聖宗 統和 23년 2월 병술 및 권 60, 志 29, 食貨志 下.
9) 李龍範, 〈麗丹貿易考〉(《東國史學》 3, 1955) 참조.

송에 대해 각장설치의 확대를 요구하였으며, 고려에도 각장설치 재개를 요구해왔다. 요의 도종은 각장이 폐지된 지 거의 80년이나 경과한 선종 3년(1086 ; 요 道宗 大安 2)에 압록강변에 각장 개설을 제의해 왔다.[10] 그러나 고려는 상서우승 韓瑩을 거란에 보내 각장설치 반대의 뜻을 전하였다.[11] 거듭된 고려의 각장 철회 요구에도 불구하고 거란은 압록강에 이의 설치를 포기하지 않았다. 고려는 다시 中樞院副使 李顔을 藏經燒香使로 위장하여 龜州로 보내 국경의 정황을 살피는 한편, 같은 해 9월 太僕少卿 金先錫을 요에 보내 각장설치의 철회를 요구하는 외교적인 방안을 강구하였다. 결국 거란은 고려의 강온 양면에 걸친 적극적인 각장설치 반대정책에 승복하여 사신을 보내 정식으로 각장설치 계획을 철회한다고 통고해 왔다.

> 여러 차례 奉狀을 올려 각장을 설치하지 말 것을 청하고 있는데 진실로 사소한 일이거늘 어찌 번다하게 하는가. 하물며 설치한 것도 아니니 힘써 마음을 편히 하여 성심을 지극히 할 것이요, 깊이 의심을 풀고 나의 뜻을 체득하라(《高麗史》 권 10, 世家 10, 선종 5년 11월 임신).

이와 같은 고려의 압록강 경계에 대한 끈질긴 감시와 요구로 거란은 어떠한 시설물도 설치할 수 없었으며 이로써 양국 사이에는 고려의 의도대로 거란 멸망 때까지 각장이 개설되지 않았다. 이로써 고려와 거란간의 각장설치는 통화 23년부터 소위 제2차 침입이 시작된 통화 28년(고려 현종 원년)까지 약 5년 동안만 존속된 것으로 이해된다. 거란의 각장포기는 고려의 거란에 대한 경계심을 완화시켜주는 계기가 되기도 하였다.[12]

그런데 고려가 거란과의 각장무역을 거부한 것에 대하여 인접한 국가이며, 그것도 정치적으로 외교관계를 맺고 있는 처지임에도 각장무역이 성립되지 않은 현상에 대하여 "고려의 지나친 반응으로 거란과의 보다 나은 경제적 이익 내지 성과가 없게 되었다"고 비판하는 견해도 있다. 그러나 고려가 이렇게 각장설치를 반대한 데에는 충분한 이유가 있었다고 보여진다.

앞에서 살폈듯이 수교초 고려는 거란이 압록강 방면 강동 6주를 할양해

10) 《高麗史》 권 10, 성종 3년 5월 병자.
11) 《高麗史》 권 10, 世家 10, 선종 5년 2월 갑자.
12) 《高麗史》 권 11, 世家 11, 숙종 6년 8월 을사.

준 것에 대한 감사의 뜻으로 거란에 많은 進奉使를 파견하는 한편, 보주지역에 각장을 설치하며 거란과의 우호를 꾀하려고 시도한 적이 없었던 것은 아니었다.[13] 그러나 강동 6주문제로 수 차례에 걸친 거란 침입을 경험한 고려였으므로 압록강 어구에 각장이 설치됨으로써 발생할 수도 있는 분쟁의 화근을 막자는 의도에서 이를 거절한 것은 당연한 일로 보인다. 더욱이 당시 고려의 대외무역은 이미 송과의 경제교류에서 상당한 부분이 채워졌기 때문에 거란과의 각장무역의 중요성은 그리 높다고 보여지지도 않는다.

다) 원병 요청문제

통교 후 거란은 고려가 그들의 제후국임을 내세워 그들의 필요에 따라 군대파견을 요청하였으나 고려는 번번이 이를 거절하였다. 물론 당시 여·요 관계는 분명 거란이 우위에 서는 사대외교 관계였다. 그러나 이는 형식에 지나지 않는 외교노선이었으므로 고려는 거란을 위하여 고려의 군대를 파견할 필요는 없었던 것이다. 뿐만 아니라 고려는 기회가 주어진다면 다시 거란과의 싸움을 벌일 각오가 되어 있었다. 현종 20년(1029) 9월 요의 동경장군 渤海人 大延琳이 동경지방 주민들의 불만을 이용하여 반란을 일으키고 바로 興遼大府丞 高吉德을 고려에 보내 건국을 알리는 동시에 구원을 요청해 왔다. 이에 형부상서 郭元은 이 기회에 요가 점거하고 있는 압록강 이동의 보주와 선주를 탈취하자는 의견을 제시하였다. 결국 이 의견은 崔士威와 徐訥·金猛 등의 신중론으로 인하여 뜻을 이루지 못하였으나 거란과 통교를 맺고 있으면서도 고려는 압록강유역 확보를 위한 전쟁준비를 계속하였던 것으로 보여진다.

또 예종 10년(1115) 11월 여진의 공격을 받은 거란 천조제는 몇 차례 사신을 보내 원병을 요청해 왔다. 그럼에도 고려의 반응이 없자, 그들은 다시 利州管內觀察使 耶律義·大理少卿 孫良謨를 보내와 다급한 사정을 알리고 發兵을 독촉하며 匹段 등의 예물을 보내 왔다. 하지만 실리적인 입장에서 이웃나라를 위해 한 번도 원병을 파견하지 않았던 고려였던 만큼 기울어 가는 거란을 위해 군대를 파견할 필요가 없었다. 이에 거란 사신은 목적을 달성하지 못하고 바로 귀국해 버렸다.

13) 《遼史》 권 14, 本紀 14, 聖宗 統和 23년 2월 병술 및 권 60, 志 29, 食貨志 下.

이렇게 거란사신을 빈손으로 돌려보낸 고려는 보다 구체적인 정황을 파악하기 위하여 秘書校書郞 鄭良稷을 安北都護府 아전이라고 거짓 칭하고 요의 東京에 파견하였다. 그리고 여러 가지 정보를 통해 요의 전진기지인 내원과 파주(보주) 2성이 금의 공격을 받아 식량이 다할 정도로 어려움에 처해 있음을 알게 되었다. 고려는 겉으로 식량원조를 제의하는 한편 거란에 대한 싸움 준비를 추진하였다. 전술하였듯이 보주와 선주의 두 요충을 회복하려는 의지를 잊어버린 적이 없던 고려였으므로, 마침 이곳이 금군의 공격을 받아 지휘체계가 무너지고 있다는 소식을 접하자 바로 이 때가 거란으로부터 보주를 되찾을 기회라고 생각하고 일전을 서둘렀다.[14)]

나. 사신의 왕래

전술하였듯이 고려의 거란에 대한 최초의 사신 파견은 성종 13년(994 ; 요 성종 통화 12) 4월 시중 박양유의 파견에서 시작된다. 물론 이후 몇 차례 거란의 침입으로 중단되기도 하였으나 현종 11년(1020)부터 본격화된 양국의 사신 왕래는 인종 3년(1125 ; 요 천조제 保大 5) 거란이 멸망할 때까지 계속되었다.

이 기간 동안 고려에서는 方物使(또는 進奉使), 賀正使(또는 正旦使), 四季問候使, 節日使, 太后生辰使, 東京持禮使 등의 사행을 비교적 정기적으로 파견하였다. 이외에도 報聘·橫宣·冊封·勅祭 등에 대한 謝恩 및 回謝, 그리고 告(請)冊封과 請年號 및 改元, 改國號, 冊禮擧行 등에 대한 각종 祝賀使 등 총 30여 종의 사신이 있었다. 그 가운데 방물·등극·고주·사은·칙제·유학생파견 등의 경우는 당시 고려가 송에 파견하였던 사신들의 명칭과 동일하다. 양국간에 약속된 정기 사신에 대하여는 현종 13년(1022) 8월 東京持禮使 李克方이 와서 전한 다음 조서의 내용이 참고가 된다.

> 이제부터 春夏季問候使는 합하여 한 번만 파견하되, 千齡節 및 正旦使와 함께 보낼 것이며, 秋冬季問候使 역시 합하여 한 번 파견하되 太后生辰使와 동행하라(《高麗史》권 4 世家 4, 현종 13년 8월 경자).

이로써 종전 4계절마다 보냈던 문후사가 춘계문후사와 추동문후사로 간소화된 것을 알 수 있고, 아울러 나머지 정기사신인 절일사(거란 황제 생일축하

14) 三上次男, 〈金初における麗金關係—保州問題を中心として〉(《歷史學硏究》 9-4, 1939) 참조.

사신)와 정단사(신년하례 사신)를 춘하계문후사와 동행케 하고, 태후생신사는 추동계문후사와 동행시키고 있었다. 즉 종전「1年 7貢」의 정기사행이 그 횟수에 있어서「1년 2공」으로 축소된 것이다. 그러나 실제로 고려는 거란에 대하여 정단사와 절일사의 파견은 꾸준히 계속하였지만 태후생일에 사신을 파견한 사례는 道宗의 모친 사망 이후에는 보이지 않는다

한편 거란에서 고려에 보낸 사신으로는 東京持禮使가 비교적 통교초부터 활발히 파견되었다. 또 초기에는 보이지 않다가 정종 6년(1040)부터 파견되기 시작한 橫宣使[15]가 점차「3年 1使」의 정기사행으로 굳어져 갔는데 이는 동경유수의 사신으로 보이는 동경지례사와 달리 거란 황제의 칙사로 보인다.[16] 특히 고려왕생일에 파견하는 生辰使(또는 고려왕 생일사)가 주목되는데 현종 14년(1023)에 파견되기 시작한 이 사신은[17] 거란에서 가장 중요시한 정기사행이었다. 고려인들은 생신사의 입국에 차질이 생겨 하루만 늦어도 외교의례를 소홀히 한다며 비난하였다.[18]

그런데 숙종 때에 오면 정기사행이든 비정기사행이든 이들 거란측 사행에 대한 고려측 回謝로서의 각종 謝使의 파견이 눈에 띄기 시작하였다. 그 이유는 숙종이 李資義의 반란을 내세워 조카 헌종의 왕위를 빼앗았기 때문으로 보인다. 정상적인 왕위계승이 아니라 쿠데타에 의해 왕위에 오른 숙종은 대외적으로 거란황제의 지지를 받아 국내 반대세력의 반발을 막아야 하였다. 또 동여진 정벌에 대비하여 거란의 묵인을 받아내기 위한 전략에서도 그의 대거란 정책은 적극적이지 않을 수 없었을 것이다.[19] 특히 숙종대 시작된 謝橫宣使와 謝生辰使의 파견은 이후 金과의 외교관계에 있어서도 양국 외교사의 전형이 되었다.

따라서 위의 횡선사와 고려왕생일사의 파견의 예에서 보이듯이 상국인 거란에서 보내는 정기사신이 있었다는 사실에서 당시 고려와 거란의 외교적 관계는 고려측의 일방적인 사신파견이 아닌 쌍무적인 관계에 있었음을 알 수 있다.

---

15) 《高麗史》 권 6, 世家 6, 정종 6년 4월 신축.
16) 稻葉岩吉, 〈契丹橫宣・橫賜の名稱〉(《史林》 17-1, 1931), 116~119쪽.
17) 《增補文獻備考》 권 172, 交聘考 2, 현종 14년 7월 계해.
18) 《高麗史》 권 10, 世家 10, 선종 2년 9월 임자.
19) 金渭顯, 《契丹的東北政策》(臺北, 華世出版社, 1981) 참조.

다음 고려가 거란사신을 어떻게 접대했는지에 대하여 살펴보자. 일반적으로 宋使에 대한 접대절차는《高麗圖經》을 통해 알 수 있으나 거란사신에 대한 의례는 자세한 기록이 없어 정확히 알 수 없다. 단지《高麗史》禮志 賓禮條에 보면 ①迎北詔使儀 ②迎北朝起復告勅使儀 ③迎大明詔使儀 ④迎大明賜勞使儀 ⑤迎大明無詔勅使儀라 하여 북사와 명사에 대한 의전만 기록하고 있을 뿐이다. 더욱이 기록된 분량도 고려 후기 짧은 기간 교류를 가졌던 명나라 사신접대에 치우쳐 있어 실제 이 기록이 고려의 외국사신 접대의 절차를 제대로 기술했는지에 대한 의문을 갖게 한다.

물론《고려사》를 편찬한 당사자가 조선 초기 사가들이었고 그들과 직접적인 이해를 갖고 있는 나라가 명이었기 때문에 明使에 대한 기술에 치중할 수밖에 없었을 것이다. 그런데 예지 서문에서 밝혔듯이 예지를 편찬할 때 주로 고려전기의 외교교섭에 관한 기록은 의종 때 평장사 崔允儀의《詳定古今禮》를 참고하였다고[20] 밝혔던 사실에 비추어 빈례조의 '北朝'는 고려 전기 북조, 즉 거란과 금의 사신을 뜻한다 하겠다.[21] 따라서 이 예지 빈례조의 북조 사신접대규정을 통해 당시 거란 사신에 대한 공식적인 접대규정을 유추해도 될 것이다.

북사에 대한 접대는 조서를 휴대한 사신과 기복을 전하는 칙사의 두 경우로 나누어 이뤄졌다. 구체적인 접대의례를 보면, 왕이 乾德殿에 나와 앉아 있다가 조칙을 휴대한 사신이 閤門員의 안내를 받아 殿의 西門을 통해 들어오면, 왕은 서문보다 격이 높은 東門을 통해 전정으로 나아가 서로 읍하였다. 이어 사신이 傳命位에 나아가 남향하면 왕이 서향하여 두 번 절하였고, 사신은 황제를 대신해 서로의 안부를 묻고 대답하는 순서로 진행되었다.[22]

이는 고려말 명사를 영접하는 의식이 명사가 국경을 넘어 왔다는 보고를 받는 것에서부터 시작되었으며, 왕은 정전에 앉아 있는 것이 아니라 의장을 갖추고 성 밖의 임시휴게소까지 마중 나가 있다가 사신을 영접했다는 점, 또 함께 왕궁으로 들어올 때에도 고려왕은 서편을 이용하고 명사는 상위의 동편으

20)《高麗史》권 59, 志 13, 禮 1, 序.

21) 北朝의 범위에 거란·금뿐만 아니고 송까지 포함시켜 당시 고려는 송·요·금에 차별을 두지 않고 이들의 사신을 접대했다고 보는 견해가 있다(李範稷,《韓國中世禮思想硏究》一潮閣, 1991, 151~159쪽).

22)《高麗史》권 65, 志 19, 禮 7, 賓禮 迎北朝詔使儀.

로 들어간다는 점 등의 절차와 대조를 이룬다고 하겠다.

요컨대 고려 전기 거란·금의 사신에 대한 고려측 의전을 볼 때 당시의 외교성격은 고려 말이나 조선시대의 사대관계와 달리 비교적 동등한 관계에서 이루어졌음을 알 수 있다.

사신의 규모는 사행 목적에 따라 달랐다. 책봉사의 규모가 가장 컸다고 보여지는데 정종 9년(1043) 11월 파견된 책봉사 일행은 冊封使 蕭愼微·副使 韓紹文·都部署 利州管內觀察留後 劉日行·押冊使 殿中監 馬至柔·讀冊 將作少監 徐化洽·傳令 檢校左散騎常侍 韓貽孫 등 133명이었다. 이처럼 100명이 넘는 경우가 있었으나, 고려왕생일사는 31명,[23] 거란동경사는 9명[24] 등으로 차이가 있다.

한편 선종 7년 9월 요에서 고려왕생일사로서 이주관내관찰사 張思說을 보내 왕의 생일을 축하하였는데, 왕이 이들을 위한 연회를 두 차례나 베풀고, 상·중·하절의 수행원들까지 殿 위에 올라와 연회를 즐기도록 하자 有司는 사신에게 두 번의 연회를 베푸는 것과 상중하의 수행원까지 전내에 앉히는 것은 예가 아니라고 간하였다. 하지만 왕은 이들이 다른 사신들과 달리 요황제가 직접 쓴 〈天慶寺碑文〉을 가지고 온 사신이므로 극진히 대우해야 한다고 하였다. 이것으로 보아 사신의 위계에 따라 접대 기준에 차이가 있었고 거란으로부터 받은 예물에는 반드시 일반적인 경제적인 상품만이 아니라 문화적 교류도 있었음을 알 수 있다.

다. 사회·문화교류

30년간의 거란과의 싸움에서 많은 거란인이 포로로 고려에 들어와 있었으며, 또 거란 정국의 혼란기를 틈타 많은 귀화인이 내투한 결과 예종 때에는 귀화인의 수효가 수만에 달하였다. 그들은 대개 賤隸階級에 편속되어 집단적으로 거주하며 그들이 지닌 각종 기술에 따라 생업에 종사하였다. 그들 가운데에 기예가 우수한 자들은 개경지방에 머물며 여러 가지 기구와 복식의 제조업에 종사하며 고려의 수공업 발전에 많은 공헌을 하였다.[25]

23) 《高麗史》 권 10, 世家 10, 선종 7년 9월 신미.
24) 《高麗史》 권 6, 世家 6, 정종 5년 윤 12월 정해.
25) 徐兢, 《高麗圖經》 권 19, 工技.

실제 거란인의 부락은 南京(오늘날의 서울)에 있었는데 예종이 일찍이 남경에 행차하자 이 지역에 사는 거란 투화인들이 거란의 歌舞와 雜戱로써 왕의 수레를 맞이하였다는 사실에서 알 수 있다. 또 명종 때 아버지의 병을 구하기 위해 자신의 살을 베어 약으로 썼다는 孝行이 전해져 왕으로부터 旌表를 받은 尉貂가 거란인이었다[26]는 사실은 널리 알려진 이야기이다.

한편 거란의 잦은 침략으로 고려인 역시 그들의 포로가 되어 집단부락을 이루기도 하였다. 거란의 中京道에 속한 高州 三韓縣의 민호는 약 5천에 달하였는데 이 삼한현은 성종이 고려를 정벌하고 잡아간 고려포로를 이곳에 편성시켰기 때문에 생긴 명칭[27]이라 한다. 이외에 東京道 歸州의 주민 역시 고려인이었다. 특히 그들은 이곳에 학교가 없어 글을 배울 길이 없다며 학교 건립을 요청할 정도로 향학열이 높았다. 귀주는 원래 거란 태조 때 발해인 거주지로 州를 설치했다가 후에 폐주된 지역이었으나, 성종 통화 29년(1011 ; 고려 현종 2) 고려 포로들의 집단 거주지로 다시 세워진 곳이다.[28]

거란은 국가적 위엄을 향상시키기 위하여 적극적으로 불교진흥 정책을 추진하여 송나라에 대항하려고 노력하였다. 이는 대장경의 조판사업에서 분명하게 보인다. 대장경의 조판은 송 태조와 태종이 국가적 사업으로 추진하였는데 요의 태종은 이러한 송의 정책에 맞서 우수한 중국인 승려를 독려하여 대장경조판사업을 시작하였다. 그후 이 사업은 도종 淸寧 5년(1059)까지 무려 250여 년에 걸쳐 마무리되었다. 그리고 이 가운데 579장의 대장경을 5차례에 걸쳐 고려에 보내왔으며, 거란 승려의 著作도 特賜品으로 고려에 전하였다. 따라서 여요간의 우호를 다지는 데 불교가 중대한 역할을 했다고 하겠다.[29]

한편 예종 8년(1113) 2월에 勅祭使 永州管內觀察使 耶律固 등이 고려조정에 《春秋釋例》, 《金華瀛州集》을 요청하자 각각 1부씩 주었다는 사실에서 고려에서도 사서와 문집 등의 서책을 거란에 보낸 것을 알 수 있다. 특히 당시 송은 「전연의 맹」 이후 거란과 평화적인 관계를 유지하였으나 적대관계를

26) 《高麗史》 권 121, 列傳 34, 孝友 尉貂.
27) 《遼史》 권 39, 志 9, 地理志 3, 中京道.
28) 《遼史》 권 38, 志 8, 地理志 2, 東京道.
29) 日本東亞硏究所編, 《이민족의 중국통치사》(서병국 역, 대륙연구소출판부, 1991), 74~77쪽.

청산하지 못하였기 때문에 거란은 군사장비가 되는 말과 쌀을, 송은 동전과 서책이 거란에 수입되는 것을 법적으로 금하였다. 특히, 서책을 통하여 송의 정보가 새는 것을 막기 위하여 여러 차례 법규를 제정하였으나 무역차액을 노리는 상인들에 의해 많은 서책이 밀수되거나 또는 위의 경우처럼 고려에 파견된 사신을 통하여 송의 서책이 거란에 입수되기도 하였다.

라. 경제교류

고려의 대외무역은 그 거래 형태에 따라 정치적 조공관계를 통한 朝貢貿易과 일반 상인들에 의한 民間貿易으로 크게 대별된다. 이 조공무역은 다시 국가간의 조공과 회사의 형식을 통한 官貿易(협의의 조공무역)과 사신들의 공적인 公貿易 및 사신이 개인 자격으로 교역하는 附帶貿易(사무역)의 3가지 형태로 세분할 수 있다. 민간무역으로는 국가의 공인하에 이루어지는 상거래인 榷場貿易(互市)이 있었다. 이상의 교역형태가 국가의 허가를 전제로 한 것이라면 이와 달리 국가의 감시를 피해 행해지는 密貿易 등의 거래형태도 있었다.

그러나 거란과의 관계는 긴장관계가 계속되었기 때문에 경제적 측면의 변화는 별로 없었다. 즉 여요간의 통교에는 의례상의 國信物 교환이 이루어졌으나 실제 고려는 경제적인 측면에서는 송과도 지속적인 관계를 유지했기 때문에 대거란 조공무역의 의존도는 그리 높지 않았다. 그러나 고려의 끈질긴 반대로 각장무역이 폐지되었기 때문에 고려와 거란과의 무역에 있어서 조공무역의 비중은 컸다.

고려에서 보낸 조공품의 규모는《高麗史》세가 정종 4년(1038) 초의 기록이 참고된다. 이 해 고려는 하계문후사로 金元冲을 보내면서 金吸瓶·銀藥瓶·紵布·貢平布·腦元茶·大紙細墨·龍鬚簦席 등을 전하였다.[30] 이외에도 南宋人葉隆禮가 쓴《契丹國志》에는 당시 두나라 사이의 조공품과 회사품에 대한 자세한 기록을 전하고 있어[31] 여요간의 조공무역의 규모에 대해 구체적으로 알 수 있다.

《거란국지》에서 밝힌 고려의 조공품은 金器 200냥·金抱肚 1조 50냥·金沙鑼 50냥·金鞍轡馬 1필 50냥·紫花錦紬 100필·白錦紬 500필·細布 1천

30)《高麗史》권 6, 世家 6, 정종 4년 7일.
31) 葉隆禮,《契丹國志》권 21, 外國貢進禮物.

필·粗布 5천 필·銅器 1천 각·法淸酒醋 100병·腦元茶 10근·藤造器物 50事·成形人藤 不定數·無炭木刀㒲 10개·細紙墨 不定數目 등이었다. 따라서 김원충이 전한 공물은 이보다 규모가 작은 것을 알 수 있는데 이는 歲貢으로서의 진봉물이 아니라 하계문후로 보낸 예물이었기 때문으로 보인다. 특히 고려 후기에 이르면 銅器를 대신 木器를 써야 할 정도로 銅이 부족하였지만[32] 고려 전기에는 동은 고려의 특산물이었으며 거란뿐 아니라 많은 송의 사신들조차 고려 동기를 인수하려고 애쓸 정도였다.[33]

한편 이러한 고려의 세공품에 대한 거란측 회사품은 犀王腰帶 2조·細衣 2습·金塗鞍轡馬 2필·素鞍轡馬 5필·散馬 20필·弓箭器仗 2부·細綿綺羅綾 200필·衣著絹 1천 필·羊 200구·酒果子 부정수 등으로 능라·말·양이 대종을 이루고 있다. 그 가운데 우선 양이 주목된다. 이 양은 공진물의 회사품으로 들어 있기도 하나 주로 橫宣使를 통해 전해지는 주요한 예물이었다. 그런데 이 횡선에 대한 답례로 고려가 보낸 회사품은 멥쌀 500석·찹쌀 500석 등의 곡식과 「織成五彩御衣」였다고[34] 한다. 이처럼 유목 민족인 거란은 횡선사를 통해 그들의 토산품인 양을 보낸 것에 대하여 농업국인 고려가 농산물로 답하고 있었다.

한편 고려의 횡진물로 쌀과 함께 보내진 「직성 5채어의」에 대하여 이는 정교한 공예품으로 보이기 때문에 고려의 생산품으로 볼 수 없다며 송상인으로부터 구입한 물건을 다시 거란에 보낸 것이라고 파악하기도 한 견해가 있다.[35] 그러나 이미 10세기 중엽 고려가 後晉에 보낸 국신물 가운데 紅地金銀五色線織成日月龍鳳의 요와 이불 또는 紅地金銀五色線織成花鳥鬭錦金으로 된 방석과 의자 등받이, 악세사리 등은 극찬을 받은 적이 있다.[36] 또한 고려가 거란에

---

32) 《高麗史》 권 85, 志 39, 刑法 2, 禁令 신우 3년 3월.

33) 고려의 구리세공 기술은 중국에서 배워온 것이나 송대에 이르면 고려 기술이 중국보다 훨씬 월등해져 고려 동기는 송나라 사람들의 귀한 소장품의 하나가 되었다. 한 예로 蘇軾은 입수한 고려 동기를 진기한 仇池石 위에 올려놓고 감상하였으며, 曾鞏이나 蔡襄向 등과 같은 송대 문인들은 고려에 파견되는 사신들을 통해 이의 구매를 특별히 요구하였을 정도였다(王儀, 《趙宋與王氏高麗及日本的關係》, 臺北, 中華書雇, 1980, 136~137쪽).

34) 葉隆禮, 《契丹國志》 권 21, 外國貢進禮物.

35) 稻葉岩吉, 앞의 글.

36) 《高麗史》 권 2, 世家 2, 혜종 2년.

보낸 공물의 대부분이 세공을 거친 그릇과 직물이었고 당시 고려의 직조기술이 뛰어난 수준이었다는 점에서 이 어의는 고려에서 직조해 보낸 것으로 보인다.

다음 거란의 회사품 가운데 하나인 綾羅彩段에 대하여 살펴보자. 이 능라는 고려측 사신이 공식적으로 받는 회사품에도 있었으며, 또 현종 원년 5월에 온 거란 동경회례사 高遂가 私獻한 예물에도 들어 있다.[37] 또 성종 때 최승로가 민간인들의 사치스러운 생활태도를 지적하면서 특히 능라는 土産이 아닌데도 모두 돈만 있으며 수입해서 입고 있다고 비난[38]하였을 정도로 거란과의 무역에서 가장 인기 있는 제품이었다.

그런데 위의 거란사 고수가 개인적으로 예물을 바친 대가로 고려로부터 주식과 의대, 안마 등의 回物을 받았다는 것과 문종 32년(1078)에 온 송의 국신사 安燾가 고려로부터 배에 실을 수 없을 정도의 많은 예물을 받아 운반이 편리한 은으로 바꾸어 갔다는 사례[39] 등을 통해 사신들은 조공무역을 행하면서 사헌무역의 많은 이익을 얻었다고 보여진다.

이들 사신에 동반하여 입국한 상인들에 의한 상행위도 상당한 비중을 차지하고 유지되었다. 이러한 사무역은 거란뿐 아니라 고려에서도 정책적으로 추진되었다. 이것은 北路邊城에 근무하는 군인들의 생활보장책의 일환으로 군인들을 입요사신의 호위병으로 겸종케 하여 그들에게 호시의 이익을 보장해 주도록 한 예에서 알 수 있다.

고려는 이미 국초부터 외국상인들의 숙박소를 설치하여 해외무역을 적극 권장하였다. 물론 무역량이 많은 송상인들을 위하여 더 많은 객관을 설치하였지만 거란사신의 객관으로 迎恩館·仁恩館·宣恩館 등을 설치하여 그들의 숙소겸 시장의 역할을 하게 하였다.

누차 설명하였듯이 고려와 거란 사이에는 각장이 개설되지 않았기 때문에 각장무역은 이뤄지지 않았다. 그러나 遼金戰爭이 한창이던 예종 11년(1116)까지도 각장무역에 대한 거란의 요구는 계속되었다.

---

37)《高麗史》권 10, 世家 10, 현종 원년 5월 계축.
38)《高麗史》권 93, 列傳 6, 崔承老.
39)《高麗史》권 9, 世家 9, 문종 32년 7월 을미.

> 여진이 遼를 침략하여 동쪽 변방의 모든 城이 항복하였으나 오직 來遠·抱州 두 城이 굳게 지켜 항복하지 않았다. (그러나 이들은) 양식이 떨어지자 財物로써 우리에게 값을 감하에 穀食의 무역을 청하였으나 邊吏가 매매를 금지하니 黃元이 상소하여 '남의 재앙을 다행으로 여김은 仁이 아니요, 이웃을 성내게 함은 義가 아니니 청컨대 두 성에 곡식을 팔고 겸하여 무역하기를 허락하소서'하였으나 회보하지 않았다(《高麗史》 권 97, 列傳 10, 金黃元).

여진의 침공을 받은 거란의 來遠·保州(抱州) 두 성의 장수는 성안의 식량이 떨어지자 고려에 米穀을 팔 것을 요구하였으나 고려측의 반대로 互市가 이루어지지 않았다. 대신 고려는 그들이 곤경에 처한 것을 알고 兵馬錄事 邵億을 통해 쌀 1,000석을 보냈으나 호시를 금한 것에 대한 불만으로 거란장수는 이를 받아들이지 않았다.[40)]

요컨대 고려의 거란에 대한 통교는 정권의 안정을 위한 정치적인 관계가 중심을 이루고 있었으며, 경제적인 측면은 이미 송 상인들을 통해 선진의 물품이 활발히 수입되고 있었기 때문에 거란과의 문물교류는 다분히 형식적이었다고 하겠다. 조공무역을 통해 고려가 거란에 수출한 품목은 교환가치가 있는 금·은·동과 포면류, 화문석 등의 공예품, 문방용품 및 인삼, 차 등이며 거란으로부터 수입한 물품은 말·양·능라 등이 주종을 이루었다. 그리고 많은 거란판 대장경이 입수된 사실이 주목된다.

(2) 금과의 통교

금 건국 이후 여금관계사 연구는 건국 이전의 여진과의 관계사에 비하여 매우 미진하다. 또 전무한 상태라고는 할 수 없으나 적어도 12세기 고려의 주요 외교대상국이었던 금에 대한 연구는 비슷한 시기의 송 및 거란에 비하여 현저하게 떨어져 있는 실정이다. 그 이유로 우선 금 왕조가 갖는 문화적 한계성을 들 수 있다. 비록 12세기 100여 년 동안 제일의 강국이었던 金帝國이었지만 문화적으로 성숙하지 못하였기 때문에 1234년 몽고에 의해 멸망된 이후 여진사회는 더 이상 국제 사회에서 주목받지 못하였다.

또 거란이나 몽고처럼 수십 년간의 항쟁의 결과로 이룩된 교섭도 아니었

40) 丸龜金作, 〈高麗と契丹·女眞との貿易關係〉(《歷史硏究》 5-26, 1935), 69쪽.

다는 점에서 고려의 금에 대한 통교는 그 시작부터 달리 취급되었다. 인종초 문벌귀족, 특히 李資謙의 난을 통해 실권을 쥔 이자겸과 拓俊京 등이 보다 항구적인 정권의 유지를 위하여 취한 안일한 사대외교정책이었다는[41] 지적을 받은 것이 그 예이다.

물론 여금관계는 송이나 거란의 관계처럼 유교나 불교를 통하여 문화·사상적으로 고려에 영향을 끼쳤다거나 또는 활발한 경제교류를 이룩한 관계도 아닌, 다분히 정치적·의례적 측면이 강하였을 뿐이다. 하지만 고려의 대금사대외교 역시 고려가 국초부터 일관되게 추진해 온 실리외교의 일환이었다는 점과, 국초 대중국 관계에 있어서 보이기 시작한 다양한 외교사행들의 명칭이 정리, 정착되어간 시기였다는 점에 그 역사적 의미를 찾을 수 있을 듯하다.

가. 사대관계의 수립

고려와 금의 통교는 인종 4년(1126) 3월의 백관회의의 결정에 따라 다음달 鄭應文과 李侯를 보내 '稱臣上表'의 글을 전함으로써 시작되었다. 이에 금에서는 회신으로 같은 해 9월 宣諭使 高伯淑과 烏至忠을 파견하여 양국 외교의례의 기준을 정한 칙명을 전해 왔다. 이보다 10년 앞선 예종 12년(1117) 3월 金太祖 阿骨打는 阿只 등 5인을 보내 "형인 대여진 금국 황제가 아우인 고려국왕에게 글월을 보낸다"라는 서두로 시작되는 서한을 보내며 화친을 요구한 바 있다.[42] 서한의 주 내용은 지금까지는 부모의 나라로 고려를 섬겨왔지만 이제 천명을 받아 거란의 폭정을 누르고 새 시대를 열었으므로 고려는 금과 동등한 형제관계로서 우호를 다지기를 바란다는 것이었다.

그러나 지금까지 고려는 여진인에 대하여는 '사람의 탈을 쓰고 짐승의 마음을 가진 자' 라는 선입관이 초지일관 되어왔다. 따라서 이러한 금 태조의 화친요구에 대하여 고려조정 관료의 대부분은 분기하며 파견된 금의 사신을 죽여야 한다는 여론까지 비등하였으므로 이 서한은 예종에게 상주되지 않고 묵살되었다. 결국 이러한 고려의 강경한 태도로 두 나라의 통교는 좀더 시간을 기다려야 했다.

41) 김상기, 〈고려와 금(金)·송(宋)과의 관계〉(《국사상의 제문제》 5, 국사편찬위원회, 1959), 43쪽.
42) 《高麗史》 권 14, 世家 14, 예종 12년 3월 계축.

그러나 이후 금은 거란지배하에 있던 전 여진을 복속하였으며, 나아가 거란군을 전멸시킬 정도로 성장하였다. 이렇게 인종 초 국제정세는 금을 축으로 새롭게 정비되었던 것이다. 이러한 국제정세 변화를 인식한 고려는 인종 3년 5월 司宰少卿 陳淑과 尙衣奉御 崔學鸞을 금에 파견하였다.

그러나 예종 10년 아지 등의 금의 사신을 박대해서 보낼 때만 하여도 잠자코 있었지만 이제 금 태종은 고려에서 보낸 문서가 國書로서의 형식을 갖추지 않았으며, 또 稱臣하지도 않았다는 이유를 들어 사신의 입국을 허락하지 않았다. 금의 강경한 태도에 접한 고려는 인종 4년 3월 백관회의를 개최하여 대금정책의 방향을 논의하고 그 결정에 따라 정응문과 이후를 금에 파견하여 사대관계를 바란다는 정식의 문서를 전하게 되었던 것이다.

그런데 이러한 대금 사대정책에 대해《고려사》세가에는 대부분의 관료들은 사대외교를 반대하였으나 정권을 천단하고 있던 권신 이자겸과 척준경 두 사람의 일방적인 주장에 의해 결정된 것으로 적혀 있다.[43] 물론 당시 두 사람이 저지른 전횡은 혹평을 받아 마땅할 것이다. 그러나 사대노선을 결정한 것까지 무조건 비난할 처지는 아닌 것 같다. 물론 한창 흥기하고 있는 금나라에 대한 우호적인 자세가 그들의 정권유지에 도움이 된다는 계산에서 이러한 결정을 내린 것일 수도 있겠으나 그들이 내세운 事大不可避論의 근거는[44] 당시의 국제정세를 정확히 지적한 것이며 과거 고려가 송과 거란에 대한 사대외교수립의 근거와도 상통하는 정책이었다.

더구나 당시 고려는 이미 숙종 9년(1104)부터 예종 2년(1107)까지 여진과의 전쟁을 치룬 바 있어 그들의 군사력이 어느 정도인지를 알고 있었다. 또 지금까지 고려와 사대외교를 가져왔던 요와 송조차 금의 군사력 앞에 굴복하였다는 사실과, 이러한 정세 변동에 대응해 여러 차례의 정탐사신을 보낸 고려였으나 정식의 사대국서를 지참한 사신이 아니라 하여 금에의 입국이 거부되는 등으로 금에 대한 태도를 분명히 할 필요가 있던 시기였다. 게다가 당시 금군

43)《高麗史》권 15, 世家 15, 인종 4년 3월 신묘.

44) 금나라가 이전에는 소국으로 遼와 우리 나라를 섬겼으나 ①지금은 갑자기 흥왕하여 요·송을 멸하였고 ②정치를 잘하고 군사가 강하여 날로 강대해지고 있으며 ③우리 나라와는 국경이 접해 있으니 형편상 섬기지 않을 수 없다는 것과 ④작은 나라로서 큰 나라를 섬기는 것은 선왕들의 道理였다는 것이다(위와 같음).

에 쫓기는 송에서 원병을 요청하자 이를 거부하면서 보낸 고려측 답서에도 지적하였듯이 당시 고려는 불과 며칠 전 이자겸의 난을 치른 직후여서 궁궐은 불타고 군병이 정비되지 못한 상태였으므로 실질적으로 고려는 금과 싸울 처지도 못되었다.

따라서 지금까지 「부모의 나라」로서 우위에 있었던 고려왕조가 야만적인 여진족 황제에게 신하의 예를 한다는 것이 정서적으로 쉽게 받아들일 수는 없는 것이라 할지라도 「以小事大」의 원리에 입각해 강대국 금에 대한 고려의 사대외교 수립은 현실적인 선택이었다고 하겠다.

나. 정치현안

가) 보주영유와 서서문제

保州(의주)는 압록강 동쪽에 위치한 대중국 군사·교통의 요지이다. 이 지역은 10세기 거란이 압록강 동쪽 280리를 고려에 넘겨줄 때 고려의 소유가 되었다. 그 뒤 거란은 이의 반환을 빌미로 제2차 고려침입을 일으키고 이곳에 성을 쌓고(抱州로 고침) 대고려 침입의 군사기지로 활용해 왔다. 거란과의 화평 이후에도 고려는 보주의 반환을 주장해 왔으나 관철시키지 못하였다.

그런데 여진족이 흥기하여 거란군과 싸우고 예종 11년(1116) 보주성이 여진의 공격을 받아 식량이 모두 고갈되었다는 소식을 접하자 고려는 바로 이때가 보주 탈환의 기회라고 보고 추밀원지부사 韓皦如를 보내 성안의 동정을 살피게 하고, 한편으로는 금에 사신을 보내 보주가 고려의 소유임을 주지시켰다. 그것은 보주의 소유권에 대한 금측의 입장을 확인하기 위함이었다. 다행히 금측의 보주소유 의사가 없자, 고려는 거란과의 보주탈환전을 개시할 준비를 서둘렀다.

그러나 예종 12년 금의 공격을 받은 거란군이 성을 비우고 도망가니 고려는 거란과 싸울 이유가 없어졌다. 고려는 즉각 원수 金仁存과 판서북면병마사 崔弘宰의 지휘하에 군을 투입시켜 이곳의 병장·전함·보물 등을 취하고 義州防禦使로 고치어 남방의 인민을 이주시켜 북계방어의 관방으로 삼아왔다.

그런데 인종 4년 금과의 통교가 시작되자 금에서 처음 파견한 사신인 선유사 고백숙과 오지충이 전한 조서의 내용은 바로 보주문제였다. 즉 "보주 및 그 변지에 들어와 있는 호구를 모두 돌려보내야 할 것이며, 이러한 우리의 청을 따른다면 보주 땅을 사여하겠다"는 것이었다. 이에 고려에서는 같은 해 12월 謝宣諭使 金子鏐와 柳德文을 보내 "보주는 원래 고려의 땅으로서 잠시 거란에 의해 침탈 당했던 것이었으나 부왕 예종 때 하늘의 도움을 받아 다시 돌려 받게 되었다"는 사실과 이미 금 태조 때에도 邊臣 沙乙河를 보내 보주가 고려 소유라는 것을 확인한 적이 있다는 사실을 주지시켰다.

그러나 보주 소유에 대한 고려의 이러한 생각과 달리 金太宗은 고려가 다시 보주를 소유하게 된 것에는 금의 도움이 컸던 것이니 만큼 이에 대한 감사의 뜻을 정식으로 외교문서의 형식을 갖추어 전하라는 것이었다. 하지만 고려의 입장은 달랐다. 금에 대하여 진심에서 사대외교를 한 것이 아니라 당시 금의 국력을 감안하여 사대노선을 채택한 것이었으므로 고려 조정은 금과의 문제를 될 수 있는 대로 축소하여 해석하려 하였다. 그러나 이 문제는 양측의 상반된 견해 차이로 통교 초 4년 동안 8차례의 사신이 왕래하는 가장 예민한 외교현안으로 확대되어 갔다.

더구나 금과의 약속을 무시한 대가로 송의 두 황제(휘종과 흠종)를 비롯한 황실 3천 명을 인질로 삼아 만주로 끌고 갔고(靖康의 變) 동시에 송으로부터 군신의 맹약을 받아낸 이후였으므로 금 태종은 보주소유 승인에 대한 감사의 誓書를 보내지 않는 고려의 불성실한 태도를 구체적으로 언급한 조서를 보내며 노골적인 불만을 터뜨려 왔다. 인종 5년(1127) 報諭使 司古德과 韓昉 등을 통해 전한 보주양여 문제를 둘러싼 그들의 구체적인 요구 조건은 다음과 같다.

> ① 보주의 땅은 처음에 詔諭가 있어 다시는 수복하지 않기로 한 것은 귀국에서 반드시 이전 條例에 따라 우리 나라를 잘 받들 것이라고 생각하였기 때문에 朝廷에서는 땅을 아끼지 않고 특별히 떼어 준 것이다. 그러나 그 후 여러 해가 지나도록 귀국은 誓書를 보내지 않고 다만 州城을 점령하여 지키니 도리에 어찌 온당하다 하겠는가.
>
> ② 그리고 위협에 못 이겨 따라왔거나 도망하여 온 戶口도 그 수가 많은데다 죽었다고 하니 자못 믿을 수 없는 일이다
>
> ③ 금년 8월 14일 安北都護府에서 來遠城에 보낸 公文에는 우리 백성들이 강 건너 昌州와 朔州 등지에 와서 농사를 짓고 있다며 이들을 처벌해 달라는 말이 있는데, 우리 나라는 保州만을 준 것이며 온 城內라는 句節은 없었다. 또 아직 일정한

境界線도 확정하지 않았으니 이 지역은 아직 우리의 內地에 속하는 것이다. 따라서 해당관리(安北都護府)에 지시하여 前日과 같이 함부로 사사로운 생각을 덧붙이는 일이 없도록 하라.

④ 天會 5년(고려 인종 4) 3월 9일 귀국의 謝恩使의 잘못을 견책하여 보낸 뒤 우리 國法에 의하여 범죄자는 피해자의 집에 보상금을 주어야 한다는 공문을 누차 보냈으나 지금까지 오랜 시일이 경과하여도 이를 처리하고 있지 않으니 예절상 옳지 않은 듯하다.

⑤ 보주를 돌려 준 것에 대한 왕의 회답 표문은 그 謝禮의 정도가 매우 미약하니 보다 확고한 약속의 文句로써 양국의 영원한 우호관계가 지속될 수 있도록 하라(《高麗史》 권 15, 世家 15, 인종 6년 12월 임신).

이로써 그들의 요구는 금의 도움으로 고려가 보주를 다시 갖게 된 것에 대한 감사의 뜻으로 충성을 맹세하여 誓表에 적어 보낼 것과 보주에 들어와 있는 호구의 刷還 및 압록강의 경계문제를 확실히 하자는 것이었다. 아울러 고려사신 일행이 저지른 金人 폭행사건에 대한 보상문제를 조속히 해결하라는 것 등이 포함되고 있음도 알 수 있다. 하지만 조서의 요지는 고려로부터 충성의 서약문을 받아내는 데 있었다.

다시 말하면 금 태종은 만약 고려가 진정으로 금과 통교하려는 뜻이 있다면 보주 할양에 대한 감사와 그 동안 고려 영토에 들어와 살고 있는 여진인에 대한 쇄환을 취소시켜 달라는 國書를 보내되 屬國으로서 갖춰야 할 충성심을 표한 「誓書」를 보내야 한다고 생각하였던 것이다.

물론 통교 후 고려는 인종 4년 12월 謝恩使를 보내 "屬國의 常禮를 지키어 온 나라가 정성을 다하여 조공할 것을 영원히 맹세한다"고 하였다. 그러나 금은 이러한 고려의 謝表는 너무 평범하여 고려의 충성을 의심하지 않을 수 없다고 하며, 구체적으로 이미 송이나 夏國이 금에 보낸 國誓처럼 "만약 이 맹세를 위반한다면 천지가 굽어보고 밝은 神이 즉각 재앙을 내려 자손이 대를 잇지 못하고 社稷이 쓰러질 것입니다"라는 절대절명의 충성을 표하는 문구를 갖춘 誓表를 보내야 양국의 우호가 확인될 수 있다고 하였다.[45]

이것으로 보아 한갓 미사여구에 지나지 않는 충성의 표현형식이 당시 외교문서에는 형식 이상의 중요한 의미가 있었던 듯하다. 사실 고려도 여진에

45) 《高麗史》 권 15, 世家 15, 인종 6년 12월 갑술.

게 9성을 환부해 줄 때 그냥 돌려 준 것이 아니었다. 여진은 두 차례나 사신을 파견하여 9성 반환을 간청하였고, 또 이미 重臣會議 결과 9성 철수를 결정했음에도 고려는 侍營兵馬別監 承宣 崔弘正과 兵馬使 吏部尙書 文冠 등을 시켜 여진의 酋長 居尉伊 등에게 9성을 돌려 받으려면 고려에 대한 여진인의 절실한 충성을 하늘에 두고 맹세하라고 요구하였다.

이에 여진 추장들은 咸州城 문밖에 壇을 설치하고 "지금 이후로는 대대손손에 이르기까지 악한 마음을 먹지 않고 계속 貢物을 바치겠습니다. 이 맹세를 위반한다면 우리는 멸망할 것입니다"[46]라는 충성의 맹세를 하였다. 이처럼 여진 추장들은 고려에 대하여 國運을 거는 충성의 맹세를 하고 나서 비로소 9성을 돌려 받았던 것이니 마찬가지로 이제 금측에서 고려로부터 충성의 서약을 요구한 것은 당연한 일이라고 보여진다.

더욱이 금측이 고려에 서서를 요구한 시기는 바로 이미 거란과 북송을 멸망시켜 大帝國으로서의 자신감이 극에 달해 있었고, 또 그들 황제로부터 국운을 건 서서를 받은 이후였다. 그런데 금이 호의를 보이며 누대에 걸쳐 소유하기를 바랐던 보주 땅을 고려에게 讓與하였는데도 고려는 오히려 미온적인 謝禮만 할 뿐 아니라 여전히 금 황실을 멸시하려는 태도를 버리지 않고 있었다.

한편 당시 금의 국내 사정을 보면「父母之國」인 고려로부터 충성의 서서를 받아내는 것이 황제권의 안정에도 절대적으로 필요했던 것으로 보여진다. 물론 태종초 대외적인 금의 위치는 최고의 극성기에 있었던 것은 분명하다. 그러나 국내적으로 금의 황제권은 결코 절대적인 권위의 상징은 아니었다.

당시 중국적인 중앙집권적 專制國家로서 금을 발전시키려 했던 태종 吳乞買의 앞에서 형 태조 아골타와 함께 금제국 건설에 공이 큰 종실 鐵喝의 아들 宗翰을 중심으로 한 보수적인 호족세력이 정국운영을 놓고 대립하고 있었다. 따라서 한방을 비롯하여 韓企先·張通古·宇文虛中 등과 같은 귀속한 漢人官僚를 주축으로 신제도의 개혁을 통해 강력한 중앙집권적 전제국가를 구축하려던 태종의 입장에서 보면,[47] 여진이 늘 흠모해 왔던 고려로부터 충성의 맹약을 받아낸다는 것은 그의 통치 역량에 도움을 주는 것이었다. 내부사정이 이

46) 《高麗史》 권 13, 世家 13, 예종 4년 7월 신유.

47) 河內良弘, 〈金王朝の成立とその國家構造〉(《岩波講座世界歷史》 9, 岩波書店, 1970).

러하였으므로 報諭使 韓昉 등이 귀국하여 고려에서 곧 서서를 보낼 것이라고 보고하자 금의 실력자 國論忽勃克烈 宗幹은 "자네가 아니면 이 일을 누가 능히 해결하였으리요"하며 대단히 기뻐했을 정도로[48] 고려의 서표는 그들에게 매우 중요한 것이었다.

그러나 고려의 입장에서 보면 서서를 바칠 필요까지는 없다고 생각하여 謝恩使를 통해 謝狀을 보냈던 것인데, 금측이 이를 거부하고 다시 보유사를 보내 즉각적인 서서 회신을 독촉하자 비로소 이에 대한 성의 있는 태도를 보이기 시작하였다. 당시 고려가 古今에 정통한 儒者들을 총동원하여 십여일 동안 의논했던 것이라든지, 금사 한방이 돌아갈 때 곧 서서를 보내겠다고 하였으나 실제는 1년이 지난 뒤에야 告奏使를 보냈으니 당시 이 문제를 둘러싼 명분과 실리의 양자택일의 입장에서 많은 고민을 하였다고 보여진다.

당시 국내 여론도 지금까지 여진에 대하여 「恩威之國」으로 대접받아온 고려가 금수와 다름없는 그들에게 조공을 바쳐야 하는 것도 불쾌한데, 게다가 충성의 서약을 바치게 된 상황에 이르자 사신으로 선발된 자들까지도 공공연히 군사 천 명만 주면 금을 공격하겠다는 소신을 피력할 정도로[49] 금나라에 대한 반발이 팽배해져 갔다.

그러나 「정강의 변」에서 증명되었듯이 실질적으로 송조차 황제가 인질로 만주에 잡혀가 있고 또 그들을 구해 내려고 고려에 와서 도움을 청하는 등의 처지로 전락한 사실을 확인한 고려로서는 더 이상 금측의 서서 요구를 묵살할 수는 없었다.

그러므로 고려는 인종 7년(1129) 11월 盧令琚와 洪若伊 등을 보내 "충성스런 마음이 하늘의 태양같이 밝을 것이요, 만일 이 맹세를 어긴다면 하늘이 벌을 내릴 것입니다"라는 맹세의 誓表를 전하였다. 그러나 "이러한 盟誓라는 것은 춘추전국시대 나약한 周나라에 대하여 강한 제후국이 마지못해 하는 행위일 뿐인데 이제 막 천하를 통일한 강국인 금으로서 이를 요구하는 것은 이성적이지 못한 태도"라고 지적한 회신도 아울러 보냈다.[50]

---

48) 《金史》 권 76, 列傳 14, 宗幹 및 권 125, 列傳 63, 文藝 上, 韓昉.
49) 《高麗史》 권 16, 世家 16, 인종 9년 9월 정유.
50) 徐居正, 《東文選》 권 39, 誓表.

요컨대 서서란 형식상의 문제에 불과한 것으로 볼 수도 있으나 당시 문화 전통이 미약한 금 황실에 있어서는 선진의 송이나 특히 그들의 부모와 같은 존재였던 고려로부터 국가의 운명을 거는 충성을 맹세한 국서를 받아내는 일이란 대외적으로 그들의 열등감을 씻어 주는 것이며 안으로는 황실의 지배력을 강화시켜 주는 것으로 형식 이상의 의미를 지니는 일이라 하겠다.

나) 고려 사신의 금인 폭행사건

인종 6년 12월 보유사 한방 등이 와서 고려에 전한 「보주문제」 가운데에는 보주와는 상관없는 다른 문제가 포함되어 있었다(사료 ④). 즉 사은사 金子鏐 일행이 금에 가서 일으킨 金人 폭행사건에 대한 배상금의 지불 요구가 바로 그것이다.

금 태종은 수교 직후 고려에서 보낸 사은사 일행이 금나라 사람을 죽인 사건에 대하여 당시 금 조정에서는 이들에 대하여 죄 값보다 가벼운 형량으로 이 문제를 처리하여 돌려보냈으나 이제 金의 법률에 따라[51] 피해자의 집에 배상금으로 牛馬와 銀을 보내라는 것이었다.

이 사은사는 인종 4년 12월에 고려를 출발하여 이듬해 정월 금조정에 도착하여 양국의 사대관계를 재확인하고 투입인구의 쇄환이 불가능함을 전하였던 사행이었다. 그들의 일행 가운데 從者 崇吉이 금나라 사람과 싸워 금의 都部署에 체포되어 장형을 맞고 귀국한 적이 있었다. 그래서 고려는 이들이 귀국하자 왕명을 욕되게 한 죄로 책임자인 정사 김자류를 면직시키는 것으로 이 문제의 처리를 끝낸 바 있다.[52]

그러나 금 태종은 그 동안 파견된 여러 사신을 통하여 이 문제에 대한 보상금의 송부를 촉구하였고, 1년이 넘도록 고려가 아무런 조치를 취하지 않자 이에 대한 배상을 독촉하게 되었던 것이다. 그리나 고려는 이미 처벌된 사람을 다시 소급하여 벌을 가할 수는 없는 刑法不遡及의 원칙을 주장하며 금의 요구를 거부하였다.

그런데 이 때 고려가 이들의 법 적용을 금인을 다치게 했다는 폭행죄에 적

51) 《金史》 권 1, 世紀, 始祖 函普 및 권 45, 志 26, 刑 金國舊俗.
52) 《高麗史》 권 15, 世家 15, 인종 5년 3월 계사.

용한 것이 아니라 '왕명을 손상시킨 죄'에 따라 형을 가했다는 점이 주목된다. 다시 말하면 고려 조정은 종자 숭길이 무례하게 상국의 백성과 싸워 그를 다치게 하였다는 것이 중요한 것이 아니라 고려 왕을 대신해 사신으로 나간 김자류가 부하들을 제대로 단속하지 못하여 이국에까지 가서 왕의 이름을 더럽혔다는 죄목으로 탄핵하고 처벌하였던 것이다. 이러한 죄목에 따라 고려 조정은 관직자 김자류에게는 왕명을 손상시킨 죄로 職田을 몰수하고 관직을 박탈하고 귀향 조치했으며, 폭행 당사자인 숭길은 사람을 다치게 한 죄에 의거해 처벌하였다.

이러한 양국의 입장차이 때문에 고려는 상해자에게 보상금을 지불하라는 금측의 요구에 대하여 이미 형을 집행한 사건이니 지금에 와서는 소급해 가중처벌을 할 수 없다고 하였고, 아울러 이미 죄 값을 치른 상태이므로 金律에 따라 피해자 집에 보상물로 은과 우마를 보내라는 요구는 "徒刑과 屬徵은 겸하지 않는다"는[53] 원칙을 들며 받아들이지 않았던 것이다.

이 사건에 대한 다른 기록이 남아 있지 않아 확실한 것은 알 수 없다. 그러나 금측이 이 폭행사건을 뒤늦게 지적해온 것은 그 동안 보여온 고려의 금에 대한 불손한 사례를 부각시켜 고려로 하여금 하루빨리 誓書를 바치게 하려는 구실이었다고 생각된다.

하지만 이 문제를 통해 우리는 당시 고려를 대표해 사신으로 간 사람조차 금에 대한 거부감이 심하였던 것을 알 수 있다. 물론 사건 당사자인 숭길은 관직자가 아닌 한갓 짐꾼이나 말단 수행원 정도에 지나지 않는 사람으로 보이며 기본적인 소양을 갖춘 인물로 보기는 어렵다. 그러나 대외적인 공무를 수행한 사람으로서 상대국 사람과 싸우는 경우란 거의 드문 일이라 할 수 있다. 그런데 이러한 일이 발생한 것은 그만큼 고려인들의 對金人觀, 즉 금 건국 후에도 여진인을 무시하는 태도에는 변함이 없었다는 것을 보여준 사례라 하겠다.

다) 신왕 책봉문제

冊封은 사대외교의 형식인 조공관계를 공표하는 대표적인 의례의 하나이다. 광종 2년(951) 후주에 사신을 보내 조공하였을 때 후주 세종이 광종을 고려

53) 《高麗史》 권 15, 世家 15, 인종 6년 12월 임신.

국왕에 책봉한 사례가 그 최초이다. 물론 이렇게 고려가 화친의 뜻으로 사신을 보내면 상대편 국가에서 고려왕을 책봉하는 관례는 송과 거란의 경우에도 마찬가지였다. 더구나 송과 거란은 통교 처음뿐만이 아니고 고려가 조공을 할 때마다, 혹은 그들 황제가 새로 즉위할 때, 연호를 바꿀 때, 上尊號의 冊禮를 거행할 때도 고려 왕을 加冊하였다. 따라서 성종과 문종의 경우는 처음 책봉이외에 별도로 4회 이상의 가책을 받기도 하였다. 그러나 이같이 초기 한중관계에서부터 보여왔던 「조공-책봉」의 절차는 금나라와의 관계에서는 다른 양상으로 나타났다.

우선 금은 수교 16년이 지난 인종 20년(1142) 5월에야 비로소 대부감 完顔宗禮와 한림학사 田穀을 보내 인종을 '開府儀同三司·上柱國·高麗國王'에 봉하고 아울러 구류관·구장복·옥규·금인·옥책·상아수레·말 등의 예물을 보내왔다.[54] 그리고 고려도 책봉을 받고 나서 비로소 금의 皇統 연호를 사용하기 시작하였다.

이처럼 금측은 송이나 거란이 고려의 조공사신을 맞이한 후 바로 고려 왕을 책봉한 것과 달리 상당한 시일이 지난 뒤에야 책봉을 하였으며, 가책의 사례는 한 번도 없었다. 당시 금의 국력이 남송과 고려의 유대가능성을 의식하지 않아도 될 정도였다는 점에서 책봉이 늦어진 것으로 볼 수도 있으나 서서문제에서 알 수 있듯이 고려의 금에 대한 태도가 의심스러운 측면이 많았기 때문으로 보여진다.

그러나 인종 사후 즉위한 의종에 대하여는 3년상을 마치자 마자 책봉사를 보내왔다.[55] 하지만 무신들에 의해 의종이 강제로 폐위되고 대신 옹립된 명종의 경우는 상황이 달랐다. 명종뿐 아니라 무신집권기에 즉위한 왕들의 책봉은 고려측의 몇 차례 즉위를 알리는 告奏使와 책봉을 요구하는 請冊使 등의 사신왕래가 있은 후에야 책봉을 하였는데 이는 정상적이지 못한 왕위계승 때문이었다. 따라서 무신정권기에 가장 심각했던 외교현안은 신 왕의 책봉문제였다.

의종 24년(1127) 말 쿠데타에 성공한 정중부 등 무신란 주동자들은 같은 해 의종을 거제현으로 내쫓고 대신 王弟 翼陽公 晧를 맞이하여 즉위케 한 다음

54) 《高麗史》 권 17, 世家 17, 인종 20년 5월.
55) 《高麗史》 권 17, 世家 17, 의종 2년 5월 경오.

공부낭중 庾應圭를 금에 보내 왕위 교체를 알렸다. 의종이 왕위에서 물러날 수밖에 없는 이유로 왕이 치료가 불가능한 병을 앓고 있기 때문에 나라 일도 제대로 처리할 수 없을 뿐 아니라 金使의 접대도 못하는 등 제후로서의 도리를 못하게 되어 물러나게 되었다는 것이다. 물론 이 서한은 의종의 의사가 아니라 당시 집권층에 의해 조작된 글이다.

비록 의종의 향락과 사치가 무신란 발생의 한 원인이 되기는 하였으나 의종은 왕권강화 내지 왕실의 권위회복을 위해 남달리 노력한 인물이었다는 점에서[56] 이 표문은 신빙성이 전연 없는 것이다. 하지만 그들은 무력에 의한 왕위교체에 대하여 혹시 금측이 이의를 제기하면 그들의 정권 유지가 쉽지 않을 것으로 보고 의종 선위의 주목적이 금에 대한 보다 성실한「사대의 예」를 제대로 수행하지 못하게 된 데 있음을 주지하는 내용의 표문을 보냈던 것이다.

표문을 읽은 金世宗은 양위의 이유가 타당한 듯하나 의심스러운 데가 있어 사신을 보내 자세히 알아본 후 결정하겠다는 조서를 주어 고주사 유응규를 되돌려 보냈다.[57] 이 조서의 내용으로 보아 명종의 즉위에 대한 금의 반응은 상당히 온건했던 것으로 보이나 그들은 왕위계승과 같은 큰 일에 대하여 상국인 금측에 먼저 알리지도 않고 선위 후에 고주한 것에 대하여 불쾌하게 생각하고 있었다.

더구나 당시 금은 국초 송나라와 힘 겨루기를 하던 단계를 지나 명실공히 중화의 중심에 군림했던 때이며, 실제로도 그들에게 사대를 하고 있던 고려의 정치변동에 대하여 자세한 정보를 입수한 이후였다. 이러한 상황에서 사전에 알리지도 않고 살아있는 의종의 갑작스런 선위에 대한 보고를 받은 금 세종은 "군신의 예와 형제의 次序를 아는 고려가 어찌하여 인륜의 질서를 어지럽히며 형을 폐하고 位를 빼앗아 虛言을 만들어 상국 금을 속이려 했으니, 마땅히 천군을 내어 주벌하여 그 죄를 징계하자"는 뜻을 보였다. 승상 良弼도 이러한 세종의 뜻을 지지하며 표문이 거짓임을 증명하는 4가지 구체적인 이유를 들어 고려의 태도를 비난하였다.[58]

56) 河炫綱, 〈高麗 毅宗의 性格〉(《東方學志》 26, 1981).
57) 《高麗史》 권 19, 世家 19, 명종 원년 5월 을축.
58) 《高麗史》 권 99, 列傳 12, 庾應圭.

이에 금 조정에서는 회신의 조서작성을 놓고 한참 논의한 끝에 전왕의 양위를 허락하지 않는다는 조서 1통만을 주어 고주사 유응규를 귀국시키기로 하였다. 그러나 신왕 명종의 신임으로 고주사에 발탁된 유응규였던 만큼 그는 신왕에게 보내는 回詔를 받지 못하여 왕명을 욕되게 하였으니 차라리 죽음을 택하겠다며 단식으로 일주일을 버티었다. 이에 금 세종은 그의 충성심에 감탄하며 결국 자세한 사실은 직접 詢問使를 보내 확인해 보겠다는 회조를 보내게 되었던 것이다.

고주사 유응규가 귀국하자 이어 순문사 完顔靖이 고려에 도착하였다. 이미 의종의 강제퇴위를 알고 있던 그였으나 당시 고려 관인들은 순문사와 의종의 직접 면담을 철저하게 방해하며 명종의 즉위를 정당화시키려 하였다. 의종을 만나 직접 양위이유를 확인하려 했던 순문사 완안정은 여러 관리들의 적극적인 변호에 만족하고 순순히 금으로 돌아갔다.

물론 의종 지지세력이 모두 제거된 탓도 있겠으나 앞서 고주사 유응규의 행동에서도 보여지듯 무신에 의해 권력을 빼앗긴 문신들 가운데 금사에게 가서 의종 폐위의 부당성을 호소한 사람은 없었던 것 같다. 그리고 무신들 역시 의종 폐위와 명종 즉위에 대한 고주를 맡아 무신정권의 難題를 해결해 준 문신 유응규의 활약에 대해 "庚寅의 일은 공의 활약이 아니었다면 우리 무리는 죽어 젓을 담게 되었을 것"[59]이라고 스스로 인정할 정도였다. 무신정권이 금측으로부터 더 이상의 간섭 없이 유지될 수 있었던 것은 유응규와 같은 문신의 공로와 협력이 있어 가능했다는 사실을 알 수 있다.

순문사 귀국 후 고려는 다시 한 번 명종의 책봉을 요구하는 고주사를 금에 파견하였는데 당시 금조정의 분위기는 고려에 대하여 더 이상 간섭하지 말고 고려측의 간절한 요청이 있으면 책봉을 해주자는 입장이었다. 이처럼 금은 고려에 대한 침략의사가 없었으며, 단지 고려가 상국에 미리 고주하지 않은 채 왕권교체를 하였다는 사실만을 불만으로 여겼던 것이니 만큼 앞으로 고려가 그들을 상국으로 섬기는 의례를 제대로만 한다면 고려의 정권교체에 대하여는 간섭하지 않겠다는 입장이 강하였다고 할 수 있다.

《金史》권 135, 列傳 73, 外國 下, 高麗.

59) 《高麗史》권 99, 列傳 12, 庾應圭.

따라서 고려에서 다시 책봉을 요구하는 請冊使를 파견하자 금 세종은 명종 2년(1172) 5월, 대부감 烏古論仲榮과 한림직학사 張享을 보내와 왕을 책봉하고 예물을 전하였다. 이에 고려는 동년 8월 대복경 金暄을 통해 이를 사례하였다. 이로써 무신정권의 정통성은 일단 금에 의해 인정된 셈이다.

명종에 대한 책봉으로 금의 고려에 대한 정책의 성격을 파악한 무신정권은 향후 崔忠獻에 의해 명종·신종이 강제 폐위되고 신왕을 옹립한 후에도 매번 전왕의 병이 심하여 軍國機務와 금에 대한 事大儀禮를 제대로 준수할 수가 없어 양위한다는 표문을 보내며 신왕의 책봉을 요구하였다.

그러나 60세의 강종이 즉위한 지 두 해 만에 죽고, 그이 아들 고종이 즉위하였는데, 그 때 마침 金衛紹王도 右副元師 胡沙虎의 반란으로 폐위되고[60] 대신 宣宗이 즉위하였으나 그 역시 元師府의 한갓 허수아비에 지나지 않은 존재였다.[61] 그러므로 고려는 더 이상 금에 대하여 책봉을 요구할 필요가 없었다. 따라서 고려왕이 금황제로부터 책봉을 받은 것은 강종이 마지막이 된다.

요컨대 신왕 책봉문제를 놓고 볼 때 금은 고려가 事大外交의 형식을 갖추어 상국으로서의 예우를 제대로 해주기만 한다면 결코 내정에 간섭할 의사가 없었음을 알 수 있다. 이러한 금측의 고려에 대한 내정 불간섭의 유화적인 정책은 국내의 연이은 반란에도 불구하고 무신정권으로 하여금 대외적으로 정통성을 확보하여 장기 집권할 수 있게 하였다.

다. 사신의 왕래

인종 4년 4월 정응문과 이후를 금에 보내 사대수교의 뜻을 전하자 금은 같은 해 9월 선유사 고백숙과 오지충을 파견하여 "고려는 무릇 사신을 왕래하는 데 있어서 마땅히 모두 요의 구제에 따른다"는 칙명을 전해왔다. 이에 고려는 이들을 大明宮에서 접대하는데 일일이 遼를 섬기던 舊禮대로 하였다. 금 역시 고려 사신을 접대하는 의례와 고려 사신의 지위를 西夏 위에 둔다는 '朝賀·賜宴·朝辭儀'를 정하여 양국간의 실질적인 외교를 시작하였다. 이로써 고려의 대금외교 사신의 왕래와 그 접대 기순은 과거 거란에 대한 외교형식과 같았다는 점을 확인할 수 있다.

---

60) 《金史》 권 13, 本紀 13, 衛紹王 至寧 원년 8월.
61) 《金史》 권 14, 本紀 14, 宣宗.

실제 인종 4년부터 마지막으로 금에 사신을 보낸 고종 즉위년(1213)까지 두 나라에서 파견한 사신들의 명칭은 遼麗間의 왕래 사신들과 거의 비슷하였다. 고려에서 정기적으로 금에 파견한 사신으로는 天壽節 및 萬壽節 등으로 불리는 금황제 생일에 보내는 節日使, 신년 인사차 동짓달에 파견하는 賀正使, 고려왕의 생일에 금에서 보낸 生辰使에 대한 회사로서 보내는 謝生日使 및 3년에 한 번씩 금측에서 보내온 橫宣使에 대한 답사로서의 謝橫宣使가 정기적으로 파견되고 있었다.

하지만 거란과의 관계에서 비교적 활발한 외교 역할을 하였던 東京持禮使는 의종초까지만 하여도 東京交聘使라는 명칭으로 바뀌어 양국외교에 활약하였으나 이후에는 거의 보이지 않고 있다. 이는 황제의 칙사로 보이는 횡선사가 「3년 1사」로 정기화되는 것과 반대되는 현상이다. 아마도 해릉왕이 추진한 중앙집권화정책에 의해 동경유수가 지니고 있었던 독립적인 외교권이 없어진 것과 관계가 있다고 보여진다. 이 밖에 사안의 발생에 따라 파견되는 비정기적 사신으로는 謝冊封使·告奏使·謝宣諭使(謝宣慶使)·賀登極使 및 국상에 대한 각종 勅祭使가 있었다.

이에 대하여 금에서도 정기적으로 사신을 파견하였다. 거란에서 파견하기 시작한 이래 해마다 파견되고 있는 高麗王生日使와 「3년 1사」로서의 橫宣使가 있었다. 이외 비정기 사행으로는 양국 修交儀典과 보주문제나 「정강의 변」등과 같은 情勢를 알리기 위한 宣諭使(宣慶使 포함) 등의 사신과 사대외교의 가장 중요한 형식인 冊封使의 파견을 들 수 있다.

앞에서 설명하였듯이 거란이나 송의 경우는 신왕 책봉을 하였을 뿐 아니고 加冊도 하였으나 금대의 경우는 신왕 즉위후 단 1회의 책봉만을 하였다. 책봉사의 규모는 신종 2년(1199) 4월에 파견된 사신을 기준해서 보면, 정사·부사 이외에 上節 18명·散上節 14명·中節 27명·下節 100명·수레 21대·馬 14필·綱擔夫 100명 등으로[62] 총 인원 261명이었다. 이는 과거 거란 책봉사 133명보다 두 배 이상 늘어난 규모이다.

한편 이들 사신이 오면 고려에서는 반드시 吉日을 택하여 조서를 받았는데 지난 성종 9년(990) 6월 송에서 光祿卿 紫成務와 太上少卿 越化成 등이 왕을

62) 《高麗史》 권 21, 世家 21, 신종 2년 4월 을유.

책봉하러 왔으나 길일을 받아 책례를 거행하려다 보니 한 달 이상 객관에 머물러 있게 된 正使 자성무가 힐책하여 이런 전례가 없어지게 되었다[63]고 한다. 따라서 금대의 책례는 길일과 상관없이 거행되었다고 보여진다.

그러나 금사를 맞이하는 장소는 이전과 달랐다. 거란과의 통교초기에는 南郊에 단을 쌓고 조서를 받았으나 금대에는 무신란 때 宣慶殿이 불타 잠시 大觀殿에서 책명을 받기도 하였으나 원칙은 선경전에서 冊命을 받고, 대관전에서는 사신을 위한 연회가 열렸다.[64]

흉례에 대한 사행은 거란과의 외교에서 보인 동일한 종류의 사신들이 파견되었다. 고려에서 왕의 부음을 알리면 금에서는 祭奠使(勅祭使)·弔慰使(慰問使)·起復使를 파견하고, 만 3년 후 다시 落起復使를 파견하여 상이 끝났음을 전한 후 바로 嗣王에 대한 책봉을 거행하였다. 이에 대하여 고려는 謝勅祭·謝起復·謝落起復 등의 回謝使를 파견하는 것이 통례였다. 그러나 무신정권 때는 왕위계승이 정상적이지 못하여 告哀嗣位나 칙제사의 왕래는 별로 없었다. 왕뿐 아니라 태후의 喪을 알리면 국왕의 부음과 마찬가지의 4종의 사신이 파견되어 왕을 위로하였다. 물론 금의 황제와 태후의 부음을 전하면 고려에서는 奉慰使·祭奠使·會葬使를 파견하고 뒤이어 賀登極의 사신을 파견하였다.

그런데 거란이나 송의 경우는 국상이 끝난 후 遺留使를 통해 선황제나 선황후가 쓰던 采緞이나 銀器 등의 遺物을 전하였다. 그러나 금대에는 유품전달의 의례가 없었다. 게다가 국상에 참여하는 고려측 제전사는 금 수도까지 직접 祭具를 들고 가는 것이 상례였다.[65] 그리고 앞의 보주문제의 경우에도 나타났듯이 양국 사이에는 외교격식을 둘러싸고 자주 마찰을 일으켰다.

명종 14년(1184) 왕모 인예태후 임씨의 사망에 태부감 完顔辜가 제전사로 왔는데 그는 자신이 천자의 사신임을 내세워 태후의 화상에 절을 할 수 없다고 버티었으나 고려도 그의 태도에 굴복하지 않았다. 또 제례가 끝난 후 사신을 위한 연회를 베풀 때에도 금사는 연회가 사신을 위한 연회이니 만큼 화려한 주연을 원하였으나 고려에서는 小喪을 지내지 못하였다는 이유를 들어 주악과

63) 《宋史》 권 487, 列傳 246, 外國 3, 高麗.
64) 《高麗史》 권 21, 世家 21, 희종 2년 4월 계유.
65) 《高麗史》 권 21, 世家 21, 고종 즉위년 윤 9월.

꽃치장을 생략한 상태에서 연회를 베풀었다.[66] 이와 같은 사례에서 볼 때 고려는 금사를 접대할 때 상국 사신인 금사의 요구에 순종하지 않고 대등한 입장에서 고려의 뜻을 관철시켜 의례를 거행하였음을 알 수 있다.

뿐만 아니라 금 말기 거란인 반란이 일어나 금에서 원병을 요청해 왔으나 고려의 정국이 어수선한데 원병을 보낸다면 고려의 군사력이 분산되어 큰 화를 야기시킬 수도 있다는 이유를 들며 고려 자체의 치안을 철저히 하여 거란병이 금에까지 이르지 않도록 하겠다는 回牒만 보냈다.[67] 물론 당시 고려의 상황이 거란의 침입으로 북변이 불안한 것은 사실이나 실리외교를 추구해 온 고려로서는 한계가 드러난 금을 위하여 원병을 파견할 이유가 없었으며 나아가 고종 11년(1224)에는 금나라 연호사용을 정지하였다.[68]

고려의 이러한 행동은 지난 12세기 초 금의 반기로 위기에 처한 거란이 고려에 원병을 요청하자 고려조정은 남의 나라를 위하여 자국민을 위태롭게 할 수 없다는 이유로 거란측의 요구를 거절하고, 거란으로부터 받은 정삭과 연호를 폐지하고 갑자연호를 사용하였던 경우와 마찬가지이다. 이는 대륙의 정세변화에 능동적으로 대처하며 실리를 추구하려는 변함없는 고려의 실리 외교정책을 보여주는 것이라 하겠다.

라. 경제교류

거란으로부터 고려는 5차례에 걸쳐 대장경을 수입하고, 때로는 고려의 서책을 거란에 보내기도 하였으나 고려와 금 사이에는 학술·사상 등의 문화교류는 전연 보이지 않는, 지극히 정치적·의례적인 관계였다. 따라서 현재 麗金무역에 대하여는 기미정책의 일환으로 금 건국 이전 여진족에 대한 회사무역 정도에 대한 연구 이외에는 별반 연구가 없는 실정이다. 이는 양측의 조공무역에 대한 사료가 부족한 데다가 금의 문화의 수준이 낮았기 때문이다.[69]

그러나 두 나라의 무역에 대한 기록이 없다 하여 두 나라의 경제교류가 전연

---

66) 《高麗史》 권 64, 志 18, 禮 6, 凶禮 國喪 명종 13년.

67) 《高麗史》 권 22, 世家 22, 고종 4년 정월 갑신.

68) 羅濬, 《寶慶四明志》 권 6, 高句麗國.

69) 쌍방간의 무역이 저조하게 된 이유로 고려가 반농, 반목의 낮은 생산력과 문화수준에 처해 있었던 금 나라와는 대외무역에서 기대할 것이 없었기 때문이라고 보는 견해가 일반적이다(홍희유, 〈녀진 및 금과의 무역〉, 《조선상업사(고대, 중세)》 과학백과사전출판사, 1989, 106~109쪽).

무의미했다고는 생각되지 않는다. 더욱이 송조차 금측이 가지고 있는 자원에 대하여 고려가 독점하려 한다며 촉각을 세우고 있었다는 사실[70]과 금과의 통교 후 많은 고려인들이 對金使行의 이익을 노려 서로 참여하기를 바랐다는 점 등에서 여금무역의 특징을 찾을 수 있을 것이다.

우선 협의의 조공무역이라 할 수 있는 관무역에 대해 살펴보자. 왕래한 사신들의 횟수만 보면 거란에 비해 매우 활발한 교류였으나 관무역의 규모를 알려주는 사료는 매우 빈약하다. 대신 인종 8년(1113) 3월 금에 파견한 고주사 노영거나 같은 해 12월에 파견된 金端 등을 통해 고려가 금에 전한 方物로는 御衣·衣帶·銀器·茶 등이 있을 뿐이다. 그리고 비슷한 시기 고려는 예부원외랑 崔惟淸과 합문지후 沈起 등을 송에 보내면서 송 조정에 전한 공물이 '금 백냥·은 천냥·능라 200필·인삼 500근'이라던가, 거란과의 관계에서 보이는 예물규모를 통해 유추해 볼 수 있을 뿐이다.

그리고 비록 금 조정에 보낸 것은 아니나, 고종 7년(1220) 2월 당시 고려경내에 피난해 와 있던 금의 원수 宇哥下가 의주반란군이었던 별장 韓恂과 낭장 多智등을 잡아 난의 진압에 도움을 주자 고려에서는 이들에게 은주전자·은쟁반·은사발과 가는 모시·가는 비단·굵은 베와 쌀 등을 보내 사례하였다.[71] 이들 품목은 평소 고려에서 금에 보낸 조공무역품의 일부라고 보여진다. 아울러 이듬해 고려를 침입한 거란유종 金山과 金始를 물리쳐 준 대가로 몽고의 著古與가 요구한 품목으로 수달피·가는 비단·가는 모시·비단실 등의 의료와 龍團墨·붓·종이 등의 문방용구 및 자초·홍화·남순·주홍 등의 염료 및 동백기름 등이 있는데[72] 이는 지금까지 고려가 금에 조공으로 보내왔거나 고려의 토산품으로서 널리 대외에 알려졌던 물건이라고 보여진다.

따라서 일단 고려가 금에 보낸 수출품은 거란이나 송에 보냈던 것과 별 차이 없는 金·銀·銅·가는 모시·굵은 베·품질이 그리 높지 않은 비단인 絹紬 또는 絹絲·腦元茶·용단묵·人蔘·종이 등이다. 특히 금·은·동은 송나라에는 교환가치가 있는 은병을 보낸 것과 달리 세공된 祭器나 細工品을 수출했다

70) 《高麗史》 권 95, 列傳 8, 李子淵 附 資諒.
71) 《高麗史》 권 22, 世家 22, 고종 7년 2월 병자·3월 병신.
72) 《高麗史》 권 22, 世家 22, 고종 8년 8월 갑자.

고 보여진다. 더구나 금 장종 때에 고려에서 귀국한 사신이 입수한 銅器까지 모두 정부에서 매도할 것을 의무화한 사실에서 확인되듯[73] 고려는 금측사신들에게 개인적인 예물로 동기를 주었다.

그리고 이미 북송 때부터 그 명성이 높았던 고려의 문방용품도[74] 여전히 금인들에게 인기 있는 수입품의 하나였다. 당대의 화가이기도 한 장종은 늘 고려 靑磁紙를 애용하여 그림을 그렸으며[75] 몽고사신 저고여가 요구한 물품 중에도 있듯이 고려의 문방용구는 명성이 높아 송뿐만 아니라 이후 중국 여러 왕조에 수출되었다.

한편 금으로부터 받은 회사품 역시 정확한 것은 알 수 없다. 그나마 가장 규모가 크다고 할 수 있을 고려왕의 冊封 때 보내온 儀物과 別賜에 대한 기록을 통해 회사품의 종류를 유추해 볼 수 있을 뿐이다. 금나라는 왕을 책봉한다는 글과 함께 그에 따르는 하사품으로 구류관·구장복·옥규·금인·옥책·수레·말 등의 의물과 별도의 예물로 그릇과 몇 마리의 말을 보내왔다. 이것은 과거 문종 32년(1078) 송에서 國信使 安燾를 통하여 전한 국신물이 100종 6,000여 가지에 달하였던 경우[76]에 비하면 보잘 것 없는 것이다. 그런데 위의 국왕 책봉시에 보낸 別賜品目에 보이듯, 거란이 고려에 犀玉腰帶를 보낸 것에 비하여 금나라는 처음으로 金印을 보내기 시작하였다. 이는 그 나라 이름의 어원에 대하여 "完顔部가 위치한 按出虎水 지방에 많은 金이 생산되므로 금으로서 國號를 삼았다"는 주장들처럼[77] 많은 금을 갖고 있다는 점에서 고려는 이 금인 이외에도 금나라로부터 금을 回賜받았을 가능성이 높다. 그 밖에 고려는 금으로부터 絹絲를 예물로 받았다.

> 의종 때 금에서 보낸 絲·絹 등의 물건은 그 절반은 內府에 들여보내 御用에 쓰게 하고 나머지 절반은 大府로 들여보내 경비에 충당하게 하였는데, 왕이 즉위하자 그 전부를 내부에 두어 여러 폐첩들에게 내려주니 나라의 창고가 비게 되었다(《高麗史節要》 권 13, 명종 15년 정월).

---

73) 《金史》 권 48, 志 29, 食貨 3, 章宗 明昌 5년 3월.
74) 韓致奫, 《海東繹史》 권 27, 物産志 2, 紙.
75) 韓致奫, 《海東繹史》 권 27, 物産志 2, 書目.
76) 《高麗史》 권 9, 世家 9, 문종 32년 6월.
77) 徐夢莘, 《三朝北盟會編》 권 3, 重和 2년 정월·11월 정사.
葉隆禮, 《契丹國志》 권 26, 諸蕃記.

금으로부터 받은 사·견은 왕실 경비와 일반 공용 경비로 활용키 위해 비축되어 왔는데 명종 때 이르러 이들 품목은 御用으로만 쓰기에도 부족하였듯이 당시 고려인들의 비단 수요는 급증하였던 것 같다.

여기서 보이는 금의 회사품인 사·견은 일반적인 비단 또는 비단실일 수도 있겠으나 금의 기구인 織染署와 文繡署는 외국에 보내는 예물용 金線을 전담하는 기관이라고 명시되어 있고[78] 일반 견사나 契丹絲와 달리 眞絲로도 표현된 경우가 있어,[79] 片金線法에 의해 직조된 금의 특산품인 金線이 아니었나 추측된다.

그 밖에 특수한 회사품으로 주로 횡선사를 통해 전달되는 羊이 있다.[80] 물론 양을 횡선사를 통해 전하는 풍습은 이미 거란의 경우에서 확인된 바 있다. 이렇게 거란이나 금으로부터 가져온 양의 용도로 문무 참상 이상의 관리나 近臣에게 차등있게 나누어주었다는 것과 왕공 귀인이 아니면 양고기를 먹지 못하였다는 견문록을 통해서 추측해 볼 때[81] 횡선사가 가져온 수천 마리의 양은 모피를 얻기 위해 방목되었다기보다는 직급에 따라 관리들에게 분배되어 이들의 식용으로 쓰인 것 같다.

일반적으로 송이나 거란에 파견된 고려 사신은 상대국의 군주를 만나 행하는 의례 가운데 양국의 군주에 대한 문안인사가 끝나면 양국의 禮物이 교환되고 그 다음 사신 개인의 물품이 공식적으로 거래되었다.[82] 그런데 금에서 고려 사신을 맞이하는 의례를 보면 貢物과 私獻을 구분하지 않고 단지 예물을 전하면 그에 대한 회사가 있었을 뿐이다.[83] 대신 금 세종은 금과 외교관계를 갖고 있는 나라 가운데 고려의 사신만이 사헌을 하고 있다며[84] 이를 폐지시켰다. 이것으로 보아 그때까지 고려 사신들의 사헌무역은 관행으로 되어 왔음을 알 수 있다.

그러나 금측의 이러한 조치로 사신의 공적인 무역이 폐지되었을지라도 使行

---

78) 《金史》 권 56, 志 37, 百官 2, 文繡署·織染署.
79) 《高麗史》 권 18, 世家 18, 의종 11년 4월 을사 및 19년 4월 갑신.
80) 《高麗史》 권 19, 世家 19, 의종 23년 7월.
81) 徐兢, 《高麗圖經》 권 23, 雜俗.
82) 《遼史》 권 51, 志 20, 禮志 4, 賓儀, 高麗使入見儀.
《宋史》 권 119, 志 72, 禮 22, 賓禮 4, 契丹夏國使副見辭儀 高麗附.
83) 《金史》 권 38, 志 19, 禮 11, 外國使入見儀.
84) 《金史》 권 135, 列傳 73, 外國 下, 高麗.

을 통한 부대무역은 더욱 극성을 이루었다. 해마다 使命을 받들고 入金하는 사람들이 무역의 이익을 노려 많은 물품을 가져갔으므로 운반하는 驛吏들이 고통스러워 할 정도였다. 물론 이러한 폐단을 막기 위해 휴대물품을 일정량으로 제한하기도 하였으나 별 효과를 거두지 못하였다.[85]

그렇다면 사신이 국가의 공인을 받고 가져갈 수 있었던 그 규모는 어느 정도였을까. 이에 대하여 정확하지는 않으나 남송초 송에 파견되었던 예부원외랑 최유청이 貢物 규모의 3분의 1을 私獻物로 바쳤다는 사실에서[86] 보아 사신들의 공식적인 사헌규모가 얼마나 컸었는지 짐작할 수 있다.

12세기 금나라를 중심으로 한 국제관계에 있어서 당시 고려의 국제적인 예우 위치는 宋 다음이거나 때로는 송, 서하 다음으로 대우받았던 만큼 고려와 서하의 국제적 위치는 비슷하였다. 이미 거란에서도 外國貢進物과 回賜品에 대한 규정을 할 때 고려와의 무역 규모를 설명한 다음 서하에 대하여 "거란은 羊을 제외한 나머지 회사품은 신라(고려)와 똑같이 한다"[87]고 하였듯이 서하와 고려가 받는 회사품 규모는 비슷한 것을 알 수 있다. 따라서 서하의 사신에 대한 금의 예우를 보면 고려 사신이 금으로부터 받았을 회사품의 종류와 규모를 미루어 짐작할 수 있겠다.[88]

이상과 같이 입조한 사신들이 공식적인 행사를 통하여 국가로부터 물품을 授受한 경우만 아니고 일종의 상거래도 하였다. 《金史》 禮志에 서하의 사신들에 대하여 "使臣의 요구가 있으면 2日場을 하게 했다"는 기록[89]과, 이미 다른 나라 사신들과 달리 사헌무역을 하였던 고려 사신이었던 만큼 入見儀 행사 후에 별도로 客館을 시장으로 삼아 상인으로서의 부대무역을 했을 가능성이 높다. 그리고 이러한 상행위를 통해 주로 고려인들이 무역했을 물품의 대종은 金絲(織金線)나 위구르 등 서역의 외국상인이 가져온 毛氈·兜羅綿·錦織·注

85) 《高麗史》 권 20, 世家 20, 명종 13년 8월.

86) 《宋史》 권 487, 列傳 246, 外國 3, 高麗.

87) 葉隆禮, 《契丹國志》 권 21, 外國貢進物.

88) 당시 金에서는 西夏의 사신에게 두 차례에 걸쳐 예물을 주었다. 입국하여서는 2~3벌씩의 衣對와 別賜로 幣帛 140필·綾羅 39필·帛 62필·布 4필·金帶 3·金銀을 도금한 각종 물품을 하사하였다. 귀국할 때 다시 上節 이하 수행원들에게까지 銀 235냥·絹 235필을 하사하였다(《金史》 권 38, 志 19, 禮 11, 賓儀 新定夏使儀注).

89) 위와 같음.

絲·熟綾 및 金·銀器 등의 고급 기명이었다고 보여진다.[90]

사신이 금에 가기 위해서는 관하의 軍人들로부터 銀 한 근씩을 받는 것이 일반화되었으나[91] 원래는 사비부담이었다고 생각된다. 그런데 무신집권기 이후 이러한 양상은 더욱 심해져 군현민들로부터 거둬 여비를 마련하는 등[92] 민폐가 심해져 갔으며 여비, 즉 교역밑천은 일정한 액수가 정해져 있는 것이나 사행을 통한 무역차액를 노리고 자신의 하인들을 從人에 끼워 넣기 위하여 금나라에 가게 된 정사나 부사에게 많은 은을 뇌물로 주기도 하였다.[93]

이처럼 금나라에 파견되는 使行은 사신과 수행원 모두에게 막대한 이익이 보장되었던 것이 사실인 듯한데, 더구나 국제적 교환가치가 큰 은을 지불하고 厚利를 얻을 수 있는 물품이라는 것은 金과 같은 보석류이거나 고려 국내에서 쉽게 구할 수 없는 외래품들이 그 대상이 될 수 있을 것이다.

이미 국초부터 개방적인 대외무역 정책을 추진하여 온 고려는 북쪽으로는 거란 및 여진에, 서남해로는 송, 동해해로는 일본 상인의 내왕을 허용하였으며 여진인에 대하여는 迎仙館과 靈恩館의 객관을 두어 접대하였다.[94] 그런데 이 객관이 설치된 것은 인종 즉위년 당시 상황이므로 아직 금과의 수교 이전의 일이다. 따라서 고려에서 여진인을 위하여 영선관과 영은관을 지은 것은 정치적 목적으로 입조한 금사를 위한 것이기보다는 이미 이전부터 왕래한 상인의 성격을 띤 여진인의 客館이었다고 하겠다.

이처럼 비록 국가의 간섭과 관리를 받기는 하였으나 고려는 入國한 외국 상인들을 위하여 숙소를 지어 특허시장으로 활용케 하였다. 또 대륙 상인들과의 무역을 위하여 국경선 근처에 각장을 설치하였다. 고려는 거란과의 각장무역을 끈질기게 반대하였으나 금과의 각장무역은 오래 지속한 것 같다.

> 고종 11년 東眞國의 萬奴가 사신을 보내왔는데, 그 한 통의 편지에는 '본국은 靑州에, 귀국은 定州에 각각 각장을 설치하여 이전대로 매매하자'고 하였다(《高麗史》 권 22, 世家 22, 고종 11년 정월 무진).

---

90) 洪皓, 《松漠紀聞》 回賜.
91) 《高麗史》 권 99, 列傳 12, 李公升.
92) 《高麗史節要》 권 13, 명종 21년 10월.
93) 《高麗史》 권 128, 列傳 41, 鄭仲夫 附 宋有仁.
94) 徐兢, 《高麗圖經》 권 27, 館舍 客館.

동진국의 蒲鮮萬奴는 고려와의 국교수립을 위하여 사신을 보내면서, 아울러 과거 고려가 금나라와 각장무역을 하였듯이 동진국가도 互市를 하자는 뜻을 전하였다. 그들은 靑州(지금의 北靑), 고려는 定州(지금의 定平)에 각각 각장을 설치하자는 것이었다. 이것으로써 동진국 이전에 고려는 이 지역에서 금과 각장무역을 한 것을 알 수 있다.

물론 금과 고려와의 각장무역도 거란의 그것과 마찬가지로 간단없이 행해진 것은 아니었다. 고종 3년(1216) 윤 7월 北界兵馬使가 金의 東京總管府의 移牒을 전하였는데 주요 내용의 하나가 義州 및 靜州지역에 있어서의 각장무역의 재개에 관한 것이었다.

> 金이 再牒하여 米穀 팔기를 빌거늘 국가는 변방 관리로 하여금 거절하고 받아들이지 말라 하였다. 이에 金人은 병란과 물자 고갈로 인하여 다투어 珍寶를 가지고 義州, 靜州의 관외에 納款하여 미곡을 매매하였는데 銀 1錠에 쌀 45石을 바꾸게되니, 상인들은 다투어 그 厚利를 노려 국가에서 비록 嚴刑을 하고 물화를 몰수하여도 오히려 탐욕과 부정을 꺼리지 않고 몰래 숨어서 매매하는 것이 끊이지 않았다(《高麗史》 권 22, 世家 22, 고종 3년 윤 7월 병술).

위와 같이 금 선종 홍정 2년(1218 ; 고려 고종 5) 4월 宣撫使 萬奴의 반란으로 요동지방의 물자가 고갈되자 여진인들은 그들이 소유한 珍物을 가지고 고려의 쌀과 바꾸어 갔다는 것을 알 수 있다. 그런데 당시의 거래기준은 은 1정에 쌀 45석으로 고려측이 이익이 되는 거래였다. 이러한 비정상적인 거래에 대하여 고려 정부는 단속하였으나 이익이 많은 상거래였으므로 단속의 위험을 무릅쓰고 많은 사람들이 밀무역을 하였다.

이로써 고려와 금 사이에는 일찍부터 의주 및 정주에서 각장무역을 행하였으나 고종초 금정국의 불안과 거래가격의 불공정성으로 호시를 금지하였다는 것을 알 수 있다. 그러나 식량이 절대 부족한 금에서는 이러한 고려의 각장 폐쇄에 불만을 품고 지역민을 인질로 잡아가기도 하였다. 2년 후 금측의 강력한 요구로 여금간의 각장은 다시 열리게 되나[95] 이처럼 각장무역은 밀무역의 장소로 변할 가능성이 항시 내재해 있었다. 이에 앞서 숙종 6년(1101) 定州長令男은 官庫의 鐵甲 4벌을 훔쳐 東女眞人에게 몰래 팔다가 발각되어 처형된

95) 《金史》 권 15, 本紀 15, 宣宗 興定 2년 4월 계축.

적이 있듯이[96] 이미 의주나 정주 등은 지리적 위치로 보아 양국 사람들의 접촉이 빈번할 수밖에 없었던 지역이므로 자연히 밀무역을 통한 상거래가 지속되었다.

그런데 이러한 접경지대를 통한 밀무역은 일반 상인들 뿐 아니라 고려 왕실조차 이용하였다. 무신정권기인 명종 15년(1185) 궁중에서 쓸 絹絲가 떨어지자 명종은 신임 西北面兵馬使 李知命에게 "義州는 비록 양국간의 互市를 금하는 곳이나 경은 龍州庫에 있는 紵布를 내어다 契丹絲를 바꾸어 진상하라"며 밀매를 부탁하였다.[97] 물론 왕명을 받든 이지명은 용주창고의 저포를 팔아 거란사 500束을 밀매하여 바쳤다.[98] 이처럼 거란사가 고갈되자 왕이 직접 國禁을 어기고 서북면병마사로 하여금 밀매하게 한 것은 우발적인 사건이 아니고 이전부터 계속되었던 교역의 한 방법이었다고 이해된다.[99]

이상의 여러 정황으로 보아 고려는 금나라와 압록강 방면으로는 의주에서, 遼東에 있어서는 정주와 청주에서 각장무역을 하였음을 알 수 있다. 하지만 12세기 초 요·금 교체기나, 13세기 초 금·원 교체기와 같이 북쪽변방에 변화가 생길 경우에는 국가의 안전을 위하여 이 각장무역은 폐쇄되기도 하였다고 보여진다. 그러나 각장무역이 주는 경제적 이익은 국가재정으로나 상인 개인들에게 대단히 큰 이익을 주는 것이었기 때문에 위험부담을 안고서도 밀무역으로 지속되었다. 이러한 호시 또는 밀무역을 통하여 고려의 쌀과 저포가 금측의 견사나 비단·銀 등과 교환되었으며 특히 북방국가의 정권교체로 변방이 혼란스러울 때에는 고려측의 미곡이 높은 가격으로 거래되었다는 사실들을 알 수 있었다.

〈朴漢男〉

---

96) 《高麗史》 권 11, 世家 11, 숙종 6년 6월 신축.

97) 《高麗史》 권 20, 世家 20, 명종 15년 정월 신축

98) 이 때 고려에 들여온 契丹絲의 성격에 대하여 두 가지 견해가 상반되고 있다. 李龍範은 거란인이 綾羅와 錦罽 등의 비단을 제직하는 기술이 뛰어난 점에서 거란고유의 비단실로 보았으며(李龍範, 앞의 글), 이와 달리 金在滿은 당시 거란에는 많은 위구르인과 같은 서역상인에 의해 다양한 서역의 비단이 들어와 있었기 때문에 여기서 말하는 거란사는 거란인이 짠 綾羅가 아니라 毛가 섞인 서역수입품이라고 보았다(金在滿, 〈契丹絲考(上·下)-東西間接과 直接交易의 形態-〉, 《歷史敎育》 7·8, 1963·1964).

99) 李龍範, 위의 글.

4. 일본 및 아라비아와의 관계

1) 일본과의 관계

고려시대는 일본과의 관계가 정치·경제·외교·군사 등 모든 면에서 가장 침체되고 부진했던 시기였다. 이 시대에 양국간의 관계가 다른 시대에 비해 소원할 수밖에 없었던 것은 당시의 시대적 상황과 밀접한 관계가 있다. 고려가 건국되던 918년경의 국제정세는 중국에 있어서는 5대의 혼란기였고, 일본에서는 醍醐天皇의 延喜년간으로 이미 遣唐使가 폐지되어 중국과의 국교가 단절된 상태였다.

한편 고려의 입장은 후삼국의 대립기를 거쳐 통일왕조를 이루었다고는 하지만 신라하대에서부터 나타났던 사회적 혼란상과 그 연장선상에서 여전히 독자적 정치세력을 형성하고 있는 호족들을 정리하지 못하는 등 아직 정치적 안정을 이룩하지 못한 때였다.

이처럼 10세기초 동아시아의 국제관계는 각국의 국내사정 등으로 상당히 위축될 수밖에 없었는데 당시의 麗·日 관계가 침체되었던 것은 사실이지만 전기에는 통교무역을 중심으로 전개되었고, 후기에는 왜구로 대표되는 무력행사로 이어졌다.[1)]

다만 특기할 사항은 고려 전기의 양국간의 교류는 정치적인 면과 경제적인 면에서 양국이 상반된 태도를 보이고 있는 점이다. 지금까지 일반적으로 여·일의 관계가 시종일관 고려가 일본에 대해 제한적이고 거절적인 태도로 일관했던 것처럼 보아왔으나, 정치적 관계는 고려가 일본에 대해 적극적으로 문호개방을 요구했고, 일본은 수동적 자세로 일관했던 것이다.

---

1) 한국과 일본의 관계는 相結하려는 힘과 相離하려는 힘과의 상극을 축으로 전개되었으며, 고려시대는 相離하려는 힘이 압도적으로 우세를 지속한 시대일 뿐만 아니라 전후 470여 년간의 양국관계는 완전히 별천지에서 전개되었다고 보았다(靑山公亮, 《日麗交涉の硏究》, 明治大 出版社, 1995, 3~4쪽).

(1) 사절의 내왕

후삼국을 통일한 고려 태조에게 있어서 가장 시급한 문제는 국내정세의 안정이었으며 이를 위한 방편의 하나가 인접국가와의 평화유지를 위한 외교관계의 설정이었다.

중국에 대해서는 건국 초부터 이미 문화수입이라는 측면에서 적극적인 관심을 가졌기 때문에 인적교류도 비교적 활발하게 이루어졌고,[2] 태조 10년(927)에는 중국의 5대의 한 나라인 吳越과 정식으로 국교를 맺기도 하였다.[3]

중국과의 교류는 일찍부터 선진문물의 수입과 무역이라는 점이 강조되었지만, 일본에 대해서는 정치적 문제에 더 관심을 둔 접근이었다. 다시 말하면 새로 건국한 고려왕조가 국내의 불안정한 정세를 안정시키는데 모든 힘을 기울이던 상황에서 외부로부터 군사적인 위협이 없어야 했기 때문에 불가피한 외교관계로 생각했던 것이다.

그러한 상황아래 고려가 일본에 첫번째 사신을 파견한 것은 후삼국을 통일한 이듬해인 태조 20년이었다. 이 때의 기록으로는 "좌우 대신 이하를 불러모아 고려의 國牒 등을 살펴보았다"는 간단한 기사만 남아 있다.[4] 이 기사만으로는 사신의 파견 목적을 전혀 알 수 없다. 대신 후대의 기록인 고려 문종 34년(1080 ; 일본 承曆 4)의 기사로 미루어 보면 당시 국첩의 내용은 修好를 희망한 것으로 파악된다.[5] 고려의 요청에 대해 일본정부는 신중히 검토하여 수교요청을 거절하기로 하고, 939년 2월에 攝政太政大臣 藤原忠平은 고려에서 온 첩장을 大江朝綱에게 주어서 고려에 보낼 회신을 작성토록 하였다.[6] 이 때 작성된 反牒은 다음달인 3월 고려 사신을 통하여 大宰府로부터 고려의 廣評省에 보내졌다.

당시 외국의 국서에 대한 일본정부의 태도는 대략 세 가지의 반응을 보였다. 첫째는 외국의 국서가 왔을 때 아예 묵살하고 전혀 회답하지 않는 경우이고, 두번째는 중앙정부에서 회답하는 경우이며, 세번째는 중앙정부에서 대재

2) 《高麗史》 권 1, 世家 1, 태조 2년 9월.
3) 《高麗史》 권 1, 世家 1, 태조 10년 12월.
4) 고려 태조가 일본에 사신을 보낸 기록은 우리측 자료에는 전혀 보이지 않고 일본측의 기록만 간단하게 전한다(《日本紀略》 後篇 6, 承平 7년 8월).
5) 《師記》, 承曆 4년 윤 8월.
6) 《貞信公記抄》, 天慶 2년 2월.

부에 명하여 간접적으로 회답하는 경우이다. 일본이 당시 고려에 보낸 반첩은 세번째의 경우로 문장의 작성은 대재부에서 고려의 광평성 앞으로 되어 있지만, 실제로 이 경우는 중앙정부에서 문장을 작성한 것이다.7)

여기에서 살펴 볼 수 있는 문제는 이 반첩이 왜 1년 8개월이나 지난 후에 작성되었는가 하는 점과, 반첩의 작성을 등원충평이 대강조강에게 의뢰한 점, 그리고 중앙정부가 회답을 취하지 않고 왜 대재부로 하여금 회답토록 하였는가 하는 점이다. 우선 반첩에 오랜 시일이 걸린 것은 당시 일본조정의 논의가 대체적으로 더디게 진행되었기 때문이고, 또한 견당사 폐지 이후 외교에 소극적이었기 때문이다. 그리고 반첩의 작성을 대강조강에게 의뢰한 것은 그가 大江善人의 손자로 父祖의 업을 이어받아 박학하고 명문장가였기 때문이다. 그리고 이 회신을 일본 정부에서 하지 않고 대재부가 회답한 까닭은 고려와의 정치적 통교를 거부하는 일본정부의 완곡한 표시였다고 보기도 한다.8) 하지만 한편으로는 당시 일본은 국풍문화에 취해 있어서 외국의 요구에 냉담하였기 때문이라는 견해도 있다.9)

그러나 이러한 설명은 설득력이 약하다. 9세기 전반에 걸쳐 신라로부터 무역압력 등으로 시달려 온 일본으로서는 신라를 병합하고 통일을 이룬 고려, 특히 해상세력을 쥐고 있는 왕건의 요구에 이를 소홀히 취급할 수 없었기 때문에 매사에 신중을 기하여 명문장가까지 찾아 회답서를 쓰게 되었다는 견해가 당시의 상황으로 미루어 보다 강한 설득력을 갖게 한다.10)

태조가 일본에 보낸 두번째의 국서는 일본정부의 반첩이 고려에 도착한 이듬해인 태조 23년(940)이었다. 이 국서는 그 해 6월에 대재부에 의해 중앙정부에 보고되었다. 일본정부는 이 국서를 대강조강과 同維時 등의 학자에게

---

7) 森克己, 〈日麗交涉と刀伊賊の來寇〉(《朝鮮學報》 37·38, 1966), 100~101쪽.

8) 森克己, 위의 글, 101쪽.

9) 井上秀雄·上田正昭 編, 《日本と朝鮮の二千年》 1(太平出版社, 1970), 145쪽.

10) 9세기의 100여 년간 신라와 일본과의 관계는 신라의 해상세력을 바탕으로 한 신라 우위의 일방적 진출 시기였으며, 고려를 건국한 왕건이 해상세력을 바탕으로 한 데 대하여 일본으로서도 상당히 신경을 쓰고 있었다. 다시 말하면 일본은 고려 건국 직전까지 한반도(신라)의 해상세력을 크게 두려워하고 있었다고 볼 수 있다(羅鍾宇, 〈高麗前期의 對外關係史硏究〉, 《國史館論叢》 29, 國史編纂委員會, 1991, 161~163쪽).

보내어 살펴보도록 하였다. 그 내용은 현재 알려져 있지 않지만 전후의 사정으로 미루어 전과 같이 수호를 요구한 것 같으며, 일본정부는 이것 역시 받아들이지 않았다.

이 일이 있은 이후 30여 년 동안 양국의 공적인 통교에 관한 내용이 전혀 보이지 않다가 광종 23년(972)에 고려의 南京府使가 대마도에 도착했는데, 이를 대재부에서 중앙정부에 보고했다는 것과,[11] 2년 후인 광종 25년에 일본藏人所의 출납인 國雅가 交易使로서 고려로부터 교역화물을 가지고 일본에 귀국했다는 사실이 보인다.[12] 하지만 이후로도 오랫동안 양국의 교류사실은 확인되지 않고 있으며 문종 10년(1056)에 일본의 正上位權隸朝臣 藤原賴忠 등 30인이 國使로서는 처음으로 金州(金海)에 건너온 일이 있을 뿐이다.[13]

직접적인 사절파견과는 조금 다르지만 문종 34년에 고려 禮賓省에서 문종의 중풍 치료를 위해 倭商 王則貞에게 첩을 주어 일본에 의사파견을 의뢰하기도 하였다. 고려의 의뢰를 받은 일본정부는 의사의 파견 여부를 조정의 의론에 붙여 검토하였으나 의견이 대립되었다. 權中納言 源經信은 고려가 지금으로서는 일본을 침략할 의사가 보이지 않으므로 파견하자고 주장하여 한때는 丹波忠康이나 同後通 두 사람 가운데 한 명을 보내기로 결정되었다. 그러나 參議 源俊實은 "보내는 것도 좋지만 치료의 효과가 없다면 일본에 욕되는 일이니 보내지 않는 것이 좋겠다"고 반대의견을 제시하니 참의 源俊明도 이에 동의하여 보내지 않기로 하였다. 다만 보내지 않으려면 적당한 구실이 필요했고, 그 답으로 의사가 너무 늙어서 곤란하다는 점을 고려에 보내는 반첩에 기재하기로 하였다.[14]

여기에서 당시에 일본정부가 고려의 요구에 매우 신중하고 어려워하고 있다는 것을 알 수가 있는데, 한편으로 일본측의 기록에는 고려 성종 16년(997 ; 일본 長德 3)에 고려인이 九州를 침략하게 되어 일본측의 고려에 대한 태도는 더욱 경화되었다는 사실이 보인다.[15] 그런데 같은 해 6월에 고려는 대재부를

11) 《日本紀略》 後篇 6, 天祿 3년 9월.
12) 《日本紀略》 後篇 6, 天延 2년 윤 10월.
13) 《高麗史》 권 7, 世家 7, 문종 10년 10월 기유.
14) 《水左記》, 承曆 4년 윤 8월.
15) 《百練抄》, 長德 3년 10월.

통해 〈日本國宛〉·〈對馬島司宛〉·〈對馬島宛〉 등 3통의 첩장을 일본정부에 전달하였다. 이 때 보낸 첩장의 내용은 일본으로 하여금 고려와 수호관계를 맺도록 압력을 가한 것이었다. 고려의 첩장을 접한 일본정부는 첩장의 말투가 전과는 달리 대단히 「非禮」하다며 고려 침입에 대비한 방위태세를 갖추게 하였다.

즉 九州 各國司로 하여금 무기·무구를 수리·보수하고, 대재부 관내의 여러 神位를 승급시키고, 香椎廟에 封戶 25호를 늘렸다. 또 對馬守 高橋仲堪이 문무와 지략이 부족하다고 보고 大宰大監 平中方으로 교체시켜 섬의 경비를 강화하여 만일의 사태에 대비토록 하였다. 이외에도 北陸·山陰에 太政官符를 보내어 방비를 엄하게 하였다.

당시 일본이 고려에 대하여 크게 두려워하였다는 사실은 그 해 가을에 일어난 奄美島人의 대재부 관내 諸國亂入事件을 보아서도 알 수 있다. 이 사건은 그 해 10월 초하루, 조정의 南殿에서 천황과 좌우내대신 이하의 조신이 참석하여 의식이 끝나고 연회가 시작될 때 左近陣官이 큰 소리를 지르며, "고려국인이 對馬·壹岐를 침략하여 肥前國에 도착하였고 여기도 침략하려고 한다"고 하자, 이 때 상하가 모두 놀래고 세 대신도 선례도 잊은 채 정신없이 동쪽 계단에서 내려왔다는 것이다.[16] 이것은 사실 고려가 일본을 침략하려 한다는 일종의 유언비어였던 것이다. 이렇듯 당시의 일본은 고려에 대하여 심한 두려움을 가지고 있었으면서도 고려의 요구에 응하기보다 거절의 방법을 택하고 수비에 급급하였으므로 얼마가지 않아서 고려는 무력으로 시위를 하였고, 일본은 그 사실을 고려인이 九州를 침략하였다고 오인하였던 것이다.

실제로 그 당시의 고려의 군사력이 매우 막강하였던 것이 사실이었고, 고려의 국력이 일격에 알려지게 되자 일본인 가운데서는 항상 불안하게 생활하기보다 고리에 親附하려는 자들도 나타났다. 목종 2년(999)에 道要彌刀 등 20호가 來投한 사실이 있고,[17] 앞에 언급한 왜상인 왕측정은 고려의 國姓을 따라 성을 王氏로 하였다.[18]

이렇듯 고려에 대하여 두려움과 불신감을 가지고 있던 일본은 포로의 송환

16) 森克己, 앞의 글, 102~103쪽.
17) 《高麗史》 권 3, 世家 3, 목종 2년 10월.
18) 金庠基, 《東方史論叢》(서울大 出版部, 1974), 457쪽.

이 이루어지는 현종 10년(1020) 이후부터는 두려움에서 벗어나기 시작하여 문종대에 이르러서는 비교적 활발한 사절의 입국이 계속되었다. 그러나 계속되는 사절의 입국도 대개 사절이라고는 하지만 상인활동으로 나타나는 交易使的인 성격을 띤 것이었다. 이러한 사실을《高麗史》世家의 기록으로 몇 가지 예를 들면 다음과 같다.

① 문종 27년(1073) 7월 日本國人 王則貞・松永年 등 42인이 와서 螺鈿・鞍橋・刀・鏡匣・硯箱・櫛書案・畫屛・香爐・弓箭・螺甲 등의 물건을 바치기를 청하고, 壹岐島勾當官이 藤井安國 등 33인을 보내어 또 방물을 바치기를 청하니 東宮 및 諸令公府에서 制하여 海道를 통해 서울에 이를 것을 허락하였다.

② 동 28년(1074) 2월 일본국 船頭 重利 등 39인이 와서 토물을 바쳤다.

③ 동 29년(1075) 윤 4월 일본 상인 大江 등 18인이 와서 토물을 바쳤다.

④ 동 29년 6월 일본인 朝元・時經 등 12인이 와서 토물을 바쳤다.

⑤ 동 29년 가을 7월 일본 상인 55인이 왔다.

⑥ 동 34년(1080) 윤 9월 일본국 薩摩州에서 사신을 보내 방물을 바쳤다.

⑦ 동 36년(1082) 11월 일본국 대마도에서 사신을 보내 방물을 바쳤다.

⑧ 선종 원년(1084) 6월 筑前의 상인 信通 등이 水銀 250근을 바쳤다.

⑨ 동 2년(1085) 봄 2월 대마도 勾當官이 사신을 보내 柑橘을 바쳤다.

⑩ 동 3년(1086) 3일 대마도 구당관이 사신을 보내 방물을 바쳤다.

⑪ 동 4년(1087) 3월 일본 상인 重元・親宗 등 32인이 와서 토물을 바쳤다.

⑫ 동 4년(1087) 가을 7월 일본국 대마도에서 元平 등 40인이 와서 眞珠・水銀・寶刀・牛馬를 바쳤다.

⑬ 동 6년 가을 8월 일본국 大宰府의 상인이 와서 水銀・眞珠・弓箭・刀劒을 바쳤다.

위의 사실에서도 알 수 있듯이 일본은 고려가 침략하지 않으리라는 두려움을 씻은 뒤로는 상당히 적극적으로 사절을 파견하였으며, 특히 대마도는 지리적으로 가장 근접해 있어 예로부터 우리 나라를 통하여 식량문제를 해결하였던 만큼, 항상 사절을 보내어 進貢하였던 것이다.

(2) 표류민의 송환

고려시대의 대일관계는 정치적으로 볼 때 매우 소원하여 진공무역 정도가 그 창구역할을 담당했다고 볼 수 있는데, 이 진공무역 정도라도 가능하게 했던 것은 표류민의 송환과 앞에 기술한 사절의 내왕이 있었기 때문이다.

표류민의 송환에 관한 기사로 10세기 이후 처음 보이는 것은 태조 12년(929)의 일이다. 일본측의 기록을 보면 신라인이 탐라에서 海藻를 교역하다 표류하여 태조 12년 정월에 대마도의 下縣郡에 표착하였는데, 이 때 島守 坂上經國은 표류민을 보호하고 식량을 주어서 擬通事 長岑望通과 檢非偉使 秦滋景을 파견하여 서장을 가지고 金州에 보냈다는 것이다.[19] 물론 이 때 이 지역의 관할권은 견훤에게 있었기 때문에 사신들은 견훤에게 보내진 것이다.

표류민의 송환으로 기록상 가장 많은 수이며, 고려왕조로서는 처음인 것은 현종 10년(1019)의 일이다. 당시 고려의 鎭溟船兵都部署 張渭男 등은 해적선(여진) 8척을 잡아 취조한 결과 해적선 안에 일본인 남녀 259명의 포로가 있음을 알고 아뢰니, 고려 정부에서는 供驛令 鄭子良을 시켜 그들을 본토에 송환하였다.[20] 이 사실이 일본측의 사료에는 보다 자세히 적혀 있다. 즉 현종 10년 4월에 여진적이 대마·일기와 박다까지 육박하였는데, 퇴각할 때 많은 포로를 데리고 갔다는 것이다. 이 여진적은 고려를 습격한 후 일본에 갔던 것으로, 고려에서는 이들의 귀로를 기다려 천여 척의 병선으로 격멸시키고, 이들이 다섯 군데로 나누어 수용한 일본인 포로 중 3개소의 300여 명을 탈회하여 먼저 송환하고 나머지 포로도 모두 송환키로 하고, 6월에 정자량으로 하여금 259명을 송환케 했다는 것이다.[21] 이 때의 포로송환에 대하여 일본정부는 매우 고마워하고 정자량에게 祿과 일본의 位階를 수여할 것 등의 우대방법을 논의하고, 실제로 그가 귀국할 때에 감사의 반첩과 더불어 예물을 주었다.

이 현종 10년의 포로송환 이후로 양국관계는 상당히 가까워진 것이 사실이다. 현종 20년에는 탐라민 貞一 등이 왔고,[22] 덕종 3년(1034)에는 對馬島主가 일본 大隅지방에 표류한 고려인을 송환하였으며,[23] 정종 2년(1036) 7월에도 일본에서 고려의 표류인 謙俊 등 11인을 돌려보냈다. 그 뒤 문종 3년(1049)

---

19) 中村榮孝, 《日鮮關係の硏究》(上)(吉川弘文館, 1965), 131쪽.

20) 《高麗史》 권 4, 世家 4, 현종 10년 4월 병진.

21) 《小右記》, 寬仁 3년 8월.
森克己, 앞의 글, 105쪽 참조.

22) 이에 대하여 森克己는 일본의 大宰府에서 표류민을 송환한 것으로 보았는데, 《高麗史》 권 5, 현종 20년 7월조에는 貞一 등 21명이 항해 중에 바람에 밀리어 極遠島에 표착하여 7개월 동안 억류당하다가 정일 등 7인만이 몰래 小船을 타고 那沙府(長崎)를 거쳐 생환하였다고 하여 탈출한 것으로 기록하였다.

23) 《日本紀略》 後篇 14, 長元 7년 3월.

11월에는 일본 對馬島官이 首領 明任 등을 통해서 고려의 飄風人 金孝 등 20인을 금주에 돌려보내 왔다. 이 때 국가에서는 東南海船兵都部署司를 통해 명임 등에게 예물을 주었다.

표류인의 송환과는 조금 다르지만 당시에 일본과의 관계가 상당히 개선되어 있는 것을 볼 수 있는 것으로 문종 5년 7월에 대마도에서 사신을 보내어 被罪逃人 良漢 등 3인을 압송한 사실이다. 그 후 문종 14년 7월에는 동남해선병도부에서 "(대마도에서) 우리의 표풍인 예성강 백성 位孝男을 보내왔다" 고 보고하니, 그 사신에게 후한 예물을 주었고, 문종 32년 9월에는 일본에서 탐라의 표풍민 高礪 등 18인을 송환하였으며, 또 이듬해 9월에도 일본에서 고려의 표풍 상인 安光 등 44인을 돌려보낸 일이 있다.

이상의 사실에서 나타나듯이 표류민 송환이 대체로 7월에서 9월 사이에 많이 이루어지고 있는데 이는 항해술이 발달하지 못했던 당시에, 태풍이 많이 발생하는 계절적 요인으로 그 시기에 표류민이 많이 발생했기 때문이다.

이러한 표류민의 송환은 경색되었던 양국의 관계를 부드러운 방향으로 전환시키는 데 크게 작용하여 현종대 이후 進貢무역이나마 가능하게 하였던 것이다. 다만 종래에 일반적으로 인식되어진 것처럼 시종일관 고려가 일본에 대해 제한적이고 수동적인 입장을 취해 온 것이 아니라, 사절의 내왕편에서도 나타난 바와 같이 적어도 문종대 이전에는 정치적인 측면에서 고려가 적극적으로 일본에 진출을 시도하였으며, 오히려 일본이 당시의 국내의 정치적 불안정과 고려에 대한 군사적 두려움 때문에 문호개방과 수호에 수동적인 태도를 보였던 것이다.

2) 아라비아 및 남양 여러 나라와의 관계

고려와 송과의 활발한 문물교류, 특히 이 시대의 사적인 민간교역의 발달은 송과 빈번하게 무역을 해온 아라비아나 南洋諸國으로 하여금 고려에도 관심을 갖게 하였다. 중국 상인의 활동이 어느 시대보다 송대에 활발했고 송상인들은 당시 조정의 해외무역 장려정책에 따라 아라비아를 비롯한 서남아시아 여러 나라들과 활발한 교역을 행하였다. 당시 중국측의 기록에는 외국의 물화가 날로 많이 들어와 기이한 물건이 넘쳐 다 쓰지 못할 정도라고 하였다.[24] 이처럼 송의 활발한 무역활동은 중국에 드나드는 여러 나라의 상인들로 하여금 고려와도 접촉하여 활발한 무역활동을 벌이게 하였다. 이에 따라 당시 고려의 禮成港은 국제무역항의 구실을 하였다.

(1) 고려와 아라비아와의 관계

아라비아는 당시 大食이라 불렸는 데 이 大食國人은 唐代 이래로 南中國의 廣州(廣東)를 중심으로 무역을 해왔으며 송대에 이르러 송의 해외무역 장려책에 힘입어 활기를 띠었다. 그들은 당시 남중국 연안에 출입하면서 宋商의 고려무역에 자극되어 마침내 고려에까지 진출하였다. 《고려사》 世家에 보면, 현종 15년(1024) 9월에 "大食國의 悅羅慈 등 100명이 와서 토산물을 바쳤다"고 하였으며, 이듬해 9월에도 "대식국의 蠻夏, 訙羅慈 등 100명이 와서 토산물을 바쳤다"는 기록이 보인다. 또 정종 6년(1040) 11월에는 대식국의 상인 保那盍 등이 와서 水銀·龍齒·占城香·沒藥·大蘇木 등 각종 물자를 바쳤는데, 왕은 해당 관원에게 명하여 그들을 客館에서 후하게 대접하도록 하였으며, 그들이 돌아갈 때에는 많은 금과 비단을 주었다.[25]

아라비아 상인의 내왕에 관한 기사는 위에 보이는 3회에 그치고 있다. 이러한 사실은 그들이 고려와 지속적인 무역활동을 행하지 않았음을 의미한다 할 것이다. 그 이유는 당시 송의 상인은 고려와 아라비아 상인 사이에서 중계무역을 하고 있었으므로 이에 제약을 받아 고려에 대한 아라비아 상인의 활동이 적극적으로 계속되지 못한 것 같다.[26]

아라비아와의 관계는 정치적 관계나 문화적 교류 같은 것은 전혀 보이지 않고 오직 상인들의 무역기사만 3회에 걸쳐 보이고 있다. 그리고 그 규모는 매번 일시에 100여 명씩 출입한 것을 볼 때 그들의 무역이 매우 대규모였음을 알 수 있다. 뿐만 아니라 당시 고려는 송을 통하여 다른 나라에 매우 부유한 나라, 문물이 발달하고 풍성한 나라로 소개되어 있었다. 이러한 사실들이 아

---

24) 韓愈, 《韓昌黎集》 권 21, 送鄭尙書序.
25) 《高麗史》 권 6, 世家 6, 정종 6년 11월 병인.
26) 김상기, 〈해상의 활동과 문물의 교류〉(《국사상의 제문제》 4, 국사편찬위원회, 1959), 56쪽.

라비아 상인들의 욕구를 충동하였다고 생각된다.

(2) 남양 여러 나라와의 관계

고려시대의 남양 여러 나라와의 관계는 예성항을 중심으로 활발히 움직이던 선박의 활동을 통해서 짐작할 수 있다. 당시 예성항에의 선박 내왕의 모습에 대하여는 李奎報의 詩에 잘 나타나 있다.

> 조수가 들고 나매,
> 오고 가는 배는 머리와 꼬리가 잇대었구나.
> 아침에 이 다락 밑을 떠나면,
> 한낮이 채 못되어 돛대는 南蠻하늘에 들어 가누나.
> 사람들은 배를 가리켜 물위의 驛馬라 하지만,
> 나는 바람 쫓는 駿馬의 굽도 이에 비하면 오히려 더디다 하리…
> 어찌 區區히 南蠻의 지경뿐이랴.
> 이 木道(배를 말함)를 빌리면 어느 곳이고 가지 못할 곳이 있으랴(李奎報, 《東國李相國集》 권 16, 又樓上觀潮贈同寮金君).

물론 시적인 표현이라고 하더라도 당시 남방 여러 나라들과 빈번한 왕래가 있었음을 잘 나타내고 있다. 뿐만 아니라 문종 당시 고려는 문화와 禮樂이 융성하고 商船들이 끊임없이 출입하여 날마다 귀중한 보배들이 들어오고 있어 중국(송)으로부터 별 도움을 받을 것이 없다는[27] 주장처럼 당시 고려의 해상무역은 중국뿐만 아니라 남양의 여러 나라와도 활발했었음을 충분히 짐작할 수 있다.

그러나 《고려사》에 남양의 여러 나라에 대한 기사는 후기에 와서야 보이게 된다. 《고려사》에 처음 나타나는 남양국가의 이름은 交趾인 바 그것은 "元나라에서 耽羅 達魯花赤[다루가치]를 교지로 귀양보내고 右丞 阿撒(아살)로 하여금 그를 대신케 하였다"[28]는 기사이다. 이 기사는 원나라가 일본정벌을 단행하기 위해 탐라(제주도)의 다루가치를 교지로 유배시킨 것을 나타낸 것인데 당시 교지는 원의 지배아래 있었다.

실제로 고려와 남양의 나라와 접촉한 사례는 충렬왕 24년(1298) 6월에 馬八國(Mobar) 왕자 李哈里가 사신을 보내어 銀絲帽와 금으로 수놓은 手箔·沈香

27) 《高麗史》 권 8, 世家 8, 문종 12년 8월.
28) 《高麗史》 권 30, 世家 30, 충렬왕 19년 9월 을축.

5근 13냥·베(土布) 2필을 왕에게 바친 경우이다.[29] 마팔국은 인도반도 동해의 코르만델(Coromandel) 해안에 있는 작은 나라인데, 면포의 산지로 유명하였다. 이 때에 마팔국에서 고려에 예물을 보낸 것은 왕자비가 고려 蔡仁揆의 딸이기 때문이다.[30] 당시 고려에 들어온 마팔국산 면포를 西洋布라 하였는데 이 때가 서양포가 우리 나라에 처음으로 전해진 예일 것으로 보인다. 이후에도 고려시대의 남양과의 관계는 대체적으로 중국을 통한 간접적인 인식이 많았다. 공민왕 때의 기사에서도 이러한 사실을 전하고 있다.

> …고려는 중국과 비교적 가깝고 문물과 예악이 서로 통하며 經史가 중국과 비슷하니 다른 藩國과 동일시하기는 어렵다. … 변방과 먼 나라들 예컨대 占城·安南·西洋鎖里·爪哇·勃泥·三佛齊·暹羅斛·眞臘 등 처의 새로 귀의한 나라들도 빈번히 사람을 보내오면 옛날의 禮에 의하라(《高麗史》 권 44, 世家 44, 공민왕 22년 7월).

또한 명황제는 "고려·안남·점성 등에 경서에 밝고 조행이 바른 선비는 명나라 會試에 응시하게 하라"[31]고 하였으며 명나라 황제 즉위 초에 고려와 교지가 표문을 보낸 기사도 보인다.[32] 이와 같이 당시 고려는 중국을 중심으로 점차 남양의 여러 나라에 대한 인식을 넓혀가고 있었다.

중국을 통한 南蠻人의 입국은 王三錫이 처음인 듯하다. 《고려사》 王三錫傳에 보면 충숙왕이 원나라에 갔다 온 기록 속에 왕삼석이 나오고 있다. 왕삼석은 남만 사람으로 성질이 경망스럽고 간특하며 기술도 없는 사람이나 충숙왕이 원나라에 있을 때 幸臣의 소개로 충숙왕을 처음 뵙고 바로 왕의 시종이 되었다. 충숙왕과 함께 고려로 귀국한 후에는 의술로 왕에게 아첨하며 총애를 받았다고 한다.[33]

남양 국가에서 사신을 보내어 國書와 禮物을 진상한 기록으로는 공양왕 3년(1391)의 기록이 처음이라고 하겠다. 이에 의하면 暹羅斛國(Thailand, Siam)에서 奈工 등 8인을 파견하여 국서와 예물을 바쳤는데, 그 국서에는 성명과 봉

---

29) 《高麗史》 권 33, 世家 33, 충선왕 즉위년 6월.

30) 고려 충렬왕 때 蔡氏는 원의 承相 桑哥(얼가)에게 시집갔으나, 얼가가 처단되자 원 황제에 의해 孛哈里와 재혼하였다(위와 같음).

31) 《高麗史》 권 42, 世家 42, 공민왕 19년 6월.

32) 《高麗史》 권 42, 世家 42, 공민왕 19년 7월 임인.

33) 《高麗史》 권 124, 列傳 37, 嬖幸 2, 王三錫.

인이 없고 다만 작고 둥근 도장만이 있어서 사신 신분의 진위여부를 파악하기가 어려웠다고 한다. 원래 그들은 무진년(1388 ; 우왕 14)에 왕명을 받고 출발하여 일본에서 1년간 체류하다가 고려에 도착한 자들이다. 고려와의 거리는 대략 북풍이 불면 40일에 도달할 수 있다고 하였으며 또 그들의 풍속은 한쪽어깨를 들어내거나 발을 벗으며, 높은 사람은 흰 베로 머리를 싸매고 그 하인들은 尊長을 보면 옷을 벗고 몸을 드러내기도 한다는 것이나, 통역을 세 번 거쳐야 말이 통할 수 있었다.[34]

이로써 고려시대의 남양 여러 나라와의 관계는 중국을 통한 간접적인 인식이 대부분이었고, 또 중국을 통한 중계무역으로 희귀한 남양산 물품들이 고려에 수입되었다. 따라서 남양과의 직접적인 무역은 조선에 들어가서야 비교적 활발하였다고 할 수 있겠다.

〈羅鍾宇〉

34) 《高麗史》 권 46, 世家 46, 공양왕 3년 7월.

집 필 자

개 요 ………………………………………………………… 홍 승 기

Ⅰ. 사회구조

1. 신분제도 ………………………………………………… 홍 승 기
2. 가족제도 ………………………………………………… 노 명 호
3. 사회정책과 사회시설 …………………………………… 손 홍 렬
4. 형률제도 ………………………………………………… 신 호 웅

Ⅱ. 대외관계

1. 10~12세기 동아시아 정세와 고려의 북진정책
   1) 10~12세기 동아시아 정세 ……………………… 박 한 남
   2) 고려의 북진정책 ………………………………… 최 규 성
2. 5대 및 송과의 관계 …………………………………… 나 종 우
3. 북방민족과의 관계
   1) 거란 및 여진과의 전쟁 ………………………… 최 규 성
   2) 거란 및 금과의 통교 …………………………… 박 한 남
4. 일본 및 아라비아와의 관계 …………………………… 나 종 우

한국사 15

고려전기의 사회와 대외관계

편찬간행 **국사편찬위원회**

초판1쇄 2003년 11월 30일
2쇄 2013년 6월 4일

번각발행 **탐구당**

등록일 1950년 11월 1일
등록번호 서울 제 03-00993 호
주소 서울특별시 용산구 한강대로 62 나길 6
전화 (02) 3785-2211(대표)
팩스 (02) 3785-2272
홈페이지 www.tamgudang.co.kr
전자우편 tamgudang@paran.com

ISBN 978-89-8236-581-2
978-89-8236-566-9(세트)

값 15,500 원

* 파본이나 잘못된 책이 있으면 교환해 드립니다.